Restoring Mentalizing in
Attachment Relationships
Treating Trauma with Plain Old Therapy

愛着関係とメンタライジングによるトラウマ治療

J・G・アレン
Jon G. Allen

上地雄一郎・神谷真由美 訳
Yuichiro Kamiji & Mayumi Koya

● 素朴で古い療法のすすめ

北大路書房

RESTORING MENTALIZING IN ATTACHMENT RELATIONSHIPS
: Treating Trauma with Plain Old Therapy

by

Jon G. Allen

First Published in the United States by American Psychiatric Association Publishing,
Arlington, VA. Copyright© 2013.
All rights reserved.
First published in Japan by Kitaohji Shobo Co., Ltd. In Japanese.
Kitaohji Shobo Co., Ltd. is the exclusive publisher of
Restoring Mentalizing in Attachment Relationships,
First Edition, ©2013 by Jon G. Allen, Ph.D.
in Japanese for distribution worldwide.
Permission for use of any material in the translated work must be
authorized in writing by Kitaohji Shobo Co., Ltd.
Japanese translation published by arrangement with American Psychiatric Association
c/o John Scott & Company through The English Agency (Japan) Ltd.
The American Psychiatric Association played no role in the translation of
this publication from English to the Japanese language and is not
responsible for any errors, omissions, or other possible defects
in the translation of the publication.

日本語版への序文

　Dr. 上地からの丁重な誘いに応えて，私は，日本の読者を本書の基底にある考えの全体的な流れになじませるための序文を書くことにしました。私は，短い事例から話を始めることにします。

　私は，ある女性との治療作業において大きな試練を経験しました。ちなみに，彼女は，強迫性パーソナリティ障害を抱えており，何年間も認知療法を受けたのですが，得るものはなく，とうとうそれに見切りをつけたのでした。彼女が言うには，彼女は，これまでの人生を自分自身について考えることに費やしてきており，どのセラピストも，彼女の問題についての彼女の理解に何かを付け加えることはできず，彼女自身からみると既知のことに到達するだけでよかったのです。彼女は，気質的に不安が高く，きまじめでした。彼女の幼年期に，両親は家を空けることが多く，彼女は，次々と交代する住み込みのシッターに育てられたのですが，最終的には，いつも彼女がシッターに日課を教える立場になりました。彼女は，年下のきょうだいの世話を一手に引き受け，後には家族内の対立を調停する役割を果たしました。彼女は，強迫的なまとめ役であり，親切で，非常に知的な人でした。しかし，彼女は，成人期になって，手のかかる法律の仕事に加えて，ガンを患う母親の世話をしなければならなくなったときに，責任の重さに圧倒されてしまいました。この付加的な重圧が，日常的作業と強迫的に秩序化された生活を崩壊させました。彼女は，不安で身動きがとれなくなり，それを理由に再び心理療法を求めたのです。

　この患者は，自分よりも考えることができるセラピストはいないと思っていたわけですが，それは間違いではありませんでした。私は，強迫性障害の治療に熟達していたわけではなく，とくに認知療法を用いて治療する場合にはそうでした。私は，とても不全感を感じ始めましたが，彼女はこのことを察知し，絶望的な気持ちだと私に告げました。そのため，私は，彼女の期待を裏切っていることについて罪悪感を感じました。私の対応としては，彼女の発達と，心理療法が行き詰まっていることについての私の理解を詳細に定式化した文書を書きました。彼女のためのこの定式化を作成する際に，私は，とても単純な結論に到達していました。つまり，彼女が不安と長期間にわたって格闘した際に不運だったのは，彼女がまったく一人で耐え忍んだということです。彼女がそのような不安に耐えなければならないとしても，少なくても彼女が他者から配慮的サポートを受けていれば，それが助けになっただろうと，私は考えました。彼女は，私に苦痛な感情を率直に表現していましたので，この心理療法をうま

日本語版への序文

く活用しているのだと，私は指摘しました。彼女は，自分一人ではその不安から脱け出す方法を考えることができなかったのです。その心理療法は，集団療法の中で仲間と信頼によって結びつくことができるように彼女を助けることを含んでいました。その経過の中で，彼女は，不安への対処に関してこれまでとは異なる考え方をしていましたが，その点で，とりわけ情緒的に親密な関係をポジティヴに評価している点で，これまでよりも希望を感じるようになりました。もちろん，彼女は依然として不安でしたが，それによって身動きがとれなくなることはなく，満足を伴う人間的結びつきを形成することに喜びを見出していました。

心の健康に到達するための最良の方法は情動的苦痛の自己調整を習得することにあると信じていた点で，この患者は，心理療法の領域の多くの実践家たちと同じでした。もちろん，苦痛の**自己調整**（*self*-regulation）も重要なことではありますが，それは苦痛の**対人的調整**（*interpersonal* regulation）を補う副次的なものです。自己調整は，対人的調整が利用できないか，何らかの形でうまくいかないときに用いられる予備的方略です。私たちが行う心理教育グループで，私たちは，心理療法における主流の考え方に真っ向から挑戦します。認知行動療法に由来するスキル，例えば認知的リフレーミングやマインドフルネスが役に立つことがあります。しかし，情動的苦痛を緩和するときに，信頼できる他者とつながっているという感覚よりも強力な方法はありません。情動調整のための最も重要で強力なスキルは，そのような信頼できる結びつきを形成することなのです。

関係についてのこの確信において，私たちは，愛着理論における半世紀にわたる理論構成と実証研究に導かれています。精神科医 John Bowlby は，共同研究者である心理学者 Mary Ainsworth に助けられながら，愛着理論の開拓者となり，初期には，愛着が霊長類において保護を主要な目的として進化したものであることを強調しました——つまり，愛着は，母親と子どもを接近させ，捕食者からの安全を確保するということです。しかし，彼は，人間においては，愛着が**安心感**を提供するのだと提唱しました。安定型の愛着は，脅威，ストレス，病気に直面したときに安心と慰めを見出す主要な手段だということが認識されるまでに時間はかかりませんでした。私は，愛着の機能的役割——情動調整——を強調していますが，安定型愛着を特徴づける「愛情の絆」を心にとどめておくべきです。愛着が安定型である養育者にとって，養育は本来的に愛情を伴い，満たされるものであり，そのような養育は，それを受ける側にも互恵的で喜びを伴う愛情を引き起こすのです。

不幸なことに，患者たちの多くは，慰めと安心を求めて他者に依存することを学んでいません。他者に情緒的に依存することを心の健康に至る最善の道として擁護する

とき，私たちは，自己依存（self-reliance）という文化的価値を取り入れてきた患者たちに挑戦しているのです。患者たちの多くは，この視点に接して驚きます。脅威または苦痛の最中に養育者の情緒的利用可能性（emotional availability）と応答性（responsiveness）を信頼できることが，探索と実りある自律性を促進することを示す愛着研究があることを，私たちは説明して聞かせます。多くの一般的見解とは裏腹に，情緒的助けを求めることをとても心地よく思う人たちが，自信を持って自立と自己依存に向かう人たちなのです。

　Peter Fonagyと共同研究者たちは，安定型の愛着を作り上げるうえでメンタライジングが決定的役割を果たすことを指摘した点で，愛着理論に多大な貢献をしました。メンタライジングは，行動を内的心理状態――願望，欲求，感情，考え，信念――と関連づけて理解する生まれつきの人間的能力を指しています。信頼を伴う結びつきと安定型の愛着が発達するためには，メンタライジングが必要です。つまり，乳児は，自分の内的状態――とりわけ情動的な状態と欲求――に注目し，応答してくれるような，メンタライズする養育者に対して愛着を形成します。乳児や幼児・児童が脅威を感じたり身体的または情動的な苦痛に苛まれたりするときには，養育者からのメンタライジング的結びつきが最も重要です。このようにメンタライズされることによって，乳児はメンタライズすることを学びます。つまり，子どもたちは，養育者の心の状態に波長を合わせるだけでなく，自分たちの欲求や感情といった自分自身の心の状態をも認識します。メンタライジング能力が芽生えてくるおかげで，乳児は，養育者との情緒的結びつきを求めることに積極的に関与します。そして，本格的な省察的メンタライジングが可能になると，子どもも大人も，自分の欲求や感情を表出することができるようになり，結果的に安定型の愛着を発達させ，かつそれに情緒的に依存するようになります。

　乳児期を手始めに，それから生涯を通して，適切なメンタライジング的結びつきが利用できないとき，私たちは，他に手立てがないので自己調整に頼らなくてはなりません――それは，私の強迫性パーソナリティ障害患者が人生早期に行うようになったことでした。乳児期を手始めに，ある子どもたちは，自分の情動的苦痛のことで養育者を煩わせない，あるいは養育者に負担をかけないことを学びます――養育者を煩わせるか負担をかけると，拒否されるか叱られてしまうのです。そして，この子どもたちは，回避型の愛着を形成します。他の子どもたちは，自分の苦痛に注目してもらうためには抗議するか愚図るしかないことを学びます。そして，この子どもたちは，愛着に関して不安でアンビヴァレントなままにとどまります。最悪の場合には，乳幼児は，安全と安心を回復するためのメンタライジング的関係という守りがない状態で，

日本語版への序文

外傷的水準の苦痛に曝されることになりがちです。安心を与えるべき愛着関係が脅威的で苦痛を引き起こすときに，そのトラウマは最大になります。そのような虐待的でネグレクト的な関係は，養育者のメンタライジング不全の表れであり，子どもの側のメンタライジングを妨げてしまいます。ちなみに，子どもの側のメンタライジングは，そのトラウマへの対処を可能にする関係を形成するための最良の資源となるものなのです。無秩序型愛着または恐れ型愛着と呼ばれてきたものが，愛着関係における早期のトラウマの最も問題をはらむ遺産です。そして，そのせいで，患者は，セラピストや他の人たちとの間に信頼できる関係を形成することが困難になります。

　私は，トラウマについて単純な見方をするようになりました。つまり，トラウマとは，耐えがたい情動的苦痛の最中に心理的に孤立無援で気づいてもらえないと感じることです。トラウマについてのこの単純な見方は，トラウマの心理療法についての同様に単純な見方につながります。つまり，トラウマの心理療法，患者が安全であると感じながら苦痛な感情，記憶，考えを探索かつ表出することができ，そのおかげで，耐えがたいほど孤立無援で，隔絶していて，疎外されていると感じなくてすむような信頼できる関係を形成することです。この心理療法アプローチは単純であると言えますが，それは，容易に実行できることを意味してはいません。トラウマ的愛着関係の中でメンタライジング不全を経験した既往があると，不信にとらわれた患者は，慰めを得ようとすることを抑制します。また，自分自身のメンタライジングの機能不全のせいで，苦痛な体験を理解し，伝えることがより困難になります。患者は，他者からの助けや理解に対する信頼を形成していません。こうして，患者は，最も必要としているもの，つまり信頼できる結びつきを活用することが最も困難になるのです。したがって，心理療法過程は，遅くて紆余曲折のある歩みとなります。私たちセラピストは，多くの謙虚さと多くの忍耐を必要とします。私たちに必須の重要な資源は，私たちのメンタライジング能力であり，それを通して，私たちは患者をメンタライジングのプロセスに関与させることができるのです。そして，このストレスに満ちた作業に対処するための最良の資源は，私たち自身の安定型愛着です。

　心理療法が実り多いものとなるためには，セラピストとの間で始まったものが他の親密な関係——つまり家族メンバー，友人，恋人との関係——に波及するのでなくてはなりません。安定型の愛着が形成されるためには，患者と他者の側のメンタライジングが必要です。メンタライジングは，安心を妨げる対人葛藤に取り組み，解決する手段です。メンタライジングと情動の対人的調整の範囲を，個人療法から集団療法や家族療法にまで拡大することが，きわめて有益になることがあります。そして，メンタライジングは，すべての形態の心理療法の中核要素です。実際，患者とセラピスト

によるメンタライジングがない心理療法を想像することは困難です。

　私は，私のトラウマ治療アプローチを「素朴で古い療法」（plain old therapy）と呼びますが，この名称で私が意図しているのは，要するに個人の自己理解および自己受容を促進する積極的・共感的な対話を通して，相手の発達と経験を理解することに全力を傾注する普通の常識的なアプローチです。ときに集団療法と家族療法からの恩恵も加わり，この心理療法過程が他の信頼関係への架け橋となり，その関係は患者の情動調整のための最良の資源となりうるのです。

　素朴で古い療法を行うためには，1つの主要なスキル，つまり人間的であるスキルが必要であるという結論に，私は到達しました。このアプローチを標榜することにおいて，私は，心理療法に関する文献の主要な流れから離れる歩みを始めています。ちなみに，その主要な文献が擁護しているのは「エビデンスに基づく実践」であり，その狭義の定義は，ランダムになるように統制された試験において有効性が証明された特異的な心理療法ブランドを実施することです。この主流の見方において，重視される唯一の「エビデンス」は，他の療法または統制群よりも優れた結果を示すということです。このような特異的ブランドは，狭義の精神医学的障害や症状を治療するために開発されました。私の共同研究者である Peter Fonagy が最近数えたところ，1246 もの異なる心理療法ブランドがありましたが，彼は，少なく見積もってこの数であると考えています。この心理療法の状態は馬鹿げていると言われる一歩手前であると，私は思いますし，私が素朴で古い療法の持続的価値を擁護する理由の1つはこのことなのです。

　私が本書で述べていることですが，最も研究し尽くされた，エビデンスに基づくトラウマ療法は，Edna Foa によって非常に明確に記述されたエクスポージャー療法です。しかし，賢明にも，Foa が開発したのは，心的外傷後ストレス障害（PTSD）のためのエクスポージャー療法であり，より広義のトラウマのためのエクスポージャー療法ではありません。私が関わっているトラウマ患者の中には PTSD を抱えている患者もいますが，大部分はそうではありません。むしろ，患者たちは，非常に混乱した対人関係の既往を背負っています。不安かつ抑うつ的です。物質乱用や他の自己破壊的行動のような問題のある苦痛調整法に頼っており，気づいてもらえない，孤立無援，絶望的であると感じています——自殺したいと感じることさえよくあります。特異的な，症状志向的治療が必要とされることもありますが，それだけでは十分ではありません。さらに，エクスポージャー療法や他の認知行動的治療のような特異的トラウマ治療も，安全な関係を背景にして患者をメンタライジング過程に関与させているのであり，そうである以上，素朴で古い療法の基本要素を活用しているのです。精神

日本語版への序文

　分析が創り上げられる際に，Freudは，信頼できる関係の中で，目を背けたくなる体験に心を開くように患者を勇気づけたわけですが，そのことによってエクスポージャー療法を考案したのだというのが，私の見方です。道理にかなった治療であればどのような治療でも，苦痛の中で孤立無援ではなく疎外されてもいないと感じることができるように患者を助けることでしょう。

　逆説的なことですが，数十年にわたる心理療法研究が示しているとおり，心理療法の特定ブランドは治療結果に比較的小さな寄与しか示さないのに比べて，患者 – セラピスト関係の質は，結果に対してかなり貢献します。私が強く思うことですが，今やメンタライジングについての理解によって補強された愛着理論は，素朴で古い療法の根拠の重要部分となっています。しかし，私が自分のキャリアの多くを費やして治療作業をしてきた患者たちは，人生を通してトラウマ的関係の被害を受けていた患者たちだったのですが，そのせいでしょうか，私は，次第に次のような見解を持つに至りました。つまり，セラピストは，科学的文献にとどまらず，人間的悲劇に由来する複雑な問題を抱えた人たちを助けるのに役立つ個人的知識を身につける方向に向かわなければならないということです。患者の複雑な精神病理と心理療法の基本原則を理解できるように私たちセラピストを助けてくれる点では，専門的知識が不可欠であると，私は強く思います。しかし，精神医学と心理療法という領域はまだ新しく，主として前世紀の間に発展し，最近数十年の間に開花したものです。これに対して，2000年以上にわたる哲学的・スピリチュアルな文献において，私たちが蓄積してきた知恵があります。過去15年間に私が気づいたことは，この文献が，精神保健に関する専門的文献と同じくらいトラウマ治療と関わりが深い——そして，より啓発的であることが多い——ということでした。

　私たちが今日では「トラウマ的」と解釈する人間生活の悲劇は時代を超越しており，したがって，癒しのための基本的な人間的資源もまたそうなのです。時代を超越したこれらの諸問題について，私たちは，今では以前よりも優れた科学的理解を有していますが，人間的結びつきの基本的役割は変化していません。そして，世界中の人間集団の大部分の人たちにとって，スピリチュアルな結びつきはきわめて重要です。私が本書で述べたことですが，現代の愛着理論と愛着研究は，このようなスピリチュアルな結びつきの持つ価値とそこに生じうる諸問題に光を当てることができます。良かれ悪しかれ，スピリチュアルな関係は，慰めを与えることもあれば葛藤に満ちたものになる可能性もあるという点で，人間の愛着と類似する傾向を持っています。

　ここまでに，「素朴で古い療法」という用語を使用するときに私が思い浮かべているのは，上述のような「古く」て尊敬に値する文献と人間的理解だということを，明

日本語版への序文

らかにできたのであれば幸いです。トラウマを治療することは，きわめて骨の折れることではありますが，そこに神秘的なものは何もありません。読者は，ぜひとも専門的知識と特異的訓練を求めるべきです。しかし，最も重要で，どのような場合にも必要となるもの，つまり私たちの基本的な人間性については，それに代わるものはありません。Dr. 上地が，私たちの研究についての深い理解と，この視点を日本の精神保健領域でも利用できるようにすることへの熱意を示してくれたことは，私にとって非常に光栄なことです。この企てにおいて彼とともに作業を進めたおかげで，私たちトラウマ・セラピストが出合う諸問題についても，それらを改善するために私たちが用いる手段についても，私は国や文化を超えた普遍性を認識することができました。この翻訳書を読む読者は，間違いなく，Dr. 上地の人間的であるスキルから恩恵を受けることでしょう。

2016年7月　　　　　　　　　　　　　　　　　　　　　　　ジョン・G・アレン

著者紹介

　ジョン・G・アレンは，メニンガー・クリニックの上席常勤心理士であり，ヘレン・マルシン・パレイ助成精神保健研究の代表者の地位にあります。彼は，ベイラー医科大学のメニンガー精神医学・行動科学部門の精神医学教授であり，ヒューストン‐ガルヴェストン精神分析研究所およびテキサス医療センタースピリチュアリティ・健康研究所の非常勤指導者です。アレン博士は，心理学の学士号をコネチカット大学で取得し，臨床心理学の博士号をロチェスター大学で取得しました。彼は，博士号取得後の臨床心理学の訓練をメニンガー・クリニックで完了しました。彼は，心理療法，診断面接，心理教育プログラム，実証研究を行っており，トラウマと関連する障害と治療結果を専門領域としています。彼は，学部レベル，大学院レベル，博士取得後レベルの人に対する幅広い教育に携わってきました。彼は，"*Bulletin of the Menninger Clinic*"の旧編集委員，"*Journal of Trauma and Dissociation*"の共同編集委員，"*Psychological Trauma: Theory, Research, Practice, and Policy*"の編集委員会メンバー，"*Psychiatry: Interpersonal and Biological Processes*"の編集委員会メンバーです。彼の著書には，"*Coping with Trauma: Hope through Understanding*," "*Coping with Depression: From Catch-22 to Hope*"，Peter Fonagy と Anthony Bateman との共著である "*Mentalizing in Clinical Practice*"〔邦訳：『メンタライジングの理論と臨床』，北大路書房〕があり，これらはすべて American Psychiatric Publishing によって出版されたものです。彼は，"*Traumatic Relationships and Serious Mental Disorders*" の著者であり，Peter Fonagy とともに "*Handbook of Mentalization-Based Treatment*"〔邦訳：『メンタライゼーション・ハンドブック』，岩崎学術出版社〕の編者ですが，これらはどちらも John Wiley & Sons によって出版されたものです。彼は，現在までに，トラウマと関連する諸問題，心理療法，治療同盟，入院治療，心理アセスメントに関する多数の専門的論文および書籍の章の著者や共著者となっています。

［注］ジョン・G・アレンは，2016年6月末にメニンガー・クリニックを退職しました。

前書き

　本書を読もうと考えている人は，大きな驚きを体験する覚悟をしなくてはなりません。何十年か前に，イギリスのテレビで，子ども向けの連続SF映画が放映されていました。ちなみに，その頃，私は，ロンドンで大人になりつつある青年でした。その番組の主人公の宇宙船は，外側から見ると電話ボックスのように見えました。しかし，ドクター・フー（Dr. Who）（主人公でタイムロード〔という異星人〕の一人）が中に足を踏み入れた途端，まるで魔法のように，そこは時空を超える旅行ができるハイテクの宇宙船ターディス（Tardis）の中なのです。本書：『愛着関係とメンタライジングによるトラウマ治療―素朴で古い療法のすすめ』から私が思い浮かべるのは，このような一種の錯覚です。「素朴で古い療法」という普通のものに見せかけながら，ジョン・アレンは，私たちの目を開かせ，途方もない臨床的・科学的眺望を創り出します。トラウマは心理的孤立状態で体験される精神的苦痛の結果として理解できるだろうという単純そうにみえて実はそうではないアイディアが，並外れた練達さで展開され，発達，トラウマ，治療的交流についての新たな展望を提供し，心理社会的治療の科学的基盤のための新たな多次元的統合をもたらします。

　心理療法の大部分の形態に通底する単一の理論を見出すことは，様々な様態の心理療法が誕生し，後に急速に発展した世紀において主要な課題となりました。何百という心理療法の「ブランド」が，すべて独自の心理的プロセスに依拠していることなどありえないという疑いを私たちは常に抱いていましたが（Kazdin, 2009），いわゆる共通メカニズムを突き止めることは，それを見出すための探求を行ったすべての人にとって手に余ることでした（例えば，Frank, 1988; Frank & Frank, 1991）。私の見解ですが，素朴で古い療法は，困惑するくらい多数のアプローチを2，3の基本的な臨床的・心理的プロセスに集約するために私たちが探し求めてきたものに最も近い，心理学的治療の要素の抽出です。つまり，それは，説得力があり，エビデンスに基づいており，患者とセラピストの両者にとって理解，学習の促進，実施上の助けを与えてくれるという点でも有益な集約です。アレンは，これまでに刊行された数冊の優れた著書（Allen, 1995, 2001, 2005, 2006; Allen et al., 2008）において，多数の理論的・臨床的な貢献をしてきており，それらの貢献は，ジョン・ボウルビイ（Bowlby, 1969），アーロン・ベック（Beck, 1976），マーシャ・リネハン（Linehan, 1993），シドニー・ブラット（Blatt, 2008）の研究と肩を並べるものとみなされるべきです。本書においては，前著から続く複数の流れが1つにまとめられ，トラウマに関連する障害とその

前書き

治療についての私たちの理解に一段の飛躍をもたらします。

　アレンは，すべての重要な貢献者たちと同様に，一方で単純化しながら，同時に，新たに相当な水準の洗練性を付け加えます。彼のモデルの根拠となっているものは，愛着理論であり，また，養育者と無力な乳児の関係がすべての親密な関係の機能の原型であるという確信です（もちろん，私もこの確信を共有しています）。そのような関係はすべて，情緒的応答を秩序化するものであり，自己と他者の主観的体験に基づいて行動を理解する萌芽的能力〔萌芽的メンタライジング能力〕を触発するものです。実際，社会的認知の洗練度の増大が，一見すると無関係な種特有の特徴，例えば，乳児期の無力さ，幼年期の長期化，積極的子育ての出現と連動して生じた進化だということは，心理療法家にとっても重要でしょう。

　愛着関係は，社会脳の十分な発達を保証します。もちろん，この拘束があるので，乳児－親関係は，乳児に心について教える訓練の場となります。複数の大人による積極的子育てがもたらす，人の乳児にとっての選択的利点は，神経認知的・社会的な能力が十分に発達するための機会をそのような子育てが提供するということです。子どもは，愛着対象の中に心を見出しますが，同じように愛着対象の行為の中に自分自身を見出そうとします。乳児は，心理状態の性質について学び，特定の心理状態を象徴によって表すことを学びます。

　しかし，アレンは，このストーリーをさらに先に進めます。自己への慈しみを愛着と結びつけることによって，彼は，メンタライジングとマインドフルネスと愛着に関する諸文献を見事に結びつける，十分に統合された理論を発展させることができるのです。彼は，こう書いています。「要するに，マインドフルネスも，メンタライジングも，受容も，敏感な応答性の実例なのです。そして，3つすべてが，親子関係においても，友情においても，恋愛関係においても，そして素朴で古い療法においても，安心を獲得するために不可欠なのです」(p.37) これは卓越した洞察です。なぜなら，それは，個人のメンタライズ能力を増大させることに焦点を絞る心理療法アプローチに（受け入れるに値するという）「価値」を付与するからです。「素朴で古いセラピスト」は，謙虚な好奇心と，患者の目を通して世界を見ようという不動の決心のおかげで，主観的体験に対する忍耐，慈しみ，受容の態度を黙示的・明示的に生み出すでしょう。そして，その態度は，自分の感情に関して自分自身を責める傾向を徐々に緩和するのです。

　約20年間にわたる理論的・臨床的な研究が最終的にはこのすばらしい著書に表現されたわけですが，その研究に基づくアレンの卓越した臨床的洞察は，以下のようなものです。つまり，情動調整と社会的理解がうまい具合に同時生起するなら正常な発達

が保証されるわけですが，これらのプロセスが結びつかないことがトラウマの背景を生み出すということです。もしネガティヴな情動が他者の敏感な応答によって調整されるのが正常であるとすれば，喪失への反応として生じる恐怖感や悲嘆に対して，かなり波長の合った慰めが与えられないときには，心の状態に何が起きるでしょうか。耐えがたい情動状態を省察し（reflect on）てもらえないことが何度も繰り返されるとき，その個人の苦しみに対して共鳴し，省察し，適切に応答できるもう1つの心が不在であることによって，その耐えがたい情動状態がトラウマになるのです。心的外傷後ストレス障害はメンタライジングの部分的不全だということが，アレンによって示されています。そうであることはトラウマ後のフラッシュバックをみればわかりますが，フラッシュバックにおいては，記憶は，主体の連続性とのつながりを失い，物理的現実の体験が持つあらゆる威力を伴って体験されます。解離的離脱においては，感情をメンタライズすることの不全が非現実感をもたらします。患者が感じている主観的苦痛に対して，適度に敏感な人が慈しみ（マインドフルな受容）を込めて応答することができる状況を心理療法が再び創り出し，そのおかげで，その人〔患者〕は，常にそれから逃げようとしてきた主観的状態を体験し，表出し，理解し，省察する（要するに，**受容する**）ことができます。

　本書は，トラウマを手始めに，発達精神病理学が過酷な逆境と関連づけてきた精神病理状態（Cicchetti & Valentino, 2006）の大部分と正面から取り組んでいます。アレンが，不安，抑うつ，自傷，摂食障害，自殺，自殺念慮を，1つの人間中心の枠組みに収める手際の良さには魔術的なものがあり，それは読者に一息つく時間さえ与えないときがあるでしょう。しかし，彼の格調高い筆致は，これらすべての状態が素朴で古い療法の必要性を証明するものだという要点を力説しています——ちなみに，彼が言う素朴で古い療法は，セラピストの共感のおかげで患者が情動的苦痛の中で孤立無援であると感じなくてもすむようなメンタライジング的関係のことです。

　このタイプの二者関係につきものの課題の探求が，たぶん本書が最も即座に提供できる実践的示唆でしょう。患者の破壊的行動が患者と一緒にいる人たちに耐えがたい情動状態を引き起こし，次にはそれが安定型愛着の可能性を効果的に破壊し，それとともに，メンタライジングの再活性化をも台無しにしてしまうありさまを，アレンは明らかにしています。他者にトラウマ的影響を与えることによって生じる孤立のために（情動的苦痛の中で孤立無援となるという意味で）さらにトラウマを負ってしまうトラウマ患者についての記述の中に，アレンが私たちに与えてくれる教訓が含まれています。セラピストも，怯えており，なす術がないと感じる点では患者の家族と変わりはないのであり，慈しみを伴う理解の能力を深刻なほど制限され，患者を助けるど

前書き

ころか傷つけてしまうこともあるでしょう。

　本書は，治療における心理学的アプローチに関して新たなページを開くものです。アレンの驚異的な統合力，認識論的・臨床的・実証的な境界を超えていく能力は，21世紀の面接室に新たな種類の創造をもたらします。この「素朴で古い」実践者は，決して素朴ではなく，自分の流儀に固執しているわけでもありません。それとは程遠いのです。彼は，①エビデンスに基づく実践，②精神障害の生物学，③現象学的伝統に由来する診断の伝統，④発達とパーソナリティに関する研究における複雑な心理学的モデルの多く，⑤脳画像と疫学，だけでなく，⑥前世紀にまで遡る精神力動的思考にも精通しています。注目するべき点ですが，彼が標榜する治療的アプローチは，これらすべての伝統から得られた知識を尊重しています。

　しかし，アレンは，同時に，この知識の限界についても気づかせてくれます。例えば，彼は，愛着トラウマの影響に関する実証研究に対して精神医学的診断が果たした画期的貢献を認識できるように私たちを助けてくれますが，同時に，重なり合った複数の障害の診断が個人についての首尾一貫した理解を衰退させてしまうことを，彼は証明しています。同じように，彼は，社会精神医学の伝統を無差別に適用することを避けます。そして，彼は，複雑なトラウマ性ストレスという広領域を前提としてトラウマの汎用的概念を作り上げることについても快く思っていません。彼は，心理的障害を理解するための，厳格なまでに人間中心的，発達的なアプローチにとどまります。彼は，エビデンスに基づく療法という厄介な領域の中で私たちを巧みに導き，マインドフルネス，メンタライジング，愛着に基づく療法という三者の斬新な組み合わせである「素朴で古い療法」にたどり着きます。そして，この療法は，セラピストと患者の両者が——黙示的かつ明示的に——探し求めている診断的理解を与えてくれるのです。

　本書は，新たな治療形態の始まりを告げるものです。そのアプローチは，**厳格な柔軟性**と名づけてもよいような矛盾語法的な特徴が目印です。それは，知的機敏さの驚くべき偉業です。以前の著作を通して，アレンは，臨床的に重要なアイディアを，専門家でない読者に対しても，専門家である読者に対しても，同時に，また同じくらい効果的に伝えるための特有の形を作り上げました。彼は，それを行う際に，分別を弁えた方法で科学を活用するのですが，それは，①導きと情報を与えるために，②よくわからない現象を理解しやすくするために，③必要なときには常識を強化するために，そして，とりわけ，④体系的理解が私たちの役に立たない場合には無知を許容するために，科学を活用するということです。このおかげで，アレンの著作は，不思議なくらいとっつきやすく，また，セラピストおよび科学者としての彼のアイデンティティ

の中核にある教育法に忠実です。しかし，本書は，（これに先立つ著書もそうですが）臨床的・科学的な観察結果の単なる要約および詳述をはるかに超えています。素朴で古い療法の理論は，心理療法についての，初めての適切な「統一理論」であり，本書におけるその記述自体がきわめて大きな達成なのです。おめでとう。アレン博士。私たちは，もうほとんど到達したようなものですね。

ピーター・フォナギー　Ph.D., F.B.A.
ロンドン大学，フロイト記念精神分析学教授
ロンドン，アンナ・フロイト・センター所長

引用文献

Allen JG: Coping with Trauma: A Guide to Self-understanding. Washington, DC, American Psychiatric Press, 1995

Allen JG: Traumatic Relationships and Serious Mental Disorders. Chichester, UK, Wiley, 2001

Allen JG: Coping with Trauma: Hope through Understanding. 2nd Edition. Washington, DC, American Psychiatric Publishing, 2005

Allen JG: Coping with Depression: From Catch-22 to Hope. Washington, DC, American Psychiatric Publishing, 2006

Allen JG, Fonagy P, Bateman A: Mentalizing in Clinical Practice. Washington, DC, American Psychiatric Publishing, 2008

Beck AT: Cognitive Therapy and Emotional Disorders. New York, International Universities Press, 1976

Blatt SJ: Polarities of Experience: Relatedness and Self-Definition in Personality Development, Psychopathology, and the Therapeutic Process. Washington, DC, American Psychological Association, 2008

Bowlby J: Attachment and Loss, Vol. 1: Attachment. London, Hogarth Press and the institute of Psycho-Analysis, 1969

Cicchetti D, Valentino K: An ecological-transactional perspective on child maltreatment: failure of the average expectable environment and its influence on child development, in Developmental Psychopathology, 2nd Edition, Vol. 3. Edited by Cicchetti D, Cohen DJ. New York, Wiley, 2006, pp.129-201

Frank JD: Specific and non-specific factors in psychotherapy. Current Opinions in Psychiatry 1: 289-292, 1988

Frank JD, Frank JB: Persuasion and Healing: A Comparative Study of Psychotherapy. Baltimore, MD, The Johns Hopkins University Press, 1991

Kazdin AE: Understanding how and why psychotherapy leads to change. Psychotherapy Research 19: 418-428, 2009

Linehan MM: Cognitive-Behavioral Treatment of Borderline Personality Disorder. New York, Guilford, 1993

序　文

　本書は，愛着関係におけるトラウマ——極端なものとしては幼年期の虐待とネグレクト——という健康上の主要問題に取り組むものです。トラウマを負った患者と，患者を援助しようとするセラピストは，トラウマが関与して生じる多数の精神障害と闘わなくてはなりません。心的外傷後ストレス障害〔PTSD〕は，その多数の中の1つにすぎません。セラピストは，この複雑さに向き合うと，良いものが多すぎることにも辟易することになります。つまり，異なる諸々の精神医学的障害に対して，それよりもさらに幅広い一連の治療アプローチがあり，PTSDだけをとってみても，多くの異なる介入法があるということです。このような専門的細分化のせいで，私たちセラピストも，患者たちも，トラウマとその治療の本質を見失ってしまう危険性があります。議論を刺激するために，私は次のように主張します。つまり，私たちは，「素朴で古い」心理療法の価値を正しく評価しなければならないということです。

　私は，取るに足らないことを言うつもりはありません。そうではなくて，私は，専門的心理療法が作り出されるずっと以前から存在していた治療的関係の尊重するべき諸特徴を，実証研究に基づいて論じようとしているのです。しかし，私は，愛着関係に関する実証研究から得られた新しい知識に基づいて，治療関係を提供する私たちの能力を洗練させることも可能であると，考えています。この研究は，私たちに，愛着関係におけるトラウマの性質について教えてくれ，さらにはトラウマが対人関係においてどのような形で修復されるかについても教えてくれます。

　さらに詳しく言うと，メンタライジング——自己と他者における，思考と感情のような心理状態への関心——の基本的重要性についての認識を育てるなら，そのおかげで，私たちは，トラウマを理解する鍵と私が信じているものに通じる道に，そして回復に通じる道に，向かうことができます。それは，愛着関係という脈絡でのメンタライジングということです。愛着理論と実証研究は，そこにメンタライジングを含めることにより，トラウマ治療のための確固とした基盤を与えてくれます。そして，その基盤は，私たちセラピストと患者たちに，私たちが何をしているのかについてのより明確な考えを与えてくれるのです。

　本書は，幅広い読者に向けられたものです。私が患者向けの『トラウマへの対処』(*Coping with Trauma*) という本の初版を書いたときに，それが平易な言葉で書かれており，患者の体験を反映したものであるため，セラピストたちも愛読してくれました。それを知って，私は嬉しく思いました。それだから，私は，患者だけでなくセ

ラピストをも念頭において，その第2版を書きました．それと同じように，私は，専門家と一般読者に向けて本書を書いたのです．なぜそうしたのかというと，私たちは共通の言葉で語る必要があるという私の信念を表明するためです．本書は，徹頭徹尾，理論と実証研究に基づくものですが，スタイルは会話体であり，理解するのに専門的素養は一切必要ありません．また，私が『イントロダクション』で説明するように，それは，煎じ詰めれば常識ということに帰着するのです．

　30年以上にもわたってメニンガー・クリニックで働いたおかげで，私は，トラウマについて学び，そればかりか，学んだことを言葉にして幅広い読者に伝える貴重な機会を与えられました．私は，入院患者と外来患者に対して長期にわたる心理療法を実施しました．最近の数年間に関しては，私の実践は，数週間にわたる集中的入院治療という状況下で心理療法を提供することで占められています――現代の病院精神医学においては稀にしかみられない贅沢さです．さらに，クリニックでの私の仕事は，トラウマ，うつ病，愛着，メンタライジングに関する心理教育グループを開発し，実施する貴重な機会を与えてくれました．私は，患者に教えることが患者から学ぶための最良の方法の1つであることを発見しました．患者たちは，真の専門家であり，持っている知識を惜しげもなく分け与えてくれました．本書においては，この最近の実践から得られた多くの臨床例を使用しました．秘密保護のために，事実の細部に変更を加え，様々な患者から要素的部分を取り出して組み合わせました．

謝　辞

　私は，執筆中の原稿の様々な部分について論評してくれた多くの共同研究者の皆様に感謝いたします。その方々は，Chris Frueh, Chris Fowler, Daniel Garcia, Len Horwitz, Jim Lomax, Mario Mikulincer, Elizabeth Newlin, Ken Pargament, Debbie Quackenbush, Shweta Sharma, Rebecca Wagner です。私は，Flynn O'Malley, Michael Groat, Harrel Woodson との共同作業の中で，メンタライジングの応用についての理解を豊かにし続けており，この方々は，患者を教育しようとする私の努力を熱心に受け入れてくれました。私は，認知行動的アプローチに関する造詣を私に伝授してくれた Tom Ellis と John Hart にも感謝いたします。メニンガー・クリニックのマーケティング部門の上席編集者である同僚の Roger Verdon に感謝いたします。彼は，原稿が完成する途上で最初の完成原稿全体について論評してくれ，その専門的助言で私の努力を支えてくれました。私が Peter Fonagy に負うところがきわめて大きいことは，本書のページの至る所で明らかになることでしょう。Peter の天賦の才能に勝るとも劣らないのが彼の寛容さであり，私は，過去20年間の大半において，その両方から恩恵を受けるという栄誉に浴しました。また，Anthony Bateman とともに議論し，教え，執筆したことも，私にとって幸運でした。彼の地に足を着けた臨床的アプローチは，私と素朴で古い療法との親和性を強めてくれました。そして，私は，妻の Susan にとくに感謝しております。熱意と批判が混じり合った彼女の鋭い批評は，本書の読みやすさに計り知れないほど貢献しています。私は，この仕事をする時間を与えてくれたメニンガー・クリニックの運営面での助けなしには，本書を執筆することはできなかったでしょう。この点では，とくに，所長の Ian Atkinson，主任の John Oldham，医長の Sue Hardesty に感謝いたします。最後になりましたが，American Psychiatric Publishing の書籍部門の，編集主任 Robert Hales，および編集長 John McDuffie に，変わることのない感謝を表明いたします。二人の導きとサポートは，本書の進展経過を通して不可欠であり，また，本書の焦点と首尾一貫性に貢献しました。また，私は，最終印刷過程で編集を巧みに管理してくれた上席企画編集者の Roxanne Rohdes に感謝いたします。

イントロダクション

　本書は，不動の地位を確立した実践のあり方に異議を唱えるものです。その実践というのは，セラピストが精神医学的障害を診断し，その後に，エビデンスに基づく治療を処方するということです——その治療とは，その障害を改善するのに効果的であることが，統制されたエビデンス研究を通して明らかにされた構造的アプローチです。それでは，より妥当なものが他に何かあるというのでしょうか。しかし，この数十年の間に，精神医学的診断名およびエビデンスに基づく心理療法は，雨後の筍（うごのたけのこ）のように増えました。この急増に伴って，私が「略語マニア」と揶揄している災いが生じたのです。障害の略語名としては，PTSD，GAD，OCD，MDD，SAD，DID，BPD があります。エビデンスに支えられた治療の略語名としては，めぼしいものをあげるだけでも，PE，EMDR，ERP，CBT，EFT，SIT，DBT，DIT，TPP，PCT，IPT があります。両者を組み合わせると，PTSD には EMDR，BPD には DBT，OCD には ERP といった具合です。これらをすべて記憶できる人がいるでしょうか——まして，略語化されたこれらすべての心理療法の実践を学ぶことができる人がいるでしょうか。しかし，略語名を用いないセラピストは，アイデンティティのない専門家ということになります。本書において，私は，過度の専門化——おびただしい数の精神医学的障害のそれぞれに，おびただしい数の心理療法があること——に対する嫌悪を隠そうとは思いません。しかし，心理療法的アイデンティティがほしいという欲求に抗いがたいので，偏ってはおりますが，私は，ここで自分自身を「素朴で古い療法」（plain old therapy）の実践者であると宣言いたします——ただし，読者がそれをマリファナと混同しないように，その略語名を使用することは控えようと思います〔★訳注1：plain old therapy の略語名 POT は，マリファナという意味である〕。

　私は，メニンガー・クリニックの患者の家族成員に向けたワークショップで，トラウマに関して行った発言の最後の一瞬を鮮明に記憶しています。私が質問とコメントを求めたときに，部屋の後ろのほうにいた〔患者の〕父親が立ち上がり，「あなたが言ったことは，要するに常識ということじゃないんですか」と疑問をぶつけてきました。私は，喜んで「あなたは，私の言いたいことを完璧に理解していますよ」と答えました。しかし，常識というのはこの分野では高い志なのですと，私は述べました。知らないうちに，私は素朴で古い療法に向かう道の上にいたのです。本書の分量と複雑さが証明しているように，その道は短くないし，まっすぐでもありません。私が精神医学の全領域を軽視しているのではないことを読者に保証しながら，その道に光を

イントロダクション

当てるために，私は，トラウマとその治療についての常識的な話を吐露することから始めようと思います。

　愛着関係に伴う安心感は，情動的苦痛を調整する最良の手段です。原型は，私たちすべての心の中にあります。怯えている子どもを慰める母親です。母親は，子どもの苦痛への心理的波長合わせを通して子どもを慰めます。子どもは，母親の共感を予期して，安定した愛着を形成します——つまり，苦痛なときには，自信を持って母親に慰めを求めます。トラウマは，**耐えがたい情動的苦痛の中に心理的に孤立無援で何度も放置されることから発生するのだ**というのが，私の見解です。早期の愛着トラウマ——不適切な養育——は，この点において最も有害なのです。なぜなら，子どもの心の中にいる愛着対象（attachment figure）の当然の機能として，慰めと安全を与えることが期待されているからです。ところが，トラウマ的愛着関係は，情動的苦痛を軽減できないばかりか，それを生み出してしまいます。この２つの要素が合流するために，子どもは，愛着を求めていながら愛着を恐れるという極端な拘束状態におかれることになります。この体験がもたらす外傷的結末は，セラピストが味わう苦しみです。つまり，心理療法は信頼関係がそこにあるおかげで有益なのですが，患者は信頼するということができないのです。

　メンタライジングは学術用語のように思えることでしょうが，私は，愛着トラウマを理解し治療する際には，メンタライジングという概念が不可欠であることに気づきました。簡単に言えば，メンタライジングとは，自己と他者の心理状態への波長合わせを伴うものです——Peter Fonagyの巧みな言い回しを使用するなら，**心で心を思うこと**（holding mind in mind）です。常識的な話を続けますが，メンタライジングはメンタライジングをもたらします。メンタライズする——心で子どもの心を思う——親は，それによって子どもを慰めるだけでなく，子どもが自分自身の感情を理解できるように子どもを助けているのです。心理的に抱えてもらうと，子どもは感情に波長を合わせるようになり，最終的には，愛着関係からの直接的な助けがあろうとなかろうと，情動を調整することができるようになります。また，その子どもは，他者に対する共感をさらに高め，最終的には，おそらく自分の子どもに安定した愛着関係を提供する共感的な親になることでしょう。ある世代から次の世代へと続く社会的学習の直接的過程の中で，メンタライジングはメンタライジングをもたらし，同時に，安定した愛着は安定した愛着をもたらします。逆に言えば，愛着トラウマを体験すると，メンタライジングと安定した愛着の発達が台無しにされ，それによって——愛着対象の助けを借りて，あるいは助けを借りずに——情動的苦痛を制御する能力が損なわれてしまいます。安定した愛着とメンタライジングがそうであるように，愛着トラ

ウマとメンタライジングの機能不全も，世代から世代へと伝達されることがあるのです。

　常識的な話の結論を言うと，トラウマの解毒剤——そして，ある世代から次の世代へのトラウマの伝達を遮断する手段——は，情動的苦痛をメンタライズすることを通して，安定した愛着を形成する能力を強化することです。平易な言葉で言うと，トラウマを負った人は，情動的苦痛を，耐えることができるもの，そして理解できるものにするための配慮的で共感的な関係を必要としているのです。ありがたいことに，愛着の安定性は様々な配慮的関係によって強化することができますし，そのような関係には，拡大家族の成員，親しい友人，聖職者，恋人との関係が含まれています。悲しいことですが，愛着トラウマは，どのような場合にも共通して人を疎外するものであり，疎外は治癒に向かう上記のような自然な道を閉ざしてしまいます。前世紀に，心理療法がこの溝を埋めるところまで発展しました。しかし，心理療法がトラウマからの治癒を促進する方法は，上記のような他のすべての愛着関係の場合と異なるものではなく，その中核となっているのはメンタライジングです。「素朴で古い療法」は，何千年にもわたって人間という種を支えた素朴で古い配慮的関係の現代的・専門的な亜型なのです。

　常識で身を固めて，ここで本書を読むのをやめることもできるでしょう。しかし，常識は科学に取って代わるものではありません。そして，この常識的な話が健全であり，心理療法の実践にとって有意味であるという私の確信は，急激に増えている愛着研究によって大いに強められてきました。この説得力のある実証研究の流れをかなり詳しくレビューすることによって，私は，トラウマと心理療法についてのこの考え方を採用するように読者に勧めたいと思います。愛着とメンタライジングに対する私の熱い思いは，宣教への熱意のような印象を与えるでしょうが，私は，誰かを改宗させようと願っているのではありません。私は，他の考え方や実践のあり方に挑戦したり対抗したりするつもりはなく，むしろそれらをさらに豊かなものにしたいのです。それらを複数の島に喩えるなら，私はそこに居住したいのではなく，それらに橋をかけたいのです。このようなわけで，精神医学的障害と伝統的な心理療法について，愛着トラウマの視点から文献のレビューを行います——それは，実質的には，新しい概念的レンズを提供することです。

　その計画は単純です。第 1 章で，私は，愛着トラウマにおける基礎固めを行いますが，時間をかけてそれに到達する必要があります。私は，最初に，乳児期と児童期における愛着の源泉から話を始めます。幼年期に関するこのような研究は，安定型愛着と不安定型愛着の明確な原型を確認しました。そして，それらの成人期との類似は，

イントロダクション

劇的です。したがって，良かれ悪しかれ，愛着パターンは，ある世代から次の世代へと伝達されることがあり，それは，愛着研究が証明しているとおりです。愛着の発達と世代間伝達は，私がこの後に長い時間をかけて論じるように，メンタライジングと絡み合っています。両者をつなげて論じる際に，私は，メンタライジングのレビューにマインドフルネスを含めます。なぜなら，この2つの重なり合う概念は，互いを促進し合うからです。愛着とメンタライジングにおけるこの基礎固めによって，読者は，愛着を，幼年期に発達し，成人期の歩みに影響を与えるものとして理解するところまで到達することでしょう。

　愛着トラウマというレンズを使用するときには，立体鏡的視野が必要です。なぜなら，私たちセラピストと患者たちは，精神医学という確立した領域で治療作業を進めるからであり，精神医学においては，精神医学的障害との関わりの中で治療が発展してきたからです。あまりに頻繁に，トラウマは，PTSDと等しいものとみなされます。PTSDと同様に，解離性障害も，一般的にはトラウマから生じるものですし，解離は，全面的にPTSDと絡み合っています。したがって，私は，これらの障害のために1つの章を割きます。しかし，愛着トラウマのせいで，人は，PTSDと解離の他にも多くの異なる精神医学的な障害や問題が発現する危険に曝されます。そして，それが'複雑な心的外傷性ストレス障害'という概念につながるわけで，それはもう1つ別の章の主題となります〔' 'は訳者が付加〕。

　立体鏡的視野を頼りに危険な綱渡りをするのですから，私は，トラウマ治療のために2つの章を割きます。トラウマはPTSDに集約されるわけではありませんが，PTSDが精神医学的診断として公的に認知されたことは，異なる治療アプローチとその有効性に関する研究の発展を刺激する天の恵み（boon）であり続けてきました。患者もセラピストも同様に，これらのエビデンスに基づく治療について知る必要がありますので，私はそれらの治療のために1つの章を割きます。しかし，愛着トラウマは，PTSDの範囲をはるかに超えており，特定の精神医学的障害，治療法，理論的学派を超えた統合的アプローチを要求しています。長い道のりの最後には，愛着とメンタライジングに関する現代の研究，および治療結果に対する治療的関係の寄与に関する尊い研究に基づいて，素朴で古い療法が必要である理由を述べます。私が思い描く素朴で古い療法は，決して，まったく素朴であるわけでも，まったく古いわけでもありません。それに，私たちは，進行中の研究を通して，それを洗練させていかなければなりません。私は，愛着トラウマの治療という脈絡で素朴で古い療法の実践を標榜しているわけですが，次の2つの根拠から，私は，本書に一般的な適用可能性を持たせています。第一に，私は，トラウマについて広い見方をしています。第二に，心理

療法における愛着とメンタライジングの役割を理解することは，私が出会う全範囲の患者たちに対する私の治療作業を研ぎ澄まされたものにしてくれることに，私は気づきました。

　今や，私は，本書の全体的目的をきわめて単純明快に述べることができます。一般医学の場合と同様に，心理療法の領域も，ジェネラリストとスペシャリストを必要としています。明らかなことですが，私たちの心理療法の領域では，スペシャリストが，エビデンスに基づく治療を携えて，科学をひとり占めしています。それに対して，私たちジェネラリスト——名称は何であれ素朴で古い療法の実践者——も，自分の実践のために科学的エビデンスにしっかりと根を下ろしているのであり，それを示すことが私の目的なのです。

　さらに，素朴で古い療法の実践は，科学に裏づけられてはいますが，1つの倫理的な企てであり，すべての配慮的関係と関連するものであるというのが，私の見解です。そういうわけで，私たちは，科学に加えて哲学から学ぶべきことがたくさんあるのです。このような調子で，道の終わりに到達すると，最終章では，広くて開放的な領域が待っています。科学をなおざりにするのではまったくありませんが，この最終章は，精神医学の範囲を超えて，トラウマの実存的‐スピリチュアルな側面に目を向けます。そして，それは，すべての精神医学的障害よりもはるかに難題を伴うものであると，私は考えています。

目次

日本語版への序文　i
著者紹介　viii
前書き　ix
序文　xiv
謝辞　xvi
イントロダクション　xvii

第 I 部　愛着トラウマと精神医学的障害

第 1 章　愛着・メンタライジング・トラウマ　2

1．幼年期　3
　（1）鍵となる概念　3
　（2）安定型の愛着　6
　（3）アンビヴァレント - 抵抗型の愛着　7
　（4）回避型の愛着　8
　（5）子どもの気質　8
　（6）養育に対する環境の影響　9
　（7）持続性と変化　10
　（8）愛着の安定性の発達的恩恵　10

2．成人期　11
　（1）恋愛関係における愛着　12
　（2）成人における恋人への愛着の測定　13
　（3）成人における親への愛着の測定　16
　（4）成人における安定型愛着　18
　（5）成人におけるアンビヴァレント - とらわれ型愛着　22
　（6）成人における回避 - 軽視型愛着　25
　（7）成人愛着の関係特異性　28
　（8）一致と不一致　29
　（9）持続性と変化　30

3．愛着関係におけるメンタライジング　31
　（1）マインドフルネス　31
　（2）メンタライジング　33
　（3）マインドフルネスとメンタライジングの統合　36

4．愛着トラウマ　38
　（1）ストレンジ・シチュエーションにおける乳児の無秩序型愛着　40
　（2）欠陥のある養育と乳児の無秩序型愛着　41

xxiii

目 次

　　　（3）成人期における無秩序型愛着　43
　　　（4）無秩序型愛着におけるメンタライジングの機能不全　45
　　　（5）非メンタライジング・モードの体験　47
　　　（6）無秩序型愛着の発達的影響力　49
　　5．総括　52
　　6．要点　54

第2章　心的外傷後ストレス障害と解離性障害　56
　　1．心的外傷後ストレス障害　57
　　　（1）論争　59
　　　（2）トラウマの定義　61
　　　（3）PTSD の定義　64
　　　（4）遅発性 PTSD　68
　　　（5）トラウマ記憶　70
　　　（6）アイデンティティ　77
　　　（7）PTSD の原因　78
　　　（8）PTSD について下すことができる結論　82
　　2．解離性障害　84
　　　（1）トラウマ的出来事の最中の解離　86
　　　（2）離脱　89
　　　（3）区画化　93
　　　（4）愛着トラウマと解離　97
　　　（5）PTSD における解離　101
　　　（6）診断上の課題　102
　　　（7）解離の克服　102
　　3．要点　104

第3章　複雑な心的外傷性ストレス障害　106
　　1．抑うつ　107
　　　（1）誘因的ストレス　108
　　　（2）愛着トラウマ　111
　　　（3）抑うつとメンタライジング　112
　　2．不安　113
　　　（1）不安・抑うつ・トラウマ　113
　　　（2）1つの障害か2つの――または3つの――障害か　114
　　3．物質乱用　115
　　　（1）トラウマと物質乱用　117
　　　（2）PTSD・解離・抑うつ・物質乱用　117
　　　（3）メンタライジングと物質乱用　119
　　4．健康不良　120
　　5．摂食障害　121

6．非自殺性自傷　123
　（1）概説　123
　（2）発現　125
　（3）機能　126
　（4）愛着関係における悪循環　127

7．自殺念慮状態　129
　（1）自殺念慮状態の発現　130
　（2）自殺念慮状態における非メンタライジング　131

8．パーソナリティ障害　137
　（1）パーソナリティ障害の診断　138
　（2）パーソナリティ障害に対する愛着トラウマの寄与　139
　（3）境界性パーソナリティ障害　140

9．複雑な心的外傷性ストレス障害の診断　144
　（1）複雑性PTSD　144
　（2）発達性トラウマ障害　145
　（3）診断を超えて　146

10．診断的理解に向けて　147

11．要点　151

第II部　治療と癒やし

第4章　エビデンスに基づく治療　154

1．心的外傷後ストレス障害の治療　155
　（1）持続エクスポージャー　155
　（2）認知療法　161
　（3）眼球運動による脱感作と再処理法（EMDR）　163
　（4）集団心理療法　164
　（5）カップル療法・家族療法　165
　（6）論評　167

2．境界性パーソナリティ障害の治療　168
　（1）弁証法的行動療法（DBT）　168
　（2）転移焦点化療法（TFP）　171
　（3）メンタライゼーションに基づく治療（MBT）　172

3．複雑な心的外傷性ストレス障害の治療　174

4．親‐子への介入　176
　（1）マインディング・ザ・ベイビー　177
　（2）サークル・オブ・セキュリティ　178

5．結論　181

6．要点　183

目 次

第5章 素朴で古い療法　185

1．エビデンスに基づく治療の限界　186
2．素朴で古い療法の定義　189
3．心理療法の結果に寄与する要因　193
　（1）患者の特徴　194
　（2）セラピストの特徴　195
　（3）セラピストの患者との関わり方　196
　（4）治療同盟　199
4．心理療法における愛着　202
　（1）愛着関係としての心理療法　205
　（2）心理療法関係における愛着パターン　207
　（3）愛着に対するセラピストの寄与　214
　（4）愛着パターンと治療結果との関係　217
　（5）心理療法と愛着の安定性の改善との関係　217
　（6）内的安心基地の開発　219
　（7）愛着の限界　222
5．心理療法におけるメンタライジング　223
　（1）素朴で古い療法のスタイルとしてのメンタライジング　224
　（2）トラウマのメンタライジング　235
　（3）心理療法におけるメンタライジングに関する実証研究　240
　（4）愛着関係を超えたメンタライジング　243
6．素朴で古い療法の必要性　244
7．素朴で古い療法はどのようにして効果を発揮するのか　245
8．人間的であるスキル　248
9．要点　251

第6章 実存的‐スピリチュアルな視座　253

1．悪という問題　255
　（1）悪・極悪・スピリチュアルなトラウマ　258
　（2）宗教を通して悪を理解する：神義論　260
　（3）科学を通して悪を理解する：マインドブラインドネス　262
　（4）赦し　266
2．神への愛着とスピリチュアルなつながり　270
　（1）神々と人々　273
　（2）依存　275
　（3）神との関わりにおける愛着パターンに関する実証研究　276
　（4）神との関わりにおけるメンタライジング　277
　（5）スピリチュアリティ　280
　（6）宗教とスピリチュアリティを心理療法に統合する　283
3．希望を育む　286
　（1）健全な期待　287
　（2）実存的姿勢　291

（3）愛着　294
4．要点　296

　引用文献　297
　索引　319
　訳者後書き　325

第Ⅰ部

愛着トラウマと精神医学的障害

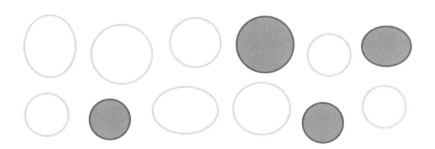

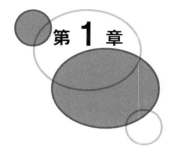

第1章 愛着・メンタライジング・トラウマ

　本章では，本書の残りの部分のための基礎固めを行います。本書における発達的観点を揺るぎないものにするために，私は基本から説明しようと思います。つまり，幼年期における愛着に関する研究をレビューするということです。豊富な研究のおかげで，私たちは，安定した愛着および不安定な愛着の原型をはっきりと見ることができるのですが，そのような原型は，他者を支えにして——あるいは支えにしないで——苦痛を処理する方法の土台となるものです。このような安定した愛着パターンと不安定な愛着パターンは，成人期にも展開されるのですが，それについては本章の第2節でその要点を述べるつもりです。幼児期との類似性は劇的なほどで，示唆に富んでいます。もちろん，愛着は，生涯の間に劇的に変化するものですが，乳児期と関連の深い愛着の基本的機能が変化することはなく，そのおかげで，成人期と幼年期の比較が有意義になるのです。

　本章の第3節では，愛着関係を成り立たせる心理的接着剤と私がみなしているものを詳述します。それは，Mary Ainsworth（Ainsworth et al., 1978）が敏感な応答性（sensitive responsiveness）と呼び，Peter Fonagy（Fonagy et al., 2002）がメンタライジングとして洗練させ，私がマインドフルネスと結びつけようと思うものです。愛着とメンタライジングを心に留めれば，読者は，愛着トラウマに関する節に進む準備ができたことになります。私が提唱することは，単純明快です。つまり，メンタライジング不全からトラウマ的愛着が生じるということです。ちなみに，トラウマ的愛着においては，関係が成立するということがありません。素朴で古い療法が，結びつきを回復させるのです。

1．幼年期

　まずは愛着理論におけるいくつかの基本概念の説明から始めるべきでしょう。それらの概念はすべて，愛着の主要な機能，つまり**情動調整**（emotion regualtion）を中心にして，その周辺に位置づけられるものです。これらの概念は，3つの原型的愛着パターンを論じるための土台となるものです。端的に言えば，敏感な応答性が安定した愛着を促進するということです。それと同様に，限られた範囲の応答性しか体験できない場合，子どもには2つの選択肢が残されています。つまり，さらに必死になって求めること（アンビヴァレント型の愛着）か，もうあてにしないということ（回避型の愛着）です。この節で，私は，これらのパターンを詳述し，それらに対して養育者が寄与するありさまを記述します。子どもの気質および世話という環境的背景は，愛着の持続性と変化に寄与するのですが，私はこれらの役割についても考察します。最後に，愛着の安定性がもたらす発達的恩恵の概要を述べて，本節を終わることにします。

（1）鍵となる概念

　愛着関係は，**愛情の絆**（affectional bond）を伴うその他の親密な諸関係と似ています（Ainsworth, 1989）。愛情の絆があることは，親しさを求める願望，分離の際の苦痛，再会の際の喜び，喪失の際の悲嘆，をみれば明らかです〔★訳注1〕。しかし，愛着関係は，**苦痛に直面した際に安心**（secturity）**と慰め**（comfort）**を与える**という点が他の絆と異なります——したがって，それはトラウマにおいて根本的に重要な役割を演じるのです。愛着は，その起源が乳児期にあるとはいえ，**目標修正的パートナーシップ**（goal-corrected partnership; Bowlby, 1982）という条件の下で発達します。そのパートナーシップにおいては，乳児の愛着と親の養護（caregiving）〔★訳注2〕という2つのシステムが連動し合うことになります。乳児は親に対して愛着を形成し，親は乳児との間に絆を形成します。乳児における愛着の安定性は，そして愛着の不安定性に対処する乳児の方略は，親の養護のあり方と密接に関連しています。特筆するべきことですが，親は子どもとの間に絆を形成しなくてはならないといっても，親が子どもに**愛着**を形成するというのは特異な例です。なぜなら，親が安心感と慰めを求めて子どもを支えにすることは，問題を含んでいるからです。

〔★訳注1〕愛着（アタッチメント）と愛情は別であり，愛着という概念から愛情を切り離すべきであるとする見解があるが，Bowlby（1979）も Ainsworth（1989）も，愛着は「愛情を伴う絆」であると明言している。引用文献：Bowlby, J.（1979）. *The making and breaking of affectional bonds*. London: Routledge. ／ Ainsworth, M.D.S.（1989）. 本書引用文献表を参照のこと。

第1章　愛着・メンタライジング・トラウマ

　　　　　〔★訳注2〕"caregiving" という用語は，養育全般を指している場合もあるが，Bowlby が言う「行動システム」の1つを指している場合には，親（愛着対象）が子どもの愛着行動に反応して安心と慰めを与えることを意味するので，その文脈においては「養育」ではなく，「養護」と訳し分けた。

　愛着関係は，**内的作業モデル**（internal working models; Bowlby, 1982）に基づいてパターン化されます——内的作業モデルとは，子どもと養育者との反復的相互交流に基づいて形成される比較的安定した複数の**心的表象**（mental representations）です。この心的モデルは，養育者の（例えば，愛情があって頼りになるという）表象だけでなく，（例えば，愛らしくて世話してもらう価値があるという）自己表象をも含んでいます。他の表象——例えば地図——と同様に，この内的作業モデルは，多少正確でなかったり歪んでいたりすることがあります。しかし，John Bowlby（1973）の主張によれば，作業モデルは現実を反映しています。つまり，「個々の人が未熟な年齢で愛着対象の接しやすさや応答性について形成する様々な予期は，その人たちが実際にした経験の**そこそこ正確な**反映である」（Bowlby, 1973, p.202；強調は後から付加）ということです。

　内的作業モデルは，黙示的なものでもあり，明示的なものでもあります。**明示的な**（explicit）モデルは，意識的なものであり，したがって，それについて考えることができ，語ることができます。つまり，「私の母は冷酷になることがあり，ときどき蔑むような目で私を見たので，私は，自分をゴキブリのように取るに足らないものと感じた」といった具合です。**黙示的な**（implicit）モデルは，非意識的なものです。そのような黙示的モデルは，関わり合いのための自動的な手続きとなり，自覚されることはありませんが，行動に指針を与えます。このモデルは，自転車に乗ることの学習と似た手続き的（procedural）な学習と記憶に基づいています。ですから，先述した子どもは，相手に取り入るような行動，つまり常に相手を喜ばせようとすることによって母親からの蔑みを回避することを学習するでしょうが，そのことについて考えることはないのです。Bowlby（1982）の作業モデルという概念は，とても重要です。そのようなモデルは，柔軟に使用されることもあり，修正をも受け入れるからです。例えば，患者 - セラピスト関係において，相手に取り入る行動が同定され，議論され，乗り越えられるとしましょう。このように，心理療法において黙示的モデルを明示化することは，変化につながる道です。しかし，もっと日常的にみられるのは，関係の変化（例えば，母親が以前ほど怒らなくなり，もっと一貫して愛情深くなること）や新しい関係（例えば，気分にむらのないパートナーとの関係）の中で，作業モデルが，自覚を伴わずに，暗々裏に修正されるということです。

　愛着の普遍的原型は，怯えていたり苦しんでいたりする乳児を腕に抱えて愛情を込

めてあやしている母親です。この原型は，次のような愛着の基本的機能の例を示しています。つまり，それは，危害から守ってくれる**安全な逃げ場**（safe heaven）を乳児に提供するということです。Bowlby（1982）が提唱した説によれば，愛着は，広範な種において——原型としては哺乳類において——捕食者による攻撃からの防御のために進化しました。つまり，乳児が母親の近くにいるように動機づけられているのと同様に，母親も生来的に乳児のそばにいるように動機づけられているのです。例えば，母親と乳児が離れてしまったときには，両者は，乳児の苦痛の叫びによって再び結びつきます。物理的保護が親による養護の重要な機能であることに変わりはありませんが，愛着研究が重視してきたのは，**安心感を回復させる**ことの価値です（Sroufe & Waters, 1977）。ちなみに，それは，先述した愛着の基本的機能，つまり情動調整と関連しています。メンタライジングの文脈でさらに詳しく論じることですが（「愛着関係におけるメンタライジング」の節を参照のこと），人間において親への依存の期間が長いのは，必要な保護と安心感を与えるためだけでなく，社会的学習の基盤を築き上げるためなのであり，そう捉えた場合に，そのことを十分正当に評価したことになります——そして，社会的学習とは，他の人との関わりの中にいる一人の人であることを学習することにほかなりません（Fonagy et al., 2002）。

　安全な逃げ場としての愛着の機能は直観的にわかることですが，愛着理論になじみのない人は，その付随的機能，つまり愛着が**探索のための安心基地**（secure base）〔★訳注3〕を提供するということを見落としがちです。Bowlby（1988）が主張したことですが，「愛着という枠組みの中で，安心基地の概念ほど，発達精神医学にとって中心的な概念は見当たらない」（p.202）のです。始歩期の子どもとその母親を思い描くだけでわかります。つまり，始歩期の子どもは，母親が利用可能（available）〔★訳注4〕であることを定期的に振り返って確かめながら，自信を持って遊び場を探索します。母親の姿が見えなくなると，その子どもは遊ぶのをやめ，たぶん泣いて母親を探します。あるいは，その子どもは熱心に遊ぶのですが，それは吠えるイヌが近づいてくるまでの期間に限られます。どちらの場合にも，その子どもは，安心感と苦痛の緩和を回復するために，母親の慰めという安全な逃げ場を求めることでしょう。それと同時に，安全な逃げ場と安心基地は，**心理的安心**を与えてくれます——つまり，それは，愛着における安心と探索における安心であり，他者への信頼と自己への信頼です（Grossman et al., 2008）。

　　　〔★訳注3〕これまで「安全基地」と訳されてきた"secure base"を本書では「安心基地」と訳しているが，その理由は以下のとおりである。AinsworthやBowlbyは，"safe, safety"と"secure, security"を区別しており，前者は「危険がない」ことを意味し，後者は「恐れがない」ことを意味している。つまり，"secure base"は，「安心」の源を意味しているのである。

第1章　愛着・メンタライジング・トラウマ

〔★訳注4〕「利用可能」（available）という用語は，「情緒的利用可能性」（emotional availability）と関連する言葉である。子どもから見た母親の情緒的利用可能性あるいは「母親が情緒的に利用可能である」とは，母親が子どもの心の状態に波長を合わせており（子どもの心の状態をメンタライズしており），必要があれば適切な応答を行うことができる態勢にあることを指している。

　Mary Ainsworth（Ainsworth et al., 1978）は，ウガンダからボルティモアまでの地域での母親 - 乳児相互交流の在宅観察に基づいて，工夫を凝らして，乳児期の愛着の安定性を査定する20分間の実験的手続きを開発しました。この手続きは，遊び場に似せた実験的設定です。Ainsworthは，見知らぬ人と玩具一式を含む遊戯室環境で2回の分離が起きるという筋書きを設定することによって，そのストレンジ・シチュエーションを乳児にとって中程度のストレスを伴うものに仕立て上げました（表1-1を参照のこと）。母親が立ち去ることに対する乳児の反応は，愛着の安定性の評価において一定の役割を果たしますが，最も重要な問いは，再会に関するものです。つまり，この再会という交流が乳児の苦痛にどのように影響するのかということです。アセスメントの対象には，パートナーシップ――言い換えれば，母親の行動と関連する乳児の行動――が含まれます。ストレンジ・シチュエーションでは，訓練を受けた観察者なら3つの基本的愛着パターンを識別することができます。私は，理想型（idealized forms）の形でこれらのパターンを提示します。現実は以下に示すようなすっきりしたカテゴリー分類よりも錯綜したものであることを，読者は心に留めておくべきです。

（2）安定型の愛着

　愛着が安定型である乳児は，母親に付き添われてプレイルームに招き入れられると，玩具を物色し，遊びに没頭しますが，その際に，ときどき母親に助けてもらい，おそらくストレンジャーとも交流することでしょう。愛着が安定型の乳児は，ストレン

表1-1　ストレンジ・シチュエーションの各エピソード

1. 乳児と母親は，なじみはないが玩具がたくさんある快適な部屋に案内される
2. 乳児は，母親の助けが得られる状況で玩具で遊ぶ機会を与えられる
3. ストレンジャーが入室し，乳児と遊ぶ
4. ストレンジャーおよび玩具とともに乳児を残して，母親が立ち去る
5. 母親が戻り，少し間を置いて，自分の帰還に反応する機会を乳児に与え，ストレンジャーは立ち去る
6. 母親は，乳児だけを部屋に残して立ち去る
7. ストレンジャーが部屋に戻り，乳児と交流する
8. その後に母親が戻り，ストレンジャーは立ち去る

ジャーと一緒に部屋に残されると、程度は様々ですが苦痛を示し、それに伴って遊びへの関心が減退しやすいでしょう。乳児は、ストレンジャーにもある程度慰めを求めるでしょうが、母親が帰ってくると母親からの慰めのほうを強く求めることでしょう。2回目の分離のときには完全に一人だけにされますので、乳児はさらに激しい苦痛を味わい、さらに強く慰めを求めることになるでしょう。どちらの分離に関しても、再会の後には母親に接近しようとし、密な身体接触を求めるのが、安定型の乳児の典型的特徴です。母親は効果的に慰めと安心を与え、その結果、乳児は落ち着きを取り戻し、探索と遊びに戻ります。

　広範な実証研究の結果、養育者側の敏感な応答性が乳児側の安定型愛着をもたらしやすいというAinsworthの古典的な観察が正しいことが確認されています(Weinfield et al., 2008)。母親が温かくて愛情深く、それと同時に、母親が乳児から来る苦痛の信号に波長を合わせており、それを正しく解釈し、それに迅速かつ適切に応じる場合には、敏感な応答性が安全な逃げ場の基盤となります。さらに、母親が乳児の意図を邪魔せず、協力的かつ援助的な形で乳児の活動に関与する場合には、敏感な応答性が探索のための安心基地を与えているのです。

(3) アンビヴァレント-抵抗型の愛着

　愛着がアンビヴァレントな乳児は、安全(と言うには不十分)な逃げ場にしがみつき、探索よりも愛着が優位を占めます。アンビヴァレント型の乳児は、分離をきわめて苦痛なものと感じます。再会すると、乳児は世話を求めますが、慰められることに対して怒って抵抗します。必死に求めている世話を拒絶するのですから、乳児にアンビヴァレンスがあることは間違いないようです。乳児は、抱き上げられることを求めますが、その後に母親を押しのけ、母親の手から逃れようともがき、そのくせ母親にしがみつき続けることでしょう。このように、乳児は、苦痛を味わっているのですが、欲求不満のせいでなだめにくくなるのです。

　Ainthworthと共同研究者たち(1978)の観察によれば、アンビヴァレント型の乳児の愛着は、慢性的に応答性の乏しい世話か一貫しない世話と関連しています。このように、乳児が示す苦痛の激化と怒りを込めた抗議(例えばかんしゃく)は、心理的波長合わせに欠ける養育者から関心を向けてもらい、より応答性を示してもらうために習得された黙示的方略なのです。アンビヴァレント型の乳児は、こうして、愛着欲求を**過剰に活性化させます**——事実上、世話を引き出すために〔愛着の〕ダイアルを高いほうに回すということです。応答性を引き出すことにおいてそれが(毎回ではなく間欠的に)有効であるなら、そのことが報酬となってこの過剰活性化方略が強化さ

れます〔★訳注5〕。しかし，その愛着はアンビヴァレントであり続けます。つまり，世話を求めるその願望が剝奪感や欲求不満と混じり合い，その強要的行動のせいで，その関係は恨みに満ちたものとなります。

〔★訳注5〕生体の自発的行動に報酬（快体験）が伴うと，オペラント条件づけの原理によってその行動が強化され，習慣化する。そして，この強化においては，毎回報酬（快体験）が与えられるよりも「間欠的」に報酬が与えられるほうが，その行動はより強固に習得され，消去されにくくなる。

（4）回避型の愛着

アンビヴァレント型の乳児は，効果的でない形で安全な逃げ場にしがみつくわけですが，回避型の乳児は，探索に没頭します——その探索は，事実上，遊び場における自分一人での探索です。したがって，ストレンジ・シチュエーションでは，回避型の乳児は，遊びながら明らかに母親を無視していますので，不相応なほど早く自立しているように見えることでしょう。愛着が安定している乳児が遊びに母親を関与させるのとは対照的に，回避型の乳児は，一人だけの遊びに没頭しがちになるでしょう。アンビヴァレント型の乳児とは対照的に，回避型の乳児は，母親が立ち去ることに対して顕著な苦痛の反応を示すことがありません。母親が帰ってきても，乳児は，接触願望を示すことがほとんどありません。母親が彼を抱き上げても，彼は無反応であり，下に降ろされて遊びに戻ることができるほうを好みます。

Ainsworthが観察したところでは，回避型の乳児の母親は，どことなく拒否的で，身体接触を嫌がります。そして，乳児のせいで苛立っているのですが，多分自分の怒りを抑圧しているのだろうと思われます。また，Ainsworthは，次のようなことにも気づきました。つまり，その母親たちは，融通がきかず，強迫的であり，乳児のせいで自分の活動が中断されるのを好みません。また，その母親たちは，乳児が即座に自分の願いどおりにしないとたちまち欲求不満に陥ります。一貫して情緒的に利用不能で，何となくイライラしており，「あなたの求めや苦痛で私を煩わせないでね」と伝えてくる養育者を前にすると，回避は，苦痛を処理する妥当な方法であるように思われます。乳児は，母親を煩わせることを避けるように努め，愛着欲求を非活性化し，〔愛着の〕ダイアルを低い方に回し，情動的苦痛をできるだけ自分一人で処理しようと試みるのです。

（5）子どもの気質

初期の愛着研究は，得られた知見に乳児の気質が影響している可能性についての激しい論争を引き起こしました（Karen, 1998）。例えば，気質的に不安に陥りやすく，苦痛を感じやすく，「扱いにくい」乳児または子どもが，アンビヴァレント型愛着を

発展させる予備軍になることは，直観的に予想できるでしょう。気質と養育が相対的に愛着パターンにどのくらい寄与するかについてのこの論争は，幅広い実証研究を触発しましたが，驚くべき結果に終わりました。つまり，愛着の分類に対しては，子どもの遺伝的または気質的な要因よりも，先述した養育のパターンがはるかに強い影響力を有していることがわかったのです。

しかし，この全般的結論は，要因関係の複雑性を曖昧にしてしまいます（Vaughn et al., 2008）。気質は，遺伝的・生理的な特徴に由来するものではありますが，不変ではありません。それどころか，気質は環境の影響を受けます。そして，環境に含まれるものの中でも，とくに顕著な影響力を持つものは，養育です。さらに，乳児の気質が親の養育行動に影響することもあるでしょう。例えば，より苦痛を体験しやすい乳児は，ストレスで疲弊した親の苛立ちやすさや一貫性のなさを誘発しやすくなるでしょう。要因関係の複雑性のさらに別の層のことを付言しますが，他の子どもたちに比べて養育パターンの相違に反応しやすい子どもたちがいます（Belsky & Fearon, 2008）。より養育に反応しやすい遺伝的素因を持つ子どもたちにおいては，私が先に要約したような関係が，養育の違いに反応しにくい子どもたちの場合よりも顕著に表れることでしょう。

（6）養育に対する環境の影響

愛着研究は，親——とくに母親——に責任をなすりつけるといって批判されてきましたが，親の側からすると養育の環境的背景を考慮に入れた同情的理解を与えられるほうが助かるでしょう。敏感な応答性——または応答性の欠如——は，何もないところで生じるのではありません。養育と愛着に影響を与える多くの要因が見出されてきました。それらは，①親の年齢・教育・社会経済的地位，②親の精神医学的障害，③ストレスの多い生活環境，です。さらに，愛着の重要性を強調しておくと，母親の愛着の安定性は，養育に影響を与えます。例えば，結婚をめぐる確執に苦しんでいるか相対的に他の社会的サポート源が乏しい単身の親の場合には，子どもがより不安定になりがちです（Belsky & Fearon, 2008）。明らかなことですが，複数の脆弱性が積み重なると，それが愛着の安定性を阻害する可能性がきわめて高くなります（Belsky, 2005）。このことがあてはまるのは，例えば，頼る人のいない母親が，貧困生活にあえぎながら，争いの多い結婚生活の渦中で，気質的に扱いにくい乳児を，他の多くのきょうだいと同時に育てているというような場合です。

このようなわけで，本章で私が詳しく述べることですが，私たちセラピストは，子どもへの世話の背景に注意を向けておかなければなりません。人間の愛着（およびメ

ンタライジング）の能力は，多様な養育者が母親を補助することができる共同養育という背景のもとで進化しました（Hrdy, 2009）。したがって，私たちの文化においては，子どもを一人で育てる母親（または他の養育者）は，一貫して敏感な応答性を提供しようとすると，人一倍苦労することになるでしょう。良かれ悪しかれ，結婚は決定的に重要な役割を担っています。つまり，親同士が互いに支え合い，互いの弱点を補い合うこともあれば，互いの足をすくい合い，互いの弱点をさらに悪化させることもあるだろうということです（George & Solomon, 2008）。

（7）持続性と変化

　愛着に持続性（stability）があるので，愛着パターンに対する私たちの関心は根拠のあるものだと保証されます。また，愛着が変化する可能性があるので，私たちの介入は正当なものだと認められるのです。乳児期から早期成人期に至るまでの愛着の持続性に関する縦断的研究（Grossman et al., 2005）の結果から，かなりの連続性および規則的変化のパターン（Thompson, 2008）が明らかになっています。1つの重要な要因をあげるなら，愛着パターンの持続性と変化は，環境の影響の持続性と変化に連動して生じるということがあります。

　20分間の実験室内観察においてみられた乳児の愛着行動と，何年も後に面接によって測定された愛着の安定性との間に――たとえ高くないとしても――いくらかの一致がみられるだけでも，それはまさに驚くべきことだと，私は考えます。それなのに，ストレンジ・シチュエーションによる生後12か月時点の愛着分類が，19歳時点（Main et al., 2005），21～22歳時点（Crowell & Waters, 2005），26歳時点（Sroufe et al., 2005）に行われた面接法に基づく愛着アセスメントと一致することが見出されてきました。これをコインに喩えてその裏面に注目すると，これらの研究において乳児期の愛着分類と後の愛着分類との一致が完全な一致ではないということは，変化も生じることを示す証拠です。例えば，愛着の安定性における有害な変化は，①トラウマ，②ストレスに満ちたライフ・イベント，③離婚，④親の死，⑤子どもまたは親に起きる重篤な病気と関連しています。幸せなことに，親-乳児への介入（Belsky & Fearon, 2008）と心理療法（Sroufe et al., 2005）は，遅いか速いかは別にして愛着の安定性を促進する力を有しています。

（8）愛着の安定性の発達的恩恵

　Alan Sroufeと共同研究者たち（2005）は，乳児の愛着の発達的影響力に関する縦断的調査に基づいて，次のように力説しました。つまり，「人生早期の数年間を始め

として，子どもの発達において，子どもがどのような扱いを受けるかということほど重要なことはない」(p.288) と力説したのです。乳児の愛着の安定性がその後にもたらす恩恵については，始歩期の子ども，就学前児，児童期を対象にして研究が行われてきました。

安定型愛着は，互いに重なり合う複数の適応形態と関連づけられています（Berlin et al., 2008)。愛着が不安定な子どもたちに比べて，愛着が安定している子どもたちは，親の助けと自分自身の力を用いて情動を調整する能力が優れていました。そして，愛着が安定している子どもたちは，比較的おおらかで，社会的有能性もより高く，共感的で，配慮的だったのです。したがって，彼ら／彼女らは，同胞，仲間，友人，教師と，よりポジティヴな関係を築きます。彼ら／彼女らは，探索の際にも安心感があるので，比較的好奇心が強く，辛抱強く問題解決に挑み，その一方で，必要なときには助けを求めることもできます。このようなわけで，彼ら／彼女らの安定性は，認知面や学業面での発達を促進するのです。

私たちは，愛着の安定性を自立と関連づけてしまいやすいのですが，この関連づけは誤解を招きます。安定した愛着は，**効果的な依存**と関連しており〔★訳注6〕，それが効果的な自立をも促進するのです。アンビヴァレント型の子どもたちは，安定型の子どもたちに比べて，より不安が強く，すぐに欲求不満に陥ります。より受身的で無力であり，過度に依存的です。積極的な統御を必要とする新奇で認知的負荷の大きい状況においては，良い成果をあげにくくなります。彼ら／彼女らは，相対的に未熟で受身的であるにもかかわらず，回避型の子どもたちほど対人的に孤立しているわけではありません。ちなみに，回避型の子どもたちは，より敵対的・攻撃的で，情緒的に距離をおいています。回避型の子どもたちは，アンビヴァレント型の子どもたちをいじめ，被害を与えがちです。嫌われている人としてクラスメートや教師があげるのは，回避型の子どもたちです。このようなわけで，安定型の愛着が幅広く発達を促進するのと裏腹に，愛着の不安定性はそれを台無しにしてしまうのです。

〔★訳注6〕安定型の愛着の特徴は，何らかの苦痛を抱えているときに信頼できる他者に抵抗なく助けを求めることができ，そのような他者を安心基地とすることで安定し，相対的に自立が可能になるということである。他者の助けを借りないで自立していることではなく，必要であれば他者に助けを借りることができる点が，安定型愛着の特徴である。

2．成人期

Bowlby (1988) は，相当な発達的変化を詳述する一方で，「愛着行動は……生涯にわたって——揺り籠から墓場まで——人間の本性を特徴づけるものである」(p.82；

第1章　愛着・メンタライジング・トラウマ

表1-2　愛着分類に対する用語のヴァリエーション

方法；領域	用語			
ストレンジ・シチュエーション；乳児-対-親	安定型	アンビヴァレント-抵抗型	回避型	無秩序-無方向型
質問紙；成人-対-恋人	安定型	アンビヴァレント-不安型〔訳注：とらわれ型という用語も使用される〕	回避型	恐れ型
成人愛着面接；成人-対-親	安定-自律型	とらわれ型	軽視型	未解決-無秩序型

強調は後から付加）と主張しました。愛着現象は一定範囲の様々な関係において観察できるものですが，幼年期の愛着が典型例であり，成人においてそれに相当するものは恋愛関係です。そこから話を始めることにしましょう。しかし，私たち大人は，自分の親に対する幼年期の愛着についての内的作業モデルを保持しており，これらの内的作業モデルは，私たちの恋愛関係および子どもに対する養育のパターンに影響を与えています。したがって，成人愛着の研究には2つの主要な領域が存在することになります。つまり，恋人に対する愛着と親に対する愛着です。愛着トラウマの治療にとってはどちらの領域も中心的位置を占めていますし，それぞれに特有の研究法があります。このような根拠に基づいて，私は，2つの領域（恋人と親）のそれぞれにおける3つの基本的愛着パターン（安定型，アンビヴァレント型，回避型）を説明します。

　この点では，読者は，2つの込み入った問題に注意しなくてはなりません。第一に，愛着の安定性を測定する異なる方法と対になった3つの領域があるということです。つまり，乳児の愛着はストレンジ・シチュエーションを用いて，恋人に対する成人愛着は質問紙を用いて，親に対する成人愛着は「成人愛着面接」（AAI）を用いて，それぞれ査定されます。異なる愛着パターンを表す名称は，領域と方法によって異なります。第二に，愛着トラウマと関連させてこの後に論じることですが，不適切な養育との絡みで，深刻なほど不安定な4つめの愛着パターンが後から発見されました。表1-2は，方法と名称の相違を要約して示したものです。

　私は，愛着の3つの基本的パターンを展望した後に，①成人愛着はどの程度まで関係特異的なのか，②恋人同士の間の愛着パターンの一致と不一致が持つ意味，③成人期の愛着パターンにおける持続性と変化を示すエビデンス，について考察します。

（1）恋愛関係における愛着

　Debra Zeifman & Cindy Hazan（2008）は，愛着関係の定義とも言える4つの特

徴を査定する面接法を開発しました。その4つの特徴とは，①苦痛なときに近接を求めること，②離れると苦痛を感じること，③慰めを得るための安全な逃げ場としてその関係を活用すること，④探索のための安心基地としてその関係を支えにすること，です。彼女らが見出した結果によれば，子どもは親との関わりにおいてのみ明確な愛着（つまり4つの特徴すべて）を示し，それに対して，青年は仲間との関係，それもほとんど常にボーイフレンドまたはガールフレンドとの関係において明確な愛着を示します。18歳から82歳までの成人に対する面接から明らかになったことですが，本格的な愛着は，2年またはそれ以上続いている恋愛関係において最も顕著でした。私たちはすぐに恋に落ちますが，それよりもはるかにゆっくりした歩調で愛着を形成するのです。

　ここに示唆されているとおり，成人の恋愛関係は性や養護やその他多くのものを含んでおり，愛着はその一面にすぎません。私たち人間は，どちらかというと一夫一婦主義的な種であり，したがって，1つのパートナー関係において，性と愛着と養護が結びつけられています。しかし，これらの3つの面がある程度独立しているので（例えば，人は配偶者に愛着を形成していながら，他の人たちと気まぐれな性的関係を結ぶことがあります），恋愛関係は同時に多様性の大きさを特徴としています。この多様性には同性愛的関係も含まれていて，それは愛着を含むことがあるという点では異性愛的関係と似ているのです（Mohr, 2008）。

（2）成人における恋人への愛着の測定

　Hazan は，Phil Shaver と共同で，私が愛着分類への自力的アプローチとみなしている方法を開発しました。彼らは，Ainsworth が提唱した愛着カテゴリーの恋愛版を以下のように短く記述しました（Hazan & Shaver, 1987, p.515）。

- **安定型**：私は，比較的すぐに他者と親しくなるほうだし，自分が他者に依存することについても，他者から依存されることについても，不快とは感じない。私は，自分が見捨てられることや誰かから親しくされすぎることについて，たびたび思い悩むことはない。
- **アンビヴァレント型**：他者は，私が望んでいるほど親しくなってはくれないと，私は思う。私は，恋人が本当は私を愛していないのではないか，私と一緒にいたいと思わないのではないかと心配することがよくある。私は他の人と距離のない一体の関係になりたいと思っており，この願望を恐れて人が私から遠ざかることがたまにある。

第1章　愛着・メンタライジング・トラウマ

●**回避型**：私は，他者と親しくなることをやや不快に感じる。私には，他者を完全に信じることは困難だし，自分から他者に依存することも困難である。誰かが私に対してあまりに親しくしようとすると，そして，よくあることだが，私にとって快適に感じられるあり方を越えた親密さを恋人から求められると，私は緊張して落ち着かなくなる。

　Hazan & Shaver は，これらの記述を「愛情クイズ」と名づけて地方新聞に掲載し，読者に対して，自分自身の最も重要な関係に最もよくあてはまる記述を特定し，返信してくれるように勧誘しました。そうすることで，彼らは，実り多く，かつ教えられることの多い自己報告式の成人愛着調査の伝統を創り出したのです（Mikulincer & Shaver, 2007a）。

　成人の恋愛関係における愛着についてのその後の自己報告式アセスメントは，さらに洗練され（Crowell et al., 2008），愛着の安定度のアセスメントを可能にする多くの質問項目から構成されるものになりました。そのような質問紙は，不安と回避という2つの次元で得点を算出することができます（Brennan et al., 1998）。私は，患者に愛着について教えるときに，図1-1を用いてそのような図式を表現することにしています〔★訳注7〕。安定型愛着は，不安と回避の得点が低いこと（つまり親しさを伴う安心）で明らかになります。アンビヴァレント型愛着は，不安の得点が高く，回避の得点が低いこと（つまり親しさを伴う不安）と関連しています。回避型愛着は，不安の得点が低く，回避の得点が高いこと（つまり距離を伴う安心）と関連しています。この記述法においても，恐れ型愛着と呼ばれる4つめのカテゴリーが生じます。それは，不安と回避の得点の高さを特徴としています。恐怖感と孤独感に苛まれるこの苦しい状況は，愛着トラウマの縮図であり，これについては，本章の後半の「愛着トラウマ」の節で詳述します。

　　〔★訳注7〕この図式は，愛着パターンを4つに分類する Bartholomew & Horowitz (1991)〔Attachment styles in young adults: A test of a four-category model. *Journal of Personality and Social Psychology*, 61, 226-244.〕の愛着分類に基づいている。Bartholomew & Horowitz (1991) は，以下の4つの選択肢から自分にあてはまる記述を1つ選ばせることによって回答者の愛着パターンを分類した（強制選択法）。
　　　①安定型（secure type）：「私は，他者と情緒的に親しくなることに苦労しない。私は，自分が他者に依存することについても，他者から依存されることについても，心地よく感じる。自分が一人になってしまっても，他者から受け入れてもらえなくても，私は気にしない」。
　　　②恐れ型（fearful type）：「私は他者と親しくなることを不快に感じる。私は，情緒的に親しい関係を求めているが，いざとなると他者を完全に信じることが難しく，他者に依存することも難しい。他者とあまりに親しくなると自分が傷つくのではないかと心配である」。
　　　③とらわれ型（preoccupied type）：「私は，他者と完璧なほど情緒的に親密になることを求めているが，他者は私が望むほど親しくしてくれないことがよくある。私は，親しい関係なしでいることを不快に感じるが，私が他者を肯定的に評価していても他者は私をそれほど肯定的に評価していな

2．成人期

いのではないかと心配である」。
④軽視型（dismissing type）：「私は，親しい関係がなくても快適である。私にとっては，自立しており，自分の欲求は自分で満たしていると感じることが重要である。他者に依存することも，他者から依存されることも，私は好まない」。

このような4分類を背景にして，Brennanと共同研究者たち（Brennan et al., 1998）は，複数の愛着尺度を因子分析した結果，「不安」と「回避」という2つの因子を抽出し，この2側面を測定する質問項目から構成される「親密関係体験質問紙」（Experience in Close Relationships questionnaire: ECR）を作成した。この尺度は，（見捨てられ）不安と関係回避を測定し，両者の得点の高低を組み合わせて，回答者を以下の4群に分類する。

①安定型：不安得点が低く，回避得点も低い。
②恐れ型：不安得点が高く，回避得点も高い。
③とらわれ型：不安得点は高いが，回避得点は低い。
④軽視型：不安得点は低いが，回避得点は高い。

図1-1に示された図解に助けられて，患者は，様々な愛着カテゴリー同士の違いを理解することができ，愛着の安定性と不安定性の程度の違いを評価することもできます。また，この図解は，ある関係と別の関係では愛着の安定性が異なる可能性があることを示唆していますし，同じ関係においても時間の経過とともにカテゴリーの移行が生じる可能性があることを示唆しています。メニンガー・クリニックで実施されている「危機にある専門家」プログラムの中の，愛着とメンタライジングに関する心理教育グループでの実例を取り上げてみましょう。そのグループで私たちがしばしば話し合うことですが，図1-1の右上の象限（回避型）に属し，高水準でうまく機能していた患者でも，極度のストレスに直面すると，右下の象限（恐れ型）に転落するのです。そのような転落は，安定した愛着が与えてくれるサポートが欠けていることから生じます。私たちは，同時に，この図解を活用して，愛着の安定に至る道筋に光を当てます（例えば，図中に点線で示されているような道筋）。そのグループで私たちが提示することですが，愛着の回避型または恐れ型から安定型への動きは，アンビ

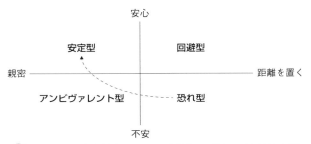

図1-1　患者教育のための愛着カテゴリーの次元的表現
点線は，恐れ型愛着から不安を伴うアンビヴァレンスを経由して安定型愛着へという動きを示している。

第1章　愛着・メンタライジング・トラウマ

ヴァレント型を経由する道筋をたどります。というのは，回避型はそれ以前の苦痛な愛着体験に由来するものであり，これまでよりも人と親密になることは不可避的に不安を引き起こすからです〔★訳注8〕。

〔★訳注8〕回避型の人も，心の奥底には愛着対象に対する不安，不信，怒り，アンビヴァレンスを抱えており，その点ではアンビヴァレント型と同じである。アンビヴァレント型がネガティヴな感情を表出するのに対して，回避型は，愛着対象との情緒的関係を遮断することによってネガティヴな感情が表に現れないようにしているのである。したがって，回避型が安定型に移行する過程ではアンビヴァレントな段階を通ることになる。

（3）成人における親への愛着の測定

　恋愛関係における愛着についての質問紙によるアセスメントは，社会心理学やパーソナリティ心理学における一連の実証研究の発端となりました。しかし，これとは対照的に，Mary Mainと共同研究者たちは，成人における親への愛着体験を査定する臨床的面接法を開発しました（Hesse, 2008）。1時間を要するこの「成人愛着面接」（Adult Attachment Interview: AAI）は，情動を喚起することを意図しており，苦痛な記憶と強い感情をかきたてる可能性があります。面接は回答者の家族布置（family constellation）に目を向けさせることから始まり，母親と父親それぞれの特徴を表す5つの形容詞をあげるように求めます（例えば，愛情深い，距離がある，思いどおりにさせようとする）。回答者は，それぞれの形容詞ごとに，またそれぞれの親ごとに，具体例をあげるよう要求されます——つまり，その形容詞の具体例となる出来事（例えば，親が「思いどおりにさせようとした」出来事）についての詳細な記憶を語るように要求されるのです。それに加えて，回答者は，次のような点についても聞かれます。①親に対する親密感。②苦痛や病気に対して親がどのように反応したか。③分離の体験。④親から拒否されたか脅かされたと感じた経験。この面接は，親以外の大人に対する幼年期の愛着，およびこれまでの人生で起きた重要な喪失体験についても尋ねます。心理療法においてそうするように，すべての経験は，特定の記憶を頼りに詳しく探索されます。

　「成人愛着面接」は，回答者に対して，幼年期の経験の意味やその長期的影響についても省察（reflect on）するように求めます。例えば，回答者は，次のようなことを尋ねられるということです。つまり，①親がその行動をした理由について回答者はどう理解しているか。②幼年期の愛着体験が自分のパーソナリティに与えた影響。③発達の経過の中で，その関係に生じた変化。この面接は，自分の子どもとの現実の関係または予想される関係についても尋ねます。それに加えて，この面接は，トラウマ体験についても——喪失に関する体験だけでなく，ネグレクトや虐待に関する体験に

2. 成人期

ついても——尋ねます。この面接は，現実の関係の質についての評定（例えば，それぞれの親が愛情深かった程度）を含んでいますが，アセスメントは，この評定値ではなく，回答者の**愛着に関する現在の全体的な心の状態**に基づいて行われます。したがって，虐待とネグレクトの既往のある回答者であっても，トラウマの既往があるにもかかわらず，愛着関係を価値あるものと評価しており，自分の愛着関係について情緒豊かで首尾一貫した説明を行う能力があるなら，安定型の愛着〔★訳注9〕を示していることになります——それは，私たちセラピストが心理療法を通して達成しようとする心の状態です。乳児の愛着研究の場合と同様に，愛着類型が付与されますが，ただし，表1-2に示されているような若干異なる用語が使用されます。つまり，安定-自律型，愛着へのとらわれ型（**アンビヴァレント型**に相当），愛着軽視型（**回避型**に相当）です。

〔★訳注9〕このような安定型は，幼年期の愛着も現在の愛着も安定型であるタイプと区別して，「獲得安定型」（earned security）と呼ばれる。

ここまでに明らかにできていれば幸いですが，上述のような2つの伝統——恋愛を伴う愛着に関する質問紙と親への愛着に関する心の状態を知る面接法——は，Ainsworthによる3つの愛着カテゴリーに相当する成人期愛着を測定するために開発されたのです。これら2つの研究の伝統は，愛着分類に到達するという目的においては共通していますが，方法も異なるし（質問紙か面接か），対象とする関係も異なります（恋人か親か）。さらに，それらは，根本的に異なる目標のために開発されました。つまり，質問紙は，愛着の安定性を成人の恋愛関係の他の面および適応全般と関連づけるために開発されました。これに対して，「成人愛着面接」は，とりわけ次のような目的のために開発されました。その目的とは，親が自分の幼年期の愛着について行う論述とその親の乳児が「ストレンジ・シチュエーション」で示す愛着の安定性との間の対応関係〔愛着の世代間伝達〕を証明することでした。このようなわけで，子どもたちの愛着類型は，その親たちが成人愛着面接で示す愛着類型と一致しているのですが，ただし，その一致の程度は研究ごとに異なっています。

研究者たちが見出した結果によると，質問紙によるアセスメントと「成人愛着面接」を併用した場合に，両者の愛着分類の一致度はあまり高くありません〔★訳注10〕。しかし，両者は，方法，目標，目的が異なるのですから，それは驚くほどのことではありません。並存するこの2つの伝統的方法による分類の一致度はあまり高くないとはいえ，これらのそれぞれに対応する実証研究の知見を主要な愛着類型ごとに併記することは有益であると，私は思います。ここでもやはり，次の節で理想型——純粋型

第1章 愛着・メンタライジング・トラウマ

——を提示します。もちろん，現実はこれほどすっきりしたものではありません。以下では，それぞれの愛着カテゴリーごとに，まず恋愛関係についてのレビューから始め，その後に，成人における親への愛着を調べる面接から得られた知見へと進みます。私たちセラピストは，安定型愛着について明確なイメージを持つ必要があります。なぜなら，トラウマ治療の基本的目標は，安定型愛着を維持する能力を増大させることだからです。そして，その安定型愛着の能力は，しばしばすべての領域にわたる——つまり，親，パートナー，子どもに対する——ものであり，また，患者-セラピスト関係の中で安心感を確立することに支えられている面があるからです。

〔★訳注10〕質問紙と成人愛着面接による愛着分類の一致度が高くないことを不思議に思う読者がおられるかもしれないが，ここで言われている質問紙は，〔成人の〕「恋愛相手に対する愛着」を測定するものであるのに対して，「成人愛着面接」で測定されるものは〔成人の〕「自分の親に対する愛着」である。また，「成人愛着面接」が過去から現在までの愛着についての語り（ナラティヴ）から愛着を分類するのに対して，質問紙は，質問項目への回答から「（見捨てられ）不安」と「関係回避」の得点を算出し，この2得点の高低を組み合わせて4群を分類する。しかも，この2得点には相関がみられる（独立ではない）ことから，4群に分類される回答者の人数には大きな偏りが生じ，「安定型」と「恐れ型」がともに多く，「とらわれ型（アンビバレント型）」と「軽視型（回避型）」がともに少ないという結果になる。「恐れ型」は，「無秩序型」に近いものと考えられるが，ストレンジ・シチュエーションや成人愛着面接で抽出される「無秩序型」の人数割合は，質問紙における「恐れ型」の人数割合のように多くはならない。とにかく，以上のような理由により，質問紙による愛着分類と成人愛着面接による愛着分類の一致度が高くないことは，決して不思議なことではない。

（4）成人における安定型愛着

【事例】アーロンは，40代の半ばになって，人生で初めて重いうつ病に陥り，その後に入院を求めました。彼は，自分を全体として外向的で陽気だと捉えていましたので，うつ病から不意打ちをくらったように感じました。しかし，彼は，それまでに立て続けに喪失を経験しており，妻の突然の病気は彼をうつ病に追いやる最後の極めつけの駄目押しになったのでした。そして，うつ病が重篤なので，彼はあらゆる社会活動から引きこもり，非常に成功を収めていた不動産業の仕事も最終的には続けることができなくなりました。

アーロンは，親密で愛情深い家族の中で成長しましたが，大学に進学するときに両親および二人の妹から遠く離れた土地に移り，そこで妻に出会い，実業家としての地位を固めました。彼の両親は，若くして——父親はアーロンが20代後半のときに，母親は彼が30代後半のときに——亡くなりました。さらに，アーロンが入院する2年前には，彼の仕事上のパートナーが致命的な心臓発作で亡くなりましたが，アーロンは，後から振り返って，自分のうつ病の始まりがその頃に遡ることに気づきました。彼のパートナーは，彼よりも4～5歳年上だったので，彼にとっては兄のような存在であり，父親の死後に彼が頼りにするようになった助言者かつ相談相手でした。

アーロンは，コミュニティにも積極的に関わり，幅広い社会的ネットワークを築いていましたが，仕事のパートナーが死んでからは「熱意」を失い始めました。そのため，自宅で過ごす時間が増え始めました。彼は，妻と親密で愛情深い関係を続けており，夫婦と青年期の子ども二人との積極的な家庭生活が彼の引きこもりと活気のなさの悪化を防いでくれました。

しかし，入院の3か月前に妻が心臓発作を起こし，彼が言うには，それが彼から「頼みの綱を奪った」のでした。遠景には両親の死があり，近景には心臓発作によるパートナーの死があったので，いくら妻が発作から回復しつつあるとはいえ，アーロンは，妻まで失うのだろうかと思い，「茫然自失」の状態に陥ったのでした。
　アーロンは窮地に陥りました。なぜなら，彼は，常に妻を頼りにしており，とくに両親の死やその後の仕事のパートナーの死のことでは，妻から慰めを得ていたからです。しかし，彼は，彼女の死についての恐れに対処する際に彼女を頼りにすることはできないと感じ，彼女のために自分が「強くなる」必要があると確信しました。入院は，アーロンに逃げ場を与えてくれました。なぜなら，彼は，他者のサポートを頼りにすることに慣れていたし，自分の経験した喪失と恐怖について率直に語ることについても何の障碍もなかったからです。彼は，個人心理療法・集団心理療法および患者仲間との私的接触を支えにしながら，孤立感を克服し，自分の人生における社会的活動の価値を再認識しました。
　うつ病の深刻化に加えて，死についての恐怖を妻と話すことへの躊躇があるために，アーロンと妻の間には距離が生じていましたが，夫婦カウンセリングに助けられて，アーロンは，それが妻を苦しめていることに気づきました。妻だって「強くなる」ことができるし，彼の恐れを受け入れることができ，妻自身の恐れについて彼と率直に語ることができるのだということを，アーロンは認識するようになりました。同時に，彼は，二人の親しい友人と連絡を取り，自分のうつ病と入院のことを知らせましたが，友人たちは理解を示し，彼を再び社会的ネットワークにつなげるための援助を厭いませんでした。こうして，情緒的支えを与えてくれるつながりを形成する彼の年来の能力のおかげで，彼は，数週間を経て重症のうつ病から回復することができましたし，彼が言うには，この時点で人生を「取り戻す」ことができたのです。

　幼年期の安定型愛着のイメージを心に留めていれば，成人期の安定型愛着は，それほど特別なものではありません。さらに，アーロンの体験が証明しているように，安定型愛着に適応上の利点があることは，幼年期を通してそうであったのと同様に成人期においても歴然としています。
　安定型の恋愛関係には，次のような特徴があります。①信頼・関与・持続性。②情緒的に率直なコミュニケーション。③パートナーの苦痛に対して慰めを提供することにつながる共感と情緒的利用可能性（emotional availability）。④性的親密さと一夫一婦主義。⑤相互性と相互依存。⑥その関係に対する高水準の満足。安定型の関係には対立がないというわけではありませんが，一定水準の信頼を伴っており，それがコミュニケーション，相互交渉，相手を赦す傾向を生み出します。したがって，愛着の安定性のおかげで，対人関係に伴う諸問題は取り組むことができ，解決することができるものだという確信が生まれ，その関係に持続性がもたらされます。愛着理論は，愛着を性，愛，探索，養護から区別しますが，恋愛関係においては，愛着の安定性がこれらすべての面を1つに結びつけているのです。もちろん，愛着が安定しているからといって不和がないわけではありません。しかし，愛着が安定していると他の関係

において得られる情緒的サポートを利用することができ，それがレジリエンスを生じさせる一因となります。

　Jim Coan と共同研究者たち（2006）は注目するべき実験を行いましたが，私は，苦痛の調整において愛着が果たす中心的役割を患者や同僚に印象づけるために，この実験を活用します。この研究者たちは，結婚に満足している夫婦を募集し，それぞれの夫婦の妻のほうを電気ショックの脅威に直面させました。その脅威は，実際に少数の試行において電気ショックを与えることによって強化されました。妻たちは，3つの条件のもとでその脅威を体験し，その際の脳活動が観察されました。3つの条件というのは，1）夫の手をつかんでいる，2）見知らぬ人の手をつかんでいる，3）誰の手もつかんでいない，でした。大雑把に言うと，その脅威は脳内に2つのプロセスを活性化させます。それらのプロセスとは，ストレス反応と，その苦痛を減少させようとする相応の努力です。その研究者たちが見出したのは，どちらの脳活動パターンも，妻が夫の手をつかんでいるときに最も弱く，妻が誰の手もつかんでいないときに最も強いということでした。さらに，夫婦関係に満足していればいるほど，夫の手をつかんでいるときの脳活動のレベルが低かったのです。このようなわけで，安定型の愛着はストレスを調整する最も効果的な方法であると，Coan（2008）は力説します。私は，それを単純化してこう捉えています。つまり，愛着は，脳に対して，ストレスを経験し処理するという緊張からの休息を与えてくれるのである，と。

　安定型の愛着は，黙示的にも明示的にも，他者を好意的で信頼できる人とみなす作業モデルと関連しています。愛着が安定している人の場合には，そのようなモデルが恋愛関係に適用されるだけでなく，人間の本性に関して全体としてよりポジティヴな見方をすることにつながっています。パートナーを，好意的で，頼りがいがあり，寛大であると予想していれば，そのパートナーとの関係の中で問題解決が起きやすくなります。幼年期にそうであったように，成人期の安定型愛着は，自己を価値があり愛される存在であると捉えるモデルと結びついています。安定型の愛着は，対人関係をバラ色の色眼鏡で見ることを意味しているのではありません。逆に，愛着の安定性は，批判と自己批判を行う余裕を与えてくれ，①他者と自分自身についてのバランスのとれた見方や，②ポジティヴなものにもネガティヴなものにも耐えることができる能力を促進し，したがって，③影響や変化を受け入れる開放性を促進するのです。

　質問紙による研究において，恋愛関係が安定していると述べる人々は，同時に，親との関係の特徴を温かく支持的であると述べる傾向があります。しかし，先述したように，成人愛着面接は，実際の生活史ではなく，面接において生活史を詳述する際の様式に焦点を合わせます。より詳しく言うと，安定型愛着の指標は，**ナラティヴの首**

2. 成人期

●表1-3　典型的な発達経路：安定型愛着

幼年期の愛着経験についての親の論述	・苦痛な情動や経験についての論述が首尾一貫している ・くつろいでいて、率直で、探索しやすく、心地よいものである ・自己についても他者についてもバランスがとれた見方をしている
乳児に対する親の行動	・応答が敏感であり、情緒的利用可能性が一貫して高い
親に対する乳児の行動	・環境を探索し、振り返って親を確認する ・分離の前後では親に関心を集中させる ・親がいないと悲しむ ・再会のときには自分から接触を開始する ・親と環境に対して柔軟に注意を配分する
発達上の結果	・依存を受け入れる ・効果的に依存し、かつ自立的である ・自己尊重と自己信頼の感覚を有している ・他者に対して共感的かつ配慮的である ・信頼と親密感を抱く能力がある ・ポジティヴな情動にもネガティヴな情動にも開放的である ・情動調整が巧みである ・愛着関係についての心地よい記憶がある

尾一貫性（coherence）なのですが、これは、心理療法に直接的に適用できる概念です。Mainと共同研究者たち（2008）は、面接結果を吟味して、次のようないくつかの中核的特徴を見出しています。その特徴とは、特定の証拠に裏打ちされた真実味、簡潔さ、完結性、適切さ、明瞭さ、組織性です。したがって、安定型の人の面接結果は、幼年期の経験について情緒を込めて本心から説得力のある説明がなされることを特徴としており、新鮮さという性質を備えています。つまり、回答者は、積極的に省察し、自分自身で考え、ときに新しい見方や気づきに到達します——それは、私たちが心理療法において達成しようとするプロセスです。新鮮さの正反対が、一般論や決まり文句に満ちており、聞くと退屈しそうな陳腐な説明です——心理療法においては距離と不安定さを示す徴候です。

　より一般的に言えば、愛着が安定型である人々は、愛着に対してポジティヴな態度を示します。つまり、早期の生活史の性質がどうであれ、彼ら／彼女らは、愛着関係を価値あるものとみなしています。狙いどおりの結果なのですが、成人愛着面接で実証された安定-自律型の愛着は、ストレンジ・シチュエーションにおける乳児の愛着の安定性を予測しており、愛着パターンの世代間伝達があることを例証しています（表1-3を参照のこと）。親の愛着の安定性と乳児のそれとの間に関連がみられる理由については、本章の後半で、メンタライジングの文脈で考察いたします（「愛着関

係でのメンタライジング」の節を参照のこと)。

(5) 成人におけるアンビヴァレント−とらわれ型愛着

【事例】ブルースは，2回目の結婚生活で夫婦の対立がエスカレートしたことを背景とする不安と抑うつのために，「身動きができない」状態になりました。彼の記憶によれば，彼の情緒不安定の始まりは高校時代でしたが，それは，争いの多い両親の結婚が離婚という結末を迎えたときでした。ブルースが語ったことですが，彼は物心ついた頃から内気で，対人的にも「不安定」でした。また，彼が言うには，彼は母親にそっくりでしたが，その母親は「帽子が落ちただけでも激怒する」人でした。

　高校3年生のときに，ブルースは，クラリッサという少女と，初めての真剣な恋愛関係を築きました。クラリッサも，同じように争いの多い家庭への対応に悪戦苦闘しており，その家庭では父親のアルコール依存のために両親の結婚生活が破綻していました。ブルースが言うには，二人は「マジックテープのように」互いに相手にまとわりついていました。ブルースとクラリッサは同じ大学に行き，卒業の前に結婚しました。二人の結婚はクラリッサが息子を出産したときに悪化し，ブルースは「乗り換えられた」と愚痴をこぼしました。それから2年後に二人は離婚し，クラリッサが息子の養育義務を負いました。

　離婚後，ブルースは以前よりも大量に飲酒するようになり，2〜3か月のうちにバーでドナと出会いました。彼女は「運命の人」であり，彼のすべての恨みをいとも簡単に自分自身の恨みとして共有しました。「二人で世界を敵に回して」いたと，彼は語りました。ブルースとドナは，数か月後に「反動で」結婚しました。しかし，ブルースが仕事で解雇され，代わりの仕事を見つける望みがなくなってからは，二人の夫婦仲は悪化の一途をたどりました。ブルースが無力感を募らせたのに対して，彼の表現を借りればドナは「戦士」であり，そこそこの生活をするために副業を始めました。彼女が働いているのに，ブルースは家で「ぶらぶら」しているだけであり，テレビを見たり，渋々仕事に応募したりしていました。二人にはお金が必要であったのに，ブルースは，ドナがとくに夕方や週末にたびたび仕事で外出することを恨むようになりました。彼は，彼女に仕事をしない時間を作ってほしいと懇願したのですが，自分が彼女に「マジックテープのように」まとわりつこうとしており，それはクラリッサに対してしたのと同じであることに自分でも気づいていました。しかし，ドナの不在は，二人の仲を「引き裂き」続けました。

　ドナが仕事に出かけようとするので彼が彼女の腕をつかんだときに，ドナは，仕事が3つあればブルースの「情けない姿」を見なくてすむのにと口走りました。そのとき，ブルースの不安と絶望は耐え難いほどになり，彼は，自殺を考え始め，とうとうドナの面前で一瓶分の錠剤を飲み始めました。このように，彼は，自暴自棄になって治療を受けざるを得なくなったのです。

　ブルースの経験が証明しているように，恋愛関係におけるアンビヴァレント型の愛着は，ペースの速さと結びついています。つまり，すぐに，熱情的に，そしてたぶん無差別に恋をするということです。このペースの速さには，高水準の情緒的開放性と自己開示が含まれています——おそらく性急な性的親密さを含めて，あまりに多くの

2．成人期

ことがあまりに速く進んでしまうということです。違いを最小限に見積もり，パートナーを理想化すること——完全な愛を見出すこと——は，やがて生じる脱錯覚の前触れです。幼年期にそうであるのと同様に，親密さを求める欲求をかきたてるのは，見捨てられることへの恐れです。しかし，親密さを求める欲求は，独占的で支配するような行動と結びつくと，パートナーを尻込みさせてしまいがちです。パートナーが距離を置くことは，火に油を注ぐようなもので，不安に駆られたまとわりつきを激化させ，それに伴って悪循環が生じます。

　幼年期にそうであるように，成人期におけるアンビヴァレント型の愛着は，不安，剥奪感，不満と結びついています。私の同僚の Helen Stein は，それを，**突き放し-しがみつき**パターン（kick-and-cling pattern）と呼びます。アンビヴァレント型のパートナーは，怒りの直接的表出を抑制しがちで，それによって恨みを募らせることになり，その怒りは，（例えば，陰湿な関係回避のように）間接的に表出されたり，周期的な怒りの爆発の形で表出されたりすることでしょう。そのような爆発は，成人期においても，幼年期にそうであるのと同じ機能を果たします。その機能とは，応答の乏しさに抗議して関心を向けてもらうということです。当然のことながら，そのような方略は，短期的にみれば効果的でしょうが，長い目で見るとパートナーを疎外することになりがちで，互いの恨みを増幅させることにつながります。さらに，アンビヴァレント型愛着の特徴である依存的-無力な姿勢は，自律性と有能性の発達を台無しにし，それによって依存性を強固なものにし，見捨てられることへの恐れと自分で対処する能力の乏しさをさらに悪化させます。

　アンビヴァレント型の愛着は，愛着対象を配慮の能力はあるが頼りにならない人とみなす作業モデルに基づいています。それだから，アンビヴァレンスには，希望と失望の予期とが混在しています。同様に，アンビヴァレンスという概念に最初から含まれているのが葛藤と矛盾であり，それは，パートナー〔相手〕を愛情深いが拒否的でもあると予想することです。アンビヴァレンスにつきものの不安は，用心深さや過剰警戒をもたらします。アンビヴァレント型のパートナー〔本人〕は，拒否されることや見捨てられる可能性があることを示す徴候を血眼になって探し続けています。そのような過敏性があると，波長合わせや応答性における普通の失敗に対しても，捉え間違いや過剰反応（例えば，相手が何かに気を奪われているだけなのにそれを自分への無関心と解釈すること）が起きやすくなります。そして，そのような失敗は，対人関係においてよくみられるものです。小さな問題が大きな葛藤にエスカレートするにつれて自己成就的予言（self-fulfilling prophecy）〔★訳注11〕が生じ，それはアンビヴァレント型の作業モデルを強化します。このようなモデルは，高水準の自己批判を伴っ

第1章 愛着・メンタライジング・トラウマ

ており，不適格だ，無価値だ，弱い，愛されないと感じることを含んでいます。そのような感じ方は，拒否されたり批判されたりすることへの感受性を高め，それによって葛藤やさらなる自己成就的予言を助長するのです。不適格感は，依存性を強め，有能性と自己依存の形成を失敗に終わらせます。このような失敗は，自己についてのよりポジティヴな作業モデルを形成するために必要な成功経験を妨げてしまいます。

〔★訳注11〕人がある確信や予期を抱いていると，それが行動や態度に影響して，その確信や予期と一致した結果をもたらしてしまうことがあるが，そのような確信や予期のことを「自己成就的予言」という。

　私はアンビヴァレント型愛着をかなり魅力に乏しい姿に描いてしまいましたが，この型にはポジティヴな側面もあります。それは，愛着関係を求め，維持しようとする，高水準の固執です。それだから，アンビヴァレント型は一定水準の関与を伴っており，そのおかげで安定型愛着を形成することへの扉が開かれているのです。「恋人に対する成人愛着の測定」という節で注目したように，回避から安定に至る道程では，アンビヴァレンスが生じやすくなります。

　「成人愛着面接」において明らかになるとらわれ型の愛着は，その名称が示唆しているように早期の愛着に対する葛藤や不満を乗り越える能力の欠如を伴っています。そして，その能力の欠如は，愛着に関連する苦痛に巻き込まれ続けることの中に表れています。とらわれ型の人の面接内容は，首尾一貫性が欠けており，とりとめがなく，曖昧で，過度に細部にこだわり，本題から逸れるので，話についていくのが大変です。このような面接には，今なお続く恨みが充満しているのですが，それは，親の失敗に対する不平不満と非難――親への非難だけでなく自己非難――の中に顕著に表れています。このような面接から得られた知見が証明しているように，幼年期の愛着関係について考えることは，それだけでも情動的苦痛を伴うのであり，したがって，愛着欲求を活性化させ，おまけに，未充足の欲求と関連する不満をも活性化させるのです。

　安定型の場合にもあてはまることですが，子ども愛着分類が不安定型であると，その親の愛着分類も不安定型である可能性が高いことになります。このように，成人愛着面接において親の愛着がとらわれ型であることは，表1-4に要約されている典型的世代間伝達パターンに沿って，乳児がストレンジ・シチュエーションでアンビヴァレントになることと結びつきます。乳児の苦痛と愛着欲求は，とらわれ型の親が未だに抱えている愛着の問題や情動調整の問題を呼び覚ましがちであり，したがって，乳児の苦痛に対して敏感かつ一貫した応答をする能力を妨げてしまいます。しかし，恋愛関係の場合と同様に，子育てにおいても，アンビヴァレントであることのポジティヴな側面が存在します。つまり，親は，一貫性がないとはいえ，乳児との情緒的関わ

2. 成人期

表1-4　典型的な発達経路：とらわれ - アンビヴァレント型愛着

幼年期の愛着経験についての親の論述	・焦点を定める能力が乏しい ・回りくどい，曖昧，本題から逸れる ・親への怒りにとらわれる ・他責的かつ自責的
乳児に対する親の行動	・一貫していない ・（乳児にとって）利用不能 ・応答性が低い ・関与度が低い
親に対する乳児の行動	・警戒と苦痛を伴う ・遊びはそっちのけで親に関心を集中させる ・再会時になだめにくいか慰めにくい ・怒りを示すが，接触を維持しようとする努力も混じり合っている
発達上の結果	・不安で，過剰に警戒し，愛着対象の利用可能性と応答性について心配する ・配慮を引き出すために恐ろしいことや恐れを大げさに述べる ・力づけを求める ・自己と世界についてネガティヴな確信を抱く ・愛着対象の応答性の低さを改善させようとして愛着対象を罰する

りの中にとどまり続ける可能性が高いのです。

（6）成人における回避 - 軽視型愛着

【事例】30代前半の聡明で魅力的な女性であるエレーヌは，アルコール乱用がエスカレートし，夜間に，はしご酒をした後に飲酒運転をしてしまいました。そのせいで，彼女は，午前2時に逮捕され，一晩拘留されたのですが，それを機に治療を求めました。この出来事は屈辱的なものでしたが，それは，とくに彼女が法曹界では「期待の星」だったからです。エレーヌは，生活が「制御不能」だということを自覚したので，心理療法を求めました。しかし，彼女は，すべてのセッションで自分を陽気で朗らかであるように見せ，すべては「バラ色」だと笑顔で語るのが常でした。彼女は——家庭内でも家庭外でも——情緒的に孤立しているように思えましたが，そのような苦痛な生活史について，苦痛など微塵も見せずに語るのでした。彼女は，父親を遠くから崇めていたと語りました。彼女は「父親と同じ職業に就いた」のですが，父親のことをほとんど知りませんでした。彼は，「精力的な」弁護士で，ほとんど自宅にはおらず，自宅にいるときにも家族とは情緒的に距離をおいていました。そのため，彼女は母親に振り回されたのですが，彼女は，母親の特徴を要求がましくて完璧主義の「薄情者」であると言い切りました。

エレーヌは高校時代までずっと対人的に孤立していましたが，「気の合う人」だった同年齢の少女との友情だけは例外でした。彼女が言うには，二人は，同じくらい「意地悪かつ冷

酷」で，仲間を「からかうこと」に喜びを覚える点でも似ていました。しかし，二人とも対人的には疎外されていました。それでも，エレーヌは，知性を頼みにして切り抜けることができ，高校をトップに近い成績で卒業しました。彼女が語ったことですが，彼女は，「トラブルに巻き込まれない」ために，教師に「取り入る」ことを学んだそうです。

　エレーヌは，「機知と魅力」を武器にして，大学と法科大学院においても優れた成績を収めました。恋愛関係については，本気ではないけれどもわくわくさせてくれる一連の「情事」で満足だったと，彼女は語りました。しかし，「手に負えなかった」ある恋愛について語るうちに急に涙が溢れてきて，彼女はそのことに驚きました。いつもの「情事」とは異なり，彼女は，フレッドとは3年間にわたってデートを重ねていましたが，その関係は「つながったり切れたりの繰り返し」でした。彼女は，二人でいるときには彼に「心を開き」始めるのですが，そうなると彼女は自分から距離を置くのでした。彼女は，子どもを持つという空想さえし始めていたことを認めました。しかし，その後に，これは「白いフェンスのある家に住むという月並みな夢」だと思うと，自分を蔑むように語りました。彼女は，次のような出来事について語ると，目に涙を浮かべました。ある週末に，彼女はフレッドと外で過ごしましたが，その最後のほうで，彼は，婚約指輪を取り出し，結婚を申し込みました。しかし，彼女は，「気が動転し」，彼との関係を絶ってしまい，このときに飲酒がエスカレートしたのです。

　エレーヌの経験が良い例ですが，親密さ，距離の近さ，愛情，関与，情緒的依存の水準が低いことが回避型愛着の特徴です。典型例は，自己充足的な孤高の人です。だからといって，回避型の人は非社交的であるということではありません。逆に，彼ら／彼女らは外向的な場合があります——実に魅力的で機知に富んでいることがあります。しかし，彼ら／彼女らの関係は表面的であり，情緒を交えて打ち解けたり慰めたりすることが欠けています。回避型の愛着は，愛情を伴わないセックスを引き起こしやすくなります——つまり，乱脈さを伴う気まぐれなセックス，見知らぬ人とのセックス，一夜だけの関係に対するポジティヴな態度と結びつくのです。性的歴や性的征服を自慢することの中に顕著に表れているように，セックスは自己像を高めるという目的に貢献することがあります。さらに，回避型愛着は，配慮や世話をすることの正反対です。回避型の人は，パートナーの苦痛に直面しても情緒的に利用不能で，苦痛に対して敵意を込めて反応する可能性さえあります。

　乳児期と同様に成人期においても，回避型は**愛着の方略**です——つまり，**距離を置いた愛着を維持する方法**であり，言い換えれば，拒否されることを最小限にして絆を維持する方略です。先に述べたように，回避型の子どもたちは，「あなたの不幸で私を煩わせないで」という暗黙の命令に従っているのです。成人期になると，この方略は双方向的なものになります。つまり，「私はあなたを煩わせないから，あなたも私を煩わせないでほしい」ということになるのです。さらに，愛着欲求が満たされない

体験が繰り返されると，回避型の人は，苦痛の表出を抑制するだけでなく，苦痛の体験をも抑制します。苦痛は，弱さ，脆さ，劣位の感情と結びつきます。したがって，回避型の人は，不安，恐怖，恥，罪悪感，孤独，悲しみを含む全範囲の苦痛な情動への気づきを遮断するのです。ただし，苛立ちと怒りは，この一般的ルールの例外となることでしょう。

　明らかなことですが，回避型愛着は，他者についてのネガティヴな作業モデル——つまり，他者は一貫して拒否的または利用不能だろうと予想すること——と関連しています。より一般的な言い方をすれば，回避型愛着は，猜疑心や不信と結びついており，猜疑心や不信は敵意を引き起こしやすいのです。他者の意図についてのそのようなネガティヴな属性付与は，自分のネガティヴな面を他者に投影していることにほかなりません。もちろん，そのような属性付与は，自己成就的予言に寄与します。つまり，敵意と猜疑心は，他者からの拒否を引き起こすということです。回避型の愛着は，自己防御的であるという点で明らかに防衛的であり，防衛的なところは回避型の人の自己感にも顕著に表れています。つまり，回避型愛着は，外在化を好むことと絡み合って，防衛的自己肥大に結びつきます——つまり，問題の責任を他者に転嫁するということです。アンビヴァレント型は対人関係で相手より一段下にいると感じることと結びつきやすいのですが，それとは反対に，回避型は，対人関係で自分が主導権を握り，一段上にいようとすることに結びつきます。

　「成人愛着面接」においては，軽視型愛着は，語られる物語を短いものにしてしまいます——それは，文字どおり，面接が短いものになる傾向があるからです（つまり，とらわれ型の人の面接とは正反対だということです）。愛着は価値の低いものとされ，記憶はわずかで，対人関係についての記述は抽象的です。したがって，〔親について記述した〕叙述形容詞が説得力のある証拠によって裏づけられることはありません。軽視型の面接のいくつかは，根拠がないのに親を「すばらしい」とか「最高だ」と理想化することを特徴としています。ときには，理想化が，それを支持しているようにみえる根拠を伴っているのですが，実はその根拠とかみ合わないということがあります。例えば，「そうですねえ，私が手に負えなくなると，彼は板で私を殴るのが毎度のことでしたね。でも，それは，愛情を表現する彼なりの方法で，私のためを思ってしていたことなんですよ」といった具合です。

　「成人愛着面接」で軽視型を示す親たちの乳児は，「ストレンジ・シチュエーション」で回避型を示すことになりがちですが，その典型的な世代間伝達パターンは表1-5に要約されているとおりです。子どもたちは，親の愛着パターンに順応しやすいのです。軽視型の親たちは，情動的苦痛を軽視し，抑制し，拒否します。もう一度

第1章 愛着・メンタライジング・トラウマ

● 表1-5　典型的な発達経路：回避型愛着

幼年期の愛着経験についての親の論述	・幼年期の記憶の乏しさ ・ネガティヴな経験を軽視する ・愛着を理想化するか低く評価する ・自己を強くて自立的であるように印象づける
乳児に対する親の行動	・乳児が苦痛なときに示す慰めへの希求を拒否する ・乳児に対する情緒表現が乏しい ・侵入的，統制的，過剰刺激的
親に対する乳児の行動	・親がいても，立ち去っても，戻ってきても，注意を環境に向け，親から注意を逸らす ・親に対する情緒表現が乏しい
発達上の結果	・脅威，気がかり，弱さ，慰めの希求を軽視する ・援助を断る ・ときに生理的反応性とあいまって情緒的気づきの欠如を示す ・防衛的自己肥大を示す ・慰めやサポートを提供することを渋る ・表面的には情緒的健康さを示すが，極度のストレスがあると防衛の破綻を示す

言いますが，軽視型の親は「私を煩わせないで」と伝えているのであり，回避型の乳児は，例えば玩具に関心を向けることによって，親に従っているのです。

(7) 成人愛着の関係特異性

「成人愛着面接」は，愛着に関する個人の全体的な心の状態を捉えることを目的とする単一の愛着分類をもたらします。同様に，成人愛着に関する様々な質問紙も，概して全般的な分類をもたらします。私たちが全般性に依拠することは道理にかなっています。つまり，実証研究においては，全般的愛着パターンのアセスメントが非常に大きな予測力を示してきたからです（例えば，最も印象的なのは，親の愛着類型から乳児の愛着行動を予測すること）。ここでレビューしたエビデンスが示唆しているように，より早期の関係に由来する作業モデルが後の対人関係の発達に影響を及ぼすのであり，ある関係から他の関係への般化〔★訳注12〕がみられます。また，同じく示唆されていることですが，このようなモデルは，良かれ悪しかれ自己維持的なものになりがちです。つまり，愛着が安定型の人は，善意を予想し，配慮と共感を示しますから，他者はポジティヴに反応しがちです。愛着がアンビヴァレント型の人は，対立を引き起こすような形で，対人関係に不安と恨みを持ち込みます。回避型の人は距離を置き続け，それが関与を妨げてしまいます。

〔★訳注12〕ここで用いられている「般化」(generalize, generalization) という言葉は，学習理論における「般化」の概念を背景にして用いられている。学習理論で言われる般化とは，ある刺激Aに対して反応Bが生じるようになったとき，刺激Aに似た刺激A'に対しても反応Bが生じるようになる現象である。本書のこの箇所での「般化」は，ある関係で形成された傾向や行動が他の関係においても示されるようになるという大まかな意味で使用されている。

　しかし，愛着も関わりですから，かなりの程度まで関係特異的（relationship specific）であり，人と人との相互交流の歴史に基づいています。関係特異性を証明する最も説得力のある証拠は，乳児が片方の親に対しては安定型の愛着を示し，もう一方の親に対しては不安定型の愛着を示すことがあるという知見です（Steele et al., 1996）。1つの家族の中でのこのような相違は，養育のパターンに応じて愛着方略が変化するという事実に照らし合わせると理にかなっています。つまり，もし一方の親は敏感な応答性を示し，もう一方の親は応答が一貫していないか一貫して拒否的であるなら，乳児は，これらの2つの関係の一方では安定型愛着を示し，もう一方では不安定型愛着を示すということです。そのような関係特異性は愛着における柔軟性をもたらすのですが，私たちは，心理療法を行う際にはそれに頼らなくてはなりません。つまり，Ainsworthの言葉を用いるなら，私が提唱する素朴で古い療法は，患者の関係における安定性を促進するような一定水準の敏感な応答性を必要としているということです。そして，同じく般化性を頼りにして，私たちは，そのような高められた安定性が他の諸関係にも般化するだろうと期待しているわけです。そして，私たちは，こうした他の諸関係においても不安定な作業モデルを探索し，うまくいけばそれらを修正することによって，上記のプロセスの進行を助けたいと願っているのです。しかし，本書の至る所で私が何度も強調することですが，個人心理療法には限界があり，愛着の安定性における関係特異的変化を促進するために，私たちセラピストはカップル療法や家族療法をも併用することになります。

（8）一致と不一致

　愛着は関わりであり，ある程度まで関係特異的であることを考慮して，愛着研究者たちは，恋人同士の愛着パターンの一致と不一致の生起とその影響について調査してきました（Feeney, 2008）。可能な組み合わせの数を考えてみればわかりますが，これらの知見にみられる複雑さはかなりのものです。愛着の安定した人同士が結びつきやすいことは驚くべきことではありませんし，彼らの関係は，より適応がよいことや満足の水準がより高いことと結びついています。不安定型の人たちの間でも，パートナー同士の愛着パターンの一致（つまり，アンビヴァレント－アンビヴァレント，回

避－回避という組み合わせ）の程度が偶然水準よりは高いことを示すエビデンスがあります。一方のパートナーが安定型の場合には，不一致が恩恵をもたらすことがあります。つまり，一方の安定性がもう一方の不安定性を緩和することがあり，とくにこの不一致は，ポジティヴな変化に通じる重要な経路を与えてくれます（例えば，その変化は，良い恋愛関係や効果的な心理療法関係において起きるだろうと思われる変化です）。理想的な場合には，パートナー同士が互いに相手の示す一定水準の安定性を支えにし，そのおかげで，二人は共同して安定性を高めることができるのです。

　もちろん，不安定性もまた不安定性をもたらします。つまり，アンビヴァレンスはアンビヴァレンスをもたらし，回避は回避をもたらします。先にほのめかしたことですが，アンビヴァレント型と回避型の組み合わせは，対立をエスカレートさせて悪循環を引き起こしやすくなります。回避型のパートナーが距離を置くことは，アンビヴァレント型のパートナーの不安と恨みを掻き立てます。アンビヴァレント型のパートナーの不安に駆られたまとわりつきと怒りに任せた抗議は，回避型のパートナーの関係回避と守りの姿勢をさらにひどくしてしまいます。アンビヴァレント型の妻が回避型の夫に不満を抱くことは稀ではありません。対照的に，配偶者が二人とも回避型であると，情緒的に距離のある——最悪の場合には情緒的離婚を特徴とする——結婚生活を営みがちになります。

（9）持続性と変化

　幼年期と同様に，成人期の間もずっと，愛着パターンは，持続性と変化が混在した姿を示します。そして，ある関係の持続性は，他の多くの要因の持続性に左右されることでしょう。成人愛着における持続性について1週間から25年間までの範囲で検討した諸研究は，平均して70％の研究参加者に持続性がみられることを明らかにしました（Feeney, 2008）。これは自己永続化（self-perpetuation）という考えを支持する結果であるかもしれません。幼年期と同様に，持続性のなさは，規則的な不連続と関連しています（Mikulincer & Shaver, 2007a）。安定した愛着は，拒否や裏切りの経験によって，それに加えて分離と喪失によって，持続的なものでなくなる可能性があります。逆に，ポジティヴで持続的な対人関係が形成されることによって——つまり，①良好な結婚生活に入る，②愛情深い親になる，③心理療法を受けることによって——不安定な愛着が修正されることもありえます。良かれ悪しかれ，ある作業モデルへの反証となる諸経験〔★訳注13〕は，愛着の安定性における変化と関連しています。私たちは，次に述べるような明らかな事実から目を背けることはできません。つまり，不安定型のモデルへの反証を見出すためには，信頼できるパートナーが必要だという

ことです。

> 〔★訳注13〕例えば,「私のことを気にかけてくれる人はおらず,私は気にかけてもらう価値のない人間だ」という内的作業モデルを有する人が,自分のことを気にかけてくれる人(たち)と関わりを持つなら,その関わりの経験はその人の内的作業モデルへの反証となる。

3. 愛着関係におけるメンタライジング

　ここまでは,安定型の愛着が形成されるための要件として,Ainsworth のいう敏感な応答性という概念を取り上げてきました。乳児の苦痛に対する母親の敏感な応答性があれば,乳児が確信を持って母親からの慰めを期待するだろうということは,容易に察しがつくことです。そして,私たち大人も,慰めと理解を求めているときには,敏感に応答してくれる人たちを頼りにするでしょうし,それは,少し想像を逞しくするだけでわかることです。Fonagy & Target (2005) は,親のメンタライジング能力を子どもの愛着の安定性と関連づけ,またメンタライジングの機能不全を愛着トラウマと関連づけたのですが,そうすることで Ainsworth の数々の洞察を洗練させたのです。**メンタライジングは気軽に採用できるような言葉ではなく**,それは Holmes (2010) が次のように述べているとおりです。つまり,「初めて『メンタライジング』という用語に出会ったとき,私は,その抽象的で技術用語にも似た響きから不快感を催した」というのです。しかし,彼が言い添えていることですが,「私は,メンタライジングが心理的健康のきわめて重要な側面と,それを促進しようと努めるセラピストの営みを捉えているという見解を持つに至った」(p.9) とのことです。

　私は,どちらの点についても Holmes に同意しますし,**メンタライジングの耳障りと受け取られるかもしれない響き**を気にして,患者や同僚にその概念を紹介するときには**マインドフルネス**と組み合わせることを好みます。ちなみに,後者は,直観的に意味がわかりますし,ユーザーフレンドリーです。しかし,この点に関しては,私は,意味論よりも実質に,より関心があるのです。メンタライジングとマインドフルネスは,重なり合う部分のある概念です。そして,メンタライジングに関することを,マインドフルネスの研究から学ぶことができます。このようなわけで,私は,マインドフルネスについての議論からこの節を始め,その後にメンタライジングについてレビューすることに進み,最後の締めくくりとして,マインドフルネスとメンタライジングの共通点と相違を要約して述べます。

(1) マインドフルネス

　端的に言うと,マインドフルネスは,**現在の体験に対する注意深さ** (attentiveness)

第1章　愛着・メンタライジング・トラウマ

であり，**体験に対する受容的態度**を伴うものです——ここでいう体験は，情動的に苦痛でトラウマ的である体験を含みます。情動的苦痛を軽減する方略とは対照的な，情動的苦痛の受容ということが，現在の認知行動療法に重要な転換をもたらしました。Steven Hayes と共同研究者たち（1999）は，**体験受容**を2つの形の回避と対比していますが，その2つの双方がトラウマと関連しています。**状況回避**は，苦痛な情動を引き起こす状況を回避することを含んでいます（例えば，屋内駐車場で襲われた人は，屋内駐車場を避けることでしょう）。**体験回避**は，苦痛な考えや感情を回避することを伴っており，事実上，自分自身の心を回避しようとすることです——それは非生産的な企てです。苦痛な考えや感情を含む心理状態は一過性の現象であり，その心理状態に対して好奇心を示すという非審判的態度を取ることができるなら，その心理状態自体が有害なものになるわけではありません。そして，（例えば瞑想による）マインドフルネスの実践は，そのことを明らかにすることによって，体験の受容を促進することができます。この態度は，関与（注意深さ）と離脱（detachment）（自分の考えと感情を観察し，それらをあまり深刻に受け取らず，それらが心の中を通り過ぎるのを許すこと）の複雑な組み合わせを要求します。マインドフルネスに関する文献が人を惹きつけるのは，1つには，その倫理的基盤が明示されているからであろうと，私は思います。多くのセラピストは世俗的観点からマインドフルネスにアプローチするわけですが，マインドフルネスは仏教に起源があり，したがって，スピリチュアリティ（spirituality）に根ざしています。マインドフルネスの伝統は，自己を含むすべての存在に対する慈しみを奨励します。自己への慈しみ（self-compassion）の実践がますます注目を集めていますが（Neff, 2011），自分自身への慈しみは，体験の受容を導き出しやすいのです。例えば，自分が抱いている感情のことで自分を非難するのではなく，自分自身に共感的であるなら，情動的苦痛に耐えることがより容易になります。

　マインドフルネスは，Jon Kabat-Zinn（1990）が開発した8週間の集団式介入法である「マインドフルネスに基づくストレス低減法」を用いた臨床的実証研究の文献において確立されました。Kabat-Zinn は，標準的な医学的ケアに反応しない一般症状（例えば心臓疾患や慢性的疼痛）を有する患者たちを助けるために，このプログラムを企画しました。それ以来，マインドフルネス実践は，広範囲の症状・障害を対象とする現代の認知行動療法にも取り入れられ，主流の介入法となったのです（Roemer & Orsillo, 2009）。1000人以上の患者に対する40近い実証研究のレビューから，マインドフルネス的介入法によって不安と抑うつの有意な減少がみられることが明らかになりました。また，これらの諸研究の相当数から，フォロウアップ・アセスメントに

おいて成果が持続していることが明らかになりました（Hoffman et al., 2010）。この研究〔レビュー〕が示唆していることは、以下のとおりです。つまり、逆説的ではありますが、情動的苦痛を抑制したいと願うのではなく、それを受け入れることが、情動調整の有効な方略なのだということです。しかし、この示唆は、愛着の安定性に関する実証研究に照らし合わせると、それほど逆説的なこととは思えなくなります。つまり、敏感な応答性は、潜在的にマインドフルネス——注意深さと受容——を伴っており、安心感を増大させることによって苦痛を改善するのだということです。

（2）メンタライジング

メンタライジングは、自己と他者の心理状態に対する注意深さという脈絡でのマインドフルネスを伴っています——端的に言えば、心で心を思うこと（holding mind in mind）です〔★訳注14〕。メンタライジングという言葉が持つ専門用語的な響きは、深遠なものを暗示してしまうという点で誤解を生じさせます。それとはまったく反対に、メンタライジングは、一般的に私たちが当然あるべきものとみなす天性の人間的能力なのです。自閉症の場合を除いて、私たちは誰でも自分自身や他者を理解しようとする傾向を持った天性の心理学者になるのです。

〔★訳注14〕メンタライジングは、自分と他者の行動の背後にある心理状態（考え、感情、欲求など）に注意を向け、それを認識することである。メンタライジングの簡潔な表現である「心で心を思うこと」の含意は、「心の中で自分と他者の心理状態に注意を向け、心理状態について認識すること」であり、その認識には、その心理状態を引き起こした原因やその心理状態の意味についての認識も含まれている（J.G. Allen, 2014年、私信）。

しかし、表1-6に要約されているとおり、メンタライジングは、その用語が多くの面を含んでいるという点では、複合的なものです（Fonagy et al., 2012）。最も基本的なこととしては、自己と他者の区別があります。自分自身の心を知るということと、他者の心を知るということは、同じではありません。さらに、明示的（制御された）メンタライジングと黙示的（自動的）メンタライジングという区別があります。明示

表1-6　メンタライジングの様々な面

- 自己への焦点合わせか他者への焦点合わせか
- 明示的（意図的、言語的）か黙示的（自動的、直観的、非言語的）か
- 外面への焦点合わせ（観察可能な行動）か内面への焦点合わせ（心理状態）か
- 思考か感情か
- 現在か過去か未来か
- 狭い（現在の状態）か広い（自伝的）か

第1章　愛着・メンタライジング・トラウマ

的メンタライジングは，意識的で意図的なものであり，一般的には，言葉（例えば感情を言葉にすること）とナラティヴ（例えば，問題のある行動を説明するストーリーを構成すること）を伴います。黙示的メンタライジングは，（例えば，会話における話し手と聞き手の交替や，友人の落胆に共感する過程で姿勢や声の質を相手に合わせること，にみられるように）直観的で非意識的です。また，（例えば同僚のしかめ面への）外的な焦点合わせと，（例えば彼女のしかめ面の理由への）内的な焦点合わせという区別があります。さらに，認知過程のメンタライジングと感情過程のメンタライジングという区別があります（つまり，思考のメンタライジングか情動のメンタライジングか，ということです）。おまけに，メンタライジングの時間枠が異なることがあります。つまり，現在（例えば現在の願望）に関しても，未来（例えば，目論んでいる対決の影響を予想すること）に関しても，過去（例えば，誤解が生じた原因を整理し直すこと）に関しても，メンタライズすることができます。最後になりますが，メンタライジングの範囲は，狭いこともあれば（例えば現在の考え），広いこともあります（例えば，自伝的ナラティヴを構成する場合）。

　私たちのメンタライジング能力の発達を理解することは，私たちがどのようにして一人前の人間の心を持つようになるのかを推察することであると言っても過言ではありません——それは，たやすいことではありません（Fonagy et al., 2002）。私の共同研究者たちと私は，関連する発達的研究を別の著書（Allen et al., 2008）の中でレビューしました。ここでは，安定した愛着がメンタライジングの発達に寄与するということだけに焦点を絞ります。しかし，それに先立って，読者は，直観に反する基本的原理を理解しなくてはなりません。つまり，心は，外から内へと発達するということです。言い換えれば，人は，心を持つ人とみなして関わってくれる他者——最も代表的なのは養育者——のおかげで，自己感を形成し，自分自身の心を知るようになるということです。

　人生の最初の1年を手始めに，自分が何を感じているのかを学ぶプロセスについて考えてみてください。乳児は，自分の情動状態を複雑なやり方で映し出してくれる養育者のおかげで自分の感情を認識するようになるのであり，Fonagyと共同研究者たち（2002）は，その機序を説明しました。養育者は単なる鏡ではありません。母親が乳児とまったく同じくらい激しく泣くのでは，その泣いている乳児の助けにはならないでしょう。その乳児は，なだめられることはないでしょう。そうではなくて，母親は，乳児がどう感じているのかを認識しており共感しているのだということを乳児に示します。つまり，彼女は，なだめるような声の調子を用いて，悲しみの表現の中に慈しみと思いやりを合体させます。このようにして，彼女は，乳児の情動を彼〔乳

児〕に示すのです。同様に，もし乳児が欲求不満に陥っているなら，母親は乳児に対する不満を表出するのではなく，同情を表す態度と組み合わせながら彼の不満な様子をまねしてみせます。彼女は，**彼が**感じていることを示すのであり，**彼女が**感じていることを示すのではありません〔★訳注15〕。このプロセスを通して，彼〔乳児〕は，自分が何を感じているのかを学ぶのです。この情動学習過程は，その後に，より洗練されたメンタライジングの発達が生じるための坩堝です。そして，最終的には，そのおかげで，人は，感情に名前をつけることができ，その感情が生じた理由を理解し，その感情を自伝的ナラティヴの中に組み入れるのです。成人に関する節で注目したように，Mainと共同研究者たち（1985）は，親についての「成人愛着面接」による愛着分類と，その子どもである乳児についての，ストレンジ・シチュエーションによる愛着分類との間に，一致がみられることを明らかにしました。この研究を拡張して，Fonagyと共同研究者たち（1991a）は，注目するべき研究を行いました。彼らは，第一子を妊娠中の100人の母親に「成人愛着面接」を実施しました。そして，彼らは，その母親の子どもである乳児が生後12か月になったときに，実験室場面で母親－乳児の相互交流を観察したのです。彼らは，母親の愛着類型と乳児の愛着類型の間に有意な一致を見出しました。彼は，後に，父親を対象にして，このような結果を再確認しました（Steele et al., 1996）。子どもが生まれる前に親が自分の愛着について語ったその語り方は，子どもが生後1年目に実験室で親と交流する際のその交流の仕方を予測するものだったのです〔★訳注16〕。この知見には，説明を加える必要があります。

〔★訳注15〕ここで，実例とともに述べられているのが，「有標的」（marked）な応答（ミラリング）である。このような応答においては，養育者が表出している情動が「養育者のものではなく乳児のものだ」ということを示す「標識」（mark）が伴われている。つまり，養育者は，乳児の情動を「誇張」して表現したり，「慰め」とともに表現したり，「正反対の情動」と組み合わせて表現したりする（例えば，「痛いの，痛いの，飛んでいけ」）。これらの標識があるから，乳児は，それが自分の情動状態を表しているとわかるのである。
〔★訳注16〕心理学研究において用いられる「予測」という概念は，AとBという2つの変数について，それらの測定値同士の間に統計的に有意な関連（相関係数など）みられる場合に，Aの値からBの値が推測できることをいう。言い換えれば，AとBの間の関連に基づいて，AがBに寄与しているとみなすことである。

親の愛着の安定性は，どうして乳児の愛着の安定性につながるのでしょうか。その実証研究は複雑で，実施には困難が伴うものですが，発達的原理は単純です。つまり，メンタライジングはメンタライジングをもたらすということです。例えば，Fonagyと共同研究者たち（1991b）は，成人〔愛着〕面接においてみられる親のメンタライジングが乳児の愛着の安定性を予測する最強の予測要因であることを明らかにしました。自分自身の愛着の歴史に関してメンタライズできる（つまり，首尾一貫していて

第1章 愛着・メンタライジング・トラウマ

情緒的関与を伴う形で省察することができる）親は，乳児である自分の子どもの愛着欲求と情動に関してもメンタライズできる傾向がより高いと想定されます。そうだとすれば前述の知見は納得できます。後続の研究は，この仮説が正しいことを裏づけています。愛着が安定している親は，乳児期の自分の子どもをメンタライズするのです。そのような親たちは，乳児の行動に対して，Elizabeth Meins（Meins et al., 2006）の言う心を志向する批評（mind-minded commentary）〔★訳注17〕を行い，乳児が考えているか，感じているか，しようと意図していると思われることについて，自発的に発言します。また，愛着が安定している親は，乳児のことを話題にする際には，心理的に波長を合わせており，乳児の感情，願望，欲求に注意を向けています。当然のことですが，乳児は，メンタライジング的応答が返ってくることを直観的に予想し，苦痛なときには親に助けを求めます。そのような乳児は，愛着が安定しているのです。さらに，愛着が安定している乳児は，幼児期・児童期になると自分もメンタライジング能力を発達させます。そのような乳児は，例えば，他の子どもが考えていることや感じていることを認識できるのです。

〔★訳注17〕 "mind-minded"（名詞形は "mind-mindedness"）は，Meins の造語であり，母親が子どもを心的主体（mental agent）とみなし，子どもの心理状態に注意を向け，会話の中で心理状態に関する発言を行う傾向である。"minded" には「〜に関心を向ける；〜志向の」という語義があり，"mind-minded" は「心を志向する」という意味である。メンタライジングと重なる部分の大きい概念であるが，乳児と母親の関係に特化している。他の書籍では「マインド・マインディド（ネス）」と原語の発音どおりに訳されていることもあるが，本書では含意がわかりやすいように「心を志向する」と訳した。

　メンタライジングを安定型の愛着と関連づける先述のような実証研究の知見は，実質的には，敏感な応答性が重要であるとする Ainsworth の先駆的発見を洗練させたものです（Fonagy & Target, 2005）。本書の『イントロダクション』であらかじめ触れておいた常識的な話を繰り返すことになりますが，乳児は，自分の情動状態に波長を合わせてくれる親に対しては慰めを求めるし，実際に慰めを見出すことが予想されます。そして，子どもは，話しかけてもらうことを通して話すことを学ぶのとまったく同様に，メンタライジングに関与することによってメンタライズすることを学ぶのであり，それは驚くべきことではないのです。

（3）マインドフルネスとメンタライジングの統合

　マインドフルネスの概念とメンタライジングの概念の重なり合いは，両者がこれほど異なる伝統に由来することを考慮すると，驚くほど大きいものであることがわかります。ちなみに，マインドフルネスは仏教，哲学，倫理学に由来するものですが，それに対して，メンタライジングは精神分析と発達精神病理学に由来するものです。ど

3．愛着関係におけるメンタライジング

ちらに関する研究も，苦しみを軽減したいという願いに動機づけられて行われてきました（図1-2を参照のこと）。ですから，それぞれが心理療法として位置づけられているのです。心理状態に対するマインドフルな注意を伴わない心理療法を，私は想像することができません。さらに，マインドフルネスもメンタライジングも，心理状態に対する好奇心という姿勢と，体験に対する受容的な態度を伴っています。要するに，マインドフルネスも，メンタライジングも，受容も，敏感な応答性の実例なのです。そして，3つすべてが，親子関係においても，友情においても，恋愛関係においても，そして素朴で古い療法においても，安心を得るために不可欠なのです。

　しかし，メンタライジングは，マインドフルネスと同一ではありません。5つの明確な相違がみられます。第一に，マインドフルネスは，心理状態に限定されたものではありません（例えば，花や呼吸に対してマインドフルになることができます）。したがって，私は，メンタライジングを**心についてのマインドフルネス**と解釈しています。第二に，メンタライジングは，次の2つの意味で，マインドフルネスよりも社会的なものです。つまり，メンタライジングは，自己の心理状態に対する注意とともに他者の心理状態に対する注意を含んでいます。そして，より基本的なことですが，メンタライジングは，社会的交流という脈絡で出現するものですから，本質においては社会的なものです。第三に，メンタライジングについての私たちの理解，つまりその社会的性質に関する理解は，発達的研究から得られるものです。この研究のおかげで，今や私たちは，心についてのマインドフルネスがどのようにして生じるのかを，また，その発達を促すにはどのようにすればよいのかを，理解しているのです。第四に，マインドフルネスは**素朴な注意**だけを伴うものですが，メンタライジングは省察（reflection）とナラティヴをも伴っています——つまり，心理状態についての詳述と

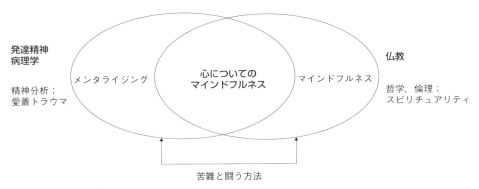

図1-2　メンタライジングとマインドフルネスとの重なり

解釈を伴っています。第五に，世俗的な応用例において骨子だけが取り出されている場合は別にして，マインドフルネスには倫理的視座が明確に表れていますが，メンタライジングにおいては倫理的視座は潜在的なものにとどまっています。

　最後に，マインドフルネスの文献とメンタライジングの文献の間には，一見すると対立があるように思えます。つまり，仏教の文献は'無愛着'（nonattachment）を推奨するのに対して，メンタライジングの文献は'愛着'を重視しています〔''は訳者が付加；以下，同じ〕。仏教の文献では，愛着は貪欲，執着，独占欲を意味しています。しかし，これらの傾向は不安定型愛着の特徴です。このようなわけで，Shaverと共同研究者たちによる研究（2007）においては，マインドフルネスは安定型愛着——つまり不安と回避のレベルがより低いこと——と関連していることが示されたのだと思われます。この発見は納得できるものです。なぜなら，安定した愛着は情動体験の受容をもたらすからです——情動体験の受容とは，情動体験について不安になることではなく，それを排除することでもないからです。したがって，多少逆説的なことではありますが，安定した'愛着'は，仏教の文献で言われる'無愛着'についての尺度と正の関連を示すのです（Sahda et al., 2010）〔★訳注18〕。例えば，'愛着'が安定している人々は，出来事や体験の流れを（それらにとらわれたり，それらを避けたりすることなく）受け入れることができるという意味で，そして，独占欲に煩わされることがないという意味で，'無愛着'〔無執着〕なのです。そのようなわけで，愛着についてのこの2つの見解は，対立的なものというよりも相補的なものです。

〔★訳注18〕「仏教用語」の愛着（attachment）と「愛着理論」における愛着（attachment）とは，含意が異なることに注意していただきたい。愛着理論における愛着とは「安心をもたらす愛情の絆」であるのに対して，仏教における愛着は「煩悩による執着」である。したがって，仏教においては，愛着〔執着〕を脱した「無愛着」（nonattachment）のほうが安らかな境地であるということになる。

4．愛着トラウマ

　私は，**愛着トラウマ**という用語を次のような2つの意味を込めて使用します。第一に，愛着関係において生じるトラウマを指すために使用します。第二に，そのようなトラウマが安定した愛着関係を形成する能力に与える悪影響を指すために使用します。愛着トラウマは，次のような**二重の負債**（dual liability; Fonagy & Target, 1997）を生じさせます。つまり，それは，情動的苦痛を引き起こすと同時に，苦痛を調整する能力の形成を妨げるのです。私が本章で証明してきたことですが，安定した愛着関係において行われるメンタライジングは情動調整の基盤です。したがって，愛着トラウマに関する私の主要な命題は以下のようになるのですが，これは素朴で古い療法に理

論的根拠を与えてくれるものでもあります。

> 耐えがたい情動状態の中に心理的に孤立無援のまま放置され，それが長期間にわたって何度も繰り返されるという体験がトラウマにつながるのであり，その原因の1つはメンタライジングが欠如していることである。治療は，メンタライジングをもたらす安定した愛着という脈絡を作り出すことを伴うのであり，メンタライジングの中では，以前は耐えがたかった情動状態が体験され，表出され，理解され，省察を加えられる——したがって，それは意味があり，耐えられるものになるのである。

　この命題を証明しようと思えば，私たちセラピストは，トラウマを負った患者たちが，次のような中核的体験をありとあらゆる形で表出するありさまに注意を向けるだけでよいのです。その中核的体験とは，過去においても現在においても，**気づいてもらえない**（invisible）——無視され，見逃され，蔑視され，誤解され，聞いてもらえず，見てもらえない——という体験です。
　このように，私は，ネグレクト——心理的波長合わせ（psychological attunement）の欠如（Strathearn, 2011）——を愛着トラウマの中心的なものと考えています。そして，それは，ネグレクトが深刻で広範な発達的悪影響をもたらすこととも符合します。このような見方をすれば，虐待には最初からネグレクトが伴われていることになります。情緒的ネグレクトの中核には，メンタライジング不全——心理的利用不能性——があります。しかし，メンタライジング不全とこういう意味でのネグレクトは，あらゆる形の虐待——身体的，性的，心理的な虐待——の中核に位置するものでもあります。子どもを虐待することは，ついでに言えば大人を虐待することも，メンタライジング——つまり，子どもの（または大人の）体験に対するマインドフルな注意——とは相容れません。したがって，メンタライジングは暴力にブレーキをかけるものであり，暴力的であろうとすればメンタライジングというブレーキを緩めることが必要です（Fonagy, 2004）。
　愛着トラウマについての私たちの理解は，4つめの愛着カテゴリーについてのMainと共同研究者たち（Main & Solomon, 1990）の認識に由来するものです。ちなみに，この愛着カテゴリーは，ストレンジ・シチュエーションにおいて生じる，変則的にみえる乳児の行動と関連しています。Mainは，この変則的パターンを**無秩序型**（disorganized）の愛着として分類しましたが，この変則的パターンは，不適切な養育に起因するものであることが発見されました。私は，すでに，秩序化された愛着パターンに関するその研究をレビューした後に，愛着トラウマを理解するための1つの概念的鋳型を設定しました。ここでもまた，あるパターンが二世代にわたって現れて

第1章 愛着・メンタライジング・トラウマ

いました。つまり，成人愛着面接において親が示す未解決 - 無秩序型の愛着は，ストレンジ・シチュエーションにおいて乳児が示す無秩序型の愛着を予測しているのです（Main & Hesse, 1990）。トラウマは，トラウマをもたらすということです。この画期的な発見は，その後20年間にわたる研究の生みの親となりました。そして，その研究のおかげで，愛着トラウマの起源がメンタライジング不全にあるということを含めて，愛着トラウマとその形成についての私たちの理解が洗練されたのです。

（1）ストレンジ・シチュエーションにおける乳児の無秩序型愛着

ストレンジ・シチュエーションで乳児を無秩序型と分類するためには，注意深い観察と臨床的敏感さが必要です。なぜなら，無秩序型の行動は，短時間しか続かない——おそらく10〜30秒単位で生じる——からです（Main et al., 2005）。したがって，無秩序型という分類は，主分類となるパターン（つまり，安定型，アンビヴァレント型，回避型）に上乗せされるものであり，それに取って代わるものではありません。無秩序を示す指標は，持続時間が短く，目につきにくいものであるにもかかわらず，重大な発達的諸問題の前兆であり，その諸問題は，おそらく成人期の精神医学的障害につながるものであろうと思われます。

無秩序型の行動は，はっきりした意図や目標が欠けているという点では，説明が困難であるように見えます。人を惑わすこの行動パターンの理由は，乳児の解決困難な葛藤であることに，Main と共同研究者たちは気づきました。つまり，最も特徴的な状況では，虐待的な愛着対象は乳児を怯えさせるのであり，乳児が恐怖を低減する主要な方略——近接を求めること——は，その恐怖を悪化させるだけだということです。このようなわけで，Main は，無秩序型の愛着を，**解決のない怯え**（fright without solution）に起因するものだと解釈したのです。痛ましい例を紹介しましょう。ストレンジ・シチュエーションで，母親が部屋を出ていくとき，その乳児は母親の後を追い，泣き叫びながら母親が出て行ったドアを叩きました。ところが，母親が戻ってくると，その乳児は怯え，部屋の反対側に走っていくのです。こうして，乳児はきわめて苦痛な思いをしているにもかかわらず，再び接近することはなく，慰められることもないのです。無秩序型の行動の他の例には，以下のようなものが含まれます。①嬉しそうに歓迎したのに，その後に，冷淡でうつろな表情になる。②顔を背け，視線を逸らしながら親にしがみつく。③延々と体を揺するとか自動装置のような運動。④怯えた表情で後ずさりするというような，親に対する恐怖の直接的表出。⑤目的のない徘徊。⑥他の点では満足そうに見える遊びの中で急に恐怖や怒りが噴き出すこと。⑦長時間にわたる催眠様状態。

4．愛着トラウマ

特筆するべきことですが，上述のような観察の中のいくつかが示唆しているのは，トラウマに関連するありふれた症状である**解離**状態の起源が乳児期にあるということです。そういうわけで，解離については，本章で少し触れておき，次の章で，より詳しく考察します。簡潔に表現すれば，解離は，意識における**変容**（例えば，離人的状態，朦朧状態，催眠様状態）か意識における**交替**（例えば，突然の恐怖の侵襲のような，矛盾しており区画化されているように思える行動状態）を伴います。どちらの形態においても，苦痛な体験が，通常の意識と結びついていないか通常の意識から分離されたままであるという意味で，解離されているのです。

（2）欠陥のある養育と乳児の無秩序型愛着

乳児の無秩序型愛着は，関係特異的です。つまり，乳児がもう一人の親に対しても無秩序型の行動を示すことはめったにありません〔★訳注19〕（Lyons-Ruth & Jacovitz, 2008）。幅広い研究が，無秩序型愛着と不適切な養育とを関連づけています（van IJzendoorn et al., 1999）。例えば，Sroufe と共同研究者たちによる入念な縦断的研究（Carlson, 1998）においては，無秩序型愛着は，次の3つと関連していることがわかりました。それらは，①身体的虐待（例えば，強烈で頻回に及ぶ尻への平手打ち，深刻な傷つきをもたらす親の怒りの爆発），②心理的利用不能性（例えば，親の無応答あるいは無関心），③ネグレクト（例えば，身体的世話または保護を怠ること），です。

〔★訳注19〕乳児の愛着は特定の親ごとに形成されるものであり，一人の親に対する愛着が無秩序型であるからといって，必ずしも，もう一人の親に対する愛着が無秩序型になるというわけではない。言い換えれば，両親のどちらに対する愛着も無秩序型であるという乳児は，めったにいないということである。

明らかなことですが，不適切な養育は，乳児が体験する解決のない怯えという苦しみの典型例です。それでも，Main と共同研究者たち（2005）の調査は，無秩序型愛着に寄与するもっと目立たない要因をも明らかにしました。何と，今や明らかなことですが，目に余る不適切な養育だけにとどまらず，幅広い親行動が乳児の無秩序型愛着を引き起こすのです。つまり，親は（例えば虐待のように）直接的に子どもを**怯えさせる**こともあれば，（例えばトラウマ状態にように）自分が**怯える**こともあります。どちらの場合にも，親は心理的には利用不能になります。関連することですが，Karlen Lyons-Ruth と共同研究者たち（2005）は，無秩序型の愛着を引き起こす2つの誤った波長合わせ，つまり敵対的侵入性と無力な関係回避を突き止めました。より一般的な言い方をすれば，Lyons-Ruth（Lyons-Ruth & Jacobitz, 2008）は，無秩序型愛着を次のような多くの形で表れる**情緒的コミュニケーションの断絶**（disruption）

と関連づけました。情緒的コミュニケーションの断絶とは，否定的 - 侵入的行動（例えば乳児を嘲笑すること），関係回避（例えば口をきかないこと），コミュニケーションの誤り（例えば，身体的関わりを避けながら接近を奨励するような，矛盾した合図を出すこと），惑わし（例えば，尋常でない，相手を困惑させる声の変化）です。重要な発見だったのは，直接的に虐待するか怯えさせる行動がみられなくても，情緒的コミュニケーションの断絶を示す徴候があるなら，それは乳児の無秩序型愛着を予測するものであるということでした。私が先に，愛着トラウマにおいては対人関係が崩壊してしまうと述べたときに思い浮かべていたのは，このことです。

　私がこれまでに目にしたどのような研究よりも，母親 - 乳児の相互交流についてのBeatrice Beebeと共同研究者たち（2010）の研究は，愛着トラウマにおいて心理的断絶（psychological disconnection）が演じる役割を浮き彫りにしています。彼女の研究について熟考する際には，愛着トラウマの中心にあるのは心理的に孤立無援のまま苦痛な状態で放置されることだという私の基本的命題を心に留めておくべきです。Beebeは，自由遊び場面で，秒単位で記録を残しながら，150秒間の母 - 乳児の相互交流を研究しました。これらの相互交流は乳児が生後4か月のときに行われたものですが，後になって，その記録と，乳児が生後12か月のときのストレンジ・シチュエーションでの分類との間に関連がみられることがわかりました。後に愛着の無秩序化が生じることを予測させる相互交流の特徴は，母親の情動的波長合わせの欠如でした。つまり，波長合わせを誤る母親は，乳児の苦痛を前にしても，視線を逸らしたり，表情での応答性が欠けていたり，一致しない情動を示したりするだろうということです（例えば，乳児が泣いたのに母親は微笑んでいる）。コミュニケーションの妨害に加えて，これらの母親は，侵入性を示すこと，つまり不意に乳児の空間に入り込むことがあるでしょう。後に述べることですが，無秩序型愛着の有害な影響を考える際に，乳児の苦痛に対するそのような波長合わせの誤りをトラウマになりうるものとして解釈することは，決して行きすぎたことではありません。これらの知見が意味することを考える際には，実験室での短時間の相互交流においても，誤った波長合わせがみられたということを心に留めておくべきです。ちなみに，その実験室での相互交流において，母親は，乳児に関心を向けておく（つまり乳児と遊ぶ）ように教示され，観察の対象になっていました。おそらく，実験室でのそのような相互交流は，子どもにとって自然な環境でより広範に生じる波長合わせの誤りを示唆するものと考えられます。

　最近の実証研究の知見と一致することですが，Judith Solomon & Carol George（2011）は，乳児の無秩序型愛着を親の養護システム（caregiving system）〔★訳注20〕の機能不全から生じたものと解釈しています。そして，その機能不全には養護の放棄

（abdication of care）〔★訳注21〕につながるような養育者の無力さが含まれています。Solomon & George が述べていることですが，愛着が無秩序型である乳児の母親たちは，不全感（feelings of inadequacy）によって情緒的に混乱し，それに圧倒されてしまいます。そして，その結果，乳児に対して情緒を込めて関わる能力や，そうすることで慰めを与える能力が機能しなくなってしまうのです。それに加えて，養護は，広範な情緒的制約（例えば，重篤な抑うつや情緒反応欠如に伴って生じる制約）によっても機能しなくなり，上に述べたのと同じ結果に終わります。私は，本章で先に養育の環境的脈絡の重要性を論じましたが（「養育に対する環境の影響」の節を参照のこと），それはここでも見過ごされてはなりません。Solomon & George が主張するように，養護の放棄は養護システムが打撃を受けることと関連しており，その打撃には次のようなことが含まれる可能性があります。①前の子どもを周産期に流産したこと，②親の精神医学的障害と薬物乱用，③離婚，④テロや戦闘地域を含む暴力的環境での生活，が含まれるということです。

　　〔★訳注20〕"caregiving" が子どもの愛着行動システムに呼応して親の側に生じる行動システムを指している場合には，養育ではなく「養護」と訳した。
　　〔★訳注21〕ここで言う「養護の放棄」（abdication of care）は，子どもの情動に波長を合わせ，適切な対応をして，子どもに安心と慰めをもたらすという意味での養護の放棄であり，物理的・身体的な世話を含む養護全体の放棄ではない。具体的には，子どもを制御不能と感じて恐怖にとらわれるとか，子どもとの関係がこじれると子どもを放置して別室にこもる，入浴する，外出するといった行動がみられる。

　明らかなことですが，無秩序型愛着は，愛着行動において乳児の遺伝的要因が演じる役割は限定的なものであるという法則の例外であるように思えます（Spangler, 2011）。無秩序型に対しては，遺伝的要因が養育環境と作用し合って影響を及ぼします。つまり，遺伝的異常の中には，非応答的な養育と組み合わされると危険要因になるものがあるように思えます。逆に，別の遺伝要因は，防御的であるように思えます（つまり，非応答的な養育に遭遇しても無秩序型愛着に陥る危険性を減少させるということ）。それに加えて，養育に関しては，より広い発達的脈絡が考慮される必要があります。つまり，この後の節で論じるように，親におけるトラウマと喪失の既往が，世代間伝達過程を経て，乳児の無秩序型愛着に寄与する可能性があるのです。

（3）成人期における無秩序型愛着

　ストレンジ・シチュエーションで明らかになる乳児の無秩序な行動の場合と似ているのですが，「成人愛着面接」では，親の無秩序な思考が顕著に表れる可能性があります（Hesse, 2008）。安定型愛着が面接におけるナラティヴの首尾一貫性を特徴としているのとまったく同様に，無秩序型愛着では，ナラティヴの一貫性欠如が顕著なの

第1章 愛着・メンタライジング・トラウマ

です。そのような首尾一貫性の途絶は，短時間の解離状態という形を取ることがあり，そのようなときに，親は一時的に無反応になっているか，方向喪失に陥っているか，見ようによっては過去をさまよっているように思えます。このような面接結果は，未解決－無秩序型（つまり，過去のトラウマや喪失に関して未解決である）と判定されます。首尾一貫性が途絶えた2，3の文章があるだけでも，面接者は，その面接結果を未解決－無秩序型と記録することがありえます。したがって，乳児の愛着分類の場合と同様に，未解決－無秩序型という判定は，強制選択法による秩序型の分類（つまり，安定型，とらわれ型，軽視型）と組み合わされて付与されるものです〔★訳注22〕。これとは別に，親への面接結果の中には，矛盾する複数のパターン（例えば，軽視型ととらわれ型）が組み合わされているとか，面接を相対的に了解困難なものにする広範な一貫性欠如がみられることを根拠にして，「分類不能」と判定されるものがあります。未解決－無秩序型と同様に，このような分類不能の面接結果も，その親が育てる乳児に無秩序型愛着が生じることを予測するものです。

〔★訳注22〕無秩序型の分類は，単独で付与される分類ではなく，安定型，アンビヴァレント型（とらわれ型），回避型（軽視型）のいずれかと組み合わされて付与される分類である。つまり，無秩序型というのは，厳密に言えば，「安定－無秩序」「アンビヴァレント（とらわれ）－無秩序」「回避（軽視）－無秩序」のいずれかである。無秩序型の子どもや成人は，常に無秩序型の行動または語りを示すわけではなく，無秩序型の行動・語りがみられない間は，安定型，アンビヴァレント型（とらわれ型），回避型（軽視型）のうちのいずれかの特徴を示すからである。

多くの実証研究が，「成人愛着面接」で顕著に表れる親のトラウマ・喪失の未解決と，「ストレンジ・シチュエーション」でみられる乳児の無秩序型愛着との関連を確証してきました（van IJzendoorn et al., 1999）。親の面接へのこのような判定は，ナラティヴの一貫性が一時的に途絶えることを根拠にして行われるのであり，そのことは先ほど述べたとおりです。しかし，Lyons-Ruth と共同研究者たち（Melnick et al., 2008）は，乳児の無秩序型愛着の発生を予測する，より広範な障害の徴候をその面接の中で見出しました――それは，トラウマや喪失についての論述よりもひときわ目立つ障害です。「ストレンジ・シチュエーション」でみられる親の敵対的－無力な行動はその状況での乳児の無秩序型愛着と関連するものであることを思い起こしてください。成人の面接の中でも愛着に関して敵対的－無力な心の状態が出現するのですが，これもまた「ストレンジ・シチュエーション」における乳児の無秩序型愛着と関連しているのだということを，上述の研究者たちは見出したのです。こうした敵対的－無力な心の状態は，幼年期の敵対的または無力な愛着対象との同一化を反映しており，トラウマ的愛着関係の既往に基づくものです。例えば，敵対的な下位タイプに属する人たちは，親としての振る舞いが子どもを震え上がらせていると自己描写するかもし

4．愛着トラウマ

● 表1-7　典型的な発達経路：未解決－無秩序型愛着

幼年期の愛着経験についての親の論述	・トラウマや喪失に関して未解決 ・注意の一時的欠落および解離的な意識状態か意識変容を示す ・首尾一貫性を欠き，分類不能
乳児に対する親の行動	・怯える行動／怯えさせる行動 ・解離状態 ・敵意を伴う侵入性または恐れを伴う関係回避 ・乳児の苦痛に反応して情緒的に圧倒されてしまう ・コミュニケーションの断絶 ・役割混乱 ・養護不能または養護放棄
親に対する乳児の行動	・解決のない怯え ・恐れ ・催眠様状態または解離状態 ・目的のわからない行動 ・見事なほど矛盾した行動
発達上の結果	・幼年期には親に対して統制的（処罰的または配慮的） ・成人期には，引き続き無秩序型愛着を示すか，解離や他の精神医学的障害に陥りやすい

れません。無力な下位タイプに属する人たちは，養護的役割から逃避する親に同一化していて，より受身的で，恐れにとらわれがちです。

　これらの知見は，すべて結びついています。「成人愛着面接」における親の敵対的－無力な姿勢は，「ストレンジ・シチュエーション」における乳児との敵対的－無力な交流と関連しています。その次には，その敵対的－無力な交流が乳児の無秩序型の行動と結びつくのです。未解決－無秩序型愛着のこのような典型的世代間伝達パターンは，表1-7に要約されています。臨床的面接や実験室での観察においてこれらの敵対的－無力な状態が顕著にみられるようであれば，おそらくそれらは自然な環境においても日常的に起きており，情緒的支持や安定した愛着のために必要とされる波長合わせやコミュニケーションを広範囲にわたって断絶させる可能性があります。

（4）無秩序型愛着におけるメンタライジングの機能不全

　メンタライジングについて考える準備はすでに十分整っていますので，読者は，親と乳児における無秩序型愛着に関するこのような研究を読みながら，すでに点と点をつないで考えつつあると，私は思います。そのつながりを明言するなら，愛着が無秩序型になる乳児の親の「成人愛着面接」におけるナラティヴの首尾一貫性の途絶は，

第1章 愛着・メンタライジング・トラウマ

メンタライジングの機能不全の証拠として解釈することができるということです（Fonagy et al., 1991b）。未解決－無秩序型と分類された親たちにおいては，その面接が愛着トラウマや喪失の既往を思い起こさせるとき，メンタライジングは損なわれてしまうのです。「分類不能」カテゴリーに分類された親たちにおいては，メンタライジングは，面接中に，より広範囲にわたって損なわれてしまいますが，それは，その親たちが愛着の形成史を首尾一貫した形で提示することができないからです。同様に，その面接の至る所にみられる敵対的または無力な心の状態は，メンタライジングの機能不全を例証するものです。これらすべての場合に言えることですが，愛着に関する記憶と感情を呼び起こすことが，メンタライジングを逸脱させてしまうのです。

　親の面接において起きることと軌を一にしていますが，「ストレンジ・シチュエーション」の再会場面で表出される乳児の愛着欲求は，親の側に苦痛を引き起こしがちです（例えば，極端な場合には，ネグレクトや虐待のような愛着トラウマの記憶を呼び覚まします）。したがって，そのような相互交流は，過去のトラウマと関連する記憶や感情を呼び覚ますことによって，親のメンタライジングを衰退させ，乳児の苦痛への波長合わせの誤りをもたらすことがあります。そのような波長合わせの誤りは，①親における，怯えさせるか怯える行動，②親の敵対的または無力な行動，③親における，より広範な形での情緒的コミュニケーションの断絶，において顕著に表れています。Beebeと共同研究者たち（2010）が示したことですが，親は，露骨な形で乳児の苦痛から目を逸らしてしまうこともあります。そのような行動はすべて，ありのまま受容的に乳児の心を思うこととは正反対のものです。

　私がいま概要を示した一連の推理を，実証研究が裏づけています。例えば，Arietta Sladeと共同研究者たち（2005）は，90分間の「親発達面接」（Parent Development Interview: PDI）の中で乳児をメンタライズする親の能力を直接的に査定しました。その面接は，以下のことを包括するものです。それらは，①乳児についての母親の知覚，②乳児との分離の経験，③親としての自分をどう見ているかの見解，④自分の子育てのあり方における親からの影響についての理解，です。研究者たちが見出したことは予想どおりでした。つまり，親における未解決－無秩序型の愛着は，「親発達面接」において乳児に対するメンタライジングが相対的に乏しいことと関連しており，さらに，「ストレンジ・シチュエーション」で乳児が示す無秩序型愛着とも関連していたのです。さらに，その面接での親のメンタライジングの乏しさは，「ストレンジ・シチュエーション」における親－乳児間のコミュニケーションの断絶と関連しており，コミュニケーションの断絶は，乳児の無秩序型愛着と関連していました（Grienenberger et al., 2005）。

4．愛着トラウマ

　無秩序型愛着は，ひときわ目立つ２つの有害な結果をもたらします。第一に，乳児は苦痛なときに慰めを見出すことができず，したがって，情動調整不全——間断なく続く苦痛——を何度も体験します。第二に，人はメンタライズしてもらうことによってメンタライズすることを学ぶのですから，無秩序型の乳児におけるメンタライジング能力の発達は損なわれてしまいます。メンタライジングがメンタライジングをもたらすのとまったく同様に，非メンタライジングは非メンタライジングをもたらします。そういうわけで，Fonagyと共同研究者たち（2007）は，トラウマ的愛着の既往と関連して子どものメンタライジングに生じる，次のような多重的機能不全を明らかにした研究をレビューしました。その多重的機能不全とは，①他者が考えたり感じたりしていることを認識することの困難さ，②心理状態について語る能力における制約，③情動を理解することの困難さ，④他の子どもたちの苦痛への共感に失敗すること，⑤情動的苦痛を処理することの困難さ，です。このようなメンタライジングの機能不全は，広範囲の対人関係に——親との関係だけでなく，同胞，仲間，教師との関係においても——生じる諸問題に寄与する可能性があります。

　この研究は，私が本節の始めに言及した早期愛着トラウマと関連する二重の負債の程度の深刻さを明らかにしています。トラウマは，苦痛を引き起こすのに加えて，苦痛を調整する能力の発達を阻害するということです。子どもたちは，メンタライジング的な相互交流を通して，苦痛を調整することを学びます。さらに，子どもたちは，このような相互交流を通して，自分たちが感じていることを同定することを学ぶのです。そして，この相互交流は，子どもたちが自分自身で，また他者の助けを借りて感情を制御する段階に進むための基礎固めをしているのです。メンタライズする能力がなければ，子どもたちは，苦痛を調整する際に相対的に無力になる可能性があります。私たちがすぐに思い浮かべるのは，メンタライジングの機能不全が対人的葛藤に寄与し，対人的葛藤が苦痛を引き起こし，情動調整の機能不全が苦痛や葛藤などをエスカレートさせるという悪循環です。

（５）非メンタライジング・モードの体験

　Fonagyと共同研究者たち（2002）は，愛着トラウマに由来し，さらなる発達上の困難の根底となる顕著な非メンタライジング的体験モードを詳述しました。私は，この後に行う精神医学的障害についての議論の際に，これらのモードに立ち戻りたいと思います。

　心的等価（psychic equivalence）は，メンタライジングの最も基本的な失敗です。心理状態が現実と等しいものとみなされます。夢が典型例です。つまり，夢を見てい

第1章 愛着・メンタライジング・トラウマ

る人は，夢に現れる出来事が現実に起きていると信じています。トラウマ後のフラッシュバックが，もう1つの例です。つまり，ある記憶がいま現実に起きていることのように体験されます――ある患者が述べたことですが，それは「白昼悪夢」（daymare）です。パラノイド的妄想も，心的等価を反映しています。つまり，妄想状態の人は，自分の信じていることが真実であると確信しており，それが誤りである可能性を考慮していません。彼は，人々が本当に共謀して自分に敵対しようとしていると信じて疑いません。心的等価を理解することは，メンタライジングを理解するための助けとなります。つまり，メンタライジング（およびマインドフルネス）の重要点は，心理状態と現実との区別に気づいていることです。信じていることが誤っている場合もありますし，感じていることが正当な根拠に基づかない場合もあります。トラウマのフラッシュバックに対処する際には，メンタライジングが基本となります。心的外傷後ストレス障害（PTSD）を抱える人たちは，自分たちがしているのはトラウマの想起であり，トラウマの再現ではないということを認識できるようにならなくてはなりません。

プリテンド・モード（pretend mode）は，心的等価の正反対を言い表しています。つまり，心理状態があまりに現実そのものである（つまり，現実と等しいものとみなされている）ということではなく，心理状態があまりに現実から遊離しているということです。解離による離脱状態は，ふりという性質を備えています〔★訳注23〕――そして，トラウマと関連しているのが通例です。極端な場合には，これらの状態は，非現実感（例えば，自分をあたかも劇中の役者であるかのように感じること）において顕著に表れます。最もありふれた例としては，プリテンド・モードが思考と感情の分離の中に顕著に表れる場合があります。プリテンド・モードにおける会話は，情緒的な重みや確信を伴っていません。このようなわけで，プリテンド・モードで機能することは心理療法にとってかなりの脅威になります。というのは，心理療法の中で，何も実質的な作業が行われていないのに，共同作業をしているという錯覚が維持されてしまうからです。例えば，プリテンド・モードは，決まり文句や心理学用語に満ちた会話の中に顕著に表れています〔★訳注24〕。

〔★訳注23〕ここで使用する「ふり」という言葉は，日常的意味の「ふり」ではなく，心理学用語としての「ふり」である。子どもが，（心の中で元の事象の代理をする）「表象（二次的表象）」によって事象を想起できる段階に到達し，かつ象徴機能によって，ある表象を別の表象と結びつけることが可能になると，子どもは，他者の行動を後から模倣したり（延滞模倣），何かになりきって遊んだり（ふり遊び），あるものを別のものに見立てて遊んだり（見立て遊び）することができるようになる。このようにして，子どもは現実にはない虚構の世界にも住むことができるようになるが，心理学では，この虚構の世界を表すために「ふり」という言葉を使用する。

〔★訳注24〕いわゆる「知性化」がみられる会話が「プリテンド・モード」の代表例である。患者／クライエントが自分自身のことを語っていても，語りが抽象的・観念的で，専門用語が多用されるような

場合には，現実体験が実感的に語られているのではない。この他にも，例えば，個別の体験に触れない一般論的な語り，決まり文句や陳腐な表現に満ちた皮相的な語り，「〜であるべき」という当為や理想論ばかりの語りなども，プリテンド・モードの例である。セラピストがこのような語りに同じレベルで応じている限り，メンタライジングは生じず，心理療法的作業は進展しない。

目的論的モード（teleological mode）においては，行為が思考と情動の代理を務めます。つまり，心理状態を体験し表出する代わりに目標指向的行動〔★訳注25〕が生じます。したがって，衝動や情動はすぐに行為につながり，その結果，熟慮も，省察も，さらには情動への気づきさえ，なしですまされてしまいます。このモードでは，強い情動的苦痛はメンタライズされることがなく，物質乱用，非自殺性自傷，むちゃ食いか排出〔嘔吐〕，性的乱脈さ，自殺企図などの行動の中に直接的に表現されるのです。そのような問題行動に後押しされて，私の同僚である博士研究員の Maria Holden は，メンタライズする必要性を言い表す簡便な表現として，**一時停止ボタン**（pause button）〔★訳注26〕の必要性という用語を提唱しました（Allen, 2001）。

〔★訳注25〕ここで言う「目標指向的行動」（goal-directed behavior）とは，行動に目的があることは理解できるが，その背後に心理状態を想定することができない発達段階に属する行動である。したがって，この行動においては，ある目標に向かって行動するように駆り立てられるが，その行動を引き起こしている心理状態を認識することはできない。

〔★訳注26〕「一時停止ボタン」（pause button）というのは，強い情動が生じたときに，（一時停止ボタンを押して機器を停止させるように）行為に移るのをやめて，その情動について考えることを意味する比喩である。

（6）無秩序型愛着の発達的影響力

秩序化された愛着のパターンと同様に，無秩序型の愛着も，縦断的研究においては持続性と変化が混在するありさまを示します。全体としては，乳児期におけるアセスメントと生後1か月後から5年後までにおける再アセスメントを通して，研究者たちはかなりの持続性を見出しました（van IJzendoorn et al., 1999）。さらに，乳児期の無秩序型愛着から，青年期後期（Main et al., 2005）と成人期初期（Sroufe et al., 2005）に実施された「成人愛着面接」で見出された未解決のトラウマまでの間に，ある程度の連続性がみられるということを，長期間の縦断的研究が明らかにしました。

しかし，無秩序型愛着は，しばしば幼児期に形を変えます。Main と共同研究者たち（2005）が発見したことですが，乳児期に無秩序型を示した多くの子どもたちが，幼児期までには，親と関わるための秩序化された**統制的パターン**（controlling pattern）を形成します。さらに，その統制的行動は，2つの形態のどちらかになります。一部の子どもたちは，親との交流において**処罰的**になり，おそらく親にあれこれ指図する（例えば「座れ，黙れ，目を閉じとけ」と言う）でしょうが，別の子ども

たちは**配慮的**な姿勢を取り，気を遣うようになります（例えば，「疲れたの，ママ？ どうぞ座って，私がお茶［に見立てたもの］を入れてあげようか？」と言う）（Main et al., 2005, p.283）。子どもと親との相互交流におけるこのような統制的方略は，以前は無秩序型であったこれらの子どもたちが依然としてきわめて不安かつ不安定なままであるという事実を覆い隠してしまいます。例えば，このパターンを示す子どもたちは，分離体験についての物語を作る投影法検査において恐怖反応を示し，その反応には親または子どもが傷つけられることについての破局的空想が含まれています。

　Ellen Moss と共同研究者たち（2011）は，統制的－配慮的な子どもたちよりも統制的－処罰的な子どもたちのほうが秩序破壊的で攻撃的であることを見出しました。この子どもたちは，育てるのがより困難で，学業成績もより低いのです。統制的－配慮的な子どもたちの場合には，子どもたちが幼い頃にその母親が愛着対象の喪失という不幸に見舞われていることが多いのですが，それは子どもが配慮的姿勢を身につけることと対応しています。多くの無秩序型の乳児は幼児期までには統制方略を身につけるのですが，少数派であるとはいえ相当数の子どもたちが無秩序型にとどまることは注目に値します。そのような4歳の少年についての Moss と共同研究者たちによる描写は，解離を示唆している点で注目に値します。短い分離の後に母親と再会したとき，その子どもは「奇妙で，おどおどした，自分を卑下するコメントをし」，それから「母親が彼に返事をしたときには，会話のこの部分について完全に忘れているように思えた」とのことです。また，その子どもは，「突然の感情の変化や会話の中断からわかるような急激な状態変化を体験しているように思えた」（Moss et al., 2011, p.64）のです。持続的に無秩序型愛着を示すこのような子どもたちは，両親の結婚生活に高水準の緊張が存在する家族に属していることが多く，処罰的になる子どもたちのグループと同様に，行動面および学業面でとくに高水準の問題を示しました。

　上述の知見が示唆しているように，乳児の無秩序型愛着は，とくにそれが不適切な養育（Melnick et al., 2008）や，より幅広い家庭的不遇のような他の発達的危険要因（Deklyen & Greenberg, 2008）と結びついて生じるときには，幼児期・児童期から成人期までに生じる様々な問題の前兆なのです（Lyons-Ruth & Jacobvits, 2008）。困ったことに，乳児期の無秩序型愛着は，後に幼児期・児童期に生じるトラウマに反応して PTSD が発生する可能性を高めます（MacDonald et al., 2008）。より一般的な結果ですが，発達の全期間にわたる愛着と適応について調査した「ミネソタ縦断研究」（Sroufe et al., 2005）において，乳児の無秩序型愛着は，17歳6か月のときの精神病理全体を予測する最も強力な要因でした。その研究は，次のような，きわめて重要な一般原則を例証するものです。つまり，不適切な養育と乳児の無秩序型愛着は，

4．愛着トラウマ

その後に広範囲の障害をもたらす**非特異的危険要因**だということです。

　愛着トラウマと関連した非特異的危険の存在を示すさらなる証拠ですが，成人期になっても持続している無秩序－無方向型愛着は，「成人愛着面接」でそれを測定すると，成人期に同時並行的に存在する広範囲の障害と結びついていることがわかります。ある研究者たちは，研究参加者の合計が4,200人以上にも上る諸研究の結果を総合して，成人の無秩序型愛着と精神医学的障害の発症傾向との間に強い関連を見出しました（van IJzendoorn & Bakermans-Kranenberg, 2008）。非臨床群の青年・成人の研究参加者においては無秩序型愛着はどちらかと言えば少なめですが（それぞれ16.5%と15%），成人の臨床群における無秩序型愛着の比率は比較的高めです（41%）。これらの諸研究を総合すると，無秩序型愛着は，①境界性パーソナリティ障害，②自殺傾向，③虐待の既往と関連するPTSD，と最も強く関連していることがわかったのです。

　非特異的危険要因という原則における1つの顕著な例外は，「ストレンジ・シチュエーション」でみられる無秩序型行動の例の中に，解離的性質の行動が存在するということです。それは，例えば，意識が朦朧とした催眠様の状態や突然出現する正反対の行動といったものです。注目するべきことですが，そのような乳児の行動は，「成人愛着面接」においてみられる親の解離状態（例えば，死んだ親のことをまるで生きている人のことのように語るといった混乱と見当識喪失の一過的状態）を鏡に映したように再現しているのかもしれません。「ミネソタ縦断研究」から得られたデータを用いて，Elizabeth Carlson（1998）は，無秩序型愛着が小学校と中学校・高校での解離的行動や自傷行動と関連していることを見出しました。さらに，乳児期の無秩序型愛着は，青年期後期に面接法や自己報告式質問紙法によって測定された解離性障害と統計的に有意な関連を示したのです。これは，本当に注目に値する発達的連続性です。

　Carlsonの知見と一致するのですが，今では乳児の無秩序型愛着が解離性障害と関連していることを示す広範なエビデンスが存在します（Dozier et al., 2008）。愛着トラウマについての私の見解にとって最も重要なことであり，Lyons-Ruthと共同研究者たち（Melnick et al., 2008）はとくにこのことを提起しているのですが，露骨な虐待よりも慢性的なコミュニケーションの断絶と養育者の応答性の欠如のほうが，後の解離性障害を予測する変数として，より有効なのです。解離を断絶（disconnection）——自己からの断絶と他者からの断絶——と考えるなら，そしてメンタライジングを他者と自分自身に愛着を形成するための心理的接着剤と考えるなら，いま紹介した調査の知見は納得できるものです。つまり，断絶は断絶をもたらすということです。繰り返しになりますが，愛着トラウマの中心には，断絶——極端な場合，自分に気づいてもらえない——という感覚が存在します。解離性障害は，遍在するこの経験の劇的

な一例です。

5．総括

　Sidney Blattは，彼の見事なほど統合的な著書『経験の両極性』(Polarities of Experience）において，1つの発達的枠組みを表明しましたが，その枠組みは，私が本章でレビューした愛着研究をより広い視座に変容させるものです。Blatt（2008）は，以下のように説明しました。

> すべての人は，生涯を通して，2つの基本的な心理的，発達的試練に直面する。つまり，(a) 双方向的で，有意義で，個人的にも満足できる対人的関係性を形成し，維持すること，および，(b) 一貫性があり，現実的で，分化していて，統合された，基本的にポジティヴな自己感を形成し，維持すること，である。……心理的な次元の中のこれら2つの基本的なもの——対人的**関係性**と**自己定義**の発達——は，包括的な理論的基盤を与えてくれ，その理論的基盤はパーソナリティ発達，パーソナリティ組織，精神病理，治療的変化といった諸概念を統一的な1つのモデルに統合することを容易にしてくれる。
> 　　　　　　　　　　　　　　　　　　　　　　　　(p.3；強調は後から付加)

　一方にBlattが行った関係性と自己定義との対比を置き，もう一方にBowlbyとAinsworthによる安全な逃げ場と安心基地という概念を置くと，この両者の対応関係は本当に見事だと私は思います。安全な逃げ場が探索のための安心基地を提供するのですから，BowlbyとAinsworthは，関係性が自己定義を育てるということを巧みな形で示したわけです。同様に，Fonagyと共同研究者たちは，子どもたちが何を感じているのかを学ぶ複雑なミラリング・プロセスに関する研究において，関係性が自己定義を促進することを示しました。Blattが論じているように，逆に，自己定義が関係性を促進することもあります。関係は，2つの個性が一体になることに基づいています。乳児期を皮切りに，関係と自己定義は，関与と脱関与の間を行き来するパターン——ともにいることと一人でいること——から形成されます。

　私が思うことですが，安定型の愛着関係は，アコーディオンのような性質を備えています。私たちは，結びついたままで，近づくことと離れることとの間を行き来します。私たちのメンタライズする能力——自己認識と他者認識を包括するもの——のおかげで（つまり，私たちが心で心を思うので），私たちは，関わり合ったまま分離しているという感覚を維持するのです。私は，愛着を見る際には科学と倫理学という2つのレンズを通して見なくてはならないということに留意していますので，ニュー

5. 総括

ジーランドの哲学者 Christine Swanton（2003）の『徳倫理学』（"*Virtue Ethics*"）という著書に心を奪われました。Swantonは，19世紀のドイツの哲学者インマヌエル・カントが区別した2つの大きな道徳力，つまり愛と敬意に言及しました。カントは，愛とは接近することであるとみなしました——そこには何も驚くべきことはありません。それに比べると直観的にわかることではないのですが，カントは，敬意とは距離を保つことだとみなしました。このように，敬意は，他者に空間を与え，自律性を支持するという意味で，距離を保つことを伴うのです。敬意の不全は，統制しようとすること，独占欲が強いこと，侵入的であること，品位を傷つけることの中に顕著に表れています。あらゆる良い人間関係において，これら2つの道徳力はバランスのとれた形で維持されなくてはならないと，カントは主張しました。愛と敬意は，互いを維持し合います。つまり，関係性という安心基地は自律性を支えており，健康な関係性を維持するには自律性を認めることが重要です。愛着理論が示しているように，（アンビヴァレント型の愛着にみられるような）独占欲の強さは関係を台無しにしてしまいますが，（回避型にみられるような）距離の取りすぎについても同じことが言えます。明らかなことですが，この観点から見ると，愛着トラウマは，最も極端な形のネグレクトですし，虐待は，最も歴然とした——そして最もありふれた——道徳的不全です。つまり，ネグレクトは愛の不全であり，虐待は敬意の不全です。

安定型愛着は関係性と自己定義（愛と敬意）の最適のバランスと対応しているのですが，それとまったく同様に，不安定型の愛着パターンはアンバランスと対応しています。図1-3に図式化されているように，アンビヴァレント型の愛着は，自己定義

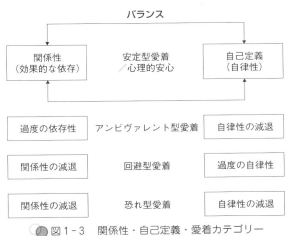

図1-3　関係性・自己定義・愛着カテゴリー

と自律性をないがしろにして関係性にとらわれることを反映しています。逆に，回避型の愛着は，自己定義と自律性を過度に重視して関係性を軽視することを伴います。最後に，無秩序型あるいは恐れ型の愛着は，自己定義と自律性を維持することの失敗に加えて関係性を築くことの失敗をも伴っており，そのため，人は苦痛の中に一人で放置され，どう対処することもできない状態に置かれます。

　Patrick Luyten や他の人たちとともに，Blatt が強く主張していることですが，私たちセラピストは，精神医学的障害を発達的視座から見るべきであり，また，治療に対しては，障害中心の視座ではなく，人間中心の視座から接近するべきです（Luyten et al., 2008）。しかし，精神医学的障害を定式化し直すことは，まだ進行中の作業であり，そうである間は，精神医学的診断というレンズを捨て去ることはできませんし，障害中心の治療から学んだものをすべて無視するわけにもいきません。そういうわけで，次の複数の章では，トラウマと関連するこれらの障害について展望するのですが，そうする間も，関係性と自己定義，安定型愛着と不安定型愛着，メンタライジングとマインドフルネスということから学んだことを心に留めておくことにします。再び倫理的視座を主張するのですが，私たちは，愛と敬意のバランスを具体化したような関係を作り上げることによって，愛着トラウマを克服しようと努めなくてはならないということです。関係性と自律性において典型的に表れているこれら2つの偉大な道徳力が，素朴で古い療法の倫理的基盤を形成するのです。

6. 要点

◆愛着は，身体的保護を確保するためだけでなく，安心感を与えるために進化しました。安定した愛着は，情動調整の基盤となるものです。（慰めのための）安全な逃げ場と（探索のための）安心基地を提供することにおいて，安定した愛着は，関係性と自律性という発達的弁証法を最適のバランス状態に置きます。つまり，愛着が安定している子どもまたは成人は，効果的に依存するとともに自立しているのです。

◆愛着の安定性と不安定性は，自己，愛着対象，関係についての内的作業モデルによって維持されています。こうした内的モデルは，乳児-養育者の交流パターンに基づいており，生涯を通して維持される持続性と変化のバランスを示しています。安定型の愛着は，養育者の一貫した情緒的応答性から生じ，不安定型の愛着の典型的パターンは，最適水準以下の世話しか受けられない状況で愛着を維持するための適応方略です。例えば，回避型のパターンは，愛着欲求を一貫して拒否される状況で愛着欲求を非活性化しようとするパターンだと思われます。アンビヴァレント型

のパターンは，一貫性のない世話または応答性を欠く世話しか受けられない状況で愛着欲求を過剰活性化して世話を引き出そうとするパターンだと思われます。

◆親の愛着の傾向性は，その子どもたちに受け継がれます。つまり，幅広い実証研究が示していることですが，親自身の幼年期の愛着と関連する心の状態が，養育のパターンに影響し，それが今度はその子どもの愛着パターンに影響するのです。世代をまたいで受け継がれるこのパターンは，親のメンタライジング能力による影響を受けます。理想的な場合には，メンタライジングがメンタライジングおよび愛着の安定性をもたらします。

◆愛着トラウマは，メンタライジング不全から生じます。つまり，それは，子どもが耐えがたいほど苦痛な情動状態の中に心理的に孤立無援のまま放置されるということです。虐待とネグレクトは，愛着トラウマの最たるものの代表例ですが，敵意，無力，情緒的コミュニケーションの断絶において顕著な，もっと目立たない養育の破綻も，深刻なほど不安定な（無秩序型の）愛着につながる可能性があります。そして，そのような愛着は，後に精神病理を発生させる危険性を伴っています。そのような欠陥のある養育は，親のメンタライジングの不全から生じるのですが，親のメンタライジング不全は，子どもにおけるメンタライジングの発達を阻害してしまいます。こういうわけで，メンタライジングがメンタライジング（および愛着の安定性）をもたらすのと同様に，非メンタライジングは非メンタライジング（および，おそらく深刻な愛着の不安定性）をもたらしてしまうのです。

第2章 心的外傷後ストレス障害と解離性障害

　本章と次の2章では，トラウマに関連する精神医学的診断と特異的治療アプローチ（specialized treatment approach）〔★訳注1〕を取り上げます。これらの3章では，2つの視点を併用します。一方では，第1章（『愛着・メンタライジング・トラウマ』）で示したトラウマ関連障害を理解するために，発達的な人間中心アプローチを維持するつもりです。このアプローチは，素朴で古い療法が永続的価値を持つという私の主張と一致しています。もう一方では，トラウマに関連した精神医学的診断と，エビデンスに基づく治療に関する実証研究から得られた知識をフルに活用したいと思います。素朴で古い療法を支持する者である以上，私はジェネラリストです。しかし，スペシャリストである仲間たちから私たちジェネラリストが学べることは何でも活用したいと，私は熱望しています。第1章で具体例を示したと思いますが，私たちジェネラリストは，スペシャリストと同様に，自分たちの治療作業を，進行中の実証研究から得られたエビデンスに基づいたものにしなければならないと，私は信じています。

　　〔★訳注1〕ここで「特異的」（specialized）というのは，「特定の精神障害を対象にしている」「ある精神障害に特化した」という意味である。本書の著者が推奨する「素朴で古い療法」（plain old therapy）は，特定の精神障害だけを対象にしたものではなく，特異的心理療法と対置されるものである。

　しかし，トラウマ関連障害を分類しようとする試みに関連する限界のため，私は，診断については批判的な姿勢をとります。人々に，診断を深刻に受け止めすぎることを思いとどまらせたいのです。そして，しっかりと結びつけられた複数の症状収納庫（box of symptoms）をすっきりまとまった治療的介入法のパッケージと対応させるべきだという考えを持つことを思いとどまらせたいのです。診断を行うすべての臨床家と診断を受ける患者にとって，症状はすっきり1つにまとまるものではありません。その収納庫はうまく封印されていないと，私は思います。収納庫の中身がこぼれ出し，入り混じっています。そして，特定の中身（症状）をどの収納庫に収めるべきかの判

断が困難なこともよくあります。症状には，ラベルはついていません。また，精神医学では，どの症状がどの収納庫に入るのかの規則が頻繁に再編成されており，また収納庫が入れ替えられています。そのうえ，多くの人は，そもそも1つの収納庫に入れられることを嫌います。本章と次章において明らかになるでしょうが，広範囲にわたる症状に正しい収納庫をみつけることが困難であるというこのイメージは，愛着トラウマに関連する障害を診断する際の問題にとくにあてはまります。前章で提案した次の基本原則を心に留めておいていただきたいと思います。つまり，愛着トラウマと無秩序型の愛着は，精神医学的障害の**非特異的危険要因**（nonspecific risk factors）だということです。愛着トラウマと無秩序型の愛着は，特定の1つの障害というより，かなり多数の精神医学的障害が生じる危険性を増大させるのです。

本章では，心的外傷後ストレス障害（PTSD）とともに解離性障害を取り上げます。なぜなら，PTSDと解離性障害の発症過程においては愛着トラウマが中心的役割を演じているだけでなく，両者の症状には重複する部分があるからです。不幸なことに，愛着トラウマは，PTSDと解離だけでなく，広範囲の精神医学的な問題や障害に寄与する可能性があります。このような他の諸問題は，次章で考察します。本章と次章を読むと，読者は，しっかりと結びつけられた複数の収納庫という錯覚を抱かなくなり，むしろトラウマに関連した問題が実に多様であることや，それらを概念化する際の数々の難問を理解することでしょう。これらの複雑さを前にして，私たちは，'木を見ずに森を見る'〔部分を見るのではなく全体を見る〕必要があります。私は，方向を見失わないでいるために愛着理論を用います。

1. 心的外傷後ストレス障害

PTSDの診断は社会的な論争を背景にして生まれたのですが，論争は今でも続いています。PTSD診断における重要な臨床的・科学的諸問題は，治療をどうみるかということに対する示唆を含んでいます。本節では，愛着関係における諸問題にとどまらず，幅広いトラウマ体験に関する実証研究を検討します。この幅広い体験は，PTSDの理解に役立つたくさんの情報を提供してくれるからです。例えば，戦闘トラウマの実証研究からは，PTSDに関する多くのことがわかってきました。もちろん，愛着トラウマは，後のトラウマに対する脆弱性の温床となることがあります。注目するべきことですが，この発達的悪影響には，戦闘トラウマへの脆弱性が含まれています（Bremner et al., 1993）。

本節では，読者がトラウマをPTSDと等しいものと捉えたり，PTSDを単にトラ

第2章　心的外傷後ストレス障害と解離性障害

表2-1　心的外傷後ストレス障害（PTSD）の診断における論争

社会的脈絡
- PTSDという診断は，社会-政治的な圧力に基づいて作成されたものである
- PTSDと診断することは，ストレスへの正常な反応を病理的とみなしてしまう
- 臨床家は，誤って症状をトラウマのせいにしてしまう
- 熱心なトラウマ治療は，虐待の虚偽記憶を生み出してしまう
- PTSDと診断することは，被害者意識と病者意識の文化に貢献する
- PTSDと診断することは，補償金目当ての詐病を助長する
- PTSDへの補償金は，病気のままでいようとする動機を与える

トラウマ性ストレスの定義
- どのレベルのストレスが外傷的の名に値するのかを示す明確な境界線がない
- トラウマ性ストレスの客観的定義は，広すぎると批判されたり狭すぎると批判されたりしてきた
- トラウマ性ストレスに曝された人たちの多くは，PTSDにならない
- 主観的な苦痛は，恐怖だけにとどまらず幅広い情動を含んでいる
- トラウマ性ストレスに曝されていないのに完全なPTSD症候群を発症する人たちもいる
- 専門家の中には，トラウマ性ストレスに曝されたということをPTSDの診断基準から外すべきだと主張する人たちもいる

診断基準
- 実証研究は，症状を3つのクラスターに分けることの妥当性を一貫して支持しているわけではない
- PTSDの症状は，他の障害の症状と幅広く重複している
- PTSD，個々の症状，機能障害が生じる際に，程度の違いがみられる
- 遅発性PTSDの発生については，専門家の意見が分かれている
- 研究者は，とくに幼年期のトラウマについて，トラウマ記憶が正確かどうかを議論している
- トラウマ記憶は断片化したものなのか，稀にみるほど組織化されたものなのかについては，研究者の意見が分かれている

ウマ性ストレスに曝されたことだけに起因する特徴的疾患とみなしたりすることのないように，近年の実証研究から得られたエビデンスを要約して示します。私は，長年続いている論争から話を始め，長い道のりを歩みます。①トラウマとPTSDを定義するうえでの諸問題をレビューします。②トラウマ記憶の尋常でない性質と，トラウマがアイデンティティに与える影響について論じます。③トラウマ的愛着とメンタライジング不全の果たす役割を強調しながら，PTSDの複雑な発現経路を証明するエビデンスを要約して示します。最後には，私の重要な検討課題，つまり診断における人間中心アプローチの必要性ということに立ち戻って本節を締めくくります。表2-1は，本節で取り上げるPTSDについての論争と見解の不一致を要約したものです。

（1）論争

　PTSD の歴史は，争いにつきまとわれています。過去150年にわたって，トラウマ——とくに幼年期の虐待とネグレクト——は，専門家の意識にも一般大衆の意識にも定着することはありませんでした。1980年の DSM-Ⅲ（American Psychiatric Association, 1980）において，精神医学は，PTSD を診断用語集に収めることによって，トラウマを公認しました。しかし，この診断は，それ自体に関する論争をもたらしました。Chris Brewin（2003）は，争点を具体的に示すため，救済者（Saviors）と懐疑論者（Skeptics）を区別しました。救済者は，「心理的トラウマによって引き起こされる特有の被害が，何年にもわたって無視された後に，やっと認知された」という立場をとります。さらに，実証研究によれば，広範囲にわたるトラウマ的出来事に「共通する点は，そのトラウマ的出来事に起因し，**個人的な弱さや脆さとは関わりのない精神的・身体的反応がみられること**」（p.1；強調は後から付加）ですから，PTSD の診断は，被害者を非難してしまう危険性を減少させます。

　DSM-Ⅲより以前からあった強力な社会的・政治的影響力が，トラウマを表舞台に押し出しました。戦争はひっきりなしに一般大衆の関心をトラウマに向けさせ，ベトナム戦争と関連する反戦感情が DSM にトラウマを認識させる政治的な力になりました。実際，PTSD がどの程度ベトナム戦争と関連しているのかが研究され続けています（Dohrenwend et al., 2006）。そして，今や，イラクとアフガニスタンにおける戦争が，広範なトラウマ——PTSD だけでなくトラウマを伴う脳損傷や他の多くのトラウマ——の事例を増やす結果になりました。しかし，戦争だけが PTSD を診断システムの中に成文化する社会的原動力だったわけではありません。次のような幅広いトラウマの記録も残され続けました。つまり，子どもの虐待（Kempe et al., 1962），幼年期の性的虐待（Herman, 1981），レイプ（Burgess & Holmstrom, 1974），女性に対する暴力（Walker, 1979），についての記録です。救済者にとっては，定義の明確な疾患を作ることが，重要な社会的達成でした。公式の診断は，治療・予防・研究に必要な資源の配分を正当化するのに役立つのです。

　論争が続いている間も，トラウマに関連する被害の程度や，被害者を支援する必要性を否定する人は誰もいませんでした。しかし，Brewin（2003）が指摘したように，救済者たちは極端な方向に走ることがあります。つまり，「トラウマ的とされるどのような経験も文字どおりの事実として受け入れることは，どのような症状も可能な限り防止され，確実に治療され，とにかく補償されるべきだと想定することに等しい」（p.222）のです。さらに，抑うつや摂食障害のようにトラウマが寄与している**かもしれない**というだけの症状の原因を，セラピストが誤って幼年期の性的虐待といったト

第2章　心的外傷後ストレス障害と解離性障害

ラウマに帰属させてしまうことがあります――多重的な複数の原因による症状にすぎないのにそうしてしまうのです。Brewin の言葉を借りるなら，そのような新しい「被害者文化」に対して道徳的反動が生じたことは，驚くに値しません。「その新しい『被害者文化』においては，忍耐という伝統的な徳が損なわれ，弁護士たちは人々をそそのかしてふさわしくない補償金を獲得させ，セラピストはありもしないトラウマを魔術的に呼び出していた」(p.222) のです。このようなわけで，救済者とともに，懐疑論者が登場します。

　懐疑論者たちの主張によると，例えば，PTSD と診断することは，極度のストレスに反応して生じたけれども段階的回復が期待される通常の反応を病理化または医療化してしまう可能性があります。最悪の場合，重症で慢性的な障害であるという予見を伝えるような熱心な臨床的介入が，自己成就的予言〔pp.23-24を参照のこと〕となり，病者意識を促進することがあります。おそらく，最も衝撃的な形の懐疑論は，幼年期の性的虐待に関する虚偽記憶をめぐって噴き出した怒りではないでしょうか（Loftus, 1993）〔★訳注2〕。もちろん，紛れもない虚偽記憶は，同じく幼年期のトラウマに関して生じる虚偽報告や虚偽告訴とは区別しなければなりません。幼年期のトラウマ記憶の妥当性をめぐるこの騒動は，患者および当事者である家族・セラピストにとっては苦痛なことでしたが，実証研究に裏づけられたバランスをこの分野に持ち込むという良い効果をもたらしました。今や，トラウマ，とくに最早期のトラウマに関する記憶を損なわせたり歪曲させたりする条件について，はるかに多くのことが知られています。しかし，トラウマ記憶が全体としては正確であるというエビデンスとともに，トラウマが驚くほど蔓延していることを示す確固としたエビデンスもあります。そういうわけで，当時はまだ論争の最中でしたが，私（Allen, 1995）は，明らかな虚偽記憶がどの程度存在するのかは不明確であっても，トラウマが存在する程度は一目瞭然であると，結論づけたのです。第1章でレビューした愛着研究が，その事実を証明しています。

> 〔★訳注2〕幼児期の虐待の記憶を蘇らせるとする記憶回復療法（memory-recovery therapy）によって性的虐待の記憶を回復した（とされる）人たちが親などを相手取って訴訟を起こすことが相次いだ。しかし，この回復された記憶は真実のものではなく，セラピストに誘導されて生じた「虚偽記憶」(false memory) であるという批判が起きた。この批判を後押ししたのが，認知心理学者 Loftus の一連の実験である。Loftus は，巧妙な実験によって，記憶が後から変化したり虚偽の記憶が追加されたりする現象を明らかにした。ただし，「虐待の記憶がない」ということと「虐待がなかった」ということは同一ではないし，Loftus の実験は，トラウマの記憶自体を対象にしたものではないことにも注意するべきである。

　救済者と懐疑論者は，どちらも等しく熱狂者になりえます。しかし，Brewin (2003) も力説していることですが，この分野が前進するためには救済者と懐疑論者

が（適度に）必要です。科学は情熱と懐疑の結びつきの上に成立するのであり，トラウマの理解と治療のためにはどちらも重要です。「したがって，トラウマ性ストレスの分野は，科学的研究が救済者と懐疑論者の永年の論争をどの程度まで解決できるか，そして人間的苦悩の原因となるプロセスへの独自の洞察をどの程度もたらしうるかを査定するための，ほぼ独壇場に等しい機会を提供する」(p.3) のです。次にレビューすることですが，PTSD の診断は，実証研究をも大いに促進してきました。

（2）トラウマの定義

トラウマという言葉は，トラウマ的でありうる（つまり，きわめてストレスに満ちた）**出来事**に曝されることや，そのような曝露のトラウマ的**影響**（つまりトラウマを負ったという意味での影響）を指して，曖昧に使用されています。私たちは，出来事ではなく，影響を治療します。PTSD は，トラウマ性ストレスの後に生じる障害を指すのには良い名称です。PTSD は，そのストレスが**トラウマ的**であったことを示す証拠です。セラピストの主な関心は影響にあるわけですが，現在の診断基準には出来事への曝露が含まれており，ストレスへの曝露は PTSD を他の診断から最も明確に区別する診断基準の１つです。私たちセラピストは，「トラウマ」を構成するものが何なのかを決める挑戦に真剣に取り組まなければならないと，私は強く思います。なぜなら，私たちの患者は，（例えば，性的虐待，レイプ，戦闘トラウマのようなものだけをトラウマと考える）狭い見方をすることが多いからです。この狭い見方は，彼ら／彼女らの発達に関する視野を曇らせてしまいます。愛着トラウマの視点から見ると，DSM の基準は，この狭い視野を永続化させます。こういうわけで，定義の問題を十分に考えるためには，セラピストと患者が等しく注意を向けることが必要なのです。

どの水準のストレスを「トラウマ的」でありうるとみなすかについては，見解の不一致が生じる余地が十分にあります。DSM-Ⅳ-TR では，トラウマ的でありうるストレッサーは，客観的かつ主観的に定義されています。客観的には，基準 A1 で，トラウマ性ストレスが以下のように定義されています。

> 実際にまたは危うく**死にそうになること**か**重傷**を負うこと，または**身体**の無傷性 (integrity) を脅かす他の危険。または，他者の死，負傷，身体の無傷性を脅かす危険を目撃すること。または，家族や親密な他者が経験した突然の死や暴力的な死，重傷の被害，死や負傷の危険について知ること
>
> （American Psychiatric Association, 2000, p.463；強調は後から付加）

主観的には，基準 A2 が，「強烈な恐怖，無力，おぞましさを伴うその人の反応」

第 2 章　心的外傷後ストレス障害と解離性障害

（American Psychiatric Association, 2000, p.467）と明記しています。客観的ストレッサーの基準と主観的ストレッサーの基準の両方が，科学界から相当な批判を受けてきました。

　私が愛着トラウマに焦点を合わせることが暗示しているように，私の考えでは，DSM における身体的脅威への焦点合わせは狭すぎます。つまり，心理的虐待（例えば，サディスティックに苦痛を与えられること，恐怖を与えられること，屈辱的な思いをさせられること）は，深刻なダメージを与えることがあり（Bifulco et al., 2002），心理的ネグレクトも同様だということです（Erickson & Egeland, 1996）。心理的な脅威の重要性を強調しているからですが，Emily Holmes と共同研究者たち（Grey & Holmes, 2008; Holmes et al., 2005b）は，侵入性記憶の内容とこれらの記憶の中のホットスポットを調べることによって，トラウマ的出来事への曝露に関連した脅威経験を調査しました。**ホットスポット**（hotspot）とは，「高水準の情動的苦痛の原因となり，意図的に心に呼び起こすのが難しい場合があり，トラウマの強烈な再体験と関連しているような，トラウマ記憶の特定部分」（Holmes et al., 2005b, p.5）のことです。ホットスポットに含まれるものの例をあげると，暗いクローゼットに閉じ込められた子どもにとってはドアが閉められる瞬間，レイプされた女性にとってはナイフを初めて見た瞬間ということになるでしょう。

　上記の研究者たちが予想したとおり，侵入性記憶の大多数はホットスポットと関連しています（例えば，縛られていて身動きがとれないこと，無力で脆いと感じること）。脅威の性質の理解と関連することですが，Holmes と共同研究者たちは，トラウマ体験にみられる中核的な心理的テーマを体系的に区別しました。DSM の基準と一致していますが，負傷と死への恐怖が顕著なテーマでした。しかし，テーマの大部分は，**心理的脅威**——つまり，その被害者の自己感——と関連していました。さらに，心理的脅威の領域内では，顕著なテーマは，Sidney Blatt（2008）の言う関係性の極および自己定義の極と関連していました。つまり，一方では見捨てられること（例えば，裏切られることや激しい怒りを感じること）と関連するテーマがみられ，もう一方では自尊感情（例えば，自己非難や自己批判）と関連するテーマがみられました。これらの 2 つのテーマは誰の経験においても顕著になりうるものですが，見捨てられ感情は，とくにアンビヴァレント型の愛着と連動して生じるという特徴を持っており，一方，自己批判は，回避型の愛着の脈絡でひときわ目立つことでしょう。

　私たちセラピストは，トラウマ性ストレスの構成要素について満足できる客観的基準に到達できないため，トラウマの程度はトラウマを抱えている人の目から見たものであると考え，個人の主観的経験に焦点を合わせることがあるでしょう。しかし，主

観的基準もまた批判を受けています。恐怖に焦点を絞ることは狭すぎる見方であり，これでは，恥，罪悪感，怒り，悲しみ，驚き，嫌悪を含めて，PTSD に寄与する多数の情動が除外されてしまうというのです（Brewin, 2003）。Holmes と共同研究者たち（2005）は，侵入性記憶の内容とホットスポットに関する研究において，トラウマの最中に体験される情動の頻度を計算しました。DSM と一致するのですが，恐怖は最も顕著に体験される情動でした。しかし，恐怖，無力，おぞましさをまとめても，割合的には全情動の半数にしかなりません。先ほど列記した他の情動は——ポジティヴな情動（例えば危険がないときの安堵感）とともに——残りの情動の中に含まれています。言うまでもないことですが，トラウマ性ストレスを経験した人たちと，その人たちを助けようとする人たちにとっては——DSM に関わりなく——主観的経験がすべてです。私は，Meaghan O'Donnell と共同研究者たち（2010）の次のような主張に完全に同意します。彼らが言うには，「結論を言えば，患者たちにとって，**私たちが DSM で診断基準 A をどう定義するかということはどうでもよいのである。患者たちが関心を抱くのは，自分が体験する苦痛とこの苦痛が自分の社会的・職業的な機能に与える影響のみである**」（p.67；強調は後から付加）とのことです。

　ある水準のトラウマ性ストレスを PTSD の症候群と関連づけようとする試みには，さらに 2 つの明白な問題点があります。第一に，大多数の男女が生涯の間に一度はトラウマ的でありうる出来事に曝されるという事実があるにもかかわらず，PTSD の病歴がある人はほんのわずか（5〜10％）です（Kessler et al., 1995）。第二に，客観的定義どおりのトラウマ的出来事は起きていないのに，PTSD の症状クラスターが出現することがたまにあります。家族関係や恋愛関係の問題，職業上のストレス，親の離婚，深刻な病気，愛する人の死のような一般的ストレッサーと関連して，PTSD 症候群全体が生じることも観察されてきました（Gold et al., 2005）。Mary Long と共同研究者たち（2008）が見出したことですが，いくつかのアセスメント法で査定した結果，その研究への参加者たちは，トラウマ性ストレッサーよりも通常のストレッサーに対して，より高い水準の PTSD 症状を報告しました。注目するべきことですが，これらの研究において選ばれる頻度が最も高かった日常的ストレッサーは，愛着と関連していました。つまり，恋愛関係の崩壊や愛する人の突然の死だったということです。

　先述のことがあるにもかかわらず，またストレスをどう定義しようと，私たちセラピストがストレスの深刻度に関心を持つのは当然のことです。容量 - 反応関係〔★訳注 3〕がみられることについての確固としたエビデンスがあります。つまり，ストレッサーが深刻なものであればあるほど，PTSD を発症する確率が高くなります（Friedman et al., 2007）。私は，トラウマ性ストレスと非トラウマ性ストレスを明確に区別しよ

第2章　心的外傷後ストレス障害と解離性障害

うとする DSM の努力を，敬意と楽しさが入り交じったような思いで眺めています。曖昧なことばかりです。それだから，ストレスへの曝露という基準を完全に放棄することを提案した著者たちもいます (Brewin et al., 2009)。明らかなことですが，客観的に定義しようが（観察可能な出来事），主観的に定義しようが（情動的苦痛），ストレスとトラウマは連続線上にあります。私の共同研究者の Chris Frueh と協力者たちが主張していることですが，「生命を脅かすストレッサーに曝されることが**独特な一群**のストレス反応症状をもたらす主要な原因であるとする仮説は，問題を含んでおり，一般的ストレスに関するより多くの文献からの断絶と，それらの文献を取り入れることにおける失敗を表している」(Frueh et al. 2010, p.263；強調は原書のとおり) のです。長い目でみれば，私たちは，ストレスに満ちた出来事に関する，次のような，より繊細なアセスメントから，より多くのことを学ぶでしょう。そのアセスメントとは，ストレスの深刻度について恣意的なカットオフポイント〔★訳注4〕を定めることにとどまるのではなく，ストレスに満ちた出来事の種類や組み合わせによってその後に生じる症状や障害の種類がどう異なるのかということを確定しようとするアセスメントです (Dohrenwend, 2010)。その一方で，私たち臨床家は，ストレスの既往と，それが個人の発達に与える影響を明らかにすることを目指さなくてはなりません。次に，PTSD 症候群に関して同様の議論を行います。

〔★訳注3〕容量－反応関係（dose-response relationship）とは，元は薬理学の用語であり，特定の薬物の投与量に応じて生体の反応（効果や副作用）が異なるという関係のことである。ここでは，ストレッサーを薬物投与に，PTSD を薬物への反応に喩えているわけである。

〔★訳注4〕カットオフポイント（cut-off point）とは，診断面接や検査から得られる指標（数値）に基づいて，ある疾患があるかないかを判別する境目の値のことである。ただし，例えば，高得点になるほど異常である特定の指標（得点）に基づいて疾患群と健常群を分ける場合，健常群の高得点者と疾患（障害）群の低得点者の得点は重なり合うことが多いので，どの点を疾患－健常のカットオフポイントにするのが判別に最も有効であるのかを統計的に検討しなければならない。

（3）PTSD の定義

「PTSD とは何か？」という問いは，驚くほど答えにくいものであり，一連の複雑な問題の中を歩み続けることを要求します。はじめに，私は，現在の PTSD の診断基準を要約し，それから症状を整理する代替的方法を提案し，DSM-5 で導入が検討されている新しい症状に触れます。続いて，PTSD を抑うつから区別する挑戦に取りかかりますが，抑うつは，PTSD の親しい従兄弟か，もしかすると二卵性双生児または一卵性双生児の兄弟に喩えることができるでしょう。最後に，私は，カテゴリーよりも程度の問題として考えるという代替的見方に戻りますが，この代替的見方は，PTSD を独立した疾患とみなす考えに疑問を投げかけるものです。

DSM-Ⅳ-TR（American Psychiatric Association, 2000）には，PTSDの第一症状としてトラウマ的出来事の持続的再体験が掲載されていますが，それは，次のような様々な形をとるでしょう。つまり，①侵入性を伴うイメージ・思考・知覚，②反復夢，③フラッシュバックの場合のように，その出来事を再体験するという感覚，④想起手がかり〔トラウマを想起させる手がかり〕に曝されたときの激しい苦痛，⑤想起手がかりに曝されたときの生理的反応性，です。例えば，幼年期に母親の怒りにまかせた非難に怯えていた女性は，ある母親がデパートで子どもを叱りつけているのを聞くとパニックに陥ることがあります。私の見解ですが，これらの再体験症状には激しい凶暴性があります。その人は，まずそのストレスに満ちた出来事を耐え抜いたのですが，それだけにとどまらず，その後も心の中でそのストレスに曝され続けるということです。これらの症状は，傷口に塩を塗るようなものです。つまり，脳と体は，元の出来事に加えて，記憶から生じるストレスに苛まれます。さらに，眠りは，休息を与えるのではなく，むしろ悪夢を見そうなときには恐怖を与えるものになるでしょう。

　DSM-Ⅳ-TRにおけるPTSDの残り2つの基準は，回避と過覚醒です。**回避**の基準は，トラウマの記憶を呼び起こす活動・人・場所を避けること（状況的回避）だけでなく，トラウマについての思考・感覚・会話を避けること（体験的回避）も含みます。これらの回避基準に一括されている他の基準がありますが，それらは，次のような情動的反応性の**麻痺**を含んでいます。つまり，①トラウマの諸側面を思い出せないこと，②疎隔感（feeling of detachment），③活動への興味の喪失，④情動の範囲の制約または情動麻痺，⑤将来が見通せないという感覚，です。**過覚醒**の基準は，以下に述べる基準を含んでいます。まず，よりトラウマ特有の2つの基準——過剰警戒（脅威に対する過度の警戒）および誇張された驚愕——があります。次に，より一般的に不安と高水準の覚醒の特徴である3つの基準——つまり，①入眠または睡眠の持続に関する問題，②苛立ちやすさ，③注意集中の困難さ——があります。

　私たちは，今や，症状をある収納庫の中の別の収納庫に入れることの問題点に目を向けるところにきています。研究者たちは，統計的手法を用いて，PTSDの17症状がDSM-Ⅳで区分された3つのクラスター（つまり再体験，回避，過覚醒）に収まる程度を調査してきました。しかし，症状は，これらのクラスターにすんなりと収まってはくれません。例えば，症状の噴出を防ぐための意図的なコーピング方略である回避は，より自動的に情動的苦痛を鈍らせる情動麻痺とは区別されます（Asmundson et al., 2004）。さらに，ドメスティックヴァイオレンスの被害者を対象とした最近の研究は，怒りと抑うつが入り混じった別の症状クラスターがあることを示唆しています（Elhai et al., 2011a）。いまのところ，DSM-5は，再体験・回避・過覚醒の他に，よ

第2章　心的外傷後ストレス障害と解離性障害

り大きな1つの症状クラスターを取り入れる方向に進んでいます〔★訳注5〕。ここには，次のような症状が含まれています。つまり，①出来事の諸側面を思い出せないこと，②自己・他者・世界に対するネガティヴな予想，③自己または他者への非難，④恐怖，おぞましさ，怒り，罪悪感，恥のようなネガティヴな情動，⑤活動への興味の消失，⑥疎隔感，⑦心的麻痺も含めてポジティヴな情動を体験できないこと，です。この拡張のおかげで，統計学者は，振り分けられたものをさらに振り分ける作業に忙殺され続けることでしょう。

〔★訳注5〕本書はDSM-5の公刊以前に出版されたため，最終的なDSM-5の内容については記載していないが，公刊されたDSM-5（American Psychiatric Association, 2013）には，この症状クラスターが確かに取り入れられている。したがって，DSM-5では，主要な症状クラスターの総数がそれまでの3から4に増えている。

　PTSD症候群を定義する際の問題があるのに加えて，PTSDが他の障害と異なる程度を疑問視することには正当な根拠があります。つまり，PTSDは，その症状が他の障害の症状と重なるだけでなく，しばしば症状面で絡み合う他の障害と併存するものとして診断されます。うつ病は主要な重複の例であり，そのことは次の3つの点で明らかです。第一に，PTSDと診断された多くの患者はうつ病とも診断されています。第二に，苦痛な侵入性の記憶とイメージは，PTSDだけの特徴ではなく，うつ病にも共通してみられます（Brewin et al., 1999）。第三に，もしかすると最も驚くべきことかもしれませんが，うつ病は，トラウマに関連する障害としては，PTSD**よりも一般的です**（Bryant, 2010）。この重複を調査するため，Jon Elhaiと共同研究者たち（2011b）は，トラウマ曝露の既往を持つ人々の全国規模のサンプルを用いて，PTSDと大うつ病において同時に生起する症状について研究しました。この研究者たちは，PTSDの症状とうつ病の症状を結びつける**1つの主要な要因**があることを示す強力なエビデンスを見出しました。そして，その要因の中では，症状は重症度を尺度にして配列することができました。例えば，侵入性思考やそれらを回避する努力は，重症度の下端に位置していました（つまり，自認される頻度が最少でした）。フラッシュバックや記憶の損傷は，中程度の範囲に入りました。そして，重症のうつ病は重症度の上端に位置しており，自分の死や無価値さについての考えはその頂点に位置していました。注目に値することですが，DSM-5の〔PTSDの〕基準草案に気分症状とネガティヴな認知が含められたことから，PTSDとうつ病の重なり合いはさらに大きくなりそうです。

　このレビューが証明しているとおり，他の医学の場合と同様に，DSMはカテゴリー——私の用いる比喩では収納庫——に基づいています。人は「トラウマ性」スト

レスに曝されたことがあるかないかのどちらかです。その人は，PTSDを抱えているかいないかのどちらかです。しかし，一般的な健康状態も，程度の差があるものとしてみることができます。ガンや糖尿病のような疾患は重症度によって段階に分けることができ，高血圧のような症状は段階の違いがあるものとして測定されます。高血圧を測定する内科医と同様に，私たち心理学者も，すべてを程度の違いがあるものとして測定する傾向があります——知能が格好の例です。私たちは，想像できるあらゆるものを測定する尺度を作成しており，PTSDのような一般的問題を測定する尺度も多数あります（Keane et al., 2007）。ストレスと同様に，症状の重症度は程度の問題です。さらに，ある障害の診断要件を満たすためには，症状が存在しなければならないだけでなく，それらが臨床的に重要な水準の苦痛や機能不全（例えば，家庭を維持したり適切に仕事をこなしたりするのを妨げていること）と結びついていなければなりません。これらはすべて程度の問題であり，そこに明確なカットオフポイントはありません。そして，程度は重要です。なぜなら，例えば，重要なPTSD症状を持っているけれども症状数が少なすぎて診断的カットオフポイントには達しない患者たちが，かなりの機能不全を示しているのに，治療の必要があるとは認定されないことがあるからです（Grubaugh et al., 2005）。

　このような考察は，次元的アプローチ（dimensional approach; Friedman et al., 2007）〔★訳注6〕に軍配をあげています。ちなみに，このアプローチでは，PTSDをストレスに対する質的に異なる反応とみなすのではなく，むしろストレス反応の〔低水準から高水準に至る〕連続体の上端であるとみなしています（Broman-Fulks et al., 2006）。この提案は，トラウマ記憶に対しても，他の症状に対してもあてはまります。これは重要な点です。というのは，トラウマ的出来事への曝露を除けば，再体験の症状クラスターこそ，PTSDをそれに関連する数々の障害から最もよく区別するものだからです（Brewin et al., 2009）。さらに，トラウマ記憶の中でも，フラッシュバックは，最もPTSD特有の症状です（Brewin 2011）。というのは，とくにフラッシュバックは過去のトラウマを現在において再現するという体験を伴うからです。フラッシュバックは，最も極端な形の非メンタライジング——つまり心的等価（心理状態を現実そのものとして捉えること）——の代表例です。PTSDの治療は，心的等価（トラウマをまるで今起きているかのように再体験すること）からメンタライジング（今では安全だと感じながら侵入性症状を記憶として認識すること）に移行できるように患者を助けることです。

　　〔★訳注6〕次元（dimension）に注目する診断アプローチでは，特定の症状が複数の障害に共通して存在する実態を考慮し，特定の症状を1つの次元とみなし，障害を多数の次元（症状）で構成されたもの

と考え，多次元的に評価する。その際には，特定の症状をあるかないかのカテゴリーで考えるのではなく，症状が軽度から重度に至る「連続体」を成していると考え，その程度（重症度）を評価する。このディメンション方式は，DSM-5（2013）にも取り入れられている。

他の障害とPTSDの幅広い重なり合いがあるので，Brewinと共同研究者たち（2009）は，PTSD症候群を相対的に独立したものにするため，PTSDの基準を狭く絞り込むべきであると提唱しました。彼らなら，以下のようにしたいというのです。①ストレスへの曝露という基準を除く。②侵入性症状（フラッシュバックと悪夢）は，恐れを喚起するものに限定する。③回避という基準は，想起手がかりを避けようとする積極的活動に限定する。④過覚醒という基準（過剰警戒と驚愕）には，よりトラウマと関係の深いものだけを含める。この絞り込みは，PTSDを抑うつからより明確に区別することでしょう。それでもなお，この著者たちの認識では，PTSDは，トラウマ性ストレスへの曝露の影響全体を捉えているとは言えず，解離，うつ病，物質乱用，その他の不安障害のような他の多くの状態と併存するものとして診断される可能性があります。

私たちは，人々を収納庫に収めるための恣意的に思えるカットオフポイントを提唱するよりも，①彼ら／彼女らが曝されてきた，ストレスに満ちた出来事の性質と深刻さ，②様々な症状の重症度，③関連する機能不全の程度，を個々に測定することを目指すのがよいでしょう。しかし，あまり意気込まないでください。私たちは誰しも，つながった複数の線の上の様々な点について考えたり，多次元空間——とくに4次元またはさらに多次元の空間——に点を配置したりするよりも，カテゴリーを扱う方が楽であると感じます。第1章で論じたように，愛着研究者は，複数のカテゴリー（安定型-対-他の不安定型）と複数の次元（親密性や不安の程度）を対比させながら議論を続けてきました。私たちがカテゴリーを使うのはいつものことなのですが，ただし，そのカテゴリーを文字どおりに受け取るべきではないということです。

（4）遅発性PTSD

PTSDに関することで，論争につきまとわれていないものはありません。Brewin（2011）は，トラウマ的出来事に曝された後のPTSDの経過に，次のような4つの基本的パターンを識別しました。1）**レジリエント**：その期間中ずっと低水準の症状が続く。2）**回復**：初期の顕著な症状が時の経過とともに消失する。3）**慢性的**：症状が高水準で始まり，そのまま残存する。4）**遅発**：症状がまず低水準で始まり，その後に増大する。遅発パターンは論争の的になっています。そして，遅発パターンは稀

であり，疾患の遅れというよりも援助要請の遅れの反映であろうと提唱している研究者たちがいます（Spitzer et al., 2007）。遅発性 PTSD は誤った記憶回復療法の結果ではないかという懸念もまた，論争に寄与しています。典型的な例をあげると，誤った治療シナリオにおいては，セラピストが一般的な症状（例えば，性的親密さへの不安）を抑圧された幼年期の性的虐待のせいにするという誤りを犯します。暗示になりうる記憶回復技法（例えば，いいかげんな催眠の使用）のせいで，患者は，虚偽記憶や虐待されたことについての確信を構成し始めます。そして，これらの記憶は，PTSD に発展します。患者とセラピストは，そのようなシナリオに注意を向けておかなければなりませんが，その頻度を高めに見積もりすぎないように気をつけるべきです。トラウマ的出来事のずっと後でも——心理療法の内外で——トラウマ記憶を想起させる多くの要因があります。そして，トラウマを思い出すと，それに伴って様々な症状とともに情動の大きな変動が生じることが多いのです（D. Brown et al., 1998）。

　遅発性 PTSD が稀ではないことを明らかにした研究文献レビュー（Andrews et al., 2007）があります。PTSD の症例のうち，一般人では15％，軍人では38％に遅発性 PTSD が生じます。しかし，ここには重要な注意事項があります。まったく症状がない状態から PTSD の基準を十分に満たす状態に移行することは，本当に稀です。それに対して，すでにある症状が**徐々に**エスカレートして本格的な PTSD に発展することは，稀ではありません。このようなわけで，復員軍人における遅発性 PTSD の発症に関する入念な一研究（B. Andrews et al., 2009）は，先述のことに不思議な点は何もないと示唆しています。大きなトラウマ的出来事に曝される**前に**，不安症状（過覚醒）が徐々に現れ始めることがあります。ただちに PTSD を発症し，そのときに明らかに圧倒されている人たちに比べて，遅発性 PTSD を抱えた人たちは，トラウマを経験したときに，解離，怒り，恥を経験する確率がより低いのです。しかし，遅発性グループは，より高水準の抑うつとアルコール乱用を報告しました。そのうえ，遅発性グループの人たちは，遅発性 PTSD に先立って，戦闘とは関係のない深刻な生活ストレスを経験している確率が高かったのです。上記の著者たちの結論によると，「遅発性 PTSD タイプは，単一のトラウマ体験に圧倒されてしまう人たちに特有のものではなく，一般的なストレス反応を併発する人たちに特有のものである」（p.775）とのことです。注目するべきことですが，この積み重なったストレスが，最終的には戦闘トラウマの再体験をもたらすのであり，ちなみに，その記憶は，それ以前には隅に追いやられていたのです。似たようなことですが，私は，次のような患者たちと治療的に関わってきました。この患者たちのストレスの重積は，幼年期の愛着トラウマから始まり，成人期の重症のうつ病において頂点に達し，幼年期のトラウマの侵入性

記憶という形でPTSDへの扉を開きました——その記憶は，患者のストレスに満ちたライフ・スタイルのせいで隅に追いやられていたものです。

(5) トラウマ記憶

　PTSDには，よく知られた'全か無か'という特質があります〔' 'は訳者が付加；以下，同じ〕。例えば，侵入性記憶を伴う圧倒的な情動と，情動麻痺および生活を制限する回避が交互に起きます。同様の全か無かの特質が関係しているものに，多すぎる記憶と少なすぎる記憶という逆説的な組み合わせがあります（van der Kolk, 1994）。この組み合わせはDSMの基準にも含まれており，ちなみに，DSMの基準は，トラウマの諸側面についての健忘と侵入性記憶の併存を含みます。過多と過少が結びついているのですから，患者がトラウマ記憶——および記憶の欠如——について混乱するのは無理もありません。トラウマ記憶に関する研究文献は，気が遠くなるほど複雑です。しかし，患者とセラピストが必要としているのは，治療の指針となる基礎的な理解です。

　私は，Edna Foaの研究を用いて，侵入的なトラウマ記憶が問題なのは現在の現実と一致しないからだという単純な主張を始めようと思います。それから，過多対過少の逆説を整理するために，Brewinが提唱した異なる記憶のタイプを使用します。トラウマ記憶は断片化していると信じる人たちとトラウマ記憶を過度に構成されたものとみなす人たちの間の論争を解決するのに，Brewinの研究は役立ちます。この論争は，アイデンティティに対するトラウマの影響を論じるための準備になるものですが，私は，それを次の節（「アイデンティティ」）で取り上げます。

　Foaは，PTSDと関連するときのトラウマ記憶について単刀直入な説明を提唱しました（Foa et al., 2007）。明らかなことですが，私たちは，過去に私たちを傷つけたものを未来において避けるために，それについて学ぶ必要があります。私たちはそうする能力を十分に備えているのですが，すっかり恐怖にとらわれると，この点に関して極端な方向に走りがちです。Foaと共同研究者たち（2007）が記したように，私たちは，経験と記憶に基づいて，危険を避けることを可能にする**認知的恐怖構造**を発達させます。つまり，「恐怖構造には，①恐怖刺激（例えば熊）の表象，②恐怖反応（例えば心拍数増加），③その刺激に関連する意味（例えば，熊は危険である）およびその反応に関連する意味（例えば，動悸の速さは恐れを感じていることを意味する），が含まれる」(p.12)のです。正常な恐怖構造は，現実的な脅威に基づいており，行動の指針として役立ちます。PTSDは，脅威を正確に表象化しない不適応な恐怖構造と関連しています。無害な刺激（例えば，デパートで母親が娘を叱りつけているこ

と）が脅威を与えるものとして知覚され，その刺激が過剰な生理的・情動的覚醒（例えばパニック）を引き起こし，同時に不適応な逃避・回避反応（例えば，その店を飛び出すこと）をも引き起こすのです。

　トラウマを負った人が「過剰反応をしている」ときにそれを指摘することは，不満に駆られた養育者がよくしがちなことですが，その人の反感を買うだけです。それに，その人にとって，これはあまりにも明白なことです。私の共同研究者の Kay Kelly は，「90-10反応」という便利な代替語を考案しました。私たちは，患者を教育する際に，この成句を用います（Lewis et al., 2004）。つまり，情動の10％は現在（無害な刺激）に由来するものですが，90％は過去（トラウマ的出来事）に由来するということです。このパーセンテージは，もちろん恣意的なものであり，割合は変動します。私たちは，この90-10反応を，トラウマ的水準のストレスのために徐々に**鋭敏化**した結果──つまり，より程度の弱いストレスに対しても反応するようになった結果（Griffin, 2008）──として提示します。鋭敏化という脈絡で提示されると，患者は，90-10反応という考えのほうが「過剰反応」よりも受け入れやすいことに気づきます。患者を教育する際には，鋭敏化を脱感作と対比するのが有益であると，私は思います。ちなみに，脱感作においては，徐々にストレスの水準を上げながら**段階的**エクスポージャーを行うことがストレスへの反応性を弱めます。例えば，ある犬恐怖症の人は，小さくておとなしい犬へのエクスポージャーから，より大きくて威嚇してくる可能性がより高い犬へと進むことによって──その過程で犬に噛まれなければ──犬恐怖を克服できます。この脱感作過程とは対照的に，トラウマ性ストレスは，決して段階的ではありません。トラウマ性ストレスは極度であり，それに加えて，制御することも予測することもできません。したがって，私は，患者に対して，あなたはモグラ塚から山を作っているようなものだ〔針小棒大に語っている〕〔★訳注7〕と伝えることはしません。過去には実際に山があったのであり，患者の鋭敏化した神経システムのせいで，山に対する反応がモグラ塚に対しても生じやすくなるのだと，私は指摘します。患者たちは，治療を通して，モグラ塚を山から区別するという意味でメンタライズすることを学ぶ必要があります。

〔★訳注7〕原文は "making mountains out of molehills" であるが，"make mountains from molehills"〔モグラ塚で山を作る〕は「針小棒大に言う，大げさに言う」という意味の慣用句である。

　Foa の理論は，トラウマ記憶の不適応な性質に注目していますが，記憶の過多と過少という逆説的な組み合わせを説明してはいません。Brewin（2011）は，以前からある明示的（宣言的－言語的）な記憶〔★訳注8〕と黙示的（非宣言的かつ知覚－運動

第2章 心的外傷後ストレス障害と解離性障害

的)な記憶の区別に基づく**二重表象理論**を提案しました。第1章で述べたとおり,私は,記憶研究に由来するこの黙示的-明示的という区別を,内的作業モデルとメンタライジングの様々な水準に適用しました。

> [★訳注8] 宣言的記憶 (declarative memory) とは,言葉やイメージで表現できる,事実に関する記憶のことである(『心理学事典』,有斐閣,1999年)。宣言的記憶には,「エピソード記憶」(episodic memory) と「意味記憶」(semantic memory) が含まれる。例えば,自転車を用いて説明すると,「昨日,自転車に乗った」というような出来事の記憶がエピソード記憶であり,「自転車とは……というものである」といった知識の記憶が「意味記憶」である。宣言的記憶と対置されるのが「手続き記憶」(procedural memory) であり,例えば自転車に乗る技能は手続き記憶である。

　この線に沿って,Brewin は,明示的で**言語的に接近可能な記憶**を,黙示的で**状況的に接近可能な記憶**から区別しました。記憶について考えるとき,多くの人は,明示的で言語的に接近可能な記憶を思い浮かべるのですが,この記憶は,ナラティヴまたは物語の形をとります。そのような記憶は,また,個人的出来事記憶(personal event memories)と呼ばれています(Pillemer, 1998)。あなたが狼狽している様子を友人が見て,何が起こったか尋ね,あなたは友人に話すとしましょう。あなたは,必要なときには意図的にこれらの記憶を回復させることができますし,その記憶は,あなたの自伝的記憶全体とアイデンティティ全体に統合されています。そのような首尾一貫した記憶を形成する能力は,トラウマ性ストレスを体験しているときには損なわれます。

　トラウマ性ストレスの最中には,詳細な言語的記憶を構成することは難しいのですが,ストレスと同時的に,持続性の高い,状況的に接近できる記憶を形成することはできます。この状況的記憶がフラッシュバックの正体であり,トラウマを再体験しているという感覚を伴って生起します。フラッシュバックは,意図的に思い出されるのではなく,状況的想起手がかりによって非意図的に引き起こされます。この非言語的記憶は感覚的-知覚的イメージの形をとり,それは,視覚像(例えば不意に現れる人影),音(例えばバタンと閉まるドア),匂い(例えばアルコール)だけでなく,身体感覚(例えば痛み)をも含みます。本章の先の部分で記したように(「トラウマの定義」を参照のこと),これらの侵入性記憶は,その経験のホットスポットや最悪の瞬間と関連しているのが通例です。

　PTSD に苦しむ人が,フラッシュバックを引き起こす思考や状況を避けるようになるのは,自然なことです。しかし,回避は必ず失敗します。不意をついて現れる想起手がかりを避けることは不可能です(例えば,予期していなかった映画での暴行シーン)。さらに,記憶を抑制しようとする努力は,PTSD 症状を悪化させることによって,期待外れに終わります(Brewin, 2011)。私の見解ですが,体験の回避はまった

く効果がないということが、トラウマ体験について考え、感じ、語ること——その体験を再現するのではなくメンタライズすること——を学ばなければならない主な理由なのです。

　私たち人間は、言葉に変換できる範囲をはるかに超えたことを知覚しているだけでなく、意識的に注意できる範囲をはるかに超えたことを無意識的に記録しています。私たちは、目前の脅威の源（例えば、銃、ナイフ、拳、激怒した表情）に対して自動的に注意を向け、周辺の細部（例えば、赤いシャツやコロン）は除外します。それにもかかわらず、この周辺的な細部は、状況的記憶の中に符号化されるでしょう——そして、後に、注意が向けられていなかったこの細部に曝されることが引き金となって、この状況的記憶が引き起こされることがあります（Brewin, 2005）。その結果として、記憶の過多——圧倒的な恐怖と結びついた、無意識的・非意図的に引き起こされるイメージや感覚——と、記憶の過少——そのようなイメージを筋の通った自伝的ナラティヴと関連づける能力の欠如——の組み合わせが生じることがあります。こういうわけで、トラウマ的出来事の記憶のいくつかは、**断片化している**と描写されるのです。つまり、1つの自伝としてまとまる有意味な個人的出来事記憶の中に統合することができない、ばらばらのイメージであるということです。この脈絡では、トラウマ記憶は、きわめて人を混乱させることがあります。さらに悪いことに、トラウマを負った人たちは、他者に自分の行動の理由を伝えることができません——その行動とは、例えば、不意に現れる人物の漠然としたイメージが思い浮かぶのと並行して、極度の恐怖状態で部屋の隅やクローゼットに体を丸めてうずくまることです。

　断片化していて情動的負荷を伴うイメージを筋の通ったナラティヴに変換できる可能性があるとしても、そこには**作話**の危険性が伴っています——つまり、想像によって記憶の欠落を埋めようとして、ふさわしいイメージで補完しつつ、もっともらしいけれども不正確なナラティヴを作り上げることです。作話は、トラウマに限られたことではありません。正常な場合でも記憶には限界があることを考慮すると、程度の違いはあっても、私たちは誰でも作話しやすいのです。セラピストが作話を懸念するのは、とくに、暗示になる可能性のある記憶回復技法、例えば、誘導イメージ法〔★訳注9〕、夢解釈、いいかげんな催眠使用が並行して行われている場合です。最悪のシナリオでは、患者が症状の基底にトラウマがあるというセラピストの誤った仮説に一致するような虚構の記憶を作り上げることがあります。こういうわけで、セラピストは、「**実在するとおりの**患者の記憶に治療努力を傾注する」（Geraerts, 2010, p.82；強調は後から付加）のが賢明であると勧められるのです。セラピストと患者に対する私の助言は、単純ですが容易ではありません。虚心坦懐であり続け、知らないということに

第2章 心的外傷後ストレス障害と解離性障害

耐え，押しつけないことです。**あなたが知っていることに取り組みなさい**，ということです。患者が，はっきりと覚えている明らかなトラウマ体験（例えば，ぞっとするような親同士の争い，苦痛な情緒的ネグレクト，いじめ，青年期に受けた性的暴行という組み合わせ）を過小評価しながら，幼年期に受けた性的虐待についての曖昧な記憶または疑念に注意を集中するというのは，尋常なことではありません。

〔★訳注9〕「誘導イメージ法」（guided imagery）とは，心理療法において，患者（クライエント）が言葉で語れない苦痛な情動に治療的に働きかけるために，特定のシーンや出来事などを視覚的イメージとして思い浮かべさせる方法である。

しかし，これについては，他の領域と同様に，論争が絶えません。Dorthe Berntsenと共同研究者たちは，トラウマ記憶が断片化しているという考えに反対しています。それどころか，トラウマはすべてが十分すぎるほどよく記憶されていると，彼らは提唱しています。つまり，トラウマ記憶は過度に処理されており，自伝的記憶の中にしっかりと定着しているというのです。この数々の記憶は，自伝の中の**ランドマーク**（landmarks）〔目印となる顕著な記憶〕となります。言い換えれば，そのトラウマ記憶は，「ライフストーリーという組織において，あまりに支配的地位を占めている」（Berntsen et al., 2003, p.679）のです。つまり，そのトラウマは，ライフストーリーにおいて中心的──自己規定的──なものになります。この研究者たちは，トラウマ的出来事が自伝の中で中心的になればなるほど，それと関連して，より深刻なPTSD症状が生じることを見出しました（Berntsen & Rubin, 2007）。こういうわけで，トラウマを中心に据えてライフストーリーを再構成することは，セラピストも患者もそうしがちなことですが，不適応につながるだろうと，彼らは警告しました。私たちセラピストは，患者の強さ・成功・レジリエンスについても，また信頼と安定性の島〔p.221を参照のこと〕を伴う関係についても相応に考慮した，より複雑なナラティヴを構成できるように患者を援助する必要があります。

私は，Berntsenの見解を見事に体現した患者と治療的に関わったことがあります。彼は，PTSDの症状を10年以上にもわたって患っていました。これは注目に値することでした。なぜなら──彼のアイデンティティの中核を構成する──ランドマーク的なトラウマ記憶は，DSMの診断基準に含まれる身体的負傷という意味でのトラウマを含むものではなかったからです。

【事例】グレッグは，30代前半のときに，抑うつでどうすることもできなくなって入院しました。彼は，自分がまったく無価値だと感じていました。この感情は，根深いものでした。青年期の大部分の期間ずっと，母親は，彼が父親に似ていると情け容赦なく言い続けました。

1. 心的外傷後ストレス障害

ちなみに，母親は，父親については軽蔑以外の何も表現しませんでした。母親は，父親を支配しており，父親のほうは消極的，服従的，抑うつ的でした。彼女は，グレッグに，父親そっくりだ——例えば，「弱虫」で「意気地なし」で，大した人物にはなれない——と言っていました。彼の兄は，身体が強く，精力的で，比較的頑固であり，母親のお気に入りでした。グレッグのきゃしゃで，心配性で，抑制的であるという性質は，不利に働きました。中学・高校時代の彼は，仲間の間では，兄の影に隠れて目立たない存在でした。一方，彼の兄は，「ジョック（jock）」〔人気者の運動選手〕として賞賛されていました。

グレッグは，父親に似て，どちらかと言えば内向的で，美的かつ知的な関心を示しました。彼は，読書に没頭しました。彼は学校では優秀でしたが，そのことは，より「男らしい」活動を重んじる母親にとっては大して重要なことではありませんでした。グレッグは，大学進学を望んでおり，家を離れての進学を可能にする奨学金を勝ち取ったときは大喜びしました。彼は，より成熟していて学問を好む仲間から受け入れてもらえるだろうと期待していましたが，実際に一時的にはそうでした。彼は，学問を好むことで知られている男子学生の社交クラブに受け入れられたときには，とても喜びました。しかし，一人の比較的無愛想な上級生が彼を叱責し脅かすという新入生へのしごき（hazing）の儀式の間に，彼は挫折を味わいました。彼は，不安発作におそわれ，失禁してしまい，仲間から笑われ，大変な屈辱を感じました。

グレッグは，社交クラブには行かなくなり，献身的なガールフレンドを見つけたという重要な例外を除いては，対人的に孤立していました。彼が大学を終え，抜群の成績で卒業できたのは，彼女のサポートのおかげでした。卒業後，彼とガールフレンドは結婚しました。その後，彼は教師になり，生徒から十分に好かれていました。その間もずっと，彼は，社交クラブの仲間のしごきの侵入性記憶に悩まされ，無愛想な上級生から罵倒されるイメージが決して脳裏を離れませんでした。この経験は，母親の見解を確証するものでした。つまり，彼は意気地なしだということです。彼の屈辱感は復讐の空想と絡み合い，彼は反芻思考に陥りました。さらに，彼は管理職の女性とたびたび対立するようになりましたが，彼が言うには，彼女は完全主義で，批判的で，威張り散らすという特徴を持っていました。彼女の頻繁な「しごき」によって，彼は恥と怒りを感じました。彼の心の中では，彼女は，以前に彼を苦しめた人たち，つまり母親や上級生が重なり合った人物になりました。彼は，職を失う恐怖から，彼女に抗議することや立ち向かうことを恐れていましたが，彼の服従傾向は，自分が意気地なしであるという感情を確証し，恨みを煽るだけでした。しかし，彼の苦痛は，しごきや管理職の批判についての記憶だけに限られてはいませんでした。どのような軽視や無礼さによっても心がうずき，とくに彼が自己弁護しなかったときにはそうでした。

グレッグの不安と抑うつが増すにつれて，仕事のパフォーマンスは悪化し，さらに管理職との対立がエスカレートしました。自宅にいるときの彼は，トラウマ的イメージを遮断し，反芻思考を防ぐために，ありとあらゆる趣味に没頭しようと試みました。この努力は，侵入性記憶を抑えるのに少しは効果がありましたが，妻との疎遠さにつながりました。彼が疎遠になればなるほど，彼女は欲求不満を募らせました。彼がしごき体験と管理職のことにとらわれ，それが彼の才能と成果に暗い影を落としていることによって，彼女は困り果ててしまいました。彼女の励ましは，まったく無駄に終わりました。

グレッグの大学1年生のときのトラウマ体験は，彼のアイデンティティを形作り，その後の経験を方向づけました——つまり，仕事中の関心の大半を奪い取った管理職との難しい関係だけでなく，映画館の列で誰かが彼の前に割り込んだという一見無害な出来事への反応をも，方向づけました。悲しいことに，彼は，10年間，治療を求めることなく，抑うつおよび

第2章 心的外傷後ストレス障害と解離性障害

PTSD症状とともに生きてきました。しかし，治療で得られる可能性のある恩恵を認識してからの彼は，治療を活用することにエネルギーを注ぎました。メンタライジングの概念が啓発的であり，反芻思考過程とそれが気分に与える有害な影響をもっと自覚させてくれることに，彼は気づきました。彼は，マインドフルネスを活用することによって，侵入的イメージや復讐空想に巻き込まれることが少なくなりました。同時に，彼は，これまで健康な関係をないがしろにしていたことを認識しました。彼は，トラウマ的関係から妻との関係および一人の親しい友人との関係に関心を移しました。ちなみに，その友人との関係は，抑うつ的になるにつれてなおざりにしていた関係でした。

苦痛なしごき体験についてのグレッグの記憶は，曖昧でも断片的でもありませんでした。それは鮮烈で明瞭でした。それは，彼のその後の経験に秩序をもたらす発達的ランドマークでした。彼は，恥ずかしさを伴う服従についての無数の苦痛な侵入性記憶を語ることができました。しかし，トラウマ体験がより恐ろしいものかおぞましいものであった別の人たちにとっては，記憶の問題はより複雑になります。トラウマ記憶が断片的なものであればトラウマに規定された人生が生じないというのではありません。見かけ上の矛盾を調整するために，Brewin（2011）は，言語的記憶および感覚的記憶の他に，第三の記憶形態を提唱しました。それは，自己に関する**概念的知識**です。Brewinが指摘することですが，ある人が侵入性記憶に悩まされ，出来事の詳細を思い出すことや有意味なナラティヴを詳しく述べることができないとしても，その人が様々な形でトラウマを抱えている——例えば，幼年期に性的虐待を受けた——ことを知ることは可能です。虐待されたことについての全般的記憶という形でのこの概念的知識が，ランドマーク的記憶の役割を演じ，アイデンティティと後の経験に秩序を与えることがあります——例えば，汚く，忌まわしく，劣っているという自己感と関連した瀰漫性の恥の感情を中心とする孤立の人生がそうです。

明らかなことですが，トラウマ記憶は多くの形態をとり，そして多くのトラウマ記憶は強い情動に関連するその他の記憶と異なるものではありません。しかし，Brewin（2011）の研究が明らかにしたように，**PTSDという脈絡**では，私たちは，以下の3つのものの混合を目にしやすくなります。その3つとは，①出来事の言語的説明において細部の説明が限られていること，②求められてもいないのに心に浮かぶ侵入的イメージ，③トラウマを負った，または被害を受けたという全般的知識を中心として形成されたアイデンティティ，です。懐疑論者がどう言おうと，トラウマ記憶の断片化と無秩序化は，入念な実証研究において十分に明らかにされてきました（Jelinek et al., 2009）。しかし，トラウマの既往についての全般的知識に基づく，よく構成された記憶も，トラウマにおいて強力な役割を演じることがあります。グレッ

グの経験が良い例ですが，そのような記憶が人生初期の愛着関係という脈絡で形成されるとき，この発達はとくに問題をはらんだものとなります。つまり，これらの記憶が自己と他者についての内的作業モデルを形成し，その内的作業モデルが，生涯の大半を通じて，後の経験に影響を与えることがあるのです。

（6）アイデンティティ

　上で論じたように，トラウマはアイデンティティを方向づけます——またはアイデンティティの方向づけを誤ります。そして，トラウマが自己に与える影響は，治療の重要な焦点であり続けてきました。愛着理論の枠組みから言うと，トラウマは，自己・他者・関係性についての思考と感情を含む内的作業モデルを方向づけます。このように，トラウマは，自己感と世界 - 内 - 自己感（sense of self-in-the-world）に特色を付与します。Ronnie Janoff-Bulman（1992）は，トラウマが次のような3つの基本的想定を打ち砕いてしまうと提唱しました。その想定とは，①世界は善意に満ちている，②世界は意味がある，③自己は価値あるものだ，ということです。トラウマを抱えると，世界は危険で悪意に満ちており，おまけに無意味なものだとみなされ，自己は無価値であるとみなされる可能性があります。同じような脈絡で，Foaと共同研究者たち（2007）は，トラウマと関連した2つの基本的な確信がトラウマを永続化させてしまうことに光を当てています。それは，「世界はまったく危険なものである」という確信と，「私はまったく無能なので，それに立ち向かうことができない」という確信です（p.14）。

　しかし，無能さは，愛着トラウマが自己に与えている影響の著しく自嘲的な表現のことがあります。私が治療的に関わった患者たちから得られたいくつかの実例があります。例えば，「私は汚い売春婦よ」「変人」「汚されて使い古されたがらくた」「すべての人を拒絶する非人間的なモンスター」「邪悪」「反キリスト」「存在していない」などです（Allen, 2001, p.91）。これまでずっとトラウマを抱えて生きてきた患者の場合には，トラウマ的出来事は，良性の想定を打ち砕くのではなく，長年維持されてきたネガティヴな想定を強化し，強めるのです（Cahill & Foa, 2007）。Brewin（2003）の言葉を借りれば，「錯覚〔★訳注10〕がすでに打ち砕かれていれば，トラウマが錯覚を打ち砕く必要はない」（p.66）のです。

　　　〔★訳注10〕ここで「錯覚」というのは，例えば，①世界は善意に満ちている，②世界は意味がある，③自己は価値あるものだ，という想定（Janoff-Bulman, 1992）を指している。このような想定は，私たちが健康に生きていくためには不可欠であるが，現実の世界はそのとおりではないときもあるわけだから，これらの想定は「錯覚」とも言えるのである。

第2章　心的外傷後ストレス障害と解離性障害

　トラウマはさておき，自己の統一性は程度の問題です。一般に，私たちの自己概念はポジティヴな属性とネガティヴな属性の寄せ集めですが，トラウマと抑うつのせいで，ポジティヴ属性が見えなくなるほどネガティヴ属性が前面に出てくることがあります。さらに，私たちの自己感は気分とともに変化し，また私たちが置かれる状況や社会的役割が異なれば自己感も変化します。最も重要なことですが，愛着理論が証明するように，私たちは関係の中で自己感を発達させます。そして，自己についての〔内的〕作業モデルは，関係ごとに異なります。Brewin（2003）は，トラウマが自己に与える影響について1つの比喩を提案していますが，この比喩は，複数の想定が大幅に打ち砕かれることよりもはるかに複雑な事態を考慮に入れています。

　　　アイデンティティへのこのアプローチは，〔アイデンティティが〕トラウマによって打ち砕かれ，再建されなければならない単一構造であるとする単純な考えを拒否する。むしろ，アイデンティティは，竜巻の経路上にある砂丘地帯に似たものとみなされる。竜巻が通り過ぎたとき，砂丘のありさまは異なっているだろう。以前より大きくなっている砂丘があるかと思えば，以前より小さくなっている砂丘もあるだろう……。砂丘を以前のとおり正確に復元することはできないとしても，動いたり破壊されたりした砂丘を再建し，ありがたくない場所に積もった砂をならす機会が生まれるのである。　　(p.86)

　Brewinの比喩は，アイデンティティを絶えず移り変わる砂地に似たものとみなしています。愛着トラウマ体験は，繰り返し起きる嵐のようなものであり，そのひどさは，強い風から，曇り空，不気味な雲，雷を伴う嵐，ハリケーン，津波，竜巻までの範囲にわたります――嵐からの安全な逃げ場が得られる一時的好天や晴天がそれと入り混じっています。移り変わる砂地が表しているのは，関係の中で移り変わる愛着の安定性と，それに応じた自己感・他者感の移り変わりです。

(7) PTSD の原因

　PTSDの原因は何かという問いに対するわかりきった答えが，トラウマ性ストレスです。この答えは，驚くほど誤解を招きやすいものです。この答えには，十分に裏づけられた用量－反応関係という現象と一致する一面的真実が含まれています。ストレスが深刻で反復的なものであればあるほど，PTSDが生じる可能性が大きくなります。しかし，本章の先の部分ですでに述べたように（「トラウマの定義」の節を参照のこと），ストレスの深刻度とトラウマの程度との結びつきはゆるいものであり，このゆるい結びつきは，最終的にはPTSDに行き着く非常に複雑な発症経路とも一致します。PTSDが発症する確率は多数の脆弱性要因に左右されますが，これらの脆弱性要因は，

1. 心的外傷後ストレス障害

表2-2　心的外傷後ストレス障害発症に寄与する潜在的要因

1. トラウマ前の要因
- 衝動的で危険な行動をとりやすい遺伝的素因
- 高水準の不安と苦痛を感じやすい遺伝的素因
- 女性であること
- 無秩序型の愛着
- 若年でのトラウマ曝露
- トラウマの既往
- 社会経済的地位，教育，知能の水準の低さ
- 本人または家族の精神医学的障害の既往
- 家族機能の不全
- 社会的断絶（喪失，親的人物の入れ替わり，居住地の移動）
- 物質乱用
- 反社会的行動

2. トラウマ中の要因
- ストレスの客観的深刻度
- 情動的苦痛の主観的水準
- トラウマ性ストレス曝露前後の解離

3. トラウマ後の要因
- ストレッサーの持続
- 社会的・情緒的なサポートの欠如

　時間的には，①トラウマ性ストレスの前に生じるもの，②トラウマ性ストレスの最中に生じるもの，③トラウマ性ストレスの後に生じるもの，に分けることができます。表2-2は，PTSD発症に寄与する重要な要因を概観したものです。

　第一に，**トラウマ前**の多数の要因がPTSDの危険性を高めるのですが，これは発達的脆弱性の存在を証明するものです。遺伝的危険性は，2つのもので構成されています。つまり，トラウマになりうる出来事への曝露の危険性と，曝露後にPTSDを発症する危険性です（Segman et al., 2007）。例えば，遺伝的要因は，危険を伴うか衝動的であるか無謀である行動を行う確率に影響を与え，そのような行動のせいで，一部の人たちは危害を加えられることになります。例えば，よく知られていることですが，物質乱用は性的暴行を受ける危険性を増大させます。そのうえ，遺伝的要因は苦痛を感じやすい傾向に寄与し，その傾向がトラウマ的出来事の影響力を増大させることがあります。気質的不安傾向は，ストレスの増幅器のような働きをします。そのうえ，ジェンダーは，PTSDを発症する危険性と複雑に絡み合っています（Kimerling et al., 2007）。男性はトラウマ的出来事に曝される確率がより高いのですが，曝露後にPTSDを発症する確率がより高いのは女性です。また，ジェンダーと曝されるト

第2章　心的外傷後ストレス障害と解離性障害

ラウマのタイプには組み合わせがみられます。女性は，性的な虐待や暴行といった危険度の高いトラウマに曝される確率がより高いということです。さらに，そのようなトラウマは，愛着関係——つまり，幼年期の性的虐待，または成人してからの親密なパートナーとの暴力的関係——の中で頻繁に繰り返されます。

　遺伝とジェンダーだけでなく，他の多くの発達的要因が人を PTSD に追いやる素因として働きます。そのような要因としては，若年でのトラウマ曝露，社会経済的水準・教育的水準の低さ，知能の低さ，本人と家族の精神科受診歴，家族機能の不全，以前のトラウマ曝露があります——とくに注目するべき点は，幼年期の虐待が後に生じるトラウマへの脆弱性を増大させる場合があることです（Vogt et al., 2007）。さらに，第1章で論じたように，乳児期の愛着が無秩序型であると，子どもが後にトラウマに曝されたときに PTSD の症状がより生じやすくなります。

　PTSD と関連する早期経験についての研究の多くが，回想的（retrospective）なものです〔★訳注11〕。例えば，PTSD または抑うつを患う成人が，家族の中での幼年期の経験を聞かれます。研究者たちの関心事は，何を思い出すかに現在の症状が影響を及ぼすということです。つまり，抑うつ的な人は，苦痛な体験をより思い出しやすいということです。このようなわけで，追跡的（prospective）な縦断研究〔★訳注11〕を用いるほうが，より確固としたエビデンスに立脚することができます。PTSD の縦断研究はきわめて稀なので，ニュージーランドの「ダニーディン研究」（the Dunedin study）は，とくに貴重です（Koenen et al., 2007）。この研究では，研究参加者が，生まれてから32歳になるまで，多様な間隔で査定されました。危険要因の第1セットは，トラウマ曝露の確率と関連しています。つまり，これらの要因は，ⓐ難しい気質，ⓑ反社会的行動，ⓒ多動，ⓓ〔周産期の〕母体の苦痛，ⓔ幼年期に親を失うこと，を含みます。危険要因の第2セット（多少重複あり）は，曝露後の PTSD 発症確率と関連しています。これらの要因は，ⓐ知能の低さ，ⓑ難しい気質，ⓒ反社会的行動，ⓓ人気がないこと，ⓔ親的人物の入れ替わり，ⓕ多数回にわたる居住地の移動，ⓖ〔周産期の〕母体の苦痛，を含みます。広範な実証研究と一致する結果ですが，明らかに連鎖的因果関係がみられました。カテゴリーの異なる複数の危険要因の重積が PTSD を最も強力に予測していました〔危険要因の重積と後の PTSD 発症の間に強い関連がみられた〕。

　　〔★訳注11〕ここでは，回想的な研究（retrospective study）と追跡的な研究（prospective study）が対置されて述べられている。回想的な研究は，主として成人に過去の経験を振り返って答えてもらうが，そこで得られるデータは過去に起きたことの忠実な反映であるとは言えない場合もある。これに対して，追跡的な研究は，特定の集団を対象にして，一定の見通しや仮説の下に，一定期間にわたって継続的に観察やアセスメントを行う。この方法であれば，特定の仮説の検証も可能である。追跡的研究は，

1．心的外傷後ストレス障害

Bowlby が好んで用いた方法であり，後の愛着研究もこの方法によって多くの知見を蓄積してきた。ただし，Bowlby は，回想的方法を無用と考えていたのではなく，これと追跡的方法を併用することが必要であると考えていた。なお，回想的方法を用いたとしても，「成人愛着面接」（AAI）のように，過去についての回想を「ナラティヴ」とみなす視点をとれば，回想が過去の事実の忠実な反映であるかどうかは問題ではなくなる。

　トラウマ前の要因に加えて，トラウマの最中の体験——**トラウマ中の要因**——もまた PTSD を発症させるうえで重要な役割を演じます。先に述べたように，主観的な恐怖反応は，PTSD 発症の確率に影響します。したがって，男性よりも女性のほうがトラウマ的出来事の最中に苦痛をより多く報告するという事実は，PTSD にジェンダーによる差を生じさせる要因であるとも考えられます（Kimerling et al., 2007）。最も注目するべきことは，多数の研究において，トラウマ曝露の最中の解離反応とその直後の余波が，その後に PTSD を発症させる危険要因として同定されていることです。そして，あるレビューで見出されたことですが，トラウマ中の解離は，後の PTSD 発症を予測する力が一連のトラウマ前要因およびトラウマ後要因よりも強かったのです（Ozer et al., 2003）。〔トラウマ中の解離と後の PTSD との〕この対応関係が生じる理由は，次の解離性障害の節で論じます。

　愛着関係におけるメンタライジングの重要な役割を強調することになりますが，Brewin（2003）は，「**トラウマ後に起きることは，人が PTSD を発症するかどうかに最も大きく影響する**のであり，このことは一貫して示されてきた」（p.56；強調は後から付加）と結論を下しました。当たり前のことですが，トラウマ後の顕著な危険要因とは，トラウマ的出来事の余波を受けて持続するストレスです（Vogt et al., 2007）。しかし，最も強力なトラウマ後要因は**ソーシャルサポートの欠如**であることを，Brewin（2003）は見出しました。最も問題なのはトラウマを負った人たちに対する**ネガティヴな**反応であり，例えば，冷淡さ，思いやりの欠如，批判が例としてあげられます。もちろん，PTSD 症候群自体が，ネガティヴな社会的反応を助長することがあります。例えば，情緒不安定に対する他者のネガティヴな反応や，「どうして過去と縁を切ることができないの?!」といった禁止命令が例としてあげられます。私は，そのような非共感的で非メンタライジング的な反応をきわめて重視しています。なぜなら，それらは，より早期の愛着体験に含まれるそのような反応を呼び起こしやすく，その結果，情動的苦痛の中で孤立無援であるという体験〔トラウマ〕の想起手がかりとなるからです。

　トラウマ的出来事の開示に対する他者の反応についての研究の中で，トラウマ後のソーシャル・サポートが検討されてきました。愛着の視点からみれば，開示が理想的

第2章　心的外傷後ストレス障害と解離性障害

です。慰めを得て安心を取り戻すためには，信頼する仲間に秘密を打ち明けることが不可欠です。多くのトラウマは，虐待や暴行を秘密にしていることから生じます。しかし，とくに愛着トラウマが生じるような不安定な愛着関係という脈絡においては，秘密主義は理由なしに起きることではありません。性的トラウマを――とくに家族内で――開示するなら，開示したその人は信用されず，非難され，恥をかかされ，罰せられ，排除される危険性があります。そのような周囲の反応すべてが，メンタライジングの欠如を反映しています。このように，開示はさらにトラウマを生じさせ，それによってPTSDの危険性を増大させることがあります。いつ・誰に開示するか，そしてそもそも開示するかどうかを決める際には，難しい判断が要求されます。この決定は大人にとっても十分難しいことですから，子どもにとってはさらに難しいことです。Brewinの研究と一致していますが，開示してネガティヴな反応に遭遇する人は，開示しないでおく人よりも悪い結果に見舞われます（Ullman et al., 2010）。性的トラウマを開示することは，明らかに諸刃の剣であり，周囲の反応に応じて利点もあれば危険もあります。性的暴行被害を開示した成人女性の経験に関する最近の一研究は，次の2つのことを明らかにした点で勇気づけられるものでした（Jacques-Tiura et al., 2010）。第一に，大多数の女性が少なくとも一人の人（一番多かったのは友人や家族成員）に開示していました。第二に，ポジティヴな反応のほうがネガティヴな反応をはるかに上回っていました。関連する一研究が示唆したことですが，ネガティヴな反応は，故意ではないのが一般的であり（Littleton, 2010），打ち明けられた人の苦痛に起因するものでした。つまり，打ち明けられた人は，暴行された人の注意をそらしたり「前に進む」ように励ましたりすることによって，自分自身の不快や不安を緩和しようとしているのだと思われます。

　PTSDの発症に影響する――トラウマ的出来事の前，最中，後の――要因についての私の概説を貫く一本の糸は愛着関係であるという事実を，私は強調したいと思います。家族機能と早期の愛着トラウマの既往は，後のトラウマへの脆弱性を高めます。本書の至る所で強調していることですが，愛着関係の脈絡で生じるトラウマは，解離反応における主要な関心事であり，解離反応において重要な役割を担っています。最後に，Brewinの研究が光を当てていることですが，愛着関係の質――要するに，愛着の安定性とメンタライジングまたはその欠如――は，トラウマ的出来事への曝露の後のPTSD発症確率を左右する重要な役割を演じています。

（8）PTSDについて下すことができる結論

　私たちメニンガー・クリニックの臨床家グループが，精神医学的障害におけるトラ

ウマの役割を評価し始めた1980年代頃には,PTSD はすでに公式の診断になっていました。後から振り返ると,私は――それについてあまり考えることも知ることもせず――PTSD はきちんと定義された疾患だということを当然視していたことに気づきます。先に要約を示した数十年にわたる研究を知った今では,私は懐疑的です――苦痛の程度についてではなく,その苦痛を PTSD という収納庫に収めることについて懐疑的なのです。トラウマ的出来事の前・最中・後における,恐ろしいほどストレスに満ちた出来事への曝露は,これらの出来事が覚醒中だけでなく睡眠中にも心の中で苦痛を伴いつつ再体験される過酷な心理的プロセスをもたらしうるのであり,このことを疑う人は――セラピスト,患者,研究者のいずれであろうと――私たちの中には誰もいません。この再体験は,不安と他の多くの情動を伴っており,当然のことながら,そのような苦痛の再体験を避けるための無意識的および意図的な方略をも伴っています。とりわけ(しかし,それだけには限定されませんが)逆境的な愛着関係という脈絡においては,トラウマは,PTSD の範囲を超えて,①中核的な自己感,②数々の関係,③世界の中にいるという体験に深刻な影響を与えるのです。

しかし,DSM-Ⅲ の中に PTSD が成文化されたことをめぐって生じた社会的‐政治的論争は言うまでもなく,健康で科学的な懐疑主義と探求があれば,それぞれ異なる複数のトラウマ的出来事の結果として,輪郭のはっきりした1つの疾患が生じるという単純化された見方は,完全に崩れてしまいます。はっきり言って,発達的視座からみれば,「トラウマ」をストレスに満ちた1つの出来事または一連の複数の出来事として同定することは,恣意的です。精神医学は,どの水準のストレスが客観的に見てトラウマ的とされるにふさわしいかを特定しようと努力してきましたが,今やトラウマ的な主観体験を定義することを断念する寸前です。したがって,私たちは,極度のストレスへの'正常な'反応を構成するものは何なのかを,病理的反応(つまり精神医学的障害)と対比しながら明らかにしなければならないという大きな問題を背負っているのです。Brewin(2003, p.212)は,重要な関心事として正常な適応の失敗を強調しています。

> DSM-Ⅳに記載された症状は,正確に言えば,すべてが病理的であるとはいえない。なぜなら,それらの症状は,その開始時点においては,圧倒的な恐れに対する正常な反応の一部だからである。他の精神医学的障害の場合と同様に,病理は,症状自体の中にあるのではなく,その症状の持続やそれがもたらす苦痛の量の中にある。

Frueh と共同研究者たち(2010)も,症状の持続に注目しています。しかし,セラピストは,持続時間の長さに注目するのではなく,「機能不全が重大なものになり,

第2章　心的外傷後ストレス障害と解離性障害

重大であり続けるとき」(p.267) に，PTSD の診断を下すべきであると，彼らは提唱しています。もちろん，ストレスの水準から障害の程度に至るまでの範囲で，こうしたすべての判断を下す際に，私たちは，明確な境界線の欠如と悪戦苦闘することになります。

さらに，PTSD の顕著な症状は，動く的(まと)のようなものです。無理もありません。PTSD は，他の診断からはっきりと分離できるものではありません。そのうえ，PTSD は，トラウマと関連する唯一の精神医学的診断ではありません——最も一般的な診断でさえありません。したがって，Alan Sroufe と共同研究者たち (2005) は，「ミネソタ縦断研究」〔★訳注12〕の結果に基づいて，PTSD について以下のコメントを記述したのです。つまり，「トラウマの結果と，より一般的に過酷な体験が，そのようなカテゴリーに区画化されたことは，不運であった」(p.275) ということです。Gerald Rosen と共同研究者たち (2005) も，同様の指摘をしました。彼らが言うには，「PTSD の診断は，1つの本質的障害，つまり個人の問題の原因となり，かつその問題を『説明し』さえする障害が同定されたという錯覚を作り出した」(p.272) のです。彼らが結論として述べていることですが，「逆境に対するきわめて複雑な人間の諸反応が，単一の本質的障害によって説明されるということは，想像しがたい」(p.273) のです。最後に，極度のストレスへの曝露ということは，PTSD の発症に寄与する多くの要因の1つにすぎません——そして，おそらく最も影響力のある要因ではありません。

〔★訳注12〕「ミネソタ縦断研究」(Minesota Longitudinal Study) とは，ミネソタ大学の発達心理学者 Alan Sroufe と共同研究者たちによって1970年代の半ばから開始された縦断的研究である。Sroufe らは，特定の母親とその子どもを対象にして，その子どもが成人期に至るまでを追跡して研究し，幼年期の愛着のあり方が成人期のパーソナリティ，対人関係，精神医学的問題などに影響を及ぼすことを実証した。

　私たちセラピストは，診断を個人について理解するための踏み台であるとみなすべきです。医療モデルは，精神医学においては非常に有用ですが，私たちはその罠にはまる——その収納庫にとらわれる——べきではありません。精神医学的診断に裏づけを与えてきた研究を前にしても，私たちは，それらがメンタライジングの産物であるという事実を見失うべきではありません。人間の諸問題のパターンを様々な形でカテゴリー分けするために，私たちが精神医学的診断を構築したのです。精神医学的診断は研究や私たちの知識を方向づけてきましたので，限界はあるものの，本章と次章の大部分では，精神医学的診断を中心に据えて全体のバランスをとりました。しかし，個性の心理学的理解に重点をおく素朴で古い療法の発達的基盤にセラピストと患者を近づけるというキャンペーンを展開するために，私は，労を厭わず，トラウマと関連

する主要障害である PTSD をめぐる諸問題に光を当てます。

2．解離性障害

　20年にわたってトラウマについて患者を教育するという事業に私を駆り立てたものは，解離についての集団としての困惑でした（Allen, 2005）。私たちメニンガー・クリニックの臨床家集団は，トラウマを負った患者に対する特異的入院プログラムを開発し始めたのですが（Allen et al. 2000），そのときに最も私たちを虜(とりこ)にしたのは，多重人格障害——後に解離性同一性障害と改称された障害——でした。その障害を持つ患者は，自分の体験に困惑し，怯えていました。仲間とスタッフメンバーは，興味を引かれると同時に混乱していました。患者グループに対して，多少の理解の手ほどきをするため，私は，教育的セッションを何回か行いました。私たち全員が学ばなければならないことがたくさんありました。そして，私たちは，精神医学において最も論争の多い障害への治療的取り組みの虜になってしまいました。論争は持続しており，それとともに，解離をどう理解するかに関しては，専門家の間にかなりの見解の不一致があります。解離は，精神医学の片隅に，かろうじて生き残っていますが，解離性障害という診断が下されることはかなり稀です（Bremner, 2009）。わかりやすい例をあげると，研究目的のために精神医学的障害を診断する標準的方法である「DSM-Ⅳ Ⅰ軸障害のための構造化臨床面接」(the Structured Clinical Interview for DSM-Ⅳ Axis Ⅰ Disorders; First et al., 1997)〔★訳注13〕には，解離性障害が含まれていません。この遺漏を補正するため，Marlene Steinberg（1993）は，労を厭わず，「DSM-Ⅳ 解離性障害のための構造化臨床面接」(the Structured Clinical Interview for DSM-Ⅳ Dissociative Disorder) という独立したマニュアルを，臨床家向けの特異的訓練と併せて開発しました。

　　〔★訳注13〕日本語版は，「高橋・北村・岡野訳 （2010）．精神科診断面接マニュアル 日本評論社」である。

　解離の領域の第一人者の一人である Paul Dell が論評したことですが，解離は「決して明瞭すぎることに悩まされたことはない」（Dell, 2009c, p.712）のであり，「19世紀末の数十年間と20世紀末の数十年間の集中的調査にもかかわらず，解離の概念は曖昧で，混乱を招き，論争の的にさえなり続けている」（Dell, 2009b, p.225）のです。診断マニュアルにおける解離の定義は，大した助けにはなりません。DSM-Ⅳ-TR では，「解離性障害の基本的特徴は，意識，記憶，同一性，知覚といった通常なら統合

されている機能の破綻である」（American Psychiatric Association, 2000, p.519）と提唱されています。DSM-5草案の基準（www.dsm5.org）には，より詳しい定義が含まれていて，それによると，「〔解離とは〕情報または心的過程の主観的統合の喪失である。ちなみに，ここで言う心的過程とは，正常な状況では意識的認識または意識的制御が可能であり，記憶，アイデンティティ，情動，知覚，身体表象，運動制御，行動を含むものである」とのことです。どういうことかわかりましたか？

　統合は，これらの定義の中で最も重要な意味を持つ言葉です。解離は，一緒にある（結びついている）のが当然の事象がばらばらになっていることを意味します。例えば，トラウマ記憶が解離される——つまり，意識から締め出され，個人史または自己感と統合されない——ことがあるでしょう。私は，解離に関する文献の中にある2つの用語がきわめて有用であると思います。その用語は，**離脱**（detachment）と**区画化**（compartmentalization）です（Allen, 2001）。これらは，記述的な比喩であり，説明ではありません。**離脱**は，自分自身から離脱したと感じること（例えば，まるで自分自身を外側から観察しているように感じること）と，外界から離脱したと感じること（例えば，まるで夢の中にいるように感じること）を含みます。**区画化**は，その最も顕著な形態を言うと，解離性同一性障害を指しており，解離性同一性障害は，パーソナリティの複数の部分が互いに分離し，交代しながら行動の支配権を握るという，解離の古典的形態です。解離的な離脱と区画化は，自己および他者とつながっているという感覚を妨げるのですから，メンタライジング不全の一例です。わかりきったことを言いますが，トラウマをメンタライズすることは苦痛を伴いますし，虐待する親の無関心または悪意をメンタライズすることは実に恐ろしいことでしょう（Fonagy & Target, 1997）。ですから，解離は，メンタライジングを阻止する防衛機能に貢献することがあるのです。

　離脱と区画化は，根本的に異なる心理的プロセスです（Holmes et al., 2005a）。つまり，離脱は意識の変容を伴いますが，一方，区画化は意識の分割を伴います。私は，この節を，解離の源泉についての議論から始めます。その源泉とは，極度の危険の最中に生じることがある深刻な離脱です。危険に対するこの本能的反応は，私たち人間にも，人間ではない動物たちにも，共通してみられるものです。私たちは，この反応を**トラウマ周辺期解離**（peritraumatic dissociation）と考えることができます——つまり，トラウマ的出来事発生時期周辺でみられる解離です。これを土台にして，私は，次にトラウマ後の離脱について論じ，それから区画化に注目します。その後に，解離とPTSDの重なり合いに関する論考が続き，最後に，解離の克服についてのコメントで本節を締めくくります。表2-3は，解離およびそれと関連する体験の概要です。

表2-3 解離体験およびそれと関連する体験の概要

1. **動物の防衛反応**
- フリージング（危険への警戒心の高まりを伴う静止）
- 持続性不動状態（生物学的シャットダウン，意識水準の低下，「擬死」）

2. **離脱**
- 空想または活動への没頭
- ぼうっとしている，ロボットのようにぎこちない，自分がいなくなったと感じること
- 離人感と現実感消失

3. **区画化**
- 健忘
- 遁走（アイデンティティの喪失を伴う旅）
- 解離性同一性障害（健忘を伴うアイデンティティ変容）

真の解離に値するものは何かについて臨床家の意見は一致していませんので，私は，広い範囲を視野に入れています。トラウマを負った患者たちは，この表にあるすべての体験と悪戦苦闘しており，これらの体験に目を向けるとわけがわからなくなり，ぞっとするのを感じています。

(1) トラウマ的出来事の最中の解離

　私は，闘争-逃走反応を**トラウマ予防反応**と考えています。明らかなことですが，闘争と逃走は，必ずしも常に有効な反応とは限りません。捕食者は獲物を捕らえます。もちろん，現代では，トラやヒョウが私たちを脅かすことはめったにありません。私たちは，おそらくすでに幼年期から，互いが互いにとって脅威となるのです〔★訳注14〕。トラウマ的な幼年期の愛着関係においては，闘争と逃走は選択肢に入りません。虐待された子どもたちが応戦できるほど年長であるときにも，そうすることは虐待をよりひどくさせる結果に終わりがちです。子どもたちが十分に大きくなると逃走することがありますが，そうすることは，単に一連の危険を他の危険に置き換えることにすぎません。もちろん，大人も，同じような形で，身体的または心理的に身動きがとれなくなりがちです。例えば，身体的・性的な暴行に抵抗することは無駄または危険だと知覚されますから，身体的・性的暴行に積極的に抵抗したと報告する女性は，ごく少数です（Nijenhuis et al., 1998）。解離は，闘争-逃走反応の代わりとなる選択肢です。

　　〔★訳注14〕Bowlbyは，愛着の進化論的起源を捕食者からの子どもの保護と考えたが，Fonagyは，メンタライジング能力とそれを支える社会脳の発達を促進することの中に，愛着の進化的起源を見出している（Allen et al., 2008）。つまり，人間にとっては，捕食者というより，他の人間が脅威（敵対勢力）となることが多く，そのような環境で生き残るためには仲間との競争と協力が必要となり，その結果，

第2章　心的外傷後ストレス障害と解離性障害

メンタライジング能力を発達させることが急務になったということである。

　私は，この重苦しい論考を軽い調子で始めます。私は，Richard Adams（1972）の魅力的な小説『ウォーターシップ・ダウン』（"*Watership Down*"）〔日本語訳タイトルは『ウォーターシップ・ダウンのウサギたち』〕の**サーン**（tharn）という用語に惹きつけられました。Adamsは，ウサギの小さな群れとウサギたちの痛ましい冒険の物語を語ります。ウサギたちの繁殖地はまさに破壊されようとしており，逃げて新しい家を探さなければなりませんでした。あるとき数匹のウサギが穴の中に集まり，雷雨を恐れてうずくまっていました。しかし，そのとき決定的な戦闘が始まりかけていました。次のような数行が私の注意を引きました。「全員が黙って怯えており，1，2匹は恐怖による失神に近い状態であった」。彼らのリーダーであるビグウィグ（Big-Wig）は，次のように命令しました。「サーンになっているときではない……．君たちの命は，私の言うとおりにするかどうかにかかっている」（p.351）。この物語の中のウサギ語であるラピーヌでは，**サーン**は，「恐怖で感覚が麻痺し，狼狽し，催眠にかかったような状態」（p.416）と定義されています。私たちは誰でも，脅威への闘争－逃走反応にはなじみがありますし，私たちの多くは，第三の可能性も認識しています。第三の可能性というのは，フリージング（freezing）――つまり，サーンになること――です。この最後の選択肢が，私たちを解離の領域に招き入れます。

　私たちは，闘争と逃走という2つの能動的な形の動物的防衛だけでなく，フリージングと持続性不動状態（tonic immobility）という2つの受動的な形の動物的防衛についても，人間ではない動物たちと共有しています（Fanselow & Lester, 1988）。**フリージング**は，警戒と緊張が高まった状態を伴い，動物が狙われていることに気づいてただちに逃走または闘争の準備ができたときのような状態です。動物が捕まり，闘争が脱出に役立たないような場合には，動物は，降伏の一形態である持続性不動状態――要するに擬死反応（deep freeze reaction）――に陥るでしょう（Schore, 2009）。この持続性不動状態という擬死反応は，私たちの最も原始的な生物学的防衛と解釈することができますが，これは，私たちと爬虫類や他の哺乳類に共通してみられる防衛です。進化によってそうする準備ができているからですが，私たちは，この動物的防衛を極度の危険に対処するために使います。持続性不動状態は，複雑な反応であり（Porges, 2011），エネルギーを保存するための長時間の生物学的シャットダウン反応を伴います。心拍と呼吸は遅くなり，筋緊張が低下します。そのうえ，内因性オピオイド（麻薬類似）システムが活性化し，知覚と痛みが減少します。極端な場合には，生物学的シャットダウン反応は死につながることがあります。そのうえ，その反応は，

意識と痛みを低下させることによって，比較的苦痛の少ない死に役立ちます（Porges, 2009）。痛ましいですか？ 本当にそうです。愛着トラウマも同じことなのでして，私たち人間も，互いが脅威になるときには，上に述べたのと同じ動物的防衛方略を用いることがあります。

心理療法を受けていた，ある患者は，父親から性的虐待を受けている最中の「力が抜ける」（going limp）体験を語りました。彼女は，心の中で「はるか遠く」にいて，父親がそばを離れた後に，本当にゆっくりと「戻ってきた」のですが，何が起きたのか覚えていませんでした。これは，動物的防衛反応に似たものでしょうか？ 同様に，トラウマを負った子どもたちは，感覚が麻痺し，ロボットのようにぎこちなく，無反応で，目がうつろで，空想にふけっており，応答が乏しい——要するに，そこにいない——ように見えます。動物においては，この防衛が適応的である場合もあります。つまり，捕食者が，持続性不動状態の動物を手放して，逃げることを許すかもしれません（Fanselow & Lester, 1988）。ここで，あなたの想像力を鍛えます。ストレンジ・シチュエーション（Ainsworth et al., 1978）で観察された，次のような無秩序型愛着の例は，その後に逃避を伴う持続性不動状態に似ているでしょうか？

> 再会するとすぐに，母親は，とても活発な息子を抱え上げ，腰を下ろし，膝の上に息子を載せる。彼は座ったままじっとしていて，目を閉じている。母親は彼の名前を呼ぶが，彼は身動きひとつしない。母親は，それでも彼の名前を呼びながら，彼を膝の上で弾ませ，優しく揺さぶるが，彼は力が抜けていて，じっとしたままである。数秒後，彼は目を開けて，母親の膝から滑り降り，一目散に部屋を横切って玩具を取りに行く。
> （Main & Morgan, 1996, p.124）

（2）離脱

いま述べたとおり，持続性不動状態は，意識の深い変容と最も極端な形の離脱を伴っています。その対極にあるのが**積極的関与**（active engagement）ですが，これには研ぎ澄まされた意識が伴っていて，その意識は自己認識（つまり，自分の心と体に起きていることへの認識）と外界認識に対して柔軟に振り向けられます。したがって，図2-1に示したように，私たちは，無関与（disengagement）の程度を考えることができます。環境への無関与の最も軽度な形態は，**没頭**（absorption）です（Tellegen & Atkinson, 1974）。人は，活動，思考，空想に没頭していて周囲に気づかないことがあるでしょう——例えば，ビデオゲームに没頭している子どもには，彼の名前を呼ぶ母親の声が聞こえないかもしれません。このように，何か1つの事象に深く没頭することは，他のすべてから離脱していることです。もっともなことですが，

第2章　心的外傷後ストレス障害と解離性障害

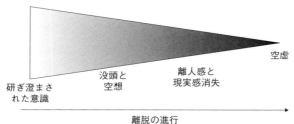

図2-1　解離性離脱の程度（Allen, 2005, p.190）

　没頭は上の空（absentmindedness）と関連しています――例えば，思考への没頭がそうです。没頭は，病理的なものではありません。それどころか，私たちは，自分がしていることにすっかり心を奪われるということができなくてはなりません。
　没頭は，比較的柔軟性のあるものです。多少の刺激――名前を呼ばれたり，肩を叩かれたりすること――があれば，はっとして外界の現実に戻ります。現実感を失う――例えば，夢の中で生きているように感じる――ところまで離脱が進むと，私たちは，解離性障害の領域に入ります。離脱と悪戦苦闘する患者は，自分の体験を描写するためにたくさんの異なる言葉を使います。例えば，ぼうっとしているか，ぼんやりしているか，曖昧であるように感じる。まるで浮かんでいるか，漂流しているように感じる。自分を自動装置か，ロボットか，自動運転状態のように感じる。この，より極端な離脱は，2つの形態をとります。**離人感**（depersonalization）は，自己または身体と関連する非現実感です。これは，次のようなことを含んでいます。①自分を劇中の俳優であるかのように感じること。②上から自分自身を見下ろしているかのような幽体離脱体験。③自分の発言や行動を制御できていないと感じること。④鏡を見ると，自分自身が見慣れない人のように見えること。⑤思考と情動から切り離されているように感じること。⑥通常の身体感情や身体感覚の欠如（例えば，麻痺しているように感じることや，首から下が存在していないように感じること）。**現実感消失**（derealization）は，外界を非現実的だと感じることを伴います。例えば，他者を劇中の俳優のように感じるかもしれません。あるいは，ガラス，霧，トンネルを間に挟んで世界を見ているように感じるかもしれません。現実感消失は，離人感を伴うのが一般的であり，単独で生じることは稀です。
　想像への没頭は，創造の源です。想像なしに生きるならば，現実に閉じ込められてしまうでしょう。私たちの中には，他の人よりも没頭する能力がある人や，その才能に恵まれたが人がいます。そして，没頭の能力は催眠感受性と関連しているのですが，

2．解離性障害

催眠感受性は1つの適性とみなすこともできます（Dell, 2009c）。没頭は，**空想傾向**とも関連します（Wilson & Barber, 1983）。きわめて空想傾向が強い子どもたちの一部にとっては，内的な想像世界のほうが外界よりも現実らしく感じられます。明らかなことですが，そのような離脱は，防衛機能に貢献します。空想傾向への逃避は，ときに，処罰，虐待，孤独，孤立の生活史と関連していることがあります（Lynn & Rhue, 1988）。没頭を解離の一形態と考えるべきかどうかに関しては，著者たちの見解はまちまちです（Dalenberg & Paulson, 2009; Dell, 2009c）。極端な没頭傾向は，それが不随意に引き起こされようと，苦痛な情動を避けるために防衛的に用いられようと，解離を生じさせる可能性のある素因であると，私は考えています。はっきり言って，没頭は，適度なら良いのですが，度を過せば弊害をもたらします。

　離人感は，三番目に一般的な（不安と抑うつの後の）精神医学的症状であり，一般人口の80％が報告するものです（Coons, 1996）。離人感体験は一般的ですが，離人性障害——慢性的な離人感体験——はそうではありません。最悪の場合，離人感と現実感消失が深刻で持続的なものになることがあります。離人感に苦しむ人たちは，活力，活気，情熱を感じることなく，また瀰漫性の不安や倦怠感を除く他の情動の多くを感じることなしに，人生を生きています。自分は「生ける屍」（the living dead）の一人だと，ある患者は訴えました。Dell（2009c）は，「**体験のどの側面も，その人らしい即時的情動生起（personal emotional immediacy）が欠けている**」（p.781；強調は原書のとおり）と記述しました。

【事例】ハロルドは，薬物乱用と自傷が危険な水準までエスカレートしたため，30代半ばで入院しました。彼は，トラウマのアセスメントと心理療法のために私に紹介されてきましたが，自分は「生きていない」も同然だと訴えました。彼は，自傷のおかげで一時的に生きている感じを味わうことができると，すぐに認めました。彼は，広範囲にわたる幼年期のトラウマの既往を語りましたが，それらは以下のようなものでした。①おじからの性的虐待。②父親からの身体的虐待。③ときおり父親が殺すと言って母親を脅迫するという親の暴力を目撃したこと。④首吊り自殺をした後の兄を発見したこと。危険で時に生命を脅かすような喧嘩や暴行が，物質乱用と絡み合って，この早期のトラウマの影響をさらに悪化させました。

　ハロルドは，明確なアイデンティティ感覚を持ったことがないと言いました。彼は，母親が自分を溺愛していたと言いましたが，彼が覚えている主なことは，母親の「小さな王子様」として飾り立てられ，「人形のように」母親の友人たちに見せびらかされたことでした。青年期の始めに，父親は，彼に「男になる」ときだと言って，彼をバーとストリップ劇場に連れて行きました。ハロルドの18歳の誕生日に，父親は，彼を娼婦に会わせる準備を整え，年齢を明かさないようにと彼に告げました。

　ハロルドは，彼の全人生が「芝居」で成り立っていたと述べました。学校では，いとも簡単に「クラスの道化師」の役割をとりました。高校と大学でも，積極的に演技をしました。

彼は，幼年期から「夢の世界」に住んでいたと言いました。彼は，空想に没入し，しばしば本，劇，テレビ番組，映画の中の登場人物の態度をとったのです。様々な薬物の乱用は非現実感を助長し，マリファナの定期的使用は離脱を強化しました。心理療法で，「離人感」（depersonalization）について話し合ったとき，彼は，「人になった」（personalized）ことがないと言いました。

　ハロルドは，現実感が戻ると，それと同じくらい自分自身に嫌悪を感じると言いました。自分は「下劣な出来損ないの人間だ」と，彼は言いました。彼は，人生の大半を「夢――悪夢――の中」で生きてきていました。そして，彼は，「目覚めたい」と言いました。彼には，心理療法中も「神経症患者の役割を演じる」ことによって，以前の心理療法を「無駄にした」という認識がありました。そして，彼は，「現実感を取り戻す」ことを望んでいました。彼は，心理療法を入院治療における拠り所として利用しましたが，心理療法でも「役割にはまり込み」，その過程で自分自身を失うのを意識するようになりました。彼は，心理療法でも同じことをしていたのであり，私とともに治療作業をするのではなく，私を楽しませようとしていることが明らかになりました。12ステップ・グループ〔自助グループ〕への参加は，非常に有益でした。なぜなら，彼は，「残酷なほど正直な」自伝的ナラティヴを書いたからです。それは，その危険な行動の描写に対して，私も身の毛がよだつ思いがするようなナラティヴでした。

　病院から退院する準備ができる頃には，ハロルドは，心理療法のプロセスについてアンビヴァレントな気持ちを感じており，「悪夢を苦痛な現実に置き換えた」だけだと述べました。しかし，彼は，より地に足がついているのを感じて喜び，自傷に駆り立てられなくなり，「現実感のある人生」を始める準備が整ったと言いました。

　Daphne Simeon（2009）のレビューによれば，離人症性障害は，一般に青年期中期に始まり，男性にも女性にも同じくらいみられます。離人感は，典型的な場合，間違いなくストレスと関連する障害であり，突然または徐々に発症します。そして，その先行要因は多く，長期間のストレス，他の精神学的障害（例えば，パニック，不安，抑うつ），薬物使用（例えば，マリファナや幻覚剤）を含みます。精神医学的障害がない人たちと比べて，離人症性障害の人たちは，幼年期の虐待（例えば，身体的虐待または性的虐待）の既往を有する確率がより高く，とくに情緒的虐待やネグレクト――養育者のメンタライジング不全――の既往を持つ確率が高いのです。Simeonは，以下のように要約しています。

　　広範で多様なトラウマ性ストレス，主に幼年期の慢性的トラウマ，その後の深刻な生活ストレス，他の情緒的疾患で身動きが取れない状態があるという脈絡で，慢性的な離人感が生じることがあると言っても差し支えないであろう。これらすべてに共通するのは，人の自己感にのしかかる圧倒的な難題であり，それが，遺伝的素因を持つ人たちにおいては，慢性的離人状態を誘発するのであろう。　　　　　　　　　　　　　　　　（p.438）

2. 解離性障害

　離人感と現実感消失には，非現実感とともに気づきが伴います。しかし，気づきの体験を喪失する（あるいは，とにかく何も覚えていない）ような，より極度の離脱を報告する患者たちもいます。彼ら／彼女らは，「〔自分が〕いなくなった」「何もないところに」いる，「真っ暗な中に」いると報告します。彼ら／彼女らは，時間が経過する感覚なしに，数分間，あるいは数時間でも，空間をじっと見つめているかもしれません。それは，まるで無意識状態か昏睡状態のようです――ひょっとすると，持続性不動状態に似ているかもしれません。彼ら／彼女らは，ある時点で「我に返り」ますが，今が何時なのかとか，今どこにいるのかについてさえ，見当がつかなくなっています。彼ら／彼女らは，体験の欠落の記憶がなく，「失われた時間」を報告します。心理療法の中で，トラウマ記憶や他の不安か苦痛の源が引き金となって，患者がこの深刻な離脱体験をすることがあるかもしれません。私は，心理療法のセッションの中で，この極端な世界に「消え去った」患者たちと治療作業をしたことがあります。私は「戻ってきてもらう」ことを不可能だと思ったことはありませんが，それは容易なことではありません。いったん多少の気づきを取り戻しても，見当識を回復し，自分自身や外界と再結合することは，容易なことではではありません。患者たちは，新鮮な空気の中を散歩することが必要な場合があります。患者たちは，いったん眠ってから目覚めるしかなく，目覚めた後に関わりを回復することも稀ではありません。

　解離に自己保護機能があるように見えるため，私たちは，解離を防衛として考えがちです。ここには，混同が入り込む余地が大いにあります（Dell, 2009c）。持続性不動状態の極みにおいては，解離は，保護的なものではありますが，能動的防衛というよりも恐怖の表れです。解離は反応であり，行動ではありません。ただし，その後に，ストレスに敏感になると，トラウマ記憶を含めて，より差し迫っていない状況でも解離が誘発されるようになることがあります。例えば，患者が，心理療法中にトラウマ体験について話しているときに，離脱状態になる――ほうっとするか現実に触れていないと感じる――ことは，よくあります。患者がどうしようもなく眠くなることもあります。そのような離脱は，恐怖の表れです。しかし，患者たちの中には，最初は統制不可能なものとして体験した状態に，より自発的かつ防衛的に没入することを学習する人たちもいます。

　【事例】イレーヌは，苦痛を伴うあらゆる情動をひどく嫌っていました。彼女は，とても暴力的な家庭で育ちました。彼女は，直接的な方法で対処しました。つまり，可能であれば，自分の寝室に上がり，ドアを閉め，音楽をかけるか――自暴自棄になって――クローゼット

に閉じこもって枕で頭をくるみました。しかし，必ずしも常に部屋に行くことができたわけではありません。両親が互いに怒鳴り合い，たまには互いに殴り合ったり物を投げ合ったりする間，彼女と弟は，食卓にいるよう強いられることもありました。彼女は，両親に対して無関心になることを学習しました。集団療法でメンバー間の衝突が急に始まったとき，彼女は同じことをするのが常でした。彼女は，そうするための方略を発見していました。彼女は，天井の隅の一点を凝視し，ついには，もはやその場にいないも同然で，グループ内で起きていることに無関心になるのが常でした。

（3） 区画化

区画化まで来ると，私たちは，解離の元来の意味，つまり何人かの臨床家がその用語の唯一適切な用法とみなしているものに近づきます（Steele et al., 2009a）。この意味では，真の解離は，意識の変容を伴うことはなく，心のある部分が他の部分に気づいていないといった意識の分割を伴います。この古典的な形の解離は，催眠という脈絡で発見されました。そして，その波乱万丈の歴史は，あらゆる病気の治療や予防を目的として「動物磁気」を主張した医師 Franz Anton Mesmer〔フランツ・アントン・メスメル〕とともに始まりました。催眠状態は，夢中遊行と似ているため，人為的な夢中遊行症と解釈されました。この歴史的背景のおかげで，私たちは，Henri Ellenberger（1970）の古典的著作である『無意識の発見』（"*The Discovery of the Unconscious*"）に記述されているような純粋な形の解離を正しく評価する準備ができているのです。

> 初期の動物磁気治療者たちは，次のような事実に非常に感銘を受けた。つまり，彼らが磁石で人を人為的に眠らせたとき，その主体が気づいていない新しい生命が現れ，途切れないそれ自身の生命とともに，新しくて，しばしばより聡明なパーソナリティが出現したのである。19世紀全体は，このような2つの心の併存とそれら同士の関係という問題に心を奪われた。　　　　　　　　　　　　　　　　　　　　　　　　　（p.145）

催眠状態の1つの際立つ特徴は，催眠にかかった人が通常の意識状態に戻ると，トランス状態の間に起きたことを覚えていないという事実です。さらに，その次のトランスが引き起こされたときに，その人は以前のトランス体験を思い出すのであり，これは二重の意識（つまり解離）を示唆しています。そのような健忘は，**区画化**という比喩を連想させます——まるで心の中に仕切られた区画（compartment）があるかのようだということです。しかし，Dell（2009c）は，以下のように，適切に注意を促しています。

2．解離性障害

いわゆる区画化は，進行中の能動的なプロセスである。心は，解離された素材を受動的に収めておく内的区画を持っているわけではない。区画化は解離を表すのに有用な比喩であるが，読者にとっての急務は，この比喩が多少誤解を招くものでもあることを心に留めておくことである（なぜなら，それは，解離性健忘を持続させていることがほぼ確実である能動的プロセスを覆い隠す傾向があるからである）。　　　　　　　（p.786）

区画化の最も単純な形態は解離性健忘であり，DSM-Ⅳ-TRでは「通常はトラウマまたは強いストレスをもたらす性質を備えた重要な個人的情報を想起できないことであり，それがあまりにも広範囲にわたるため通常の物忘れでは説明できないこと」と定義されます（American Psychiatric Association, 2000, p.519）。めったにないことではありますが，解離性健忘は，記憶喪失だけでなく，極端になると解離性遁走状態でのアイデンティティ喪失を含むほど広範なものになることがあります。ちなみに，解離性遁走状態の間に，その当事者は，遠い所まで旅をし，完全に見当識を失い，自分が誰であるかを思い出せなくなることがあるでしょう。

Lenore Terr（1994）は，早期の愛着トラウマに起源がある解離性健忘の劇的な一例を提示しました。ある夕方，警察は，要保護者のパトリシアが高速道路の路側帯に止めた車の中にいるのを発見しました。彼女は無反応であり，警察は彼女が酩酊状態にあると想定しました。警察は彼女を起こそうとし，逮捕すると決めたのですが，そうすると彼女はけんか腰になりました。彼女は，翌朝，拘置所で目覚めたのですが，そのとき彼女は自分が誰かわかりませんでした。Terr が面接のために招き入れられる頃には，パトリシアはアイデンティティ感覚を取り戻していましたが，逮捕に至るまでの出来事を思い出せませんでした。面接を通して，Terr は，起きたことを再構成することができました。パトリシアは，ボーイフレンドが彼女のベッドで他の女性と一緒にいるところを発見しました。それに続いて鉢合わせが起き，彼女は頭が真っ白になりました。逮捕されたとき，彼女は解離状態であり，警察官が自分を殺そうとしていると考えました。注目するべきことですが，パトリシアは9歳のときに遡る他の解離エピソードの既往を報告しました。そのとき，彼女は，酔った母親が火事で焼け死ぬ様子を見たのです。パトリシアは，Terr に，次のように語りました。彼女は，このことを目撃した後，浴室に飛び込み，湯を張り，浴槽に入り，「奇妙な，他から遮断された，お伽の国まで漂流した」（p.93）というのです。持続性不動状態を思わせるこの深刻な離脱が，おそらく，後に解離性健忘に陥りやすい傾向性をもたらす発達的断層（fault line）を形成したのでしょう。

解離性同一性障害，つまり以前の名称で言えば多重人格障害は，アイデンティティと経験の中の異なる複数の側面が区画化され，通常の意識から排除されているという

第2章　心的外傷後ストレス障害と解離性障害

点では，健忘から一歩踏み出しています。この専門用語の変更は，患者の主観的視点と臨床家の客観的視点の違いを表しています。多重人格障害は，患者の体験と一致しています。患者が認識できる範囲で言えば，患者は，異なる人格（または「交代人格」）に棲みつかれているかのように——または所有されているかのようにさえ——感じています。臨床家として，私たちが見ているのは，解離に基づく同一性〔アイデンティティ〕の障害です。荒削りな言葉で言えば，解離性同一性障害は，性格と一致しない行動についての健忘を伴います。DSM-IV-TR では，より詳しく，解離性同一性障害は，「2つまたはそれを超える異なる同一性または人格状態」が「反復的にその人の行動を支配している」ことに基づいて診断されます。この同一性交代は，「重要な個人的情報を想起できないこと」（p.529）と並行して生じます。それだから，その当事者は，交代人格の状態で自分が何をしたかを思い出すことができないのです。

うつ病，双極性障害，統合失調症，パニック障害が妥当な診断であることに疑問を抱く精神保健専門家はいません。しかし，解離性同一性障害は，DSM-IV に（そして DSM-5 草案にも）成文化され，2世紀にわたって文献中でも報告されてきた（Ellenberger, 1970）にもかかわらず，少数派ではあるが相当数の専門家たちがそれを妥当な診断とはみなしません（Cormier & Thelen, 1998; Pope et al., 1999）。観察者の中には，解離性同一性障害を熱狂的な信奉者たちのせいにする人たちもいます——熱狂的な信奉者というのは，暗示にかかりやすい患者にその障害を持っていると信じ込ませるセラピストのことです。私は，診断について，このような形で誤った理解を押しつけられた患者たちと治療的関わりを持ってきており，このような患者たちにはそれに応じた教育をしてきました。しかし，百聞は一見に如かずであり，私は信奉者です。

私の初体験をお話しすると，25年前に共同研究者の Joyce Davidson および Bill Smith（Davidson et al., 1987）との共著論文で初めて述べたことでもありますが，私は，それを話すようにその患者を誘導したわけではなく——それどころか——私は，その障害を示す明らかな徴候を見落としていました。私は，何が起こっているか理解していなかっただけなのです。

【事例】ある心理療法のセッションで，ジョウンは，突然，いつになく怒りを表出しました。罵りながら，彼女は，拳を椅子の肘掛にたたきつけました。私は驚きましたが，大きな進歩だと考えました。なぜなら彼女はたいてい怒りの表出に臆病だったからです。少しして，私が彼女の怒りの爆発に言及した際，ジョウンは，私が話していることがわかりませんでした。私がさらにその話を続けたところ，彼女は，私が彼女を怒らせるためにある種のゲームをしていると考えました。私は，途中でその話をやめました。次の2，3回のセッションで，彼

2．解離性障害

女は「ブラックアウト」〔記憶喪失〕——つまり，（例えば，病院から離れた旅行の最中の）記憶がない時間帯——に言及しました。彼女はアルコール中毒ではなく，私は困りました。

ほどなく，ジョウンは，次のような問題で私の脳天に一撃を喰らわしました。つまり，彼女のもう1つのアイデンティティであるメアリーが，1本の酒瓶と備蓄分の丸薬の入った紙袋を持って心理療法のセッションに乱入し，「これを受け取って——彼女〔つまりジョウン〕がこれで自殺しようとしているの！」と命令しました。私は，紙袋を私の机の引き出しに入れ，私たちは座って話しました。メアリーは，ジョウンに自分のことを話さないでほしいと，私に懇願しました。私が同意すると，メアリーは，通常の心の状態であるジョウンに切り替わりました。ジョウンは，困惑し，見当識を失っていましたが，私の面接室でのこの体験がすでに経験したブラックアウトの1つと似ていると話しました。幸いなことに，彼女は入院していたので，私は，彼女を入院病棟まで歩いて連れていくことができました。私が病棟職員に，ジョウンは多重人格障害かもしれないと告げると，職員たちは，私のほうが正気ではないと考えました。ジョウンを含めて，私たち全員が徐々にこの診断を受け入れ，彼女は，ついに異なる複数の解離状態に気づきました。

解離性同一性障害を信じていれば，それを説明できることにそのまま移行できるというわけではありません。1世紀前に，多くの知識人たちがその課題に取り組みました。Pierre Janet は，多重人格障害についての現代の理解を切り開いた先駆者ですが，Alfred Binet，Morton Prince，William James のような著名人を含む他の多くの人々も重要な貢献をしました（Dell, 2009c）。催眠感受性は，解離性同一性障害にみられるような種類の正常な解離に至る経路です。ここできわめて興味深いのは，Janet がずいぶん前に認識していたように，心理的トラウマがもう1つの経路だということです（van der Hart & Dorahy, 2009）。現代の用語で表現すると，解離性同一性障害は，パーソナリティの構造的解離を伴っており，この解離においては，「自己感は交代を繰り返し，時間や経験を超えて一貫しているということがない」（Steele et al., 2009a, p.160；強調は原書のとおり）のです。トラウマ理論の脈絡では，例えば，パーソナリティの正常に見える部分をパーソナリティの情動的部分と区別することができます。正常に見える部分は，一般的には回避的かつ麻痺的で，トラウマの想起手がかりを恐れています。これに対して，情動的部分は，トラウマ記憶に固着しています。さらに，そのパーソナリティには，重なり合った複数の情動的部分があり，それぞれが異なる種類のトラウマ体験やトラウマ的情動と関連していることでしょう。極端な場合には，パーソナリティの中に，例えば異なる社会的役割を処理するために発達した，異なる複数の正常部分があることでしょう（Steele et al., 2009b）。

（4）愛着トラウマと解離

第1章で述べたように，解離様の行動は，無秩序型愛着と絡み合って乳児期にも現

第2章　心的外傷後ストレス障害と解離性障害

れますし，広範な実証研究が幼年期の不適切な養育〔虐待およびネグレクト〕と後の解離性障害の危険性との関連を明らかにしてきました。そのような素因的トラウマ体験は，身体的・性的な虐待から，ネグレクト，喪失，暴力の目撃までを含んでいます。解離が生じる危険性は，虐待を受けた年齢の低さ，程度のひどさ，持続時間の長さと関連しているわけですから，そこには容量-反応関係があります。早期のトラウマと後の解離との関連についての最も説得力のあるエビデンスは，乳児期の無秩序型愛着が青年期および早期成人期の解離性症状を予測することを示した縦断的研究から得られます（Carlson et al., 2009b; Dutra et al., 2009）。不適切な養育と解離の関係は十分に証明されていますが，私たちは，その結びつきの心理学的性質を理解する必要があります。

乳児の体験は複数の行動的状態の交代——覚醒と睡眠の交代だけでなく，平穏な状態と苦痛な状態の交代——で成り立っているのですから，その意味では，体験の区画化は，乳児期には正常です。したがって，別々の体験の統合は，発達的達成なのです。そして，そのような統合は，養育者が心で乳児の心を思うような，メンタライジング的な乳児-養育者関係に依存しています。Elizabeth Carlsonと共同研究者たち（2009b）は，解離の発症に関する彼女らの研究の脈絡で，次のように述べました。

> 乳児期には，「自己」は，ばらばらの行動的状態としての意識で構成されている。早期から，これらの状態は，養育者と彼女／彼の日々の日課によって調整される。しかし，時の経過とともに，自己調整能力が内在化される。敏感な養育者とのやりとりを通して，子どもは，自己をまとまりのある統一的な存在として体験するようになる。　　（p.47）

そのような敏感な養育は，安定型愛着の基盤となっており，その中では，メンタライジングがメンタライジングをもたらします。発達の過程で，メンタライジングを通して，子どもは——苦痛な体験も含めて——一連の情動と体験に気づき，それらを統合して，自伝を備えた，首尾一貫性のある自己感を形成することができるのです。

対照的に，乳児の無秩序型愛着は，深刻な葛藤と関連する統合の失敗を表しています。つまり，例えば慰めを求める願望のような愛着欲求の活性化は，養育者への接近欲求を引き起こします。同時に，養育者への恐怖は，距離を求める欲求を引き起こします。無秩序型の乳児は，これらの矛盾した欲求を統合することができないので，接近と関係回避との交代を劇的な形で示すのです。Giovanni Liotti（2009）が提唱しているように，子どもの自己と他者についての複数の内的作業モデルの間に劇的な葛藤があり，それが行動における交代現象と結びつくという事態は，解離性同一性障害に典型的な体験の区画化と似ています。安定型愛着が統合を促進するのと同様に，無秩

序型愛着はそれを妨害します。つまり,「乳児期の病的な解離は,統一的な心理状態や一貫した行動方略を構成するうえでの一次的な失敗（primary failure）——欠陥のある養育という対人的脈絡で生じる失敗——である」(p.56) ということです。

乳児期の無秩序型愛着は,進行中のトラウマと結びついたときに,とくに解離性障害をもたらす確率が高くなります（Carlson et al., 2009b）。Jennifer Freyd（1996）の**裏切り**トラウマ理論（betrayal trauma theory）は,この結びつきに光を当てています。トラウマ体験は,それが正常な相互交流を妨げないようにするために区画化されるのだと,彼女は提唱しました。つまり,「この理論に従えば,解離の目的は,苦痛からの逃避ではなく,愛着関係を脅かす情報について無知であることによって**愛着関係を維持すること**」（Barlow & Freyd, 2009, p.100；強調は後から付加）なのです。例えば,性的虐待を受けた子どもは,心の中で性的虐待を思い浮かべながら食卓で両親と正常なやりとりを続けることはできません。彼女は,2種類の関係性を別の区画に分け,その内的作業モデル同士を解離させるのです。

解離についての発達的研究は,本書の命題を浮き彫りにしています——本書の命題とは,子どもを情動的苦痛の中に心理的に孤立無援のまま放置するというメンタライジング不全が,トラウマ体験の中核を成しているということです。Carlsonと共同研究者たち（2009b）が記述しているように,「体験が確認され,受け入れられるときに,それに続いて統合が生じる。解離が優勢である限り,自己の断片化が存在する」(p.44) のです。無秩序型愛着の余波ですが,「**共感不全のひどさと繰り返し**」(p.46；強調は後から付加) から,この解離的断片化が生じるのです。

Lissa Dutraと共同研究者たち（2009）によって行われた要約によれば,無秩序型愛着と後の解離との関連に関する縦断的研究は,解離の発症における母親の心理的利用不能性の役割を浮き彫りにしています。この研究者たちは,乳児が生後12か月の時点で母親-乳児の相互交流について家庭での観察を行い,乳児が生後18か月の時点ではストレンジ・シチュエーションで乳児の愛着を査定しました。彼女らは,その子どもたちが19歳になった時点で,解離を測定し,「成人愛着面接」(AAI) を実施しました。そのうえ,彼女らは,その後に母親にも面接しました。彼女らは,紛れもない虐待というよりも,母親のコミュニケーションの断絶が,解離性障害の決定的要因であることを見出しました。

> 母親の敵対的または侵入的な行動が,後の解離と有意に関連するということはなかった。それよりも,①母親側の感情を伴うポジティヴな関与の欠如,②母親の感情の平板さ,③母親のコミュニケーションの全般的な断絶が,〔子どもの〕若い成人期における解離

第2章　心的外傷後ストレス障害と解離性障害

を予測する最も強い要因であった。このような母親の相互交流のタイプにおいて注目に値することは，それらがすべて乳児の欲求や愛着信号を目立たない形で踏みにじるか無視することに役立つものだということであり，しかも明らかな敵意を伴うものではないということである。　　　　　　　　　　　　　　　　　　　　　　　　　　(p.87)

　Dutraと共同研究者ら（2009）は，乳児期と若い成人期との間に劇的な類似がみられた研究参加者についての観察結果を記述しました。ストレンジ・シチュエーションにおいて，その乳児は，玩具で遊ぶというよりも，まるで道に迷って混乱しているかのようにあてもなく動き回りました。彼は，母親に玩具を見せようとしましたが，母親は無反応でした。母親が部屋から出て行くと，彼は，ストレンジャー〔実験者〕とボールを使ったゲームでのやりとりを楽しみました。母親は，部屋に戻ってきても，彼に近づいたり呼びかけたりすることがありませんでした。彼は，視線を下に向けて，ドアのほうへ移動しました。その後，母親が彼に関わろうとすると，彼は，どの活動についても一緒にすることを拒みました。注目するべきことですが，2回目の再会では，母親は，彼の苦痛を慰める努力をまったくせず，むしろキスを求めました。これは，母親が彼の愛着欲求よりも自分の愛着欲求を優先したことを示唆しています。ストレンジ・シチュエーションで，この乳児があてもなく動き回る様子は，19歳時点での，解離的離脱を含意するアセスメント項目への反応と似ていました。彼は，ある場所にいる自分に気づいたものの，どうやってそこに行ったのか思い出せないという経験が頻繁にあると言いました。「成人愛着面接」において，彼は，幼児期のことを，ある場所から別の場所へと慌ただしく動き回っていたと描写しました。また，彼は，母親のことを，お母さんというよりも友だちだったと言いました。母親が父親と喧嘩した後は，彼が母親を慰めました。彼は，自分で自分を育てたと言いました。このときの面接で，母親は，当時はルールを設定することが苦手で，子どもに対しては友だちだったと述べました。ストレンジ・シチュエーションにおける2回目の再会のときの相互交流と似ているのですが，子どもと一緒にいるときの最高の瞬間は自分が必要とされていると感じる瞬間だと，彼女は語りました。この著者たちが結論として述べていることですが，この母親は，

　　子どもの欲求に注意を向けるのではなく，親役割を放棄し，〔自分への〕愛と注意を求める傾向を示している。したがって，この短い挿話において，注目するべき点は，母親と乳児との対話の一瞬一瞬において，子どもに対する親の関与が感情面では役に立たない疎遠な性質のものであることが明らかだということである。その結果，子どもは，自

分自身の欲求に注意を向けるのではなく，母親の要求に応じて，母親の欲求に焦点を合わせ始めるのである。 (Dutra et al. 2009, p.89)

　要約すると，愛着トラウマは，子どもに対する親のメンタライジング不全を表しています。親の解離状態が子どもを怯えさせ，そのため，鏡に映したように子どもの側に解離状態が現れるときの解離の脈絡では，このメンタライジング不全がとくに劇的となります。研究によって，注目に値する発達的連鎖が明らかになりました。①「成人愛着面接」とストレンジ・シチュエーションで，親の側に解離がみられます。②その子どもは，ストレンジ・シチュエーションで解離を示します。③そのため，その子どもは，その後の人生でも，たぶん親になってからも，解離を続けます。解離は，個人においても，対人関係においても，統合的な認識とは正反対のものです。メンタライジングは，多重的な複数の見方を1つにまとめ，情緒的葛藤に取り組み，経験について省察し，それを意味づけるという点で，本質的に統合的なものです。人は，メンタライジングを通して，種々の体験を1つの首尾一貫したナラティヴにまとめ上げます——彼／彼女のライフストーリーを執筆し，改訂します。したがって，メンタライジングは，解離の解毒剤です。しかし，メンタライジングへの嫌悪を克服すること——考えられないことを考えること——は，骨が折れ，情動的苦痛を伴う作業です。素朴で古い療法は，単純なことのように思えるかもしれませんが，決して容易なことではないのです。

(5) PTSDにおける解離

　PTSDと解離は密接に関連しています。トラウマが生じたときとその前後における解離は，PTSDを予測する強力な要因なのですが (Ozer et al., 2003)，とくに解離がトラウマの余波として持続するときには，そのことがあてはまります (Waelde et al., 2009)。そのような持続的解離は，より一般的にPTSDの回避症状がそうであるように，トラウマの情緒的処理を妨げます——メンタライジング不全だということです。

　DSMの中で特徴づけられているとおり，PTSDのいくつかの症状——フラッシュバックや健忘——は，解離的とみなすことができます。さらに，PTSDの情緒的離脱と麻痺の症状もまた，解離的とみなすことができます (Ginzburg et al., 2009)。専門家たちの中には，さらに踏み込んで，PTSDを解離性障害の一形態であるとみなす人たちもいます。Kathy Steeleと共同研究者ら (2009b) に至っては，「PTSDは常に一次的な構造的解離を伴う」(p.247) と主張しています。PTSDの侵入性症状は，Dell (2009c) が病理的解離の中核——つまり，「実行機能と自己感に対する反復的，

第2章　心的外傷後ストレス障害と解離性障害

妨害的，不随意的な侵入」（p.770）——とみなす体験の具体例です。彼が詳述したとおり，そのような「分割排除（split-off）された素材は，奇妙で，なじみがなく，自分のものではなく，別人に属しているといったように体験される」（p.809；強調は原書のとおり）のです。しかし，Julian Ford（2009）が警告していることですが，PTSDにおけるフラッシュバックと健忘が解離的なのは，それらがその人の自己感と一致しないとき，つまり，その人が「それらの体験をした自己と，それらの体験の脈絡を形作った対人関係を認識できないとき」（p.480；強調は原書のとおり）に限られます。同じような形で，何人かの著者たちは，神経生物学的差異に基づいて，PTSDの**解離的サブタイプ**を提唱しています（Lanius et al., 2010）。ある面では，この解離的サブタイプは，幼年期の虐待の既往と関連する，PTSDの比較的重症の形態とみなすことができます（Waelde et al., 2009）。

（6）診断上の課題

　この論考から明らかになるはずですが，解離性障害を診断する際の課題は，PTSDを診断する際のそれと類似しています。私たちセラピストは，診断の収納庫を見極めて，どの症状をどの収納庫に入れるかを決めるという問題の別のヴァージョンに直面します。解離性障害は区画化（構造的解離）を反映する症状のみを含むべきなのか，あるいは離人症のような離脱（意識の交代）を反映する症状も含むべきなのかに関して，臨床家の見解は一致していません。そのうえ，Dell（2009a）は，DSM-Ⅳの解離性同一性障害の診断基準に対して不満を表明し，この診断基準では交代人格と健忘が強調されすぎていると主張しています。複数の交代人格の入れ代わりはわりあい稀であるのに対して，意識への解離状態の侵入はよくみられます。さらに，解離性同一性障害と診断された患者は，一般に——高水準の没頭と離脱を含む——解離症状をひととおりすべて体験します。それだから，解離性同一性障害は**複雑な解離性障害**と改称されるべきだと，Dellは提唱しています。さらに，Colin Ross（2009）が主張していることですが，解離症状は，多くの異なる精神医学的障害と結びついて生じるのが通例です。最も注目するべき点ですが，PTSDの——障害全体ではなくても——多くの症状は，解離的とみなすことができます。

（7）解離の克服

　治療については本書の第Ⅱ部で詳細に検討しますが，ここで，解離の克服に関する考えを多少述べておくのが順当です。解離は幸いでもあり，災いでもあると，私は思います——自己保護的であると同時に，おそらく自己破壊的だということです。解離

は，離脱から解離性同一性障害までを含めて，体験の回避の究極的形態と考えてもよいでしょう。基本的に，切迫した，生命さえ脅かす危険に直面しているときには，この回避は，自動的で反射的です——実際，進化的視点から見ると本能的です。ストレスに対する敏感化と解離性障害の発症とともに，解離状態は，徐々に，あまり深刻でないストレスが引き金となって生じるようになり，最悪の場合，比較的普通の水準の情動的苦痛が引き金となって生じることがあります。さらに，程度の違いはありますが，不随意的解離の既往のある人が，葛藤と苦痛を避けるために意図的に解離する方法を学習してしまうことがあります。

　このように，回避を克服することは，解離性障害の治療にとっては中心的なことであり，それは，PTSDや他の不安障害の治療の場合と同様です。解離性離脱は，マインドフルネスおよびメンタライジングの正反対です。同じことですが，解離性のフラッシュバックと離脱に対する解毒剤は，**グラウンディング**（grounding）〔★訳注15〕——つまり，現在の体験に対してマインドフルに注意を向けること——です。解離の脈絡では，〔グラウンディングには〕強い刺激が必要です。人の名前を呼び，会話に関与することは，おそらく有効でしょう。しかし，より効果の高い刺激が必要となることでしょう。例えば，立ち上がって歩き回ること，冷たい水を顔にかけること，手で氷を握ることが例としてあげられます。しかし，そのような努力は，自然な傾向〔苦痛の回避〕に逆らうものだということを，私たちは心に留めておかなければなりません。つまり，解離の目的は遮断であり，現実から逃避することなのです。したがって，現在に注意を向ける努力は，現在が安全であるという保証を伴っていなければなりません。患者は，グラウンディングの技法によって解離を予防する方法を学ぶことができます。しかし，そうするためにはメンタライジングが必要です——つまり，解離性の離脱または交代が展開し始めているときにそれに気づくこと，実質的には，それを芽のうちに摘み取ることが必要です。ある点を超えると，自発的な制御が劇的に減退します。私は，この問題を誇張して，'引き返せる地点を過ぎる'と呼んでいます。このことは，他のすべての場合と同様に，解離にもあてはまります。つまり，不安はパニックよりも，苛立ちは激怒よりも，憂うつな気分はどうしようもない絶望よりも，容易に制御することができます。

〔★訳注15〕グラウンディング（grounding）とは，現在の感覚に注意を向けることを通して自己を現在に方向づけることであり，マインドフルネスに基づく心理療法や心理教育の中で重視される姿勢またはそれを実現するための技法である。本書の脈絡では，現在の状況に注意を集中することによって外傷性記憶や解離症状を中断させることである。

　トラウマ関連障害の最も極端なものである解離性同一性障害に関して体験の回避を

第2章　心的外傷後ストレス障害と解離性障害

克服することは，他のどの障害の場合よりも困難です。治療アプローチは豊富にありますが（Michelson & Ray, 1996），同じぐらい論争もあります。技法とは関わりなく，体験の回避を克服することが目標です。この努力は，解離された情動・記憶・関係についての認識と受容を進展させることを伴うでしょう。区画化の比喩を用いるなら，心理療法は，区画に接近することを伴い，そして，実質的には区画への扉を開きます。その結果，時間をまたぎ，異なる心の状態をまたいで意識の連続性が増大するにつれて，心理療法は，〔区画の間を〕流れるように動き回ることができるようになります。

【事例】レロイは，まだ解離性同一性障害の診断を受け入れていく途上であり，自分では制御できないように感じられる行動をとることを心配していました。彼の心配には，もっともな理由がありました。入院前のことですが，彼は，妻に友人と狩猟旅行に行くと告げたのに，妻は，彼がそうせずに以前のガールフレンドを訪ねたことを知りました。レロイは，このようにしたことを覚えていませんでしたが，妻の言うことを信じました。

この出来事をすべて話す中で，彼は，狩猟旅行に不安を感じていたことに気づきました。なぜなら，彼には自殺念慮があり，銃で自殺することを本気で考えていたからです。さらに，彼は，以前のガールフレンドを訪ねた動機を徐々に認めることができるようになりました。彼は，自分の行動がより破壊的になったときの妻の「冷たさ」に恨みを持つようになっていました。そして，彼は，ガールフレンドと再会したいという意識的願望に気づきました。ちなみに，彼は，そのガールフレンドの特徴を「考えられないほど温かい」と描写しました。また，この感情を認めることは——それに従って行動することはなおさら——結婚生活を脅かすことに，彼は気づきました。

実際，心理療法でのこの取り組みのおかげで，レロイは，自分でも困惑してしまう行動をメンタライズすることができました。彼の区画化された体験へのドアが少し開き，解離された願望や恐怖についての気づきをより高めるための舞台を整えました。しかし，これらのドアを開けることは，とくにそれが「これは私に起きたことなのだ」という気づきをもたらすときには，本当に恐ろしいものになることがあります。私は，幼年期に性的虐待を受けたという認識を受け入れていった患者と治療的関わりを持ったことがありますが，彼女は，通常の心の状態で虐待を思い出すことをひどく恐れていました。解離のせいで，それは，まるで彼女に起きたことではないかのようでした。

解離性同一性障害がきわめてトラウマ的な体験への極端な反応である以上，治療は長くて困難なものとなります。しかし，原則的には，解離性障害の治療は，素朴で古い療法の他の適用例と似ています。それらは，すべて，より広範囲の体験を自己感に包括し，体験の回避から体験の受容へと進むことができるように患者を助けることであると解釈することができます。そのような心理療法は，何よりも，安全で信頼できる関係を必要とします。ここには，愛着トラウマに対するすべての治療にみられる逆

説がはっきりと現れています。つまり，トラウマの既往と深刻なほど不安定な愛着は，そのような関係の速やかな形成を妨げるということです。私にできることは，解離性同一性障害の理解と治療における現代の先駆者である Richard Kluft（1993）の次のような言葉を繰り返すことだけです。「ゆっくり進めば進むほど，それだけ早くそこに到達する」(p.42)。

3．要点

◆PTSD の本質は，トラウマの想起手がかりが引き金となって生じる侵入性記憶と，想起手がかりの回避が交互に表れることであり，後者には，トラウマに関連する思考や感情の回避とともに，トラウマに関連する状況の回避が含まれています。しかし，PTSD の診断をめぐっては，論争が続いています。

◆解離性障害は，トラウマと共に至る所でみられるにもかかわらず，精神医学の中では比較的軽視されてきました。広義の解離の2形態は，離脱（ぼうっとしている感じや非現実感にみられるような意識の交代）と区画化（健忘や解離性同一性障害において目立つ意識の分割）です。

◆診断分類システムは，特定の障害を独立した疾患であると示唆する点では，誤解を生じさせることがあります。私たちは，個人の適応的な努力を，複雑なまま丸ごと理解するための踏み台として診断カテゴリーを用いなければなりません。

◆PTSD と解離との間には，また，これらの障害と他の不安障害および抑うつとの間にも，幅広い重なり合いがあります。PTSD と解離には，個人の発達の道筋を理解しなければわからないような大変複雑な病因があります。愛着関係は，これらの障害の発症に——おそらくトラウマ的出来事の前，最中，後に——大きく関与しています。

◆PTSD と解離においては，損なわれたメンタライジングが一定の役割を演じています。メンタライジング不全は，トラウマ後のフラッシュバックにおいて最も目立ちますが，そこでは，記憶が現在の現実と混ぜ合わされています（つまり，非メンタライジング的な心的等価モードだということです）。メンタライジング不全は，解離性の離脱にもはっきりと現れますが，そこでは，情動がメンタライズされておらず，非現実感が非メンタライジング的な，プリテンド・モードの特徴を表しています。そして，メンタライジング不全は，解離性の区画化にも現れており，そこでは，統合が失敗に終わり，心理状態の連続性が失われています。したがって，**愛着関係の中でメンタライジングを回復すること**——素朴で古い療法というこの志——が，PTSD と解離性障害の両方の治療において中心的なものとなるのです。

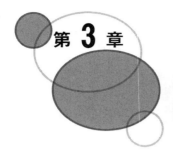

第3章 複雑な心的外傷性ストレス障害

　図3-1に示されているように，ここまで，トラウマ性ストレスは幅広い障害や問題を引き起こす非特異的危険要因であり，引き起こす障害は心的外傷後ストレス障害（PTSD）だけではないという点を強調してきましたが，それによって，私は，本章のための下準備をしたことになります。この点は，①重篤で長期にわたるストレス，②人生早期に起きるストレス，③愛着関係の中で起きるストレスに，とくにあてはまります。臨床家たちは，20年にもわたって，複雑性トラウマ（complex trauma）の診断という問題と格闘してきました。PTSDについても言えることですが，その諸問題は，科学的なものであると同時に，社会的・政治的なものでもあります。本章では，愛着トラウマの寄与が比較的顕著にみられる他の障害や問題のいくつかについて論じます。それらは，①抑うつ，②不安，③物質乱用，④健康不良，⑤摂食障害，⑥非自殺性自傷，⑦自殺念慮状態，⑧パーソナリティ障害です。その後に，トラウマと関連するこの一連の問題をいくつかの新しい診断カテゴリーに収めるという提案について論じます。

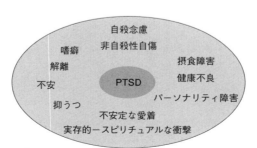

図3-1　複雑な心的外傷性ストレス障害
心的外傷後ストレス障害（PTSD）は，トラウマが不適切な形で威力を弱められた障害である。

トラウマと関連する諸問題についての前記のリストは，DSM に掲載されている，かなりの数の障害群を包括していますが，これらの諸問題のそれぞれを平等に取り扱うものではありません。例えば，遺伝的脆弱性や気質の個人差は，トラウマが発達に及ぼす影響力を変動させますが，これについては軽く触れるだけにとどめます。ここでの概観は，次に述べるような3つの目的のために行うものです。つまり，第一に，愛着トラウマから生じる諸問題が本当に幅広いことを強調するためです。第二に，これらの諸問題をメンタライジングの機能不全と関連づけるためです。第三に，トラウマと関連する諸問題が特定の診断にすんなり収まるという未だに残る錯覚から，読者を解放するためです。そうする中で，私は，素朴で古い療法を説明するための下準備を始めます。ちなみに，素朴で古い療法（plain old therapy）とは，診断に左右されることなく，個人の発達の複雑さを丸ごと尊重しながら，愛着トラウマを治療するアプローチです。

1. 抑うつ

　トラウマに関する心理教育グループを実施する過程で，私は，抑うつに対して適切に注意を向ける必要性を次第に認識するようになりました。というのは，愛着トラウマの既往を持つ患者にとって，抑うつは，最も発症しやすく生活に支障を来す問題だからです。私は，メニンガー・クリニックの「危機にある専門家」プログラムの中で，抑うつに焦点を絞った心理教育グループを行い始めました。そして，その中でとくに印象に残ったことは，愛着トラウマの既往を持つ患者たちが，まず専門家として相当な成功を収めた後に急激に重篤な抑うつに陥るということでした。彼ら／彼女らの成功は，きわめてストレスの多いライフスタイルという代価を払って成し遂げられたものであり，ストレスの重積に寄与していたのです。私は，また，幼年期のトラウマがより最近のストレスへの脆弱性をもたらすことを認識するに至りましたが，そのことは図3-2に示したとおりです。

　愛着トラウマに焦点を合わせる際に，私は，抑うつの発生機序における複雑性や発展経過の多様性（Kendler et al., 2002）の多くに深入りすることはしません。PTSDや他の多くの障害の場合と同じように，遺伝的脆弱性と環境的ストレスとの相互作用が生涯にわたって続きます。Kenneth Kendler と共同研究者たち（1995）が簡潔に表現しているように，「遺伝子は，ストレスを伴う出来事の抑うつ誘発効果に対する個人の感受性を変化させることによって，大うつ病の危険性を高める面があり，それが遺伝子の持つ影響力である」（p.834）ということです。愛着トラウマは，発達的連

第3章　複雑な心的外傷性ストレス障害

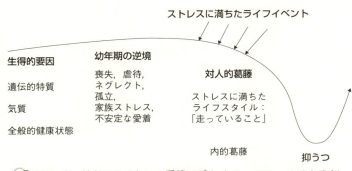

図3-2　抑うつのストレス重積モデル（Allen, 2001, p.107より改変）

鎖を形成する他の多くの寄与要因のうちの1つにすぎません。生得的な危険要因は，遺伝的素因や気質（例えば不安になりやすい気質）だけでなく，全般的な健康状態や健康不良を含んでおり，これらは生涯にわたって脆弱性に寄与します。生得的要因に軽く触れましたので，次に，成人期における誘因的ストレッサーおよび幼年期のトラウマに由来する脆弱性を論じ，最後に抑うつにおけるメンタライジングの役割を述べて，この節を終わることにします。

（1）誘因的ストレス

　抑うつエピソードにおいてストレスを伴うライフイベントが演じる役割は，文献によって十分に証明されており（Hammen, 2005），とくに対人的ストレスが演じる役割が突出していることが証明されています（Joiner, 2002）。抑うつは，John Bowlby（1980）の主要な関心事の1つでした。彼の言葉を借りるなら，「愛する人を失うことは，人が耐え忍ぶことができるものの中でも，最も激しい苦痛を伴う体験である」（Bowlby, 1980, p.7）ということです。実は，Bowlbyは，Sigmund Freud（1927/1961）が述べたことを繰り返しているのであり，Freudは，賢明にも次のように述べていたのです。つまり，「誰かを愛しているときほど，私たちが無防備になるときはなく，愛する対象またはその愛を失ったときほど，私たちがなす術もなく不幸に打ちひしがれるときはない」（Freud, 1927/1961, p.33）ということです。

　抑うつの発症に関する広範な文献をレビューする過程で，私は，とくにイギリスの社会学者George Brownと共同研究者たち（Brown & Harris, 1978）の画期的な研究に感銘を受けました。この調査研究は，抑うつの個人的経験を浮き彫りにするために集中的面接という入念な方法を用いた点で価値の高いものです。この研究者たちは，

成人女性における抑うつエピソードに焦点を絞ったのですが，その女性たちの多くは，恵まれない環境で生活しており，幼い子どもたちを――しばしば配偶者なしに――育てていました。抑うつエピソードに共通しているのは，喪失を顕著なテーマとする**ストレスに満ちたライフイベント**によって引き起こされている点であることを，Brown & Harris は示しました。実例としては，①分離，②愛着対象の生命を脅かす病気，③財産の喪失，④転居を余儀なくされたこと，が含まれます。喪失には，例えば夫の不倫を発見したことに代表されるような失望が伴っていることもあります。いざというときに見捨てられた，または裏切られたと感じること――情動的苦痛の中で孤立無援であること――は，強力な抑うつ誘発要因です。さらに，間断のないストレスと結びついた**困難の持続**と連動して抑うつが生じている場合もありました。実例としては，①夫婦の葛藤，②子どもに関わるうえでの困難，③仕事上の問題，④経済的困窮，⑤不適切な住居，⑥健康不良，が含まれます。このような困難は，長期間にわたって持続していました。Brown & Harris は，少なくとも 2 年間続いた困難だけを考察の対象にしています。ちなみに，平均は 4 年間でした。

　ストレスに満ちたライフイベントと困難の持続という組み合わせがとくに抑うつエピソードを引き起こしやすいことは，驚くべきことではありません。図 3-2 に示したように，患者たちにストレスの重積と抑うつについて教える際に，私は，ストレスに満ちたライフスタイルも含めています（例えば，仕事中毒あるいは強迫的世話役であること，常に動き回っていること，あるいは一部の患者たちの言葉を借りれば「走っていること」）。ときに，ストレスに満ちたそのようなライフスタイルが注意拡散（distraction）という防衛機能を助長し，過去のトラウマを心から排除することがあります。また，私は，内的ストレスもここに含めています（例えば，持続的な不全感と恥意識を生じさせる完璧主義やアンビヴァレント型愛着を特徴づける，依存と混じり合った，抑制された恨み）。Brown と共同研究者たちはライフストレスの**意味**に対しても丹念に注意を向けたのですが，そこには‘屈辱’と‘閉塞’（entrapment）というテーマが含まれていました（Brown et al., 1995）〔‘ ’は訳者が付加；以下，同じ〕。例えば，屈辱的な出来事は，愛着関係の中で拒否されるか見下されることを含んでいました。そのような出来事は，自尊感情に対する打撃となります。閉塞とは，関係，住居，雇用，健康における持続的困難を含むものでした。喪失という苦難に遭遇しながら，おまけに屈辱的で閉塞に陥っていると感じることは，敗北感と無力感につながることがあります。そして，次には，その敗北感と無力感が，何をしても無駄だという不毛感や，必死の努力をやめることにつながる可能性があります。

　幼年期から青年期を経て成人期に至るまで，不安定な愛着は，抑うつと結びつきま

第3章　複雑な心的外傷性ストレス障害

す（Luyten et al., 2012）。抑うつ的な患者に対する Sidney Blatt（2004）の臨床的作業は，関係性と自己定義という両極性への注目につながりましたが，私は，本書の至る所でこのことを強調します。Blatt は，抑うつについて，依存型および自己批判型と名づけられた2つの異なるパターンを同定しました。**依存型抑うつ**（dependent depression）は，「孤独，無力，弱さの感情を特徴としている。そこでは，人は，見捨てられること，そして保護も世話も受けずに放置されることへの強烈で慢性的な恐れを抱く。このような人たちは，愛されたい，大切にされたい，保護されたいという強い願いを抱く」（Blatt, 2004, p.156）のです。依存型抑うつを抱えた人は，心理的安心が欠如しているので，慰めを求めて他者に依存するしかありません。つまり，「満足体験，または満足を与えてくれる人の性質を適切な形で内在化することに失敗しているので，他者は，主として即座に世話，慰め，満足を与えてくれるかどうかという点だけで評価される」（Blatt, 2004, p.156）のです。

それに対して，**自己批判型抑うつ**（self-critical depression）は，「自己批判と，無価値，劣等性，挫折，罪という感情を特徴としている。このような特徴を持つ人たちは，日常的に厳しい自己吟味と評価を行い，批判されることや重要な他者からの承認を失うことへの慢性的な恐れに苛まれている」（Blatt, 2008, p.156）のです。メニンガー・クリニックの「危機にある専門家」プログラムに参加する多くの患者たちが良い例ですが，自己批判型抑うつに陥りやすい人たちは，挫折感から身を守るために，成功を収めることへと駆り立てられ，極端な場合には完璧主義になります。つまり，「彼ら／彼女らは，過度な達成と完全さを目指して努力し，しばしばきわめて競争的で勤勉であり，自分自身に多くの要求を課し，しばしば多くのことを達成するのであるが，満足が長続きすることはほとんどない」（Blatt, 2008, p.156）のです。彼ら／彼女らの批判は，内側だけでなく外側にも向かいます。つまり，競争心のせいで，彼ら／彼女らは，他者に対しても批判的になります。したがって，彼ら／彼女らの対人関係は，しばしば敵意，嫉妬，羨望に満ちており，その結果，彼ら／彼女らは，疎外感と孤立感を味わうのです。

Brown と共同研究者たち（1995）が提唱したように，抑うつエピソードを誘発するライフイベントや困難は，その意味のせいで抑うつエピソードを誘発します。そして，Blatt（2004, 2008）の研究は，2つの全般的テーマ，つまり'喪失'と'挫折'を浮き彫りにしています。喪失と挫折を表すようなストレッサーへの脆弱性は，パーソナリティの発達と関連しています。つまり，過度の依存性は喪失への敏感さをもたらし，自己批判は挫折への敏感さをもたらします。一方，この2つのパターンは，不安定型の愛着と結びついています。つまり，アンビヴァレント型の愛着は，無視された

り見捨てられたりしたと感じる状況で依存型抑うつが生じるという脆弱性と結びつきます。それに対して，回避型の愛着は，屈辱や挫折と連動して自己批判型抑うつが生じるという脆弱性と結びつきます。しかし，不安定型愛着パターンは変動しないものではなく，抑うつ的な人の中には，依存型抑うつと自己批判型抑うつの混在というあり方を示す人たちもいます。例えば，成功し認められようとする仮借(かしゃく)のない努力が親密さや慰めへの希求を隠蔽する手段になることは，稀なことではありません。

（2）愛着トラウマ

　Brown & Harris（1978）は，抑うつエピソードに先立ってストレスに満ちたライフイベントと持続中の困難があることを見出したわけですが，ストレスに曝された女性たちの中で抑うつエピソードを発症したのは，約20％にすぎませんでした。そのため，ストレスへの脆弱性についての調査が開始されました。発達早期に親を失うことは抑うつを引き起こす危険要因として広く認められていますが，Bowlby（1980）は「喪失後の子どもの体験がきわめて重要であること」（p.312）を強調しました。母親の喪失は，その後に適切な養育の欠如——つまりネグレクトか親による拒否——が伴われていた場合にのみ脆弱性をもたらすことを，Brownと共同研究者たち（1990）は見出しました。これは，Bowlbyの主張を確証する結果です。より詳しく言うと，これに続く研究が明らかにしたことですが，そのような脆弱性は，①喪失以前の母親の養育，②喪失後の父親または代理者による養育の欠如，③喪失直後に子どもが経験した無力さ，と関連していました（Bifulco et al., 1992）。要するに，不安定愛着という条件の下での早期の喪失が，後に抑うつを誘発する脆弱性を生じさせるということです。

　さらに，成人期の抑うつの発達的先行要因を調査するうちに，Brownの共同研究者であるAntonia Bifulcoは，面接に基づいて幼年期の不適切な養育を査定し分類する体系的方法を開発しました。この方法によってBifulco & Moran（1998）が見出したことですが，すべての形態の不適切な養育——身体的，性的，心理的な虐待およびネグレクト——は，成人期に抑うつに陥る危険性がより高くなることと関連していました。その後の調査が明らかにしたことですが，幼年期の不適切な養育は，抑うつエピソードが生じる危険性を高めるだけでなく，①抑うつエピソードの重篤性（Harkness & Monroe, 2002），②自殺行動の可能性（Brodsky et al., 2001），③再発の可能性（Bernet & Stein, 1999），に寄与しています。その後の研究では，3歳から32歳までの11の時点で，研究参加者に対する調査が行われました。そして，この縦断的研究の結果，大うつ病のエピソードは，不適切な養育の既往と関連しており，親の喪

失という既往とは関連しないことが明らかになりました (Moffitt et al., 2010)。

(3) 抑うつとメンタライジング

　他のすべての精神医学的障害と同様に，抑うつとメンタライジングは，相互に作用し合って悪循環に陥ることがあります。つまり，抑うつがメンタライジング能力を損なわせ，メンタライジングの機能不全が抑うつに寄与するということです (Luyten et al., 2012)。私たちはうまくいっているときには自分自身のメンタライジングを自覚することはありませんが，メンタライジングは，大変な心的努力を要する，きわめて複雑なプロセスです。抑うつ的であると感じるときには，メンタライズする努力を行うための心的エネルギーが枯渇していることでしょう。対人関係を避け，自己に関心を奪われているので，他者の体験に対しては比較的無関心になることでしょう。そして，自分自身の体験の意味を理解することもできなくなるでしょう。一方，自分の問題や感情について，あるいは他者が考えていることについて，何度も反芻して考えるという意味で，メンタライズしすぎることがあります。そのような没頭は，メンタライジングの機能不全の別形態であり，**反芻思考**（rumination）と名づけるのがより適切です。効果的なメンタライジングは，柔軟に考えることと，物事を異なる複数の見方で見ることを伴っています。反芻思考は，堂々巡りをすること，つまり柔軟でない思考を伴っています。抑うつ的な人は，反芻思考によって問題を解決しているという錯覚に陥るのですが，実際には抑うつをより深刻化させているだけなのです。その意味では，抑うつ的反芻思考は，メンタライジングの機能不全を含んでいるのです (Nolen-Hoeksema, 2000)。

　歪んだメンタライジングも，抑うつの発症に寄与しています。認知療法 (Beck et al., 1979) が重点を置くのは，歪んだ思考です――つまり，それは，自分自身（「私はまったくの出来損ないだ」），世界（「すべての人が私を憎んでいる」），将来（「誰も私を愛してくれないだろう」）についての不合理なほどネガティヴな考えです。そのようなネガティヴな思考は，不安定な愛着から生じた内的作業モデルの一部と考えることができます。自己についてのそのような（例えば，出来損ないで愛されないといった）有害な作業モデルが抑うつの発症に大きく寄与していることは，疑う余地がありません。しかし，他者が冷淡で不当なほど批判的であるという他者についての歪んだ作業モデルも，対人関係を妨げることによって――つまり，ストレスを生じさせ，それだけでなく対人的問題解決を台無しにすることによって (Luyten et al., 2012) ――抑うつに寄与します。一目でわかる実例をあげると，パートナーが不安にとらわれている状態を冷酷な無関心と解釈し，無視したといってパートナーを非難し，それ

によって対立関係を激化させることです。そのようなメンタライジングの機能不全は，過去のトラウマに由来する内的作業モデルを現在の愛着関係に適用した結果であるという場合もあります。

　抑うつの治療においてメンタライジングを改善することが重要であることを，上に述べた観察結果が証明しています。私がみる限りでは，素朴で古い療法は，メンタライジング的姿勢を促進します。つまり，ネガティヴな考えや感情を深刻に受け取りすぎず，抑うつが思考に与える影響を認識し，心理状態は変化するのだということに注意を向けておくようになるということです。それと同時に，愛着関係の中で他者とつながっている感じと安心感――抑うつによる孤立感や疎外感への対抗手段――を回復するには，積極的かつ正確にメンタライズすることが不可欠です。抑うつエピソードから回復した後には，このマインドフルな姿勢が，再発を予防し，反芻思考から持続的抑うつ気分への発展を防ぐ力を持っています（Segal et al., 2010）。

2．不安

　PTSDと抑うつの間に重要な重なり合いがあるにもかかわらず，DSM-Ⅳ-TR（American Psychiatric Association, 2000）は，PTSDを不安障害の1つとして分類しています。しかし，PTSDは，トラウマと関連する唯一の不安障害ではありません。この節では，まず，幼年期のトラウマを全般性不安と関連づけた調査研究に注目します。それから，トラウマと不安との関連に加えて，抑うつと不安との重なり合いを再考します。結論として，抑うつと不安との相違および両者の重なり合いの特質を要約して述べます。

(1) 不安・抑うつ・トラウマ

　抑うつとPTSDとのもつれをほどくという難問に勝る唯一の難問は，抑うつと全般性不安障害とのもつれをほどくということです。ちなみに，全般性不安障害とは，慢性的な不安症状と結びついた統制不能の心配を特徴としており，その慢性的な不安症状には，落ち着きのなさ，疲労，集中の困難さ，苛立ちやすさ，筋肉の緊張，睡眠障害が含まれています。大うつ病と全般性不安障害の共通点は，苦痛に対する遺伝的な感受性と傾向性（proneness）です。さらに，この2つの障害は，しばしば同じ向精神薬に反応します（Moffitt et al., 2010）。私たちの関心と最も関わりの深いことですが，幼年期の虐待，ネグレクト，喪失は，どちらの障害に対しても寄与しますし（Kessler et al., 2010），全般性不安と大うつ病という組み合わせは，最高水準の発達

的危険要因と結びついています（Moffitt et al., 2010）。

　抑うつと不安とのもつれをほどこうとするうちに，Brown（2010）は，ストレスに満ちた出来事と結びついている2つの'意味'を区別しました。つまり，「〔意味としての〕**喪失**は，人，役割，大事にしていた考えのうちのいずれかに関するものであるが……抑うつと結びつけられてきた。そして，〔意味としての〕**危険**は，将来に喪失が起きる可能性と定義されるが，不安と結びつけられてきた」（p.311；強調は原書のとおり）ということです。Blattが提唱した'関係性'と'自己定義'という2つの極性は，不安にもあてはまります。つまり，不安と'危険'は関連しているわけですが，'危険'は，喪失の予期〔関係性の問題〕にあてはまるだけでなく，自尊感情の傷つきの予期や屈辱を味わう可能性〔自己定義の問題〕にもあてはまります。したがって，アンビヴァレント型および回避型の愛着は〔★訳注1〕，それぞれに対応する'危険'の種類（つまり，愛情の喪失または自尊感情の喪失）への感受性をもたらします。幼年期の不適切な養育を含めて，ストレスを伴う多くの出来事は，'喪失'と'危険'の両方を含んでいます。したがって，一般に抑うつと不安が同時に生じるのは，共通の原因である幼年期の不適切な養育および成人期のストレッサーの中に'喪失'と'危険'の両方が含まれているからであると，Brown（2010）は主張しています。

〔★訳注1〕アンビヴァレント型愛着は，関係性（過度の依存）にとらわれて自己定義をないがしろにする愛着パターンであり，回避型愛着は，逆に自己定義（自律性）にとらわれて関係性をないがしろにする愛着パターンである。そのため，アンビヴァレント型愛着は（関係性と関連する）「愛情の喪失」という危険への感受性をもたらし，回避型愛着は（自己定義と関連する）「自尊感情の喪失」という危険への感受性をもたらすのである。

（2）1つの障害か2つの——または3つの——障害か

　急性の不安と抑うつは，しばしば並行して生じますが，生涯を通して**エピソード**の形で生起します。一方がもう一方よりも先に生じる可能性も，同じくらいあります（Kessler et al., 2010）。さらに，一方が生じると，その後にもう一方が生じる可能性が高くなります（Ferguson & Horwood, 2010）。不安は抑うつをもたらし，抑うつは不安をもたらします。このようにして，エピソードの連鎖が生じます。つまり，時間の経過とともに，どちらかの障害の既往を持つ人は，その後にもう1つの障害の既往を持つことになる可能性が高まります（Goldberg, 2010）。

　広範な心理学的調査が，抑うつと不安の相違に加えて，両者の重なり合いを明らかにしてきており（Watson, 2009），それは図3-3に簡略に図式化されているとおりです。不安と抑うつは，ネガティヴな情動状態が高水準であるという点で重なり合っており，そのことに対して，心理学者は多くの異なる名称を提唱してきました。この重

図3-3　抑うつと不安との関係

なりを表す最も由緒正しい用語は**神経症傾向**（neuroticism）ですが，私が好む名称は**不安を伴う惨めさ**（anxious misery）です。抑うつは，**ポジティヴな情動状態が低水準である**——つまり，興味，興奮，快感，喜び，愛情を体験する能力の欠如——という点で，不安とは多少異なります。それに対して，不安は，**不安を伴う覚醒が高水準である**という点で，抑うつとは多少異なります。ちなみに，不安を伴う覚醒は，心拍数の上昇，息継ぎの短さ，めまいとして表れることでしょう。要するに，不安は，恐れに起源があるという点で，抑うつとは区別されるのです（G. Andrew et al., 2009）。

　抑うつの場合と同じく，不安や脅威感受の水準が高いことは，メンタライジングにとっては大敵です。脅威は，闘争 - 逃走反応を活性化し，闘争 - 逃走反応はメンタライジングを停止させます（Arnsten, 1998）。切迫した脅威に怯えている人は，考える時間を設けず，闘うか逃げるかという形で行為してしまいます。したがって，人は，不安になると，他者の行為を敵対的または悪意があると——そして自分自身を無能で無力であると——誤解しやすくなります。言わずと知れたことですが，不安と抑うつは，両者が結びつくと，思考の**内容**を妨害し（様々な誤解），おまけに思考の**方法**を妨害する（思考が頑なになる）ことによって，メンタライジングを歪めてしまうのです。

3．物質乱用

　精神医学的障害の発症と治療において物質乱用が持つ意味については，いくら語っても語りすぎにはならないと，私は思います——トラウマを考慮しない場合でさえ，そうなのです。私が30年以上にわたって精神病院で働くうちに思うようになったことですが，物質乱用はおそらく大変不幸な発達的破綻であろうと思われます。必死で治療に取り組みながら，薬物乱用への逆戻りから重要な利得を得てしまい，おそらく成

第3章　複雑な心的外傷性ストレス障害

し遂げたすべての作業を台無しにしてしまう——とりわけ，ずっとこじれていて，やっと一部が再形成された愛着関係を台無しにしてしまう——患者たちを見るとき，私は落胆を禁じ得ません。私も何度となく目にしてきたことですが，これをコインに喩えると，その裏面は，物質乱用の諸問題に対する効果的治療が，そして精神医学的治療と並行して行われる骨の折れる作業が，恩恵をもたらすということであり，それは永続的な回復への礎（いしずえ）となるのです。

　本書の冒頭から，私は，情動調整という愛着の中核的機能を強調してきました。高水準の苦痛が不安定な愛着と並行して存在すると，物質乱用が愛着に代わる情動調整の方法を提供することになります。この示唆と一致することですが，「成人愛着面接」によって査定される不安定型の愛着（とらわれ型と未解決型）は，薬物乱用が生じる危険性を高めます（van IJzendoorn & Bakermans-Kranenburg, 2008）。

　本章の前節でレビューした不安と抑うつに関する実証研究を考慮すると，嗜癖を引き起こす物質は，特効薬のようなものです。アルコール，麻薬，抗不安剤は，ネガティヴな情動を劇的に減少させ，おそらくポジティヴな情動を増大させるでしょう。アンフェタミンやコカインのような興奮剤は，脳内の報酬系〔★訳注2：満足感や快感を生じさせる脳領域〕を活性化させることによって，ポジティヴな情動を劇的に増大させます。もちろん，問題は，これらの好ましい効果が短時間しか続かない性質のものだということです。アルコール，麻薬，抗不安剤は，抑制剤であり，したがって抑うつに寄与しますし，これらの薬剤からの離脱は不安のぶり返しにつながります。そのため，同じものをさらに服用することによって，不安を鎮静化しなければならなくなります。興奮剤は，ポジティヴな情動を引き起こすだけでなく，ストレス回路をも活性化し，結果的に不安や恐怖を激化させ，おまけに PTSD の症状を悪化させます。しかも，興奮剤からの離脱は，抑うつを引き起こすことがあります。このような複雑な情動的効果を操作するために，患者が興奮剤と抑制剤の**両方**を使用することも稀ではありません——情動的覚醒を高めることと弱めることを交互に繰り返し，多少の安定を達成しようとするのですが，実は，知らないうちに情動とそれに関連した脳内化学反応を不安定化しているのです。

　この節で，私は，物質乱用とトラウマとの複雑な関係を論じることから始めることにします。そして，次に，PTSD，解離，抑うつといった，トラウマに関連する主要な障害と物質乱用との関係について，いくつかの文献をレビューします。トラウマに関連した諸問題と物質乱用が結びついている場合には，統合的な治療が最も適しているというわかりきったことを，私は主張します。そして，最後の締めくくりとして，物質乱用とメンタライジングの機能不全とを関連づけます。

3. 物質乱用

（1） トラウマと物質乱用

　幼年期におけるトラウマ経験の蓄積はアルコールや薬物の乱用が起きる確率を劇的に高めるのであり，このことを示すかなりの数の実証研究があります（Felitti & Anda, 2010）。幼年期における性的虐待は，遺伝的危険要因と複合すると，青年期における物質乱用に結びつくとされてきました（Kendler et al., 2002）。幼年期における性的虐待は成人期における物質乱用とも結びつくのですが，それは，幼年期の性的虐待がPTSDに寄与し，次にPTSDが物質乱用に寄与するからです（Epstein et al., 1998）。

　私たちは，因果関係における他の方向性を見逃してはなりません。つまり，物質乱用と関連した酩酊がトラウマ性ストレスに遭遇する危険を増大させるという因果の方向があるということです（McFarlane, 1998）。それを例証する2，3の実例があります。酩酊運転は一目でわかる格好の実例です。なぜなら，自動車事故は，PTSDの発生源の中では突出した存在だからです（Norris, 1992）。薬物乱用と薬物密売は，暴力や襲撃を受ける危険性の増大に結びつきます（Brady et al., 1998）。また，無視できない数の少数派として，アルコール酩酊がレイプに結びついたと報告する女性たちがいます（Resnick et al., 1997）。アルコール酩酊に陥ると，例えば，判断とメンタライジングが衰退し，危険性への認識が薄れ，自己防御の能力が弱まり，相手から性交渉可能と受け取られることによって，多くの点で性的暴行を受けやすくなるのです（Ruzek et al., 1998）。

（2） PTSD・解離・抑うつ・物質乱用

　PTSDと物質乱用は，同時に生じるのが通例です。物質乱用に情動調整機能があることと符合するのですが，物質乱用はPTSDの前ではなく後に生じるのがより一般的です（Stewart et al., 1998）。したがって，物質乱用は，PTSDにおける体験回避症状とみなすことが可能です（Feldman, 1990）。さらに，物質乱用は，解離に似たものとみなしてもよいでしょう。Eli Somer（2009）は，麻薬嗜癖を化学性解離の一形態と解釈しました。実際，苦痛を和らげるのに心理的解離では不十分なとき，麻薬は付加的助けを与えてくれます。嗜癖の既往のある人たちとの面接は，解離とナルコティックハイ（narcotic high）〔★訳注3：麻薬による気分高揚〕との類似点を浮き彫りにしました（Eli Somer, 2009, pp.514-515）。その面接では，次のような発言がありました。「ヘロインは，人生の苦しみを忘れるのを助けてくれます」。「ハイになっていると，子ども時代の恐怖が気になりません。……悪夢を思い出すことができなくなります」。「麻薬を注射した後は，怒りに煩わされることがありません。自分と怒りがつながっ

第3章 複雑な心的外傷性ストレス障害

ていないような感じです。スイッチを切るんです。たぶん怒りはそこにあるんでしょうが，私がどこか他の所にいるんです」。以前に売春をしていた女性が，次のように言いました。「私が麻薬をやっていると，彼らは私の体を運んでいって，好きなようにできたんです。私は家にはいませんでした」。他の被面接者の次のような体験は，嗜癖と愛着の結びつきを彷彿させます。「私は内側から冷えています。……麻薬を注射すると，たちまちこんなに温かくなるんです。……とても気持ちがいいんです」。「ヘロインから得られる感じに勝るものはありません。……私の肩をいとおしむように包んでくれる柔らかな毛布のようで……」。「麻薬の誘惑には甘美なものがありました。……内側から優しくなでられているようなイメージが浮かびます」。

　多くの人々が抑うつと関連する苦痛やポジティヴな情動の水準の低さをどうにかしようとして物質を使用します。図3-4に図式化されているように，この問題と取り組むうちに，私は，物質乱用を**触媒**（catalyst）とみなすようになりました。触媒というのは，ストレスの重積に直面すると，薬物が抑うつに陥る速度を倍加させるということです（Allen, 2006）。つまり，物質乱用は，①ストレスに満ちたライフイベント（例えば，酩酊運転で逮捕されることや職を失うこと）が生じる可能性を高めます。②愛着の安定性をさらに損なうような慢性的な対人的葛藤をもたらします。③ストレスに満ちたライフスタイル（例えば，薬物の入手と嗜癖の隠蔽に関心を奪われること）を助長します。④内的葛藤（例えば，罪悪感や恥の感情）を激化させます。⑤神経システムに対して，抑うつに直結する形で（例えば，酩酊と離脱を通して）負荷をかけます。

　嗜癖と精神医学的障害は，どちらが先に発生したかにかかわらず，どちらも一緒に治療されなくてはなりません。Lisa Najavitsと共同研究者たち（2009）は，トラウ

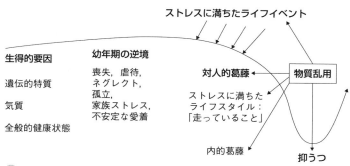

図3-4　抑うつの触媒としての物質乱用（Allen, 2001, p.107より改変）

マに関連した物質乱用を治療するための統合的アプローチを開発しており，それは「安全の追求」(Seeking Safety) という適切な名称を付与されています。現在に焦点を絞るこの認知行動療法アプローチは，生活の中で最大限の安全を確保できるように患者たちを援助するものであり，そのために心理教育とスキルトレーニングを活用します。このプログラムが対象にしてきた男女は，あらゆる種類のトラウマから回復しようとしており，またあらゆる種類の物質乱用の既往を有する人たちでした。私は，同僚の AnnMarie Glodich とともに，トラウマを負った青年たちのために，メンタライジング促進を目的とする心理教育グループを開発しましたが (Glodich et al., 2006)，その際の私たちの経験から判断しても，安全に焦点を絞ることは重要です。まず優先するべきことは，以前のトラウマを処理することではなく，将来のトラウマを予防することだというのを，私たちはすぐに学習しました。物質乱用は，私たちのグループで焦点となったことの中でも重要な位置を占めていました。

(3) メンタライジングと物質乱用

　患者たちに精神医学的障害とメンタライジングの機能不全との関係を教える際に，私たちは物質乱用から話を始めるのですが，それは，悪循環がとても鮮明だからです (Allen et al., 2012)。酩酊がどうしてメンタライジングを損なわせるのかについては，説明するまでもありません。しかし，酩酊にとどまらず，嗜癖は，それに伴う執着そのもの，例えば薬物を獲得することへの執着や嗜癖的行動を隠すことへのこだわりによって，メンタライジングを台無しにします。

　しかし，悪循環のもう1つの側面がより重要です。つまり，メンタライジングの機能不全が，薬物乱用に大きく関与するということです。損なわれたメンタライジングと不安定な愛着は，連動して生じます。どちらも情動調整の問題に関係するとされています。簡単に言うと，先に注目したように，物質乱用は，情動的苦痛を調整するという点では安定した愛着の代理を提供してくれるのです。愛着と嗜癖物質は，同じ脳回路を活性化させます。このようなわけで，両者は，快感と安堵感を与えるという点では重なり合っているのです (Insel, 2003)。もちろん，愛着関係の代理物を求めることは，嗜癖状態の人をそのような関係から引き離しますが，それだけにはとどまりません。それは，パートナーに対して拒否を伝えること，つまり嗜癖物質がもう一人の恋人のようになることですから，愛着関係をさらに損なうことになります。物質乱用，メンタライジングの機能不全，不安定な愛着関係の間には密接なつながりが想定されることを考慮して，メンタライジング増進的な物質乱用治療法を開発し，実証研究を行っている臨床家たちもいます (Philips et al., 2012)。

4．健康不良

　愛着に関連したトラウマ性ストレスが発達中の脳におそらく有害な影響を与え，ストレス調整能力におそらく永続的な損傷をもたらすことを，広範な実証研究が証明しています（Schore, 2009）。最悪の場合，幼年期のトラウマは，肝臓疾患，慢性閉塞性肺疾患，冠状動脈不全，自己免疫疾患を含む重篤な疾患に陥る危険性の増大につながるとされてきました（Felitti & Anda, 2010）。しかし，幸いなことに，ストレスと関連した身体症状は，診断名が付く疾患と結びつくのではなく，多くの形態の全般的な健康不良と結びつくことが多いのです（Weiner, 1992）。幼年期の不適切な養育と関連する症状に含まれるものとしては，①背中，喉，顔，骨盤，性器，乳房，腹部，胃部に生じる痛み，②頭痛，③紫斑，④排尿困難，⑤下痢と便秘，⑥食欲異常，⑦息詰まり感，⑧息切れ，があります（McCauley et al., 1997）。

　さらに，PTSDは，慢性的ストレッサーとして，身体的健康上の諸問題を引き起こす危険要因のかなりの部分を占めています（Andreski et al., 1998）。PTSDは，①アルコール，薬物，ニコチンの利用，②バランスの悪い食事，睡眠不足，運動不足，③定期的健康診断の未受診や治療勧奨の不遵守を含む健康関連行動の問題，と結びつきます。次のような歴然とした悪循環がみられます。慢性的ストレスがレジリエンスを衰退させます。ストレスを軽減するための方略として，嗜癖や摂食障害行動のような健康阻害行動が利用されます。そのような行動は，さらにレジリエンスを衰退させます。

　明らかなことですが，トラウマ後の回避や解離症状は，情動をメンタライズする能力——つまり情動を率直に表出してトラウマ体験を処理する能力——を損なわせてしまいます。ここでもやはり，次のような悪循環が生じます。メンタライズされていない情動は健康不良の症状に寄与し，健康不良——疲労と苦痛——はメンタライジングを損なわせる可能性があるということです。逆に，トラウマ体験に対する情動反応を表出することやその感情を言葉にすることは，身体的健康を改善させます（Pennebaker, 2004）。したがって，メンタライジングの機能不全が健康不良の原因であるか結果であるかを問わず——両方であるという可能性がより高いですが——効果的な治療は，メンタライジングを回復させなくてはなりません。このようなわけで，Patrick Luyten & Boudwijn Van Houdenhove（印刷中）は，慢性疲労症候群と線維筋痛症の患者たちの健康を回復させるためには身体と関連づけられたメンタライジングが重要であることを突き止めたのです。**身体と関連づけられたメンタライジング**（embodied mentalizing）とは，心理状態と身体状態を関連づける能力——例えば，

心拍数増加は不安感を反映していることを理解すること――です。同様に，慢性疲労と悪戦苦闘している人は，自分のエネルギー水準と歩調を合わせることができるようになり，それに従って活動水準を調節するなら（例えば，やりすぎを回避するなら），そのことから恩恵を受けるでしょう。

　身体と関連づけられたメンタライジングは，症状の心理的意味を明示化するという，より一般的なプロセスの実例です。例えば，私は，麻痺という形をとった転換性障害によって困り果てている患者と治療作業をしたことがあります。彼女は，幅広い医学的精密検査を受けましたが，それらの検査は，麻痺につながる神経学的原因が見当たらないことを証明しました。そういうわけで，精神医学的治療を受けに来たとき，彼女は，自分の症状が心理的原因によるものだという考えを受け入れていました。しかし，彼女は，麻痺の心理的意味を理解することができませんでした。愛着トラウマを焦点とする集中的な心理療法の経過の中で，私たちは，彼女が恐怖によって麻痺し続けてきたことを理解することができ，彼女は徐々に運動の自由を獲得していきました（Allen & Fonagy, 印刷中）。

　メンタライジングに関する私たちの心理教育グループでは，グループメンバーが自分の症状を提出してグループで考えてもらうという活動があります。私たちは，この活動に患者たちを誘い，その後に，「もしあなたの症状が語ることができたとすれば，何を語るでしょうか」と尋ねます。この枠組みを念頭に置きながら，グループメンバーたちは，その症状が何を伝えようとしているのかについて考えます。例えば，ある患者は，グループで考えてもらうために動揺と震えという症状を提出しました。そして，グループメンバーたちは，その症状が「助けてほしい！」または「一人にしておいてほしい！」ということを伝えているのではないかと考えました。その症状を提出した患者は，不安になるときには次のような葛藤があることを認識したと，グループメンバーに知らせました。つまり，彼は，必死で助けを求めていながら，誰かを自分に近づけるのが怖いというのです。

5．摂食障害

　摂食障害は，薬物乱用に似たものと考えてよいでしょう。つまり，嗜癖と同様に，摂食障害行動は，情動的苦痛を調整しようとする努力なのです。食欲不振症（食物摂取を制限すること）は，自分の身体に入ってくるものを統制することを含めて，統制を行おうとする努力です。むちゃ食い（bingering）は，情緒的慰めを与えてくれるという点で嗜癖に似ています。そして，むちゃ食いも排出（purging）も，情動的苦

第 3 章　複雑な心的外傷性ストレス障害

痛からの強力な気晴らしを与えてくれ，同時に多少の統制感をもたらします。

　不幸なことに，物質乱用の場合と同様に，摂食障害行動のポジティヴな効果は長続きせず，その行動は最終的には統制を崩壊させます（Swirsky & Mitchell, 1996）。むちゃ食いは安堵感か解離的な離脱をもたらしますが，むちゃ食いには罪悪感，恥意識，嫌悪，自己憎悪が伴い，今度はそれらを和らげるために排出を行わなければならなくなります。排出は，そういうわけで一時的な安堵および統制が回復したという感覚をもたらしますが，排出の後には，まったく同じネガティヴな情動の連鎖が生じます。このようにして，むちゃ食いと排出は，悪循環を繰り返すのです。例えば，むちゃ食いから生じた罪悪感と恥意識を排出が緩和し，排出から生じた罪悪感と恥意識をむちゃ食いが緩和するといった具合です。

　愛着トラウマは，摂食障害の形成に寄与する幅広い要因の中でも，とくに目を引きます。こうして，摂食障害は，幼年期におけるネグレクトに加えて，性的・身体的・心理的な虐待の既往と関連づけられてきました（Fischer et al., 2010）。なかでも情緒的虐待の有害な効果は注目に値しますが，それは，情緒的虐待がメンタライジングの欠如を暗示しているからです。さらに，摂食障害は，虐待の既往を持つ女性が愛着とソーシャルサポートの問題も抱えているときに形成されやすいのです（Mallinckrodt et al., 1995）。

　物質乱用の場合と同様に，摂食障害はトラウマ治療を複雑化させることがありますが，その逆のこともありえます（Becker & Zayfert, 2008）。つまり，トラウマを処理することは苦痛を引き起こし，摂食障害行動はその苦痛を和らげようとする試みですから，摂食障害行動の抑制はトラウマと関連する症状を激化させる可能性があります。こういうわけで，物質乱用の場合と同様に，両方の障害〔摂食障害とトラウマ〕は，統合された形で治療されなくてはならないのです。物質乱用と同様に，拒食，むちゃ食い，排出は，情動的苦痛に対処するための非メンタライジング的方法であり，愛着関係の代理となりうるものです。Finn Skårderud が，メンタライジングを促進するための摂食障害患者専用の治療法を開発したのは（Skårderud & Fonagy, 2012），このような理由からです。「体への思いやり」（Minding the body）と呼ばれるこのプログラムは，'心で心を思うこと' を超えて，'心で体を思うこと' です。本章の前節で述べた健康不良に対するメンタライジング・アプローチと同様に，「体への思いやり」は，身体と関連づけられたメンタライジングの促進を目的としています。そのようなメンタライジングは，過剰に身体と関連づけられる経験（つまり身体への過度な焦点合わせ）と身体と関連づけられない経験（つまり身体への気づきの欠如）の中間にある領域です。自尊感覚のような心理的希求と身体の物理的状態（例えば痩身）を

混同すること，言い換えれば食べるものを統制することによって情動状態を統制しようとすることの中には，メンタライジング不全が顕著に表れています。身体と関連づけられたメンタライジングにおいては，身体は，自己を文字どおり身体と関連づけること（例えば，太っていることと嫌な人であることを混同すること）ではなく，物理的現実であるとともに自己の比喩的または象徴的な表現として（例えば，強いものとして），見られます。それに加えて，健康不良に関してすでに述べたように，身体と関連づけられたメンタライジングは，情動状態と身体感覚の関連についての認識を伴っています。要するに，摂食障害に対するメンタライジング・アプローチのおかげで，患者は，愛着関係の問題や葛藤に対して直接的に目を向けるようになり，それらを食物と身体によって間接的かつ具象的な形で解決しようとはしなくなるのです。

6. 非自殺性自傷

　自傷が苦痛を軽減する有力な手段でありうることは，私たちの多くにとって自明のことではありません。もう何年も前のことになりますが，この機制に初めて触れたときのことを，私は今でも覚えています。そのとき，定期的に自分の腕を切っていた患者が話してくれたことですが，彼女は，腕に水玉のように噴き出した血を見ると温かい感じがし，そのおかげで心地よい湯船に浸かっているような気分になるとのことでした。彼女は嘘を言っているようには思えませんでした。私が理解していなかっただけなのです。彼女が由緒ある伝統に傾倒しているのだということを，私は知りませんでした。Armando Favazza（2009）は，文化としての自傷の歴史をたどり，「人類史の最早期からあらゆる文化において」この行動が記録されていることに注目し，「魂の癒やしを促進しようとする伝統との接点を有するとみなしてもよいだろう」と大胆な主張を展開しています。この見方に従うなら，**自傷**（self-injury）という用語は，臨床家の見方を反映していることになります。患者にとっては，この行動は，苦痛からの劇的な解放をもたらすのですから，自己治癒として体験されうるものです。

　この節では，自傷を記述することから出発し，幼年期の虐待およびネグレクトとの関係に関する研究を要約し，それが果たす多重的機能とそれが愛着関係に与える悪影響を考察します。

（1）概説

　自傷行動を指し示す専門用語には様々なものがあります。これまでに用いられてきた用語は，**意図的自己加害**（deliberate self-harm: Morgan et al., 1975），**自殺類似行**

動（つまり自殺演技行動）（parasuicidal behavior: Linehan, 1993a），**自己毀損**（self-mutilation: Favazza, 1987）です。私が好む言い方は，**非自殺性自傷**（nonsuicidal self-injury）ですが，これは，Matthew Nock（2009）が自殺行動との相違を強調するために使用した用語です。Nock は，非自殺性自傷を「自殺の意図なしに，自分自身の身体組織を直接的かつ故意に破壊すること」（Nock & Favazza, 2009, p.9）と定義し，「死のうとする意図はまったくない」（p.13）と明記しています。Nock の定義には非自殺性の過剰服薬は含まれていませんが，これが類似の機能を果たすことがあります。つまり，過剰服薬をする多くの患者たちは，死ぬことを意図しているのではなく，実は，自分自身を一時的に痛めつけることによって情動的苦痛からの解放を求めているだけなのです。非自殺性自傷は，何年も前の私にとっては目新しいものでしたが，稀なものではありません。つまり，青年期前期の人たちの8％，青年と若い成人の14〜21％，成人の4％がこの行動を行います（Nock & Favazza, 2009）。非自殺性自傷は，次のような，数え切れないほど多くの形態をとります。

> 切ること，焼くこと，平手打ちすること，拳で殴ること，引っかくこと，えぐり出すこと，皮膚に穴をあけること，髪の毛を引っ張ることや抜くこと，害を与えるための浣腸や膣洗浄，傷の治癒を妨害すること，膣や直腸に危険物を挿入すること，頭をぶつけること，尖ったもので表皮や爪を血が出るまで突くこと，耳を突くこと，まつげや歯を引き抜くこと，歯肉を掘ること，首を絞めること，ものでに自分をたたくこと，口や頬の内部を嚙むこと，鋭利なもの（例えば，カミソリの刃，ステープラーの針，縫い針，ピン）を呑み込むこと，消しゴムを使って皮膚に火傷や傷を負わせること，自分自身を嚙むこと。
> （Connors, 1996, pp.199-200）

これらの方法の中でも，皮膚を切ることが最もよくみられ，それに次いで多いのが頭をぶつけることやたたくことであり，その次が焼くことです。さらに，多くの人は，2つ以上の方法を用います（Rodham & Hawton, 2009）。

Karl Menninger（1938）は，自傷を反自殺行動（antisuicidal behavior）と特徴づけることによって，自傷と自殺行動の相違を浮き彫りにしました。自傷は，人生を耐えやすくするための行動であるとみなしてもよいでしょう。多くの人は両方を行います。つまり，非自殺性自傷を行う人の中の50％〜77％の人は，どこかの時点で自殺を企てることもあるのです（Nock & Favazza, 2009）。例えば，トラウマを抱えている人は，非自殺性自傷や他の方法で対処する努力が失敗に終わるとき，対処を諦め，絶望して自殺を企てるかもしれません。そのうえ，非自殺性自傷と自殺の境界線がぼやけてしまうこともあります。例えば，過剰服薬の主な目標は一時的に苦痛から逃れる

ことですが，もし死んだとしたらそれも OK だと，私に話してくれた患者たちがいます。セラピストも患者も，アンビヴァレンスと曖昧な境界のことを心に留めておくべきです。つまり，「臨床的には，次のように想定しておくことが賢明である。〔故意の自己加害の〕苦しみを抱えた人たちはすべて，ある水準では死にたいと願っているのであり，自殺を企てる『深刻な』人たちはすべて，その最も深いありよう（being）においてはどこかで生きたいと願っているのである」（Holmes, 2011, p.154）ということです。

（2）発現

　非自殺性自傷は，性的虐待，身体的虐待，情緒的虐待と関連し（Yates, 2009），さらに情緒的ネグレクトとも関連する（Dubo et al., 1997）とされてきました。ネグレクト（つまりメンタライジング不全）の再体験は，しばしば自傷の引き金となります。Louise Kaplan（1991）が観察したことですが，自傷は，「①電話がつながらなかったこと，②友人や恋人やセラピストが旅に出たこと，③表情に気遣いが感じられなかったこと，に誘発されていることが多い」（p.384）のです。「ミネソタ縦断研究」において Tuppett Yates（2009）が見出したことですが，乳児期の愛着が無秩序型であると，それがトラウマに由来することからもわかるように，後に非自殺性自傷が行われる確率が通常の 3 倍を超える値に上昇します。自傷の発現において愛着トラウマが担う役割を考慮して Yates が提唱していることですが，非自殺性自傷の起源をたどると，自己には欠陥があり，他者は悪意に満ちており，関係は危険であるとする内的作業モデルに行き着きます。このように，苦痛に対する高水準の情動的反応性が，慰めと安堵を求めて愛着対象に頼る能力の欠如と結びつくと，情動を調整するための絶望的手段が，なかでも非自殺性自傷が生じるのです。

　作用している 1 つの重要な要因は——非自殺性自傷を**初めて**行う際によくみられるものですが——社会的感染（social contagion）です。つまり，人は，モデルとなりうる仲間から自傷を学習するということです（Prinstein et al., 2009）。いま非常に関心を向けられているのが，メディアによる感染です。Janis Whitlock と共同研究者たち（2009）は，それまでの20年間で自傷を内容とする映画や歌の数が劇的に増加したことを報告しています。さらに，Whitlock たちの報告によれば，自傷を主内容とするインターネットのメッセージボードという形でソーシャルメディアが威力を発揮しており，そのようなメッセージボードが次第に裾野を広げ，容易にアクセスできるようになり，訪問される回数も増えています。そのような行動〔自傷〕をやめて助けを求める方策を人々が共有するという点では，ソーシャルネットワークにはポジティヴ

な側面があります。しかし，悩ましいことですが，「見つかるのを避け，ひどい傷を治療し，それどころか新しい方法や違う方法で自傷を行う」(p.144) ための方策を人々が共有することもあります。

(3) 機能

　苦痛の緩和に同じくらい効果的な他の方法があれば，誰も体を切ったり，ぶつけたり，焼いたりはしないでしょう。基本的に，非自殺性自傷は愛着の失敗に由来する非メンタライジング的な情動調整方略であるというのが，私の見解です。Nock & Cha (2009) は，人を途方に暮れさせる恐れのあるこの行動をセラピストと患者がメンタライズする際の助けとなるように，その複雑性を記述したうえで，自傷の4つの基本的機能を同定しています。ちなみに，その機能のそれぞれが，形は異なるものの，その行動を強化しているのです。

　最初に，そして最もよくみられることですが，自傷は，情動的苦痛からの解放——要するに緊張緩和——をもたらします。私の見解ですが，その主要な機能は，耐えがたい情動状態からの逃避であり，その情動状態には，恐怖，憤怒，恥，絶望などの感情が含まれます。体を切ることは，解離的離脱を誘発し，それによって情動的苦痛を鈍化させます。

　第二に，例えば，私の患者が手を切ることの効果を心地よい湯船に浸かることに喩えたように，自傷は報酬的感覚〔★訳注4〕を与えてくれます。感覚的苦痛を感じている人は，この効果を強化〔★訳注5〕として体験する可能性があります。それは，不可解な（つまりメンタライズされていない）情動的苦痛よりも身体的苦痛の感覚のほうが感知しやすく，統制しやすいという意味で，強化になるのです。しかし，このような報酬効果は，感覚消失と複合して生じるときには，内因性オピオイド〔脳内で作られる鎮痛物質〕の活性化から生じているのかもしれません (Sher & Stanley, 2009)。あるいは，体を切ることが，人を解離的離脱という苦痛な状態から救い出す——つまり，活気があるという報酬的感情をもたらす——こともありえます。このような意味では，自傷は，人を現在につなぎとめるおかげで，グラウンディング（grounding）の一形態なのです。

〔★訳注4 & 5〕ここで使用されている「報酬」(rewarding) や「強化」(reinforcing) という用語は，学習理論で言われる「オペラント条件づけ」を背景にして使用されている。オペラント条件づけとは，ある状況で自発的な行動に快体験が伴うとき（あるいは，自発的な行動によって不快体験が取り除かれるとき），その状況でその行動が生起しやすくなることをいう。この場合の快体験（または不快体験除去）を「報酬」(reward, rewarding) と呼ぶ。そして，ある行動に報酬が付与されることによってその行動が習慣化するとき，その報酬付与を「強化」(reinforcement, reinforcing) と呼ぶ。

第三に，自傷は，他者から配慮と援助を引き出すという点で強化になることがあります。この潜在的機能のせいで，自傷を行う人は，「操作的」であるとか「注意を向けてもらおうとしているだけだ」といって批判されることがあります。そのような反応は，情動的苦痛からの解放という，より顕著な機能を見落としている点で的外れです。それだから，Ellen Leibenluft と共同研究者たち（1987）は，セラピストに対して次のように警告したのです。つまり，「私たちが自分たちの経験から確信するようになったことであるが，専門家は，その行動に主として敵対的または操作的な意図を帰属させがちであり，クライエントの内的体験に十分注意を向けているとは言いがたい」（p.323）のです。私の見解ですが，注目──慰めと気遣い──を受けることは，愛着と関連する望ましい目標であり，とりわけ自傷が情緒的ネグレクトの既往と関連しているという事実を考慮すると，そうなのです。ポジティヴな社会的強化についての説明は，以下のとおりです。

　　過剰服薬が病院への入院という結果に終わった後に，疎遠な関係にある親やパートナーが患者のベッドのそばに来ていることが──**悲しいことに，いつもというわけではないが**──しばしばある。その……エピソードが魔力を発揮して，正常な愛着関係が……回復されたと言ってもよい。　　　　　　　（Holmes, 2011, p.155；強調は後から付加）

　愛着の安定性を回復するという，そのようなポジティヴな効果は，自傷の必要性を**減少させる**力を持っています。しかし，この点に関して自傷の抱える問題は，その願望ではなく，注目してもらおうとするそのような努力の**非効果性**です（Linehan, 1993a）。非効果性の一例は，（例えば操作的だという）批判を引き起こすことであり，それは，その人の情緒的ネグレクト体験（つまり誤解されること）を強化するだけなのです。

　第四に，自傷は，社会的要請を免れたり，罰を回避したり，それ以上の虐待を防いだりする結果につながる可能性があります。例えば，自分自身を傷つけることは，他者を遠ざけることになるでしょう。また，自分自身を傷つけ，ひどい被害を他者に認識させることは，他者からそれ以上傷つけられるのを一時的に防いでくれるでしょう。

（4）愛着関係における悪循環

　自傷的行動は，強力な表出機能または伝達機能を持っています（Prinstein et al., 2009）。トラウマを抱える多くの人たちは，自分の情動をメンタライズすることができないので，言葉が見つからなくて途方に暮れてしまいます。さらに，彼ら／彼女らは，自分の情動的苦痛の深層を言葉で表現することなどできないと感じがちです。行

第3章　複雑な心的外傷性ストレス障害

為だけが物語るのです。例えば，血，火傷，傷跡が衝撃的な形で「ほら，あなたがどれだけ私を傷つけたのか見てごらん！」と伝えているときのように，このような表出には攻撃的性質あるいは復讐的性質さえみられることがよくあります。自傷的行動は，物質乱用や摂食障害のように，大雑把に言えば発達早期に属する目的論的（行為志向的）な非メンタライジング・モードを反映しているのですが，これについては第1章（『愛着・メンタライジング・トラウマ』）で紹介しました。

　私は，自傷についてのグループで患者たちに教育を行う際に，自傷と愛着関係との結びつきに光を当てるために，図3-5に示された図式を使用します。私は，緊張緩和が自傷行動の主要な効果であると解釈しています。つまり，愛着の破綻という条件の下でストレスを感じることから事象の連鎖が始まり，次に耐え難い情動状態が生じ，それから自傷が行われ，最終的に緊張緩和が訪れます。私は，耐え難い情動状態という名称で包括される情動を列挙することに患者たちを誘います。そのような情動には，恐怖，驚愕，パニック，欲求不満，憤怒，恥，罪，嫌悪，無力，絶望，自暴自棄などが含まれます。私は，自傷の主要な意図が対人的効果（例えば，気遣いを求めたり復讐心を伝えたりすること）と関連している場合があることを認めながらも，対人的結果を副次的効果（side effects）として説明します。すでに注目したことですが，自傷行動が配慮や援助を引き出すのであれば，そのような副次的効果は正の強化〔★訳注6〕になりえます。

　　〔★訳注6〕オペラント条件づけにおいて，ある自発的行動の後に快体験が生じるとき，これを「正の強化」といい，自発的行動の後で不快が除去されるとき，これを「負の強化」という。どちらの場合にも，その自発的行動は生起しやすくなる。この箇所の「副次的効果が正の強化になりうる」ということの意味は，自傷行動が副次的に他者からの配慮や援助（快体験）を引き出すと，その副次的な対人的結果が正の強化となり，自傷行動が生起しやすくなるということである。

　しかし，自傷行動が重篤で執拗なものであればあるほど，愛着関係に及ぼす効果はネガティヴで強力なものになります。私は，パートナーが感じる情動を列挙するように患者たちを誘うのですが，パートナーも患者が感じるのと**まったく同じ耐え難い情動**を感じがちであることがすぐに明らかになります。さらに，私が強調する点ですが，自傷行動は，パートナーに耐え難い情動状態を引き起こすだけでなく，二人の関係における愛着の安定性を低下させます。したがって，このような連鎖の中で，患者の不安定性が，パートナーの不安定性を劇的に増大させます。パートナーの情動と不安定性が原因で，パートナーが似たような自己破壊的な行動を行うことがあります（例えば，患者が体を切り，パートナーは飲酒にはしる）。このような悪循環においては，患者もパートナーもメンタライズすることができておらず，それぞれが相手にとって心理

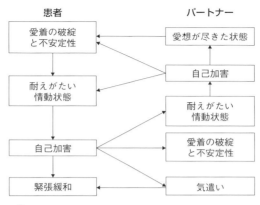

図3-5　自己加害と愛着関係における悪循環
(Allen, 2001, p.229より改変)

的に利用不能になっています。最良の場合でも，パートナーは，距離を置くことと脅迫的・統制的になることとの間を行き来することになりがちです。最悪の場合には，パートナーが患者に愛想をつかし，見捨てられるという患者の最悪の恐れを確証してしまうことになります。ときには，患者が，見捨てられることを予期して先にパートナーを突き放し，不可避と思える事態を自分の統制下におこうとすること（つまり，見切りをつけること）があります。そのペアのそれぞれが次第に耐え難いものになる情動状態の中に苦痛なほど孤立無援のまま放置されるなら，このプロセスが双方にとってトラウマ的になり，過去のトラウマの上にまた現在のトラウマを積み重ねることになりかねません。このような不安定性と情動的苦痛の激化は，自殺行動において頂点に達します。

7．自殺念慮状態

　Nock & Favazza（2009）は，自殺行動を非自殺性自傷からだけでなく，自殺の脅しやそぶりからも区別しています――ちなみに，自殺の脅しやそぶりというのは，「人々が実際には自殺する意図はないのに自殺する意図があるかのように他者に信じこませる発言や行動」(p.12) です。それに対して，自殺行動は，死のうとする比較的アンビヴァレントでない意図の結果です。そのような行動には，自殺思考，自殺計画，自殺準備，自殺企図が含まれます。非自殺性自傷と自殺行動の間の本質的な相違は，苦痛からの一時的逃避か永久的逃避かという区別です。

第3章 複雑な心的外傷性ストレス障害

（1） 自殺念慮状態の発現

　人を自殺念慮状態に陥りやすくさせる要因は，多数あります。例をあげると，①精神医学的障害，②遺伝的脆弱性，③自殺行動がみられる家族歴，④完璧主義，衝動性，孤立などのような適応阻害的パーソナリティ特性，⑤ソーシャルサポートの欠如，⑥秩序を欠く家庭生活，です（Blumenthal, 1990; Harris & Barraclough, 1997）。もちろん，これらの要因の多くがトラウマと絡み合っています。驚くほどのことではありませんが，幼年期の虐待とネグレクトは，発達を阻害する逆境と結びつくと，とくに自殺の危険要因になりやすいことが，広く知られています（Felitti & Anda, 2010）。例えば，Bifulcoと共同研究者たち（2002）は，幼年期の不適切な養育〔虐待とネグレクト〕と成人期の自殺行動との間に容量 – 反応関係（dose-response relationship）〔pp.63-64を参照のこと〕があることを見出しました。つまり，不適切な養育の複数のタイプ（つまり，心理的虐待，性的虐待，身体的虐待，加えてネグレクト）が重複して存在するほど，後に自殺行動が生じる可能性が高くなるのです。さらに，心理的虐待（つまり，苦しみや恐怖や屈辱を与える行動）と自殺との間には，他の形態の不適切な養育の場合よりも強い関連がみられました。

　情動的苦痛の中に孤立無援のまま放置されていると感じることは，本章で論じた行動，つまり，①アルコールや薬物の乱用，②むちゃ食い，排出，拒食，③様々な形態の非自殺性自傷，の多くを引き起こす誘因となります。しかし，情動的苦痛の中に孤立無援のまま放置されているという感情が最も顕著に表れるのが，自殺念慮状態です（Allen, 2011）。これと同じようなことですが，Thomas Joiner（2005）は，自殺念慮状態に寄与する2つの重要な要因を突き止めました。それらは，**所属感の欠如**と**厄介者**意識です——つまり，自分が死んだら他の人たちはもっと楽になるだろうという確信です。これらが複合すると，人は，疎外されており孤立無援であると感じます。現在が過去を呼び起こします。つまり，孤立し，排除され，拒否され，失望させられ，裏切られ，世話される価値もないと感じる現在の体験が，過去のトラウマを疼かせます。そこまで行ってしまうと，つながりを絶たれているという，その感情がきわめて耐えがたい情動状態をもたらすことがあります。

　確かに，自殺を遂行することは，生きようとする生来的な基本的本能に逆らうことです。この基本的本能に打ち勝つことは，Joiner（2005）が**獲得された才能**（acquired capability）と呼んだものを必要とします——つまり，それは，苦痛な経験が繰り返された結果，苦痛や恐れに慣れてしまうことです。次第に致命的になる自殺企図によって自殺の練習を繰り返しているうちに，とうとう自殺を遂げてしまった患者たちと，私は治療的に関わったことがあります。繰り返される非自殺性自傷のエピソード

7. 自殺念慮状態

もそうなのですが、練習は、才能を獲得するための1つの方法です。悲しいことですが、虐待に曝されることが自殺のための獲得された才能に寄与することがあります。この仮説と一致することで、Joinerと共同研究者たち（2007）が見出したことですが、幼年期の虐待の中でも、身体的苦痛が少ない虐待に比べて、身体的虐待と暴力的な性的虐待は、成人期の自殺企図を引き起こす危険性がとくに高いのです。

（2）自殺念慮状態における非メンタライジング

　私たちは、自殺を抑うつと関連づけるのが通例です。それは正当な理由があってそうするのですが、ただし自殺においては不安も顕著な役割を演じます。しかし、治療の焦点を抑うつと不安に絞るだけでは十分とは言えません。自殺念慮状態を引き起こす特有の理由に対して、直接的に目を向けなければなりません。このようなわけで、認知療法家たちは、自殺に特化した効果的治療を開発しました（Wenzel et al., 2009）。自殺の認知モデルは、メンタライジングの視座ともうまくかみ合います。というのは、自殺念慮状態は劇的なメンタライジング不全を伴っており、そのためメンタライジング的治療アプローチが推奨されるからです（Allen, 2011）。

　ストレスに直面すると自殺を考える心の状態——**自殺モード**——に陥りやすくなるのは、そうさせる発達的脆弱性があるからだと、その認知モデルは主張します（Rudd, 2006）。重要な点ですが、これらの脆弱性要因は、不安定な愛着を含んでおり、対人的ストレスの発生にも寄与します。つまり、不安定な愛着は、強烈で不安定な情動を伴う対人関係において葛藤に拍車をかけるのです。同時に、メンタライジングの機能不全が対人的問題解決を妨げ、対人的問題解決の不成功は自殺傾向の発生において重要な役割を演じます（Rudd & Brown, 2011）。さらに、メンタライジングと問題解決の不成功を考える際には、自殺に対して重要な悪影響を与えるアルコール酩酊の役割（Jamison, 1999）を見落としてはなりません。もちろん、同じことは、物質乱用の他の形態についても言えます。物質乱用によって拍車をかけられていようがいまいが、メンタライジングと問題解決能力が急速に減退しているところでストレスが激化すると、自殺に特有の2つの重要な認知的脆弱性が作用し始めます。つまり、情動的苦痛を耐えがたいと捉える知覚と絶望状態です。自殺を行う人は、こうして、「もうこれ以上我慢できない」、そして「これ以上良くなることはないだろう」と確信するのです（Wenzel & Beck, 2008, p.194）。

　きわめて重要なことですが、この認知モデルは、その人が**何**を考えているかということだけでなく、その人が**どのように**考えているか（または、考えていないか）ということを含んでいます。つまり、自殺念慮状態は、**注意の固定**という特徴を持つ認知

131

第3章 複雑な心的外傷性ストレス障害

的制約または頑なさを伴っています。ちなみに，注意の固定とは，自殺の計画を立てたり可能な自殺方法を習得したりすることを含めて，すべての問題解決努力が自殺に集中してしまうことです（Wenzel et al., 2009）。このモードにおいては，人は，耐えがたいほど苦痛な情動状態から逃れる唯一の解決法が自殺であると考え，死ぬ理由ばかり考え，生きる理由を考えていません（Jobes, 2006）。

注意の固定は，メンタライジング（つまり，情動喚起状況下での柔軟で省察的な思考）の正反対です。そして，この認知モデルで性格づけされているような自殺念慮状態は，**心的等価**という非メンタライジング・モードの典型例です。つまり，自殺念慮状態の人においては，自分の考えや感情は現実を特定のあり方で**表象化**（represent）したものだという感覚が失われるのです〔★訳注7〕。例えば，精神的なものと現実的なものを混同するので，絶望的と**感じること**と実際に絶望的**であること**を混同してしまいます。Jeremy Holmes（2011）も強調しているように，メンタライジングは，考えることと行うこととの区別を心に留めておくことを伴っています。つまり，メンタライズしているときには，あることを実際に行わなくてもそれについて考えることが可能であるという認識が存在します。この観点から，「あらゆる場合に，形は異なっていても，自殺は，メンタライジングの不全──つまり思考と感情を客観的な現実から区別する能力の不全──としてみることができる」（p.151）と，Holmesは断言しています。要するに，Holmesの見解によれば，十分なメンタライジングは，自殺とは相容れないものなのです。自殺研究の先駆者であるEdwin Shneidmanは，この見解と一致する主張をしました。つまり，「意味のある自殺記録を書くことができる人は，自殺を完遂する立場になることはないだろう」（Jobes & Nelson, 2006, p.37からの引用）というのです。

〔★訳注7〕表象は「何かを特定のあり方で存在するものとして表象化している」（represent something as being a cirtain way）というPerner（1991, p.15）の見解を背景にした説明である。私たちの考えや感情は私たちが現実を特定のあり方で捉えた表象に関するものであるという認識をBogdan（2005）は「表象性の感覚」（sense of representingness）と呼ぶが，心的等価（モード）においては，この感覚が失われている。引用文献：Perner, J. (1991). *Understanding the representational mind*. Cambrifge: The Bradford Press. ／ Bogdan, R.J. (2005). Why self-ascription are difficult and develop late. In B.E. Malle & S.D. Hodges (Eds.). *Other minds: How humans bridge the divide between self and others*. New York: The Guilford Press. pp.190-206.

Holmes（2011）は，自殺について考えることを正常なこととみなしています。「人生の中の苦難のときに自殺について考えることは，実存的には正常なことであり，ときには助けにさえなる」（p.150）というのです。「自殺について考えたことが一度もないということは，自己愛を示す指標であるかもしれない。逆に，自分が自殺念慮についてメンタライズできるということは，ある程度の心理的健康を示す指標であるか

7．自殺念慮状態

もしれない」(p.160) と，大胆にも Holmes は提唱しています。したがって，メンタライズする能力——自殺思考や自殺願望に基づいて行動することなく自殺について考えること——は，自殺予防においてきわめて重要なことです。「このメンタライジング的見方を支えているものは，自殺について考え語る能力が自殺の発生を減少させる傾向があるという暗黙の逆説である」(p.150) ということです。Holmes の見解と一致することですが，私が治療的関わりを続けている多くの患者たちは，自殺できることが慰めになると気づいており，そのおかげで，逆説的に，患者たちは自殺を思いとどまることができています。Holmes は，以下のような警句を引用しています。「何もかもうまくいかないときにはいつも，私がしなくちゃならないのは自殺を考えることだけなんだけど，その2秒後には馬鹿みたいに上機嫌なの。だけど，もし人が自殺**できない**なんてことになったら——ああ，そのときには，私，本当に自殺するんじゃないかしら」(p.150；強調は原書のとおり）〔★訳注8〕。Holmes は，自殺を考えることを当然視しますので，人に対して自殺を考えたことがあるかと尋ねることはしません。むしろ，抑うつや悲しみや悲嘆の中にいる人が投げかけてもらう必要のある質問は，「あなたはどのくらい自殺を考えていますか」(p.160) なのです。

〔★訳注8〕アメリカの小説家ウォーカー・パーシー（Walker Percy: 1916-1990）の小説 "The Moviegoer" にある有名な一節からの引用である。訳出には，日本語版〔土井 仁（訳）『映画狂時代』，大阪教育図書，2007年，p.248〕を参考にした。

自殺念慮状態は，素朴で古い療法の必要性を証明する具体例です——素朴で古い療法というのは，セラピストの共感のおかげで患者が情動的苦痛の中に孤立無援のまま置かれていると感じなくてもすむ（Orbach, 2011）ようなメンタライジング的関係です（Allen, 2011）。もちろん，患者の自殺念慮的な心の状態は，セラピストに対して大きな課題を突きつけますし，セラピストは脅威と不安を感じやすくなり，そのことがセラピストのメンタライジング能力を妨げてしまいます（Bateman & Fonagy, 2006a）。Israel Orbach (2001) は，セラピストが志すべきことを次のような言葉で表現しました。それは，「苦しんでいる人に対する，基本的，共感的，慈愛的な態度であり（憐憫ではない），ごまかしがきかないもの」(pp.172-173) だというのです。彼は，以下のように詳述しています。

> 自殺願望に共感的であるということは，自殺を考えているその人の見方を採用し，自殺願望を妨げたり，止めようとしたり，修正しようとしたりせずに，この人がどのようにして最終結論に達したのかを「了解すること」を意味する。このことが意味しているのは，なぜ患者が利用できる唯一の選択肢が自殺なのかをセラピストが「了解する」ことができるまで，セラピストが患者の苦痛な体験に共感しようと試みるということである。

第3章　複雑な心的外傷性ストレス障害

　……セラピストは，自殺念慮の流れに逆らおうとしたり，説得や死なないという約束によって患者の生きることへの動機づけを性急に高めようとしたりせずに，自殺願望に対して共感的姿勢をとり，可能な限りそれに焦点を絞るのである。1つの方略として，私は，自殺を考えている人に対して，自殺が残された唯一の解決策だということを実際に私に「納得させる」ように求め，その共感的焦点合わせに基づいて患者とやりとりする。私は，自殺の決定をしないように圧力をかけることはせずに，自殺を1つの現実的選択肢として考慮することに関与しようとするのである。もちろん，これは，自殺したいという意図に同意するという意味ではない。そうではなくて，患者の体験とつながり，自分自身を危機状態のときの聴き手および同伴者として差し出す1つの方法だということである。
(pp.173-174)

　患者の自殺念慮状態に共感を示す際に，セラピストは，患者の絶望に加担してはなりません。Holmes（2011）が説明しているように，この脈絡でのメンタライジングは，「セラピストが，いわば，一方の足をこの空想世界に置き，もう一方の足をしっかりと現実の側に着けておくことを要求する」(p.161) のです。このように志すことは，決して小さな偉業ではありません。セラピストは，希望を持ち続けなければなりませんし，その希望は次のような確信を伴っています。つまり，患者の人生は耐えることが可能で価値あるものになりうるのであり，こうなる道筋がまったく見えないときでさえ，そうなのだということです。患者が生きている限り，絶望の極みでは想像することができない道筋を発見できる可能性があるのです。

　要するに，非メンタライジングに対する解毒剤は，メンタライジングです。つまり，他者からの共感は，自己への共感をもたらします。ここで，素朴で古い療法についての議論を事前に予告しておきます。なぜなら，自殺念慮状態は，患者に対しても，セラピストに対しても，最大の治療的難題を突きつけてくるからです。しかし，その解決法は，基本に沿ったものです。つまり，患者が理解されたと感じることができるような，したがって自分自身を理解することもできるような，共同的なメンタライジング関係を発展させることです。それを「成人愛着面接」の言葉で技法的に表現するなら，自殺念慮状態の患者を治療するセラピストは，ナラティヴの首尾一貫性（Michel & Valach, 2011）を目指しているということです——より平易な言葉で言うなら，セラピストは，患者がその物語を語ることができるように，また代替的物語（alternative stories）を創造することができるようにしているのです〔★訳注9〕。

　　〔★訳注9〕この記述は「ナラティヴ」(narrative) の視点に基づいている。私たちは，自分自身を，また自分の人生を語るときには，単なる事実の羅列ではなく，それらの事実を意味づけ，筋を持った「物語」(story) として語る。そして，その物語は語るたびに作り直されていく。私たちが解決のない袋小路に追い詰められるときというのは，特定の物語（特定の見方）に縛られ，それに代わる物語（見

7．自殺念慮状態

方）を見出せなくなっているときである。代替的物語（見方）が生じてくるなら，元の物語は相対化され，私たちは（考える）自由を獲得する。「私には残されている道は自殺しかない」というのも自分についての1つの物語（見方）であり，それに代わる物語（見方）が全く考えられないわけではないのである。

　私の共同研究者のDavid Jobes（2006）は，自殺念慮状態に寄与する要因の構造的アセスメント法を開発しましたが，このアセスメント法は，メンタライジング的姿勢を開始する際にきわめて有用であると，私は思います。患者はいくつかの評定尺度に回答を書き込み，一連の質問に答えるのですが，セラピストは患者の横に座り，患者がそうするのを助けます。患者たちは，心理的苦痛，ストレス，動揺，絶望，自己憎悪の水準を評定するように誘導されます。また，患者たちは，これらの体験が生じた理由を言葉で表現します。患者たちは，これ以降に自殺によって死ぬ危険性が全体としてどれくらいあるかを評定します。患者たちは，自分自身について感じていることと自殺念慮状態がどれくらい関連しているか，また自分の対人関係について感じていることと自殺念慮状態がどれくらい関連しているか，を考えます。それから，患者たちは，生きる理由と死ぬ理由を列挙し，生きていたいと思う程度と死にたいと思う程度を別々に評定します。自殺企図をしたときには自殺についてアンビヴァレントではなかったと評定する（つまり，死にたい気持ちの強さはその尺度の最大値であり，生きたい気持ちの強さは最小値であったと評定する）患者たちもいますし，アンビヴァレントだったと（つまり，生きたい気持ちと死にたい気持ちの強さが等しかったと）評定する患者たちもいます。このアセスメント法は，最後に，とくに衝撃的な質問を用意しています。その質問は，「自殺したいと感じなくてすむようにあなたを助けてくれるものを1つあげるとすれば，それは何でしょうか」です。自殺念慮状態の根底にあるものについてのこの共同的アセスメントは，自殺念慮状態へと駆り立てる力に注目する自殺焦点化治療のための足場を築いてくれます。私は，自殺念慮を持つすべての患者の心理療法において，早期にこのアセスメント法を使用します。

　【事例】ナタリーは，深刻で一見衝動的な自殺企図の後に集中的な入院治療を求めましたが，彼女の自殺企図は初めてのことではありませんでした。私たちは，心理療法で，ただちにこの自殺企図に目を向けましたが，彼女は，それを不可解だと表現しました。彼女が言うには，彼女は，一人の友人と昼食に出かけ，笑ったりふざけたりして楽しく過ごしたそうです。昼食の後，彼女は，仕事に戻らない決心をしましたが，仕事に戻らないことを——いつもとは異なり——同僚に知らせませんでした。彼女は，それから2時間後に，1パイント〔473ミリ・リットル〕のウィスキーを飲み，隠し持っていた複数の錠剤を服用し，所有している車庫で一酸化炭素中毒による自殺を試みました。ナタリーが抑うつと悪戦苦闘していることを

第3章　複雑な心的外傷性ストレス障害

知っていた彼女の同僚は，ナタリーが仕事に戻らず電話にも出ないので心配し始めました。そのおかげで，彼女は救い出されたのです。

　心理療法が始まる頃には，ナタリーは「大丈夫」だと感じていると語り，同時に，90％の頻度でそう感じると語りました。自殺念慮状態は青天の霹靂で，まったく理由がなかったと，彼女は語りました。しかし，自殺企図のときの彼女の心の状態に焦点を合わせた自殺アセスメントによって，ただちに慢性的な諸問題が明らかになりました。第一の重要事であった心理的苦痛は，彼女の自殺念慮の核心を突くものでした。彼女が最も苦痛だと感じていたことは，父親が抱えている不安についての心配であり，また，それについて自分ではどうすることもできないという無力感でした。彼女が言うには，彼女の父親は，いつも「神経質な人」でしたが，彼女は，それまでの人生の間ずっと父親と非常に距離が近かったのです。彼女の母親は「家族の要（かなめ）」であり，家族を安定させていました。それが証拠に，彼女も父親も，おまけに彼女の兄までも，母親を頼りにしていました。その母親が2，3年前に交通事故で亡くなり，その時点で，父親はさらにひどい不安と抑うつに陥りました。母親の死から約1年後，父親は，ある女性と恋愛関係に陥りましたが，その女性は，ナタリーからみると「不安定」であり，そのため父親のストレスを軽くするどころかさらに悪化させるような人でした。一方，ナタリーは，自分を支えるのに精一杯で，結果的に父親を「見捨てること」になっており，このことに対して罪悪感を感じていました。さらに，彼女が父親を慰めようとしても，父親は彼女を振り払うので，自分の努力は「無駄だ」と，彼女は感じていました。

　他にもいくつかの寄与要因が，家族状況と絡み合って作用していました。ナタリーは，大学卒業後に始めたばかりのきつい仕事が絡むストレスを感じました。例えば，父親を助けてあげられないことを気に病んでいる間に，上司からの要求によるストレスを感じると，彼女は，いてもたってもいられない気持ちになるのでした。彼女は，心理的な苦痛とストレスを変えることができない無力感を感じました。慢性的苦痛を引き起こす決定的要因だと判明したもの，つまり物質乱用についても，彼女は自己嫌悪を感じていました。彼女は，日中にはアンフェタミンとコカインの乱用に心を奪われ，おまけに，夜間には「緊張を緩和する」ために断続的にアルコールを乱用し，日常的にマリファナを使用していました。彼女は，両親の高い基準を内在化しており，それに到達したいと願っていましたので，なおさら罪悪感と恥を感じました。彼女は，次のような事実を認識しました。つまり，彼女は，青年期に，たまにアルコールを乱用し，「戯れに」薬物に手を出したのですが，物質乱用がより問題のあるものに変化したのは母親の死後でした。また，物質乱用が劇的にひどくなっていったのは，彼女がかなり信じていた恋愛関係が破綻した後のことでした。彼女は，物質乱用の程度を隠し続け，その深刻さを過小評価していました。両親の理想に背いていることと関連して物質乱用についての罪と恥の感情が生じるのですが，皮肉なことに，その罪と恥の感情は彼女の物質乱用をさらに煽り立てるだけだったのです。さらに，ナタリーは，自分の自殺企図が父親の不安と苦痛を助長していることについて，とくに罪悪感を感じていました。さらに皮肉なことですが，彼女が言うには，自殺しようとする動機は，父親が彼女の自殺念慮を心配していることについての罪悪感でした。物質乱用と並んで，自殺は，彼女の「逃げ道」だったのです。

　自殺を考えなくてもよいように助けてくれるものを1つあげるなら，それは母親が死なずに今でも生きていることだと彼女は語りましたが，このことは彼女の自殺念慮において家族関係が重要な役割を演じていることを証明していました。彼女は現実的に可能な代替的反応を考えるように促されましたが，生きることを可能にしてくれるものを1つあげるなら，それは健康なライフ・スタイルを持つことだと，彼女は語りました。母親と男性の友人を失っ

た後に，ナタリーは愛着回避的姿勢に陥りました。彼女は，自分だけを頼りに生きていることを誇りに思うようになりました。彼女が吐露したことですが，彼女は，精神医学や心理療法を頼りにしている人たちを見下していたので，自分にも治療が必要だということをなかなか受け入れることができなかったのです。しかし，彼女は，過去に家族の中で安心感を体験した歴史があったので，とくに同一化できる患者仲間に助けられて，愛着回避を克服することができました。外来治療に移る心構えができる頃には，彼女は，自分が自殺念慮状態に陥りやすいことに痛いほど気づいており，持続的な専門的援助が必要であることを受け入れていました。治療の中で自己認識が進んだので，90％の頻度で大丈夫だと感じたという彼女の以前の見方は錯覚だったことに，彼女は気づきました。それとは逆に，実際には100％の頻度で「絶望」していたのだと，彼女は語りました。

最後に，私は，自殺念慮状態がとくに愛着関係にとって脅威になるという事実を強調したいと思います。非自殺性自傷と関連させて私が論じた悪循環は，自殺という状況下では劇的にひどくなります。喪失という脅威は，パートナーあるいは養育者の側にきわめて耐えがたい情動状態を生じさせますが，それは自殺を考えている当人の情動状態と似ているのです——それは，おそらく，恐怖，憤怒，無力さ，自暴自棄，罪，絶望を含んでいます。同時に，喪失という脅威は，愛着の不安定性を劇的に高めます。親，パートナー，友人，あるいはセラピストは，メンタライズする能力を失い，そのため距離を置くか，強要的になります。そのような反応は，自殺念慮状態の人に，さらに苦痛と孤立無援を感じさせることになります。

8．パーソナリティ障害

本書の至る所で強調していることですが，パーソナリティの発達において愛着関係は中心的役割を演じます。パーソナリティの個人差は，かなりの程度まで関係——愛着関係やその他の関係——の中に表れます。外向性と内向性が代表例です。愛着における個人差は，私たちの最も親密な関係——私たちの情緒的欲求の命運がかかる関係——において中心的な役割を演じます。そして，愛着関係は，私たちの自己感とアイデンティティを形作ります。要約すると，愛着トラウマは，アイデンティティと対人関係の混乱につながります。精神医学においては，そのような永続的不全は，パーソナリティ**障害**と診断されます。

すべての精神医学的診断名の中で，パーソナリティ障害は，最も情緒的な意味合いを帯びています。パーソナリティ障害があると言われることは，「悪いパーソナリティ」を持っていると言われたように感じられるか，一歩間違うと「悪い人」であると言われたように感じられる可能性があります。そのような診断は，傷口に塩を塗る

第3章 複雑な心的外傷性ストレス障害

ことになりかねません。トラウマの既往のある患者たちにパーソナリティ障害について教える際に，私は，次のような3つの神話を払拭することに努めます。

1）**悪いパーソナリティという神話**：パーソナリティ障害は，パーソナリティの中の問題のある側面と関連しています。その人全体を特徴づけるものではありません。例えば，パーソナリティ障害を持つ多くの患者たちは，たいていのときには，愛想が良く，親切で，慈しみを示し，思いやりがあります。

2）**永続性という神話**：パーソナリティ障害は，不変のものではありません。逆に，1年も経過すれば，パーソナリティ障害と診断された患者の大部分は，その障害の診断基準の一部しか満たさなくなることが予想されます（Shea et al., 2002）。臨床的症状のように，パーソナリティ障害は，現れたり消えたりする可能性がかなりあるものです。ストレス，不安，そして物質乱用や虐待的関係といった他の要因に影響されて，症状は一進一退を繰り返します（Allen, 2003）。このようなわけで，パーソナリティ**特性**（traits）は比較的変化しにくいものですが，**障害**（disorders）はそこまで変化しにくいものではありません（Oldham, 2007）。

3）**治療不能という神話**：パーソナリティ障害に特化した治療アプローチが幅広く開発され，効果的であることが証明され続けています。心得ておくべきことは，治療には時間がかかるということです。また，長期的心理療法がパーソナリティ障害に対する治療の主流だということです。

この節で，私は，パーソナリティ障害をより詳細に定義し，その後に，トラウマを様々なパーソナリティ障害と関連づける知見に注目します。私は，境界性パーソナリティ障害（BPD）についての議論で本節を締めくくることにしますが，境界性パーソナリティ障害は，愛着トラウマと関連づけた理解が最も幅広く行われてきました。

（1）パーソナリティ障害の診断

大雑把に言えば，多くのパーソナリティ障害は，対人関係に困難をもたらすようなパーソナリティ特性の過剰という形をとります。例をあげると，妄想性（猜疑的），自己愛性（尊大かつ自己中心的），依存性（他者に過度に依存する），回避性（拒否されることに敏感），強迫性（細かいことにこだわり，完璧主義で，義務に縛られる），反社会性（人をだまし，他者を見下し，法律を破る）といった具合です。パーソナリティ障害の診断に関して今日では論争が盛んであるとはいえ（Liversley, 2010），上述のような診断名はどこからともなく出現したのではないということを覚えておくこ

とが重要です。つまり、それらを典型的な形で示す人たちがいるのです（Yudofsky, 2005）。しかし、無数の症状を整理された収納庫に収めることに挑戦する段階になると、パーソナリティ障害という診断は、とんだ当たりくじを引いてしまいます。つまり、多くの人は、2つ以上のパーソナリティ障害を示すか、幅広いパーソナリティ障害に散らばって存在する多くの特性を示すのです。パーソナリティの諸特性は、正常か不適応的かを問わず、どのくらいあるかという程度の問題であり、私たちすべての中に混じり合って存在しています。このような理由で、私は、**パーソナリティ障害傾向**（personality disorderedness）という連続体を考えるに至りました（Allen, 2001）。メニンガー・クリニックのスタッフの主任であるOldhamと共同研究者たちが見出したことですが、パーソナリティ障害とされる患者たちは、平均して3.4種類のパーソナリティ障害の診断基準を満たしていました。彼らは、同時に複数の診断基準を満たす患者たちを**多岐的パーソナリティ障害**（extensive personality disorder）と診断するべきであると勧めました（Oldham et al., 1992）。私たちはすべて、パーソナリティ障害傾向という連続体のどこかに位置しています。私たちの中で、特定のタイプにすっきり収まる人はわずかです。

パーソナリティの発達を関係性と自己定義に基づいて考えるBlatt（2008）の見解とも一致することですが、DSM-5のために作成されつつあるパーソナリティ障害の大まかな診断基準は、対人機能および自己感における重要な機能不全を含んでいます。自己機能の重要側面は、**アイデンティティ**（つまり、自他の明確な境界を持つ独自の存在として自分自身を体験すること、時間と個人史に一貫性があるという意識、自己評価と自尊感情の安定性・正確さ、様々な情動体験とその調整ができる能力）および**自己定位**（self-direction）（つまり、一貫していて意味のある短期的目標および人生目標の追求、建設的で向社会的な行動基準の使用、生産的な形で自省する能力）です。対人的機能の重要側面は、**共感**（つまり、他者の経験と動機に対する把握・認識、異なる見方への寛容さ、行動が他者に与える影響についての理解）および**親密性**（つまり、他者とのつながりの深さと持続、親しさを求める願望と親しさを受け入れる能力、対人行動に反映された自他双方への尊重）です。これらの基準が証明しているように、パーソナリティの不全（disturbance）には、愛着とメンタライジングの問題が深く関与しているのです。

（2）パーソナリティ障害に対する愛着トラウマの寄与

Judith Herman（1992b）が明らかにしたとおり、長期間持続するトラウマがパーソナリティの不全と愛着関係の破綻をもたらすことは、不思議なことではありません。

第3章 複雑な心的外傷性ストレス障害

> 慢性的にトラウマに曝された人々に対する社会的判断は……きわめて辛辣なものになりがちである。慢性的に虐待を受けた人にみられる，明らかな無力性と受身性，過去へのとらわれ，難治性の抑うつと身体的愁訴，露骨な怒りは，身近にいる人々を欲求不満に陥らせる。
> (p.115)

　幼年期のトラウマと成人期のパーソナリティ障害との関連を支持する実証研究の例としては，Johnsonと共同研究者たちが行った入念な研究をあげることができます。その研究は，アメリカのある州の公文書に記録された幼年期の虐待およびネグレクトと，成人期のパーソナリティ障害との関係についての研究です（Johnson et al., 1999）。見出された知見は明瞭なものでした。つまり，幼年期の不適切な養育の既往が記録に残されている人は，トラウマの既往のない人に比べて，成人期にパーソナリティ障害を持つ確率が4倍になるのです。しかし，読者は私が先述したことからすでに推測しているかもしれませんが，幼年期のトラウマの影響は非特異的です。つまり，幼年期の不適切な養育のタイプによって後に生じるパーソナリティ障害に多少の相違があるとはいえ，トラウマと関連するパーソナリティ障害は広範囲にわたるのであり，反社会性，境界性，依存性，抑うつ性，受動-攻撃性，自己愛性，回避性，妄想性，シゾイド（対人的に疎遠），統合失調型（風変わりで偏っている）を含んでいます。私たちは，幼年期の不適切な養育と関連する精神医学的障害のために入院した女性たちのパーソナリティ機能について，心理検査を用いて査定しましたが，似たような幅広い並行的不全を見出しました（Allenn et al., 1999）。しかし，すべてのパーソナリティ障害の中で，愛着トラウマおよびメンタライジングの機能不全と最も体系的に関連づけられてきたのは，BPDです。

（3）境界性パーソナリティ障害

　BPDは，複雑な心的外傷性ストレス障害の代表例です。簡潔に言うと，BPDにおける中核的問題は，①アイデンティティ混乱，②安心の乏しさおよび見捨てられることへの敏感さを特徴とする不安定な密着関係，③激しい情動的反応性，④衝動的な自己毀損行動，を含んでいます。BPDの症候は多面的であるだけでなく，BPDは同時に生起する幅広い障害と絡み合っています。私は，BPDの診断を受けた患者で，これまでに論じた**すべての**問題を抱えている多くの患者たちと治療的に関わってきました。ちなみに，すべての問題とは，PTSD，解離症状，抑うつ，全般性不安，物質乱用，健康不良，摂食障害，非自殺性自傷，自殺企図です。

　幼年期の虐待とネグレクトは，BPDの発現に寄与する要因としてよく知られてい

ます（Ball & Links, 2009）。しかし，幼年期の不適切な養育は，多くの寄与要因の中の1つにすぎません。さらに，不適切な養育は，この障害の発現にとっての必要条件でも十分条件でもありません（Gabbard, 2000）。幼年期の性的虐待は，BPDの発現に対して，とくに顕著な寄与を示すとはいえ，それは，しばしば家族機能不全のより広いパターンと絡み合っています。つまり，「境界例患者が報告した幼年期の性的虐待は，1回あるいは一連の外傷的出来事それ自体であるとともに，患者が経験した**家族機能不全の重篤性を示す標識**である」（Zanarini et al., 1997, p.1104；強調は後から付加）ということです。さらに，ネグレクトがあると，その子どもは，近親者以外からの性的虐待の危険に遭遇することになります。というのは，ネグレクトは，「もしその子どもが虐待されたとしても誰も気づかないし，いたわりもしないということを，加害者になる可能性のある人に対して明らかにしてしまうから」（p.1105）です。

　BPDと幼年期の不適切な養育との関係についての実証研究の多くは，回想的な報告に依拠していますが，最近の追跡的研究〔p.80を参照のこと〕は，発達的な結論に対して，より確かなエビデンスを提供しつつあります。こうした知見のすべてが，愛着とメンタライジングに焦点を絞る私の立場と一致しています。例えば，Jeffrey Johnsonと共同研究者たち（2006）は，家族成員と6歳から33歳にわたるその子どもたちについて，連続したアセスメントを実施しました。これらの調査から見出されたのは，厳しい処罰のような嫌悪的親行動とともに，親の愛情と養育の水準が低いことが後のBPD（および他のパーソナリティ障害）と関連しているということです。Karlen Lyons-Ruthと共同研究者たち（2005）が見出したことですが，乳児期における母親からのコミュニケーションの断絶は，18歳時点で査定されたBPDの症状と有意な相関を示しました。注目するべきことですが，青年期に報告された，それまでの人生での虐待の総量も，症状に寄与していました。発達的研究が繰り返し示しているように，逆境の積み重なりは障害の危険性を増大させます。この場合，母親からのコミュニケーションの断絶に，後の虐待が結びついた結果，BPDの症状が最高水準に達したのです（Melnick et al., 2008）。

　Elizabeth Carlsonと共同研究者たち（2009a）は，「ミネソタ縦断研究」から得られた結果を報告しましたが，その結果は，乳児期から続く幅広いアセスメントと28歳時点でのBPD症状との間に相関があることを示していました。以下のような早期の発達に関する観察結果がBPDの症状と関連していました。つまり，BPD症状と関連していたのは，①愛着の無秩序（12～18か月），②不適切な養育（12～18か月），③母親の敵意と境界侵犯問題（42か月），④父親がいることに関連する家族崩壊（12～64か月），⑤家族ライフストレス（3～42か月），でした。BPDの前兆のいくつかは12

第3章　複雑な心的外傷性ストレス障害

歳時点で現れていました。それらは，注意の異常，情緒的不安定，行動上の不安定，混乱した対人関係です。その知見も示唆していることですが，不適切な養育は，自己表象（つまり内的作業モデル）における混乱を生じさせ，それが次にはその人をBPDに至る危険に曝していました。先述の著者たちが特筆しているように，「表象およびそれと関連するメンタライジング過程は」，早期の不安定な愛着を後のパーソナリティ不全に結びつける「経験の伝達者（carriers）と考えられる」（p.1328）のです。

　Peter Fonagyと共同研究者たち（1996）は，「成人愛着面接」の中で行われたメンタライジング能力のアセスメントに基づいて，メンタライジングとBPDをより直接的に関連づけました。つまり，不適切な養育を受けた既往を持ち，おまけにメンタライジング能力の機能不全を抱える患者たちの場合には，その97％がBPDの診断基準を満たしていました。一方，メンタライジングが維持されている群においては，虐待の既往を報告した患者たちの17％のみがBPDの診断基準を満たしていました。Fonagyと共同研究者たちは，結論として次のように述べました。

> もし虐待を受けたとしても，メンタライジング能力が発達するための間主観的基盤を提供してくれる有意味な愛着関係を活用できるなら，子どもたちは被虐待経験を解決する（考え抜いてその威力を弱める work through）ことができるだろうし，その結末が重篤なパーソナリティ障害ということにはならないであろう……。しかし，もし不適切な養育を受けたその子どもに，愛着の絆を発達させるのに十分な力と強さを備えたソーシャルサポートが欠けていれば，被虐待経験は省察の対象になることもなければ解決されることもないであろう。ちなみに，愛着の絆は，激しい対人関係の中でさえ他者の心理状態を思い描くことができる確かな能力が獲得されるための背景条件（context）を与えてくれる。当然のことであるが，被虐待経験が未解決であれば，有意味な関係が発展する可能性は減少する。このことが自己永続化するため，心を悩ますその経験が省察過程の出現を通して満足な形で解決される可能性は，さらに減少してしまうのである。
> （Fonagy et al., 1995, p.261）

　メンタライジング不全に関するFonagyの実証研究と一致することですが，Alan Sroufeと共同研究者たち（2005）の縦断的研究において，予想外の発見がありました。それは「『心理的』に不適切な養育がもたらす破壊的な結果であった。親の心理的利用不能性（unavailability）のパターンは，幼児期から成人期に至るまで，幅広い結果をもたらす」（p.301）と，彼らは述べています。この知見は，BPDの発現にとくにあてはまります。私の共同研究者たちと私が以前に結論づけたことですが，「子どもをBPDに陥りやすくさせる中心的要因は，**心理状態に関する筋の通った語り合いを減退させる家族環境なのです**」（Allen et al., 2008, p.274；強調は原書のとおり；狩

野（監修）上地他（訳）『メンタライジングの理論と臨床』，北大路書房，2014年，p.323）。Fonagy & Bateman（2008）が詳述しているように，トラウマは，メンタライジングを台無しにすることによって，BPDを発現させるうえで突出した役割を演じます。しかし，「トラウマの衝撃は，子どもの視点を考慮できないという，より全般的な失敗の一部として感じ取られる可能性がきわめて高く，ちなみに，その失敗は，ネグレクト，拒絶，過度の統制，非支持的な関係，一貫性の乏しさ，混乱，を介して行われる」（p.14）のです。

　Fonagy & Luyten（2009）は，大まかなメンタライジングの機能不全にとどまらず，私が第1章で論じたようなメンタライジングの多重的な複数の面とBPDの中核的症状（つまり，感情調整不全，衝動性，不安定な対人関係，アイデンティティ混乱）との関係を詳述しました。詳しく言うと，BPDにおける中核的問題は以下のとおりです。つまり，自動的，黙示的で情動に突き動かされたメンタライジングから生じた情動的苦痛によって愛着欲求が活性化されるときに，メンタライジングの明示的，内的，認知的な側面が衰退してしまうということです。例えば，情動的苦痛に直面し，慰めを必要とする場合，BPDを抱える人は，表情的手がかりを誤認しやすく（例えば，懐疑の表出を，非難と敵意が込められた顰（しか）め面（つら）とみなすこと），他者の心の状態に対する解釈を誤りやすくなります（例えば，拒絶として解釈すること）。情動感染〔★訳注10〕が，正確な理解と効果的なコミュニケーションよりも優位に立ちます。相互交流におけるそのような不全は，愛着関係において，①拒絶，②波長合わせの誤り，③見捨てられ，を体験したことへの反応として生じる可能性がきわめて高いのです。現在の関係において体験されるそのようなメンタライジング不全は，養育における中核的不全の反映です。そして，その養育における中核的不全は，BPD発現の素地を形作るのです。つまり，それは，子どもの欲求または苦痛が強まっている状況でメンタライジングが存在しないことです。養育者の側のこのメンタライジング不全は，情緒的に距離を置くことや情動感染の形をとる可能性があります。このような不全は，無秩序型愛着および不安－アンビヴァレント型愛着が生じる背景条件であり，どちらもBPDに結びつきます（van IJzendoorn & Bakermans-Kranenburg, 2008）。

　　　　〔★訳注10〕「情動感染」（emotional contagion）とは，社会心理学者のElaine Hatfieldと共同研究者たちによって提唱された概念で，人が他者の情動に影響されて，それと同じ情動を体験したり表出したりする現象である。例えば，子どもがネガティヴな情動を体験あるいは表出しているときに養育者も同じネガティヴな情動を体験あるいは表出するということである。このような場合，養育者の反応は，子どもの情動を有標的に（子どもの情動であることが子どもにわかるように）表出しているのではないから，メンタライジングとは言えず，子どもの側にメンタライジングを生み出すこともない。

　そのような心理的利用不能性と併せて，他の形のトラウマ，例えば早期または後の

愛着関係において相手から脅かされ，敵対的‐侵入的な行動を示されると，愛着欲求が慢性的に活発化し，解消することがなくなります。注目するべきことですが，回避型の愛着は，情動が喚起された状況においてメンタライジングを維持する能力をより高めてくれます。しかし，回避型愛着は，限られた守りしか与えてくれません。回避型愛着は，安定型の愛着関係の発達を制限するだけではなく，次に述べるような点では脆弱性と結びつきます。つまり，情動喚起が次第に強烈な水準に達するにつれて，メンタライジングの衰退が生じ，情動の氾濫が起きる可能性があるということです（Patrick Luyten, Linda C. Mayes, & Boudewijn Van Houdenhove, 未公刊原稿，2011年12月15日）。BPDにおいては愛着の葛藤およびそれと関連するメンタライジングの機能不全が中心的役割を演じているのであり，このことに促されて Anthony Bateman & Peter Fonagy（2006a）は「メンタライゼーションに基づく治療」を開発したわけですが，これについては第4章（『エビデンスに基づく治療』）で論じることにします。

9. 複雑な心的外傷性ストレス障害の診断

ここまでのレビューから，愛着トラウマに関連する諸問題の全範囲を包括する単一のDSMカテゴリーは存在しないことが，十分に明らかになりました。本節では，まず，成人期と幼年期に特有の複雑なトラウマに適した診断カテゴリーを創り出そうとする試みをレビューします。そして，その後に，1つの巨大な診断収納庫を見出そうというこの望みを放棄するべきであるという私の結論を提起します。

（1）複雑性 PTSD

Herman（1992b）は，トラウマを体験してきた人々に汚名を着せる診断的烙印に対する反感を隠そうとはしませんでした。幼年期の虐待の被害者たちは，「強力な否定的含意を持つ診断名を付与されやすい」と，彼女は主張しました。彼女は，「軽蔑的な意味を帯びた」診断名の中でも，BPDを「最も悪名高い」ものと認定し，「この用語は，精神保健専門家の間では，しばしば洗練された軽蔑と大差のないものとして使用されている」（p.123）と述べました。Herman（1992a）は，**複雑性 PTSD**（complex PTSD）という代替的診断名を提唱しました。実際に複雑なのです。彼女が言うには，この障害をもたらすトラウマ性ストレスの特徴は，長期間にわたって支配と統制に服従し続けたということです。そして，その中には，戦争捕虜であったこと，家庭内暴力の犠牲者であったこと，幼年期の虐待の被害者であったことが含まれています。それと関連する諸問題の中には，①情動調整，②意識，③アイデンティ

ティ，④加害者についての知覚，⑤他者との関係，⑥意味体系，にみられる変容が含まれています。

　Herman（1993）は，上述のような問題群を「特定不能の極度ストレス障害」（disorders of extreme stress not otherwise specified: DESNOS）という診断名でDSM-Ⅳ（American Psychiatric Association, 1994）の中に入れるべきであると提案しました。それ以来，この提案は，DSMの専門委員会の中に，「活気に満ちた議論」（spirited discussion; Friedman & Karan, 2009, p.18）と描写される議論を生じさせました。専門委員会の推論では，提案されたDESNOSの基準を満たす人たちの大多数はPTSDの診断に適合するだろうし，新しい診断基準は不要であるということになりました。そういうわけで，複雑性PTSDの幅広い症状は，PTSDと関連する記述的諸特徴としてDSM-Ⅳの本文中に含められました。しかし，専門委員会のその決定は，疑問視され続けています。例えば，Julien Ford（2009）がレビューした実証研究から，トラウマを経験しておりDESNOSの診断基準を満たす人たちの集団の約半数はPTSDの診断基準を満たしていないことがわかりました。彼の結論によれば，「DESNOSは，PTSDの複雑な亜型であり，PTSDと併存するが，PTSD自体とは異なるものである」（p.480）とのことです。Hermanの研究と一致することですが，DESNOSは，幼児期の愛着トラウマおよび成人期の重篤な問題と関わりがあり，対人関係における諸問題を含んでいます。DESNOSを有すると診断された人たちは，その不全の重篤性とも合致することですが，高水準の精神医学的ケアを必要としています。

（2）発達性トラウマ障害

　Bessel van der Kolk（1986）は，愛着トラウマの理解において先駆的役割を果たしましたが，最近では，複雑性PTSDという診断名の子ども版である**発達性トラウマ障害**（developmental trauma disorder; van der Kolk & d'Andrea, 2010）を提唱しました。PTSDという元の診断名についても言えることですが，この新しい診断名を後押しする原動力の一部は，社会的・政治的なものです。つまり，「幼年期の有害な体験の結果は，アメリカ合衆国においては単一で最大の公的健康問題を形成しており……世界的にみても同様であるという事実があるにもかかわらず，発達中の人に対するケアを本来あるべき所に置くこと，言い換えれば私たちの関心の中心に置くことに対する途方もない抵抗が存在する」（van der Kolk & d'Andrea, 2010, p.58）のです。PTSDの歴史を再現しているようなものですが，発達性トラウマ障害という診断が依拠する前提とは，複雑なトラウマを負った子どもたちには「今のところ診断上の居場

第3章　複雑な心的外傷性ストレス障害

所（home）がない」（p.59）ということであり，それが首尾一貫した研究を不可能にしているということです。この提案された診断は，広範な研究文献についての包括的レビューに基づいていますが，それらの研究文献は，例えば素行障害，双極性障害，注意欠如／多動性障害といった幼年期に診断された幅広い障害に愛着トラウマが寄与していることを証明する文献です。この研究が提起している問題は，適切な'1つの'診断名があるべきなのに，その「代役」として'複数の'標準的診断名が使用されている可能性があるということです。そのような代役的診断名は，「それらが適用されるトラウマ被害児たちの利益を損なう形で」（p.63）使用されているというのです。

発達性トラウマ障害に寄与するトラウマ性ストレスには，対人的暴力への長期間にわたる直面および保護的養育の破綻が含まれており，保護的養育の破綻には一次的養育における変化，分離，虐待が含まれています。その幅広い症状は，生理現象，情動，注意，行動，アイデンティティ，養育者やその他の人との関係といった諸領域にまたがっています。Van der Kolk & d'Andrea（2010）が提唱したことですが，愛着トラウマと関連する症状群は，「それを子どもにおける多重的な複数（通常3～8）の障害として診断する今日の慣行とは対照的に，まとまりのある単一の病理として理解するのが最も好ましい」というのです。

（3）診断を超えて

複雑性PTSDおよび発達性トラウマ障害という診断は，真実味がありますし，実際に精神医学的障害の長いリストよりも首尾一貫したまとまりを与えてくれます。しかし，PTSDと診断される症状を収める比較的小さな収納庫にも広範な諸問題があることを考慮すると，上述のような巨大な症状収納庫の有用性について，私は疑問を覚えます。PTSDだけでも十分なほど複雑です。私は，愛着トラウマと関連する広範な諸問題があることを疑問視しているのではありません。これ以上診断名を付け加えることの有望性を疑問視しているだけなのです。

私は，鮮明な線引きの不在と，症状を収める収納庫の不適切さを認識しているので，トラウマ性ストレスと発達的結果について複数の広領域（broad domains）を考えることが有益であると思います。愛着トラウマは，トラウマ性ストレスとトラウマの結果についての1つの広領域を包括しています。広領域に言及するのと似たような手法ですが，私は，Julien Ford & Christine Courtois（2009）が提唱した用語が有益であると思います。彼らは，**複雑な心理的トラウマ**を「深刻なストレスに直面したことの結果」であると定義するのですが，そのストレスは，以下のような特徴を備えています。その特徴とは，「1）反復的または長期間にわたる，2）養育者または養育責任

を有することが明らかな他の大人から害を与えられるか見捨てられることを伴う，3）幼児期や青年期のように，発達的にみて脆弱な人生段階で生じる」(p.13) ということです。そうしたうえで，彼らは，**複雑な心的外傷性ストレス障害**の定義として，「複雑な心理的トラウマに続いて体験される心，情動，身体，対人関係における数々の変化であり，解離，情動調整不全，身体的苦痛，対人的あるいはスピリチュアルな疎外のうちのいくつかを伴う重篤な問題を含んでいる」(p.13) と述べています。

　複雑な心的外傷性ストレス障害という広領域の範囲内で様々な問題を識別するためには，当面は精神医学的な診断や症状に関する言葉を使用しなくてはなりません。しかし，複雑なトラウマ性ストレスについての，これまでに紹介した最近の定式化が目指しているように，症状同士や障害同士の複雑な関係を理解する際には，ある程度の心理学的首尾一貫性を達成しようと努めなくてはなりません。

10. 診断的理解に向けて

　私は，症状をいくつかの群に整理して収納庫にすっきりと収めることの困難さについて不満を述べてきました。そのような企ては，1980年に DSM-Ⅲ（American Psychiatric Association, 1980）から始まったわけですが，ここでレビューした実証研究を含む体系的な研究を組織化するうえでは，きわめて有益でした。しかし，DSM-5 の開発が間際に迫るにつれて，診断という目論見全体が疑問視されています。DSM-Ⅲ は，記述的かつ非理論的であることを意図していました——つまり，様々な障害の原因を見出すことにはこだわりませんでした。PTSDは，その症候をトラウマへの曝露と結びつけた点で名高い例外でした。そのため，皮肉なことに，その基準から原因を除去するべきであると提唱している研究者たちがいます。しかし，因果関係にこだわらないこの態度は，もはや有用性を失っていると思われます。つまり，私たちは，精神医学的障害の心理的意味を理解することを必要としているのです。さらに，重複して複数の障害の診断を受けることは，混乱を招きかねません。私の場合，トラウマを負った患者たちが，数種類の不安障害を含む，明らかに異なる10種類の診断を付与されているのを目にすることが稀ではありません。私にできるのは，こういう場合に真の問題は一体何なのだろうかと不思議がることだけです。

　要約すると，障害を診断する現行の方法には5つの基本的問題が見受けられます——どれをとってみてもトラウマと関連する問題に特有のものとは言えませんが，この脈絡において最も鮮明に浮かび上がるものです。

第3章　複雑な心的外傷性ストレス障害

1．正常な水準の不全と病理的な水準の不全を区別する明確な境界はありません。
2．例えば不安や抑うつのような様々な臨床的症候は，互いに明確に異なるというわけではありません。
3．臨床的症候はパーソナリティ障害と異なるわけではなく，パーソナリティ構造は，臨床的症候が発現する際の脈絡（context）であり，臨床的症候に心理的意味を付与するものです。
4．障害――PTSDを含む――が異なれば発生機序（因果の道筋）も異なるというわけではありません。
5．障害が異なれば一貫して治療アプローチも異なるというわけではありません――薬物療法でさえそうなのですから，心理療法についてはなおさらです。

　結局は治療が私たちの主要な関心事であることを考慮すると，上述の最後の点〔番号5〕がとても重要です。そして，それは，私が素朴で古い療法に傾倒する1つの理由でもあります。
　既存の精神医学的診断基準についての共通した1つの不満は，次のようなことです。つまり，〔プラトンの言葉を借りるなら〕私たちは，まだ自然を本来の分節に従って切り分けてはいないということです〔★訳注11〕――私たちは，まだ自然本来の種類（natural kinds）を発見していないということです。それだから，私たちは，精神医学的診断を発達神経科学における実証研究を根拠にしたものにしたいと願うこともあるでしょう。例えば，Thomas Inselと共同研究者たち（2010）は，研究対象領域（research domain）という基準を発展させることを提唱しています。それは，「神経回路に焦点を絞り，分析の水準を2つの方向性のうちの1つに沿って移行させていくものである。その2つの方向性とは，神経回路機能の尺度から，臨床的に関連する変異へと上方に進む方向性，またはそのような機能に影響する遺伝的かつ分子的／細胞的な要因へと下方に進む方向性」（p.749）ということです。このアプローチは，本書にとって重要な影響領域（domain of influence）――つまり愛着トラウマ――を排除するものではありません。逆に，家族環境や社会的状況も神経生物学的発達に深く影響するのであり，それは，これまでにみてきたとおりです。したがって，「これらのすべての水準は，精神疾患の生物学にも精神疾患の心理学にも影響を及ぼすとみなされる」（p.749）のです。しかし，このアプローチが思い描いているのは，自然本来の分節を‘生物学的’水準で切り分けることです。

　　　〔★訳注11〕「自然を本来の分節に従って切り分ける」（carve nature at its joints）という表現は，哲学者プラトン（Plato）の著書『パイドロス』（*Phaedrus*）に出てくるものである。プラトンは，事象の

10. 診断的理解に向けて

分類または定義のあり方を肉屋による動物の体の解体に喩えて説明している。つまり，上手な肉屋は動物の体を本来の区画に従って切り分けるが，下手な肉屋は切り分けの過程でそうしたまとまりを壊してしまうというのである。事象の分類あるいは定義も，上手な肉屋のように，自然に存在する本来の区分（自然本来の種類 natural kinds）に従って行われる必要があるということである。

自然本来の主要な '心理学的' 分節を示そうとして，Blatt & Luyten（2010）は，新たな診断アプローチを提唱しています。それは，パーソナリティ発達と愛着関係に関する発達的理解および実証研究をフルに活用する点で，今後に期待できるものです。このアプローチは二極モデルに基づいており，そのモデルにおいては，発達が対人関係と自己定義を軸にして体系づけられています。この立場からみると，精神医学的障害は，どちらかの領域（つまり関係性か自己定義）における失敗ならびに領域同士のアンバランス（つまり関係性か自己定義のどちらかに対する過剰な専心）を反映しています。

この二極的診断アプローチの前提は，以下のようなものです。

そのような視座は，正常と様々な形の精神病理との連続性についての正当な評価を促進する。言い換えれば，このアプローチは，正常なパーソナリティ発達と様々な形の精神病理との連続性を強調する。そして，このアプローチは，精神病理を次のようなものとして理解するための基盤を提供する。つまり，そこでは，精神病理は，想定されているがまだ証明されていない神経生物学的異常に由来するとみなされた個々の疾患の集合体として理解されるのではない。精神病理は，正常な心理的発達が中断したことから生じた歪んだ適応様式として理解されるのである。　　　　　　　　（Blatt, 2008, p.171）

不安定な愛着は，損なわれた関係性と自己定義を反映しているので，正常な心理的発達を中断させる主要な原因となります。このようなアプローチは，診断に対して，発達的理解に基づく心理的意味を注入するという利点を有しています。DSM は，PTSD に対する診断基準において身体的統合性にとっての脅威を強調していますが，トラウマを抱えた人たちは，**心理的な**脅威がより際立っていると報告します（Grey & Holmes, 2008; Holmes et al., 2005b）。さらに，この危険は，対人関係あるいは自己感にとっての脅威という形をとることがあります。より全体的に不安障害について考えるときには，私たちセラピストは，症状を超えて，不安が何についてのものなのかを理解するところまで進む必要があります――それは，対人関係，自己感，あるいはその両方と結びついていることでしょう。本章で先に論じたように（「誘因的ストレス」の項を参照のこと），抑うつに関する Blatt（2004）の実証研究は，依存型抑うつと自己批判型抑うつの基本的区別を明らかにしました。この区別は，対人関係と自己

第3章　複雑な心的外傷性ストレス障害

定義における諸問題と結びついており，さらには，アンビヴァレント型愛着と回避型愛着とも結びついています。同様に，Blatt & Luyten（2010）は，関係性の困難が優位を占めるパーソナリティ障害（例えば依存性パーソナリティ障害や境界性パーソナリティ障害）と自己定義の困難が優位を占めるパーソナリティ障害（例えば，反社会性パーソナリティ障害，自己愛性パーソナリティ障害，回避性パーソナリティ障害）を区別しています。

　私が本書の至る所で強調してきたように，すべての形の不安定型愛着は，情動調整の問題と関連しています。つまり，物質乱用，健康不良，摂食障害，意図的自己加害，自殺念慮状態は，対人関係における問題か自己定義における問題のどちらか――あるいは両方――と関連している可能性があるということです。関係性の極の脈絡で言うと，例えば，自殺念慮状態は，高水準の依存性と無視され見捨てられたという感情が併存することと関連している可能性があります。一方，自己定義の脈絡で言うと，自殺念慮状態は，失敗し屈辱を味わった体験と関連しているのですが，この体験は，自己批判を伴う完璧主義と関連する脆弱性です（Blatt, 2008）。

　私たちセラピストは，別々の神経生物学的異常と関連させてDSMを修正することなど到底できませんし，先述した二極モデルおよびそれと関連の深い不安定型の愛着パターンと関連づけてDSMを修正できる立場にも置かれていません。しかし，私たちは，症状のクラスターに焦点を絞ることから離れ，真の診断的理解に進む必要があります。そして，そのような理解においては，パーソナリティ発達と愛着の既往がきわめて重要な役割を演じることでしょう。このような理解は，私が障害に特化した治療アプローチから人間中心の治療アプローチに向かう動きを支持する根拠になっています――つまり，後者は，「幼児期に始まり後の適応または不適応に至る無数の複雑な経路を示す」ことを目指す「生活史的視座」（Luyten et al., 2008, p.41）であり，「したがって，それは障害を予防かつ治療するための介入の土台となることができる」（p.29）のです。

　トラウマと関連する諸問題を記述する際に，私は，現在の最先端，つまりDSMの診断基準に基づく実証研究から話を始めました。私は，本書の次の部分（『治療と癒やし』）においても同じようにして，PTSDを対象とする'エビデンスに基づく治療'の数々――障害に特化したアプローチ――を紹介する章から出発します。このようなアプローチから学ぶべきことはたくさんあります。しかし，私は，それに続く章を，愛着とメンタライジングに起源を持つ'素朴で古い療法'を説明するために捧げます。ちなみに，愛着とメンタライジングは，異なる複数の障害および異なる複数の心理療法ブランドに通底する2つの共通要因です。

11. 要点

◆ 現在の診断システムのせいで，セラピストは，症状と症状クラスターという観点から考え，それに従って治療の目標を定める方向に傾きがちです。しかし，心理療法的な治療アプローチは，診断基準について心理学的に考えること——つまり症状の発現過程と意味を理解しようとすること——を要求します。

◆ メンタライジングの機能不全は，広範囲の症状に寄与します。そして，メンタライジングは，症状の意味を理解するプロセスです（自殺念慮状態に寄与する要因についての共同的アセスメントが例としてあげられます）。

◆ 愛着トラウマは，広範囲の精神医学的障害の発現に関与する非特異的危険要因です。しかし，このような障害自体も愛着関係における葛藤を悪化させ，悪循環が生じます。自己破壊的行動（例えば，物質乱用，摂食障害，非自殺性の自傷，自殺行動）は，上記のようなプロセスの実例です。①愛着の不安定性，②耐えがたい情動状態，③自己破壊的行動は，メンタライジングの機能不全によって拍車をかけられると，パートナーや養育者の側にも耐えがたい情動状態を引き起こし，それが結果的に患者の愛着の安定性とメンタライジング能力を台無しにし，双方に対してさらにひどいトラウマを与える——双方を情動的苦痛の中に孤立無援のまま放置する——ことになる恐れがあります。

◆ 精神医学的診断基準は，数々の欠点があるとはいえ，愛着トラウマの影響に関する研究を含む実証研究に対して多大な貢献をしてきました。しかし，重複して存在する複数の障害を診断するだけでは，個々の患者についての首尾一貫した理解は生まれません。複雑な心的外傷性ストレス障害という広領域を区別することは，多少訴えるものを持ってはいますが，それほどめざましい結果につながるわけではありません。

◆ 心理療法は，診断的理解に対する人間中心の発達的アプローチを要求します。メンタライジング——治療的愛着という脈絡でのメンタライジング——は，私たちセラピストと患者たちが，素朴で古い療法において，そのような診断的理解に到達するプロセスです。

第Ⅱ部

治療と癒やし

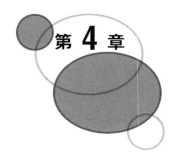

第4章 エビデンスに基づく治療

　心的外傷後ストレス障害（PTSD）の診断が形作られてから30年の間に，幅広い治療的介入法が開発され，それらの効果が体系的に研究されてきました。私は，より一般的な PTSD 治療法のレビューから始め，それらの効果について実証研究による裏づけがどのくらいあるのかを記述します。次に，境界性パーソナリティ障害（BPD）が愛着トラウマに基づくものだということを前提にして，その主要な治療法をレビューします。Judith Herman（1992b）は，20年前，複雑な心的外傷性ストレス障害（complex traumatic stress disorder）〔★訳注1〕に対する特異的治療法〔その障害に特化した治療法〕の必要性を認識しましたが，これらの治療法の研究は比較的新しく（Courtois & Ford, 2009），私は，最近の方略を簡潔に要約して述べます。最後に，複雑な心的外傷性ストレス障害の発症を抑止するのに有望な親子療法アプローチの実例をいくつか示します。これらの介入法は，愛着関係の中でメンタライジングを促進する利点についての実験的エビデンスを提供してくれるので，とくに私の主要な課題と関わりが深いのです。

　本章は，網羅的説明というよりも，重要事項のいくつかに狙いを定めた例証的説明です。私の主張は素朴で古い療法を擁護するものですが，セラピストと患者は，多くの特異的治療アプローチとそれらに対する実証研究による裏づけを認識しておくべきであると，私は強く思います。私は客観的であることを目指すつもりですが，すでに私のバイアスは火を見るよりも明らかです。私は，すべてのことを愛着とメンタライジングのレンズを通して見る傾向があります。そして，ここで私は，特異的治療もこれらのレンズを通して眺め，素朴で古い療法と重なる部分を強調します。

　　〔★訳注1〕Herman 自身の用語は，「複雑性 PTSD」（complex PTSD）または「特定不能の極度ストレス障害」（disorders of extreme stress not otherwise specified: DESNOS）である。

1. 心的外傷後ストレス障害の治療

　PTSD の治療ガイドライン専門委員会（The PTSD Treatment Guidelines Taskforce）（Foa et al., 2009b, p.16）は，特異的治療におけるエビデンスの質を，A（「無作為化され，十分統制された臨床試験に基づく」）〔★訳注2〕から F（「臨床的または実験的な精査を受けていない，最近開発された治療に基づく」）〔★訳注3〕までの段階に分けました。ここでは，この基準を用いて，エビデンスに基づく有名な個人療法アプローチ，つまり持続エクスポージャー，認知療法，眼球運動による脱感作と再処理法（EMDR）についてレビューします。それから，臨床的価値はあるが実証的研究が十分とは言えない他の治療モダリティ，つまり集団心理療法とカップル療法・家族療法の役割について論評します。

　　〔★訳注2〕治療法（心理療法）の効果に治療以外の要因が影響しないように条件を統制し，治療を受けた群と受けていない群（統制群）に患者を無作為に配置して効果の測定が行われた結果，効果が証明されたことを意味する。
　　〔★訳注3〕原書ではレベルを示すアルファベットが "E" となっているが，これは "F" の誤植なので，本訳書では "F" に修正した。

（1）持続エクスポージャー

　エクスポージャー療法は，トラウマ体験と関連する恐怖性回避（fearful avoidance）に対処するための常識的アプローチです。例えば，馬から振り落とされた後，乗馬を諦めるのではなく，馬の背に登るということです。犬に噛まれた後，すべての犬を恐れることを学習し，例えば犬を飼っている友人を訪ねることができない（または，犬がいそうな家に危険を冒して行くことができないとか，通りに出ることさえできない）とすれば，徐々に犬に身を曝さなければならないということです。エクスポージャーを繰り返すことによって，恐怖場面にうまく対処できることを学習すると，恐怖が消える可能性が高まります——ただし，エクスポージャーの過程で，再び傷つくことがない（つまり，馬から振り落とされたり，他の犬に噛まれたりすることがない）という条件があります。PTSD は，この自然な脱感作過程を非常に複雑化させます。なぜなら，様々な状況に怯えるようになるだけでなく，過去のトラウマを思い出すことに怯えるようになるからです。それだから，PTSD には構造化されたエクスポージャー療法が必要とされるのです。

　Edna Foa と共同研究者たち（Foa & Rothbaum, 1998; Foa et al., 2007）は，PTSD に対するエクスポージャー療法の開拓者でした。彼女らの治療アプローチがセラピストにとって好都合な点は，その学習と実施が比較的容易であり，その効果を支持する

第4章　エビデンスに基づく治療

最も幅広い研究があることです。治療には回数制限があり，12回のセッションで終結するのが一般的です。セラピストは，患者にトラウマへの一般的反応やPTSDの症状について教育します。それに加えて，トラウマの想起手がかりを回避する自然な努力が逆効果をもたらすのであり，だから癒やしのためには体系的エクスポージャーが必要であることを教育するのです。注目に値することですが，この教育の部分と癒やしのプロセスの重要部分は，私たちがメンタライジングと呼ぶものを伴っています。患者は，過去と現在を区別すること——つまり，トラウマを思い出すこと（その心理状態）とトラウマを負うこと（現実）を区別すること——を学びます。教育に加えて，患者は，情動調整の手ほどきを受けます。例えば，恐怖の統御を助けるために，心を落ち着ける呼吸法を使用することを教えられます。

　治療は，状況の回避と体験の回避の両方に取り組むため，現実（生活内）エクスポージャーと想像エクスポージャー（外傷性記憶を再現すること）の両方を含んでいます。状況の回避は，例えば暴行シーンを回避する場合のように，限られた範囲にとどまることもありますが，例えば一人で家を離れることを恐れる場合のように，直接的に生活を制限することもあります。したがって，エクスポージャー療法は，回避されている特定の状況を同定すること，そして——安全を確保した後に——その状況にとどまり，十分な時間（例えば30〜45分間）をかけてその恐怖を統御することを含んでいます。恐怖を避けようとしてすぐにその状況から離れることは，それが急速な苦痛の減少をもたらすので，回避を強化するだけです〔★訳注4〕。

〔★訳注4〕恐怖を引き起こす状況を回避すると苦痛が減少する（快感が得られる）ので，オペラント条件づけの原理によって回避という行動が強化され，習慣化する。そうすると，回避のせいで元の恐怖に直面することがなくなるので，恐怖の威力が減少することもなくなる。

　想像エクスポージャーには，トラウマ的出来事についての比較的明瞭な記憶が必要ですし，そのストーリーを語り，かつ語り直す能力が必要です。可能であれば，とくに恐ろしい記憶または絶えず思い浮かぶ記憶から始めることが最善です。これができる見通しがとても立ちそうにないなら，患者は，恐怖が少ない記憶から始めて，徐々により恐ろしい記憶に進むこともできます。トラウマ的出来事の最も恐ろしい局面または最も苦痛な局面であるトラウマのホットスポットは，1回のセッションの中で何度も注目されるでしょう。エクスポージャーを促進するために，セラピストは，セッション中のトラウマについての語りを録音するのですが，そのおかげで，患者は，後に宿題としてその録音を聴くことができます。各セッションでは，患者がストーリーを語り，かつ語り直した後に，セラピストはそのエクスポージャーを処理することができるように患者を助けます——つまり，その出来事の意味とともに，関連する怒り，

1．心的外傷後ストレス障害の治療

悲しみ，悲嘆，罪悪感，恥といった情動について語り合います。私は，型どおりの持続エクスポージャーは行いませんが，患者のトラウマ的出来事の体験を細部まで徹底的に語り合う機会は数多くありました。その経過中には，その苦痛な情動体験の正真正銘の複雑さが顕著に表れます。

【事例】オリヴィアは，幼い息子のパトリックを連れて，アパートの火災から間一髪で逃げ延びました。彼女は，その避難に至るまでの出来事について語りました。つまり，彼女はだんだん心配になり（煙の臭いがしましたが，最初はそれが付近の森から来たものだと信じていました），最終的には危険を感じるようになったのでした（建物が燃えているのを認識しました）。後から振り返ると，最初に十分心配したおかげで，煙がどこから来ているのかを突き止めようとしてパトリックを彼の部屋からリビングに連れ出すことができたのですから，彼女は，そのことをありがたいと思いました。オリヴィアは，アパートに煙が充満し始め，顔に熱を感じ始めたときのことを話すと，動揺しました。それから，彼女はパニックに陥った時点まで話を進めました。つまり，そのとき，彼女はドアの外の廊下で，隣人が「出られない！」と叫んでいるのを聞いたのです。その瞬間，自分とパトリックは死ぬんだと，オリヴィアは思ったそうです。彼女は，拘束されたように感じ，身動きできなくなり，心が空っぽになったと言いました。彼女が思い出せたのは，パトリックを抱きかかえていたこと，サイレンの音を聞いたこと，消防士につかまれて引っ張られ，体のバランスを維持しようと必死になっていたことです。パトリックと二人で外の芝生に避難して徐々に安心したときのことを語り，そのとき消防士が「大丈夫。もう安全だ」と繰り返し言ったことを思い出しながら，彼女は声をあげて泣きました。

しかし，オリヴィアは他の情動についても語りました。彼女は，煙の臭いに対する自分の反応の遅さを恥ずかしくて"愚かな"ことだと感じていました。パトリックがグロリアとエルモという名のペットのモルモットを消防士が助けてくれたのかと聞いてきたときの彼の心配そうな顔や，2匹が火事で死んだことに気づいて彼がわっと泣き出したときのことを，オリヴィアは嗚咽しながら語りました。彼女は，自分の全注意がパトリックに向いていたことをはっきり覚えていましたが，それでも，もっと早く外に出てペットを救い出すことができなかった自分をなかなか許すことができませんでした。

オリヴィアは，芝生の上で安全だと分かったそのときが，まさにストレスの始まりだったと言いました。彼女は，家も家財道具も失いました。そして，彼女は，兄からパトリックと二人で一時的に自分のところに身を寄せないかと誘われた後に，兄に負担をかけたことに対して罪悪感を覚えました。彼女は，保険会社の事務処理および損失補償の遅さにも不満を感じました。しかし，悲嘆と罪悪感の他に，直後に生じた彼女の最も強烈な感情は，火事が手抜きと関連していたのを知ったことによるものでした。つまり，その建物は市の条例に従って建築されておらず，適切な点検もなされていなかったのです。この手抜きについて語るときの彼女は激怒していました。オリヴィアは，地元新聞でその火事とアパート管理に関することを読んだり，TVのニュースでそれに関することを聞いたりするたびに，「激怒して」いました。しかし，パトリックの存在，助けてくれた消防士への感謝，苦境を知った瞬間からの兄の配慮と寛大さが，彼女にとっての慰めとなりました。

持続エクスポージャーの有効性は，広範な研究によって強く支持されており，A

第4章 エビデンスに基づく治療

レベルの治療（Foa et al., 2009a）とみなされていますが，独自の効果があるわけではありません。持続エクスポージャーとPTSDに対する他の治療法を体系的に比較したある研究（Powers et al., 2010）は，合計675名に上る患者に対する多くの研究から得られたデータを結びつけた点で注目に値します。持続エクスポージャーは，比較対象となった広範囲にわたる治療法（リラクセーション訓練，支持的カウンセリング，精神力動的時間制限心理療法を含む）よりも，かなり有効でした。その効果は，フォロウアップ時（12か月後まで）にも依然として有意でした。さらに，その効果はPTSD症状だけでなく，全般性不安，抑うつ，生活の質，社会的機能にも表れていました。このレビューには薬物治療が含まれていませんでしたが，先行研究によれば，持続エクスポージャーはPTSDに最も効果的な薬——つまり選択的セロトニン再取込み阻害薬（例えばプロザック）——よりも強い効果を示すと，この著者らは述べました。注目するべきことですが，この著者らは，先行研究に基づいて，PTSD症状に焦点を絞る他の治療法（認知処理療法，認知療法，ストレス免疫訓練，眼球運動による脱感作と再処理法）に比べて持続エクスポージャーがより有効であるとはいえないだろうと予測していました。そして，多くの研究から集められたこの結合サンプルにより，この予測が確証されました。**エクスポージャーはこれらすべての治療法に共通して含まれるものである**と，この著者らは結論づけました。

持続エクスポージャーは，幅広いトラウマに起因するPTSDの治療に有効であることが証明されてきました。そして，そのトラウマには，自動車事故，犯罪被害者になること，性的暴行，拷問が含まれており，さらに家庭内暴力や子どもの虐待のような愛着トラウマも含まれています。しかし，私の見解とも一致するのですが，持続エクスポージャーは「**PTSDの治療法であり，トラウマの治療法ではない**」（p.21；強調は後から付加）ということを，Foaと共同研究者たち（2007）がきっぱりと述べています。この視点を複雑なトラウマ性ストレスにも適用されるように拡大しようとして，Foaと共同研究者たち（2009b）は従来の実践ガイドラインがいくぶんその適用可能性を狭めてきたことを認めています。つまり，「このようなトラウマの既往を持つ患者の治療の成功については，比較的わずかのことしか知られていない。このような既往を持つ患者たちの中には，より長期にわたって持続的に適用される多様な介入を必要とする人たちがいるということについて，ある程度の実証的裏づけを伴う臨床的合意が形成されつつある」（p.2）のです。

適用可能性を狭めてしまうこともさるながら，エクスポージャー療法は恐怖や不安を回避するのではなく直視することに重きを置くので，本来的にストレスを伴います。当然のことながら，無視できない割合（20％〜30％）の患者がドロップ・アウ

トします（Foa et al., 2007）。それでも、臨床家はエクスポージャーに基づく治療の使用に慎重すぎるように思えます。エクスポージャー療法は一般に複雑性PTSDの患者にも十分耐えられるものであり、PTSD症状を有害なほど悪化させることはないということを示唆するエビデンスがあります（Welch & Rothbaum, 2007）。この耐容性（tolerability）の視点を強調しておきますが、エクスポージャー療法は、入念な準備とサポートのもとで実行されるなら、精神病的障害を持つ患者に生じたPTSDを治療する場合にさえ有効なことがあるのです（Frueh et al., 2009）。

　エクスポージャー療法は、どうして有効なのでしょうか。それが有効であることを証明しても、それがなぜ有効なのかを理解することにはなりません。エクスポージャー療法は常識的なものであるように思えます。しかし、恐怖の消去は決して単純なことではありません（Craske et al., 2008）。理想的な場合には、長期間かけて2つのことが起きます。第一に、**恐怖への耐性が増大します**。つまり、人は状況の回避や体験の回避から体験の受容へと移行します。したがって、不安への恐れが減少します。逆説的なことですが、不安を恐れるのではなく、それを受け入れることが、不安を減少させる傾向があるのです。その理由の1つは、不安を受け入れることが不安を感じていても適切に機能し続けることができるという自信を与えてくれることです。統制感が、不安に直面したときの無力感に取って代わります。第二に、**新しい連合（association）が恐怖反応を制止します**〔★訳注5〕。例えば、ある患者は、子どもの頃に叫び声をあげると暴力的仕打ちを受けたため、その叫び声を思い起こさせる甲高い声を聞くと恐れを抱くかもしれません。（例えば、ショッピングモールやレストランや現在の自宅で）エクスポージャーを繰り返すと、彼女は新しい連合を作ることができます。つまり、甲高い声は、多くの環境的脈絡では危険なものではないということです。同様に、セラピストのオフィスという安全な状況は、患者がトラウマ的出来事を想起している最中でも、ある程度まで恐怖を制止します。ここが重要な点です。最初の学習は、消去されるのではなく、新しい連合によって上書きされるのです。そうなると、その手がかり（甲高い声またはその記憶）は、拮抗する〔2つの〕反応を引き起こします。つまり、その記憶と結びついた恐怖が、セラピストと一緒にいて感じる安全感と結びついた恐怖制止と拮抗するということです〔★訳注6〕。あいにく、時間の経過または状況の変化（例えば、セラピストのオフィスの外）によって、最初の学習が制止に競り勝つかもしれません。すると恐怖が戻ってきます。ここで、メンタライジング（現在と過去の区別を心に留めておくこと）とマインドフルネス（自己を慈しむような態度で感情を受け入れること）が役立つことがあります。

　〔★訳注5〕学習理論（条件づけ理論）による説明である。叫び声に続いて暴力を受けるという恐怖体

第4章 エビデンスに基づく治療

験が繰り返された結果,「叫び声 - 恐怖」という刺激 - 反応の連合(association)が形成されたのであるが,叫び声が聞こえても安全でいられる体験が繰り返されると「叫び声 - 安全感」という連合が形成される。そして,「叫び声 - 安全感」連合が「叫び声 - 恐怖」連合を制止するのである。

〔★訳注6〕叫び声 - 恐怖の連合の他に,叫び声 - 安全感の連合が形成されると,叫び声という同一の刺激が恐怖と安全感という正反対の2つの反応を引き起こすようになる。この2つの反応は両立しないので拮抗(競合)し,どちらか優勢なほうがもう一方を制止することになる。

　Foaと共同研究者たち(2006)は,学習過程の複雑さを認め,治療の中核となる要素を以下のように提唱しました。1)トラウマ記憶への情緒的関与を持続させること。2)世界は完全に危険で自分はまったく無力であるという非現実的信念を修正すること。3)トラウマ体験についての首尾一貫したナラティヴを発展させること。私が気づいたことですが,Foaの理論は,自己と他者の内的作業モデル(つまり無力とみなされた自己と危険とみなされた他者)を修正することに努め,愛着関係の脈絡でメンタライジングを促進する(つまり情動に関与し,首尾一貫したナラティヴを発展させる)という点で,驚くほど愛着理論と相性が良いのです。

　Foaの理論は全体として認知 - 行動的アプローチとは一致しますが,愛着の重要性を過小評価しています。情動調整における愛着の中心的役割を考慮すると,〔Foaの〕理論からのこの欠落は,やけに目立ちます。しかし,実践においては,Foaは患者 - セラピスト関係の重要性を認識しています。彼女と共同研究者たちが指摘していることは,次の2つのことです。1つは,信頼と治療同盟を築くことの基本的重要性です。もう1つは,セラピストが患者のナラティヴを注意深く傾聴しながら,非審判的,受容的,平静,支持的であることの必要性です。このアプローチは,安定した愛着という脈絡でのメンタライジングと一致しています。それに加えて,セラピストは,セッションとセッションの間にも患者と話すことができるようにしておくといった付加的サポートを申し出ることもあるでしょう。セラピストは,現実エクスポージャー期間中に友人または家族の一人に同伴してもらうことや,心理療法に車で送り迎えしてもらうことを患者に勧めるといった付加的ソーシャルサポートを動員することもあるでしょう。患者 - セラピスト間の手による接触は問題を引き起こす恐れがあることが認識されていますが,Foaと共同研究者たち(2007)は,「稀ではあるが,ずっとセラピストの手を握っていることによって,エクスポージャー中の苦痛に対処するクライエントがいた」(p.121)ことに注目しています——これは,安定した愛着関係の中で情動的苦痛を調整する明らかに有効な方法です(Coan et al., 2006)。

　私が心強く思うことですが,持続エクスポージャー療法においても,患者 - セラピスト関係にもっと注意を払う必要があるということがまったく理解されていないわけではありません。Jay Morrison(2011)は,治療同盟の重要性に注目することからさ

らに進んで,「しばしば患者の人生において最も重大な出来事の1つであるものを再体験するように体系的に促進することは,事実上,患者と関わるきわめて個性的な方法の1つになりうる」(p.25) と述べました。彼はさらに続けて,「エクスポージャー手続きに内在する豊かな人間性」(p.25) がもっと注目されるなら,「より多くのセラピストがこの方法を用いる方向に傾くであろう」と記しています。

もし患者-セラピスト関係が軽視されるのが通例ではなくなり,Morrison (2011) の見解が考慮されたなら,持続エクスポージャーは愛着およびメンタライジングときわめて似たものとみなすことができるでしょう。患者は,安全な関係を背景にして苦痛な情動体験を探索し,したがってもはや孤立無援と感じることなく,その体験がより有意味で耐えられるものであることに気づくようになります。しかし,私の見解では,持続エクスポージャーと十分構造化された他のPTSD治療アプローチには,素朴で古い療法に勝る重要な利点があります。つまり,これらの治療は,トラウマ的な記憶と感情を探索するというこの困難な課題に,患者とセラピストを確実に専念させます。より構造化されていない心理療法においては,患者とセラピストが生活の中に無数に存在する他の急務に関心を奪われることによって,このきわめてストレスに満ちた作業を回避することがいとも簡単にできるのです。しかし,Morrisonがほのめかしているように,持続エクスポージャーの構造化された技法は,素朴で古い療法に上乗せされるものです。持続エクスポージャーの複雑性のいくつかを表4-1に要約しました。

(2) 認知療法

エクスポージャー療法と認知療法は,互いに強調点が異なりますが,重なり合う部分があることは注目に値します。Foa & Kozak (1991) が認めているように,「脅威

表4-1 エクスポージャー療法の複雑性

- エクスポージャーは,恐れるものに直面し,その恐怖を感じることを伴う
- エクスポージャーは,不安(および他の苦痛な感情)のさらなる受容をもたらすことができ,したがって不安への恐怖を減少させ,不安耐性を増大させる
- エクスポージャーは,古い連合を除去するのではなく,不安喚起刺激に対する新しい連合を構築し(つまり,こうした刺激を安全という脈絡に結びつけ),不安反応を制止する
- 残存している古い連合が,(安全な状況の外では)古い恐怖反応を復活させることがある
- エクスポージャーと増大した不安耐性のおかげで,自己と世界についてのネガティヴな確信を変化させることが可能になる
- エクスポージャーは,苦痛な体験が理解されメンタライズされるような,安全な関係の中で行われるのが理想的である

第4章 エビデンスに基づく治療

を評価する方法を吟味し，より現実的な結論につながる推論過程を発展させることができるようにクライエントを援助するという点では，私たちは，事実上エクスポージャーの間に非公式の認知療法を行っている」（p.45）のです。逆に，認知療法は，トラウマ記憶を思い浮かべ，それについて話すことを伴っている以上，エクスポージャーを伴っているのです。

認知処理療法（Cognitive Processing Therapy）は，Patricia Resick と共同研究者たちによって，そもそもレイプ関連トラウマへの集団的介入法として開発されたものですが（Resick & Schnicke, 1992; Resick et al., 2008），持続エクスポージャー療法に次ぐ実証的支持を得ている十分研究された A レベルの治療法です（Foa et al., 2009a）。この治療法のエクスポージャー的要素は，トラウマについての詳細なナラティヴを紙に書き，声を出してそれをセラピストに読み聞かせることを含みます。認知的要素は，PTSD における不適応な思考の役割を患者に教育することを含みます。それに加えて認知的要素に含まれるのは，トラウマについて，よりバランスのとれた見方を形成することができるよう患者を援助するために，とくに自己非難や罪悪感と関連する非現実的でネガティヴな信念を系統的に探索し，それに立ち向かうことです。よくみられる認知的テーマは，安全・信頼・力・統制・自尊感情・親密さに関するネガティヴな信念を含んでいます。幼年期の性的虐待と関連する複雑なトラウマ性ストレスを治療するための修正版は，（トラウマを処理するための）個人療法と（認知の歪みに取り組むための）集団療法を結びつけ，発達歴，コミュニケーションスキル，ソーシャルサポートにも取り組む介入法ですが，これに対しても，実証研究からの相当な支持があります（Cahill et al., 2009）。

これと密接に関連するアプローチは，Anke Ehlers と David Clark（Ehlers et al., 2005）によって開発された PTSD への認知療法です。この治療法は，様々な形態のエクスポージャー（つまり，現実エクスポージャー，トラウマのナラティヴの筆記，想像によるトラウマ再体験）を含みます。ただし，エクスポージャーと認知的処理のバランスは，持続エクスポージャーとは異なります（つまり，想像による再体験にはセッションの4分の1しか費やしません）。認知的処理は，認知的歪み（例えば自己非難や世界を完全に危険とみなす見方）に取り組むのに加えて，断片化したトラウマ記憶を筋の通った自伝的ナラティヴに精緻化することを重視する点で，メンタライジングと似ています。PTSD との関連で論じたように（第2章『心的外傷後ストレス障害と解離性障害』を参照のこと），この精緻化は，不随意的・侵入的な感覚的記憶を随意的で言語的接近が可能な記憶に変容させることを伴います。数は少ないけれども上質の（A レベルの）統制された試験が，PTSD に対する認知療法の有効性を支持

1．心的外傷後ストレス障害の治療

しています（Cahill et al., 2009）。ただし，複雑性トラウマ（例えば，BPD，持続中の物質乱用，重篤な抑うつ，自殺念慮）を抱える患者は，対象から除外されました（Ehlers et al., 2005）。

エクスポージャー療法にもあてはまることですが，PTSD治療のための認知的アプローチの有効性を説明する段になると，患者 - セラピスト関係の役割は前面に出てこなくなります。治療関係についてのこの相対的軽視は，より広く認知療法一般にあてはまります。ただし，愛着理論と愛着研究を認知療法の実践の中に取り入れることへの最近の関心（McBride & Atkinson, 2009）を含めて，いくつかの例外があります（Safran & Segal, 1990）。エクスポージャー療法に関する私の主張を繰り返すことになりますが，上に述べたような認知的アプローチは，程度の差はあれ安全な関係という脈絡で苦痛な情動体験をメンタライズすること——素朴で古い療法の本質——を伴っています。

（3）眼球運動による脱感作と再処理法（EMDR）

EMDRは，有効ではありますが論争の的になっている——そして，私の目から見るとまったく奇抜な——PTSD治療法です。Francine Shapiro（1996）は，たまたま次のようなことを観察した後に，その治療法を開発し，その研究に着手しました。その観察というのは，彼女が公園を散歩しながら悩ましいことを考えていたときに，急速な眼球運動が情動的苦痛を減少させたということです。このようなわけで，EMDRは，エクスポージャーと認知的処理という技法に加えて，急速眼球運動を取り入れています。要するに，患者は，心にトラウマ体験のイメージを思い浮かべ，もう一方では患者の顔の正面を行き来するセラピストの指に従って眼球を左右に動かします。一連の眼球運動の後，患者はそのイメージを手放し，心に浮かんでくるものを何でも言うように教示されます。しばしばトラウマと関連した驚くべき考えや記憶が姿を現します。認知的要素は，トラウマと関連するネガティヴな信念（例えば自己非難）を同定することと，より現実的な代替的信念を構成することを含みます。持続エクスポージャーに比べて，EMDRのエクスポージャー部分は比較的短時間です。眼球運動がトラウマを視覚化する患者の能力を妨げることが，その理由の1つです。

十分に条件統制された実証研究によって，EMDRはPTSD症状の治療に有効であることが示されており（Wilson et al., 1995），フォローアップ時にも改善が維持されています（Wilson et al., 1997）。それだから，EMDRはPTSDに対するAレベルの治療の1つに数えられています（Foa et al., 2009a）。ただし，実証研究によれば，EMDAは，持続エクスポージャー（Powers et al., 2010）に対しても，認知行動的ア

プローチ全般（Seidler & Wagner, 2006）に対しても，優位を示すことはありませんでした。皮肉なことに，眼球運動（または他の両側性刺激〔左右交互の刺激〕）が治療の有効性を有意に高めることを示す一貫したエビデンスはありません（Spates et al., 2009）。ある批判者の言葉を借りれば，「EMDRにおいて有効なものは新しくなく，新しいものは有効ではない」（McNally, 1999）のです。しかし，いくつかの研究が示唆していることですが，眼球運動の撹乱効果が距離を置くことと離脱を促進し，それによって一部の患者においてはトラウマの処理が促進されるのでしょう（Lee et al., 2006）。それにもかかわらず，率直な結論を言えば，EMDRはエクスポージャーと認知的介入の組み合わせの力によって有効であるということです。他の認知行動的アプローチの場合と同様に，EMDRの有効性の理論的説明において患者－セラピスト関係は前面に出てきません。

（4）集団心理療法

　集団心理療法は，トラウマ治療に広く用いられています。集団治療は，実に多様である点が注目に値します（Ford et al., 2009）。つまり，トラウマ体験の処理に焦点を絞るグループがあるかと思えば，より教育的なグループもあります。トラウマを処理するのではなく，現在の機能や対人関係に焦点を絞るグループもあります。そして，グループは，理論的志向が様々であり，精神力動的なものから対人関係的，認知行動的なものにまでわたります。トラウマ被害者に対する集団療法は，とくに普遍性（universality）の感覚（Yalom, 1970）を強力に促進することができます——つまり，他者との共通性の感覚を，そしてきわめて重要なことですが，トラウマに関して孤立無援ではないという感覚を促進するのです。したがって，グループは，とくに恥や罪悪感に立ち向かうときに強い力を発揮することがあります。グループは，強い刺激をもたらすこともあります。つまり，あるメンバーがトラウマ体験を語ると，それが他のメンバーのトラウマの想起手がかりを呼び覚まし，最悪の場合には情動感染をもたらします。このような理由で，Herman（1992b）が推奨したように，グループでトラウマを処理する前に，個人心理療法でトラウマを処理することが必要であると思われます。さらに，個人心理療法の場合と同様に，グループは，回復の段階に合わせて企画することができます。つまり，グループの焦点は，安全を確保することに始まり，トラウマ体験を思い出して語ることを経て，次には支えとなる関係を形成することへと移行します。

　Stacy Welch & Barbara Rothbaum（2007）が嘆いているように，広く使用されているわりには，集団療法の研究は嘆かわしいくらい不十分です。しかし，行われてき

た研究は，程度がまちまちであるとはいえポジティヴな効果を示している点で心強いものです（Shea et al., 2009）。残念なことに，あるタイプのグループが他のタイプよりも好ましいことを支持する十分なエビデンスはありません（例えば，トラウマに焦点を合わせるグループか，現在に焦点を合わせるグループか）。集団療法が個人療法よりも優れていることを支持するエビデンスはありません。そして，集団療法から最も恩恵を受けるのは誰なのかを予測する方法はありません。それにもかかわらず，治療ガイドラインは，詳細を明らかにしていないとはいえ，集団療法を「様々なタイプのトラウマ体験と関連する PTSD に対する治療の有益な要素」（Foa et al., 2009a, p.578）として推奨しています。私見ですが，凝集性の高いグループは，愛着関係を情動調整の第一手段として支えにする能力を促進する点で，きわめて貴重なことがあります。

（5）カップル療法・家族療法

個人療法と集団療法は，愛着の安定性を高める**間接的な**経路を提供します。つまり，どちらのタイプの心理療法も，ある程度まで愛着欲求を満たします。より安定型の関わり方（例えば苦痛を表出すること）を学ぶ機会を提供します。そして，愛着関係の問題を検討するための討論の場を提供します。しかし，トラウマを負った患者たちの中心的愛着関係に対して**直接的に**働きかけざるをえない理由があります。PTSD およびトラウマに関連する他の諸問題は，対人関係に深い亀裂と葛藤をもたらします。例えば性的暴行や幼年期の性的虐待は，恋人との親密性を妨げることがあります。より一般的に言うと，恐怖，不安，いらだちやすさ，激怒は，親密な関係での情動感染を生じさせることがありますが，そのせいで今度はパートナーや家族メンバーの側が距離を置くことになり，情動的苦痛があるのに孤立無援であると感じる体験が永続化することがあります。このようなわけで，カップルと家族への介入は，対人関係における葛藤や苦痛を改善するためだけでなく，回復に不可欠のソーシャルサポートを増大させるためにも必要となるでしょう。

Sue Johnson が開発したカップルと家族のための「情動焦点化療法」（Emotionally Focused Therapy）は，愛着理論と愛着研究を確かな基盤とする心理療法であることから注目に値します。以下に示すのは，PTSD によって生み出される可能性がある対人関係上の問題の典型例です。

> PTSD 症状を鈍化させ，（一般的に，そして関係についての）感情を回避するために，夫が妻との関係を避けてアルコールで自分の反応を鈍化させると，皮肉なことに彼の悪

第4章　エビデンスに基づく治療

　　夢やフラッシュバックは悪化し，彼の効力感は低下するであろう。言うまでもないことであるが，彼の妻は，夫の関係回避と無反応の双方によって，そして侵入性の再体験〔フラッシュバック〕によって，影響を受ける。パートナー同士は次第に**よそよそしくなり，互いに慰めの源として役立つ存在ではなくなる**。

　　　　　　　　　　　　　　　　　　　（Johnson & Courtois, 2009, p.372；強調は後から付加）

　私は，上の例の情緒的利用不能性のところに強調を施しています。なぜなら，情動焦点化療法の中心的目標は，愛着関係の中で安全な逃げ場と安心基地を作り出すことだからです。介入は，情動の表出を促進し，併せて相互的な情動的波長合わせと応答性を——慰めを与える触れ合いをも——促進します。セラピストは，愛着欲求を正当なものとして認め，併せて弱さ（vulnerability）を認めることを奨励し，効果的な情緒的依存を促進します〔★訳注7〕。不安定な愛着特有の内的作業モデルが，カップル関係における自己永続化パターンの中で実演されているときには，そのようなものとして同定されます。例えば，〔カップルの〕片方による不安に駆られたしがみつきは，もう片方のよそよそしい回避を促進し，その悪循環がエスカレートします。要するに，このアプローチの中心的要素は，①共同的な治療同盟を発展させること，②愛着欲求と恐怖を妥当なものと認めること，③情動反応を示す権利を認めること，④近づきやすさと応答性を促進すること，⑤情緒的コミュニケーションを通して自己定義を促進すること，⑥安定型愛着の方向に関係を方向づけること，⑦必要なときに裏切られ，見捨てられたことに関連する関係上の傷つきを癒やすこと，です。

　　　〔★訳注7〕愛着理論からみると，愛着欲求，つまり苦痛なときに信頼できる他者に安心と慰めを求めることは正当であり，他者の助けを必要とする弱い（vulnerable）自分を拒絶するべきではなく，他者の助けを借りて苦痛を軽減させる（安心と慰めを得る）ことは好ましいということになる。

　Johnson は，「カップル治療または家族治療を犠牲にした個人療法の過剰使用」（Johnson & Courtois, 2009, p.374）を批判していますが，この批判は正当です。彼女が主張しているように，セラピストは**代理的**愛着対象です。こうして，カップル療法・家族療法は，現実的なことに関心を集中し，自然な環境において全力で情動調整を行う際に動員される潜在能力をフルに活用します（Johnson, 2009）。Johnson（2008）は，より一般的にみた情動焦点化療法の効果についてはエビデンスを引用していますが，PTSD と複雑性トラウマに関する効果のエビデンスはまだ初期段階のものです（Johnson & Courtois, 2009）。トラウマに対するカップル療法・家族療法の研究についてのレビューが一貫して強調していることですが，この治療法には確固とした理論的根拠があるのに，それを支持するエビデンスが限られており，両者の間に明らかなずれがあります（Riggs et al., 2009）。したがって，最近の治療ガイドラインは，

PTSDに対するエビデンスに基づく個人療法の**補助手段**としてカップル・家族療法を用いることを勧めています（Foa et al., 2009a）。私たちはより多くのエビデンスを待ち受けているわけですが，PTSD治療の場合には，重要な愛着関係において安定型愛着を促進し，それをフル活用できるまで待つべきであるとは，私は考えていません。

（6）論評

エビデンスをレビューした後に，Elizabeth Hembree & Edna Foa（2010）は次のような率直な結論を下しました。つまり，「PTSDと診断された患者は，エビデンスに基づく治療の恩恵を受けずに終わるべきではない」（p.200）ということです。しかしながら，彼女らの調査では，持続エクスポージャーを使用するための訓練を受けるセラピストは少数（27％）にとどまり，それをPTSD患者の治療に日常的に使用しているセラピストはさらに少数（9％）であることが明らかになりました。Foaは，一貫してエクスポージャーがPTSD治療の中心であると力説していますし，私がすでに示したとおり，彼女は自分の見解を支持する明らかなエビデンスを手にしています。しかし，彼女の治療は純粋な形のエクスポージャーを用いるものですが，エクスポージャーは他の認知的手続きにも埋め込まれていますし，そのプロセス全体は治療関係の中に埋め込まれています。エクスポージャーの価値に関しては，おそらく私たち全員が同意するでしょうが，その実施に関しては多くの方法が考えられます。Anthony Roth & Peter Fonagy（2005）が結論として述べていることですが，エクスポージャーは常に他の技法と統合されているはずです。そして，「これをどのように実施するのが最善なのかということや，エクスポージャーと他のアプローチの組み合わせ次第で効力が異なるような状況があるかどうかを教えてくれる明確な研究上の指標はない」（p.235）のです。併せて彼らが主張していることですが，臨床的判断に代わるものはありませんし，とりわけ本書で取り上げられている複雑な問題を抱えた患者に対しては，「したがって，エクスポージャーに基づく治療法のどれを選択するかということよりも，この患者たちについての専門家的知識のほうがより重要であると思われる」（p.235）のです。

Matthew Friedmanと共同研究者たち（2009）は，より一般的に，最近の研究についてのレビューから以下のように結論づけました。つまり，「私たちは，どの治療が，どの条件の下で，どの患者に最もふさわしいかを予測できる段階には到達していない」（p.617）ということです。さらに，多くの患者は複数の治療を組み合わせたものを必要としているように見えます。そして，「目下のところ，治療技法の統合は，その臨床家の技芸（art）にとどまっている」（p.618）のです。私が唱えている人間

第4章　エビデンスに基づく治療

中心アプローチと一致することですが,「治療する対象は,誰にでも通用する『PTSD』ではなく,特定の患者である」(p.619) ということです。実証研究によるエビデンスは,臨床的な実践と革新よりも遅れて後からついてくるものです。私たちセラピストと患者は,実証研究による情報に支えられている必要はありますが,実証研究の奴隷になる必要はありません。

2. 境界性パーソナリティ障害の治療

　愛着トラウマは多くの患者たちにとってBPDの重要な要因であることを考慮すると,BPDの治療は本書の関心と密接に関連しています。BPDの中核的問題に含まれるものとしては,①アイデンティティの混乱,②安心感の乏しさと見捨てられることへの過敏さを特徴とする不安定な関係,③激しい情動的反応性,④衝動的な自己破壊行動,があります。幸いなことに,BPD患者に相当な改善をもたらすいくつかの治療アプローチがあります（Bender & Oldham, 2005）。「弁証法的行動療法」（DBT）は,BPDに対する十分研究された初めての治療法として,エビデンスに基づく治療法の市場を席巻しているように見えます。しかしながら,患者とセラピストにとって,代替的治療法を認識しておくことは重要です。したがって,それに続いて,実験研究によって支持されており,本書の関心とも直接的に関連している他の2つのアプローチに光を当てます。その2つとは,「転移焦点化療法」（Transference-Focused Psychotherapy: TFP）と「メンタライゼーションに基づく治療」（Mentalization-Based Treatment: MBT）です。

(1) 弁証法的行動療法（DBT）

　BPDは情動喚起の調整困難と不認証環境（invalidating environment）（私の用語では非メンタライジング環境）との組み合わせに起因するものであると,Marsha Linehan (1993a) は解釈します。子どもの自然な情動反応が無視され罰せられるとき,その子どもの激しい情動的苦痛は,情動的波長合わせによって抱えられることがなく,さらに悪化します。これらの発達的問題を考慮して,DBTの介入は情動調整スキルを構築します。不認証を経験した既往を考慮して,知覚や情動を共感的に認証（validate）することがDBTにおける中核的介入です〔★訳注8〕。しかし,治療全体は,次の2つのことの間で進行する**弁証法**を伴っています〔★訳注9〕。その2つの一方は'受容と認証'であり,もう一方は'変化の必要性と変化の奨励'です〔' 'は訳者が付加；以下,同じ〕。つまり,「その治療はセラピストが患者と柔軟な方法で交流する

2．境界性パーソナリティ障害の治療

ことを要求する。その柔軟な方法とは，患者の反応を鋭く観察し，その観察と結びつけて，'支持的受容' または '直面化と変化促進方略' をその都度切り替えて使用することである」（Linehan, 1993a, p.77）というのです。

〔★訳注8〕ここで言う「認証」とは，患者の知覚や情動をその状況では当然のことであり，理解可能なものであるとして認め，そのように伝えることである。
〔★訳注9〕ここでの「弁証法」のイメージは，2つの対立項があり，それが徐々に歩み寄り，より高いレベルへと進む（統合される）ことである（Linehan, 1993a）。

　その問題は複雑であり，治療は骨が折れると，Linehanは警告しています。問題行動は圧倒的な情動に対処するためのやむをえない努力であることを彼女は強調しており，より効果的で自己を傷つけない対処法を見出すことができるように患者を援助することを彼女は目指しています。DBTの最優先課題は，自殺行動や非自殺性自傷を含む自己破壊性を減少させることです——それは，DBTが開発される発端となった主要な問題です（Linehan et al., 1991）。第二の優先課題は，治療セッションを欠席すること，必要な治療作業に協力しないこと，セラピストによる制限を順守しないことのような，心理療法を妨げる行動を阻止することです。これらの問題行動は，他の行動と同様に積極的な問題解決の焦点になります。第三の優先課題は，物質乱用，高リスクまたは犯罪的な行動，財産管理上の問題のような，生活の質を妨げる行動を減少させることです。第四の優先課題は，行動スキルを高めることです——対人スキルを高めるだけでなく，苦痛への耐性を育て，情動調整の技法を学習することです。患者は，**徹底的受容**（radical acceptance）の姿勢を取り入れることを奨励されます——それは，人には思いどおりに操ることができない悲劇的現実を人生の一部として受け入れることです。この哲学は，唱えることは容易ですが実行することは難しく，実行する手立ても十分に明確であるとはいえません。徹底的受容は，体験の受容の強調（Hayes et al.,1999）と同じことです。そして，DBTによる治療には，マインドフルネス・スキルが含まれています。

　DBTは，**積極的な教育と適応的行動の強化**に重きを置いている点で注目に値します。患者は，具体的な問題解決に積極的に取り組むことを奨励され，問題のある感情や自己破壊的行動をもたらす一連の出来事を段階的に注意深く分析し，その後に将来そのような困難に陥らないようにするための新しい思考法と行動法を確認します。患者は，厄介な状況に対処する際の異なる方法を練習するため，ロールプレイを使用します。DBTは個人心理療法と心理教育グループを組み合わせて用いますが，心理教育グループはコーピングスキルを教える場であり，そのコーピングスキルにはマインドフルネス，情動調整，苦痛耐性のスキルが含まれています。また患者は，セッショ

第4章　エビデンスに基づく治療

ントとセッションの間でも，問題解決に支障が生じれば，電話を利用して即座にそれについて相談することを奨励されます。とりわけコンテインメントと関連するのが，DBTにおける情動調整訓練の重視です（Linehan, 1993b）。その情動調整訓練に含まれるのは，①情動を同定して名づけることの学習，②情動の機能の分析，③ネガティヴな情動状態の防止，④情動的ハーディネス〔★訳注10〕の増進，⑤ポジティヴな情動の増進，⑥ネガティヴな情動を注視し，受け入れることによってその情動をやり過ごすこと，⑦苦痛な情動と正反対の行為をすることによってその情動を変化させること，です。DBTのスキルはとても実践的で情動的苦痛への日常的対処に役立つので，DBTのスキルを学ぶグループは，メニンガー・クリニックでも治療の要（かなめ）です。

〔★訳注10〕ハーディネス（hardiness）とは，強いストレスを体験する状況においても精神的健康を維持できる能力を指している。類似の概念として，「レジリエンス」（resilience）と「首尾一貫感覚」（sense of coherence）がある。

　DBTは行動的アプローチですが，患者の情動不認証の既往を前面に押し出していて，治療関係が中心的な役割を担っています。Linehan（1993a）は，それを次のように明言しました。「DBTの進展にとって治療関係が重要であるとする私の主張は，主として自殺念慮のある人たちへの介入における私の治療作業に由来している。ときには，この関係が彼ら／彼女らを生き延びさせる唯一のものである」（p.21）。患者と関わる際のセラピストの態度の正真正銘の複雑さと柔軟さは，強調するに値します。実証研究が示していることですが，DBTセラピストの肯定と配慮は，やがて患者が以前よりも自己を攻撃しなくなり，自己を愛するようになることと結びつきます。しかし，セラピストは，患者の行動および機能との関連で姿勢を変化させなければなりません。セラピストが肯定する，保護する，自律性を認める，教える，制御するといったあり方の間を行ったり来たりしていると患者が知覚することと関連して，自傷行為の減少が生じます（Bedics et al., 2011）。この複雑さが弁証法をよく表しています——つまり，認証と変化への促しを織り交ぜています。心理療法における敏感な応答性は，子育ての場合と同様に多くの形態をとるのです。

　DBTは，最も幅広く研究されたBPD治療法であり，多くの研究を通して長期的効果を証明する実質的エビデンスを蓄積してきました（Kleim et al., 2010）。DBTは自殺行動と非自殺性自傷を減少させることが繰り返し証明されていますが，それはDBTの主要な目標です。同時に，DBTは緊急相談室の利用と入院を減少させます。また目論見どおり，DBTはBPD症状の改善，ならびに気分と対人的機能の改善をもたらします。したがって，Linehanと共同研究者たち（2006）は，DBTを現在のBPDケアの標準とみなしています。しかし，DBTが通常のケアより優れていること

は証明されているものの，DBT が BPD に特化した他の治療法よりも一貫して優れていることが証明されているわけではありません（Kleim et al., 2010）。

DBT を PTSD 治療に応用することに関する研究は，まだ初期段階です。重要なことですが，DBT は，心理療法の中でトラウマ体験を掘り起こす前に，自己破壊的行動につながる苦痛な情動状態に対処するスキルを学ぶことを患者に要求します（Robins et al., 2001）。DBT は明らかにトラウマと関連することから，臨床家は，トラウマに焦点を絞る心理療法よりも先に DBT の介入法を用いることや，それらをトラウマに対する多面的治療法の中に取り入れることに関心を向けてきました（Follette et al., 2009）。さらに，DBT の介入法を用いて情動調整における有能性を形成できるように患者を援助するなら，そのおかげで，**セラピスト**はエクスポージャー治療を用いることをより心地よいものと感じるでしょう（Welch & Rothbaum, 2007）。DBT を PTSD への認知行動的介入と結びつけることの潜在的利点を示すエビデンスがあることは心強いですが，それはまだ初期段階のエビデンスです（Foa et al., 2009a）。

（2）転移焦点化療法（TFP）

DBT を方向づける行動理論とは対照的に，TFP（Clarkin et al., 1999）は BPD への精神力動的治療アプローチであり，したがって，それは実質的には MBT と重なり合います（Allen et al., 2008）。とりわけ，どちらのアプローチも愛着関係に関するメンタライジングの改善を目指している以上，そうなるのです（Kernberg et al., 2008）。私の見解ですが，転移焦点化療法とメンタライジング・アプローチの相違は，強調点と理論的用語の問題です。患者は過去の愛着体験を転移として治療に持ち込むのであり，治療の中でその愛着体験が探索され，理解される（メンタライズされる）ことがありうるという想定に基づいて，TFP は，その名称が示唆しているように患者-セラピスト関係を重視します。「治療関係に関する患者の直接的情動体験へのセラピストの解釈は，①表象世界の統合の増大，②不安定型愛着から安定型愛着への移行，③メンタライジング能力の改善，に至る道筋とみなされる」（Kernberg et al., 2008, p.179）のです。精神分析とつながりがあるので当然ですが，TFP は，どちらかと言えば現在の関係における過去の経験の無意識的反復を探索し，理解することを非常に重視しています。

DBT に比べるとはるかに規模は小さいですが，統制された実証研究が TFP の効果を証明してきました。例えば，TFP は，BPD 患者の治療に関心を持つ熟練したセラピストが提供する心理療法よりも有効であることが証明されました（Doering et al., 2010）。比較すると，TFP のほうが，① BPD 症状の減少，②自殺企図の減少，③

第4章　エビデンスに基づく治療

入院の減少，④機能の全体的レベルの改善，に結びつきやすかったのです。

TFP に関する1つの主要な研究（Clarkin et al., 2007; Levy et al., 2006）が，BPD 患者の愛着とメンタライジングに対する心理療法の影響を理解することにかなり貢献しました。重要なことですが，この研究は，TFP をマニュアルに基づく他の2つの BPD 治療——つまり DBT，および BPD への支持的心理療法——と直接的に比較しました。すべての治療法は，1年間行われました。この3つの治療法は，BPD 症状の幅広い改善をもたらすことに関してはおおむね同等でしたが，いくつかの違いがありました。つまり，TFP は結果を測定する尺度の広い範囲にわたって効果を示しました。TFP と DBT は，自殺企図を減少させることに関しては支持的心理療法よりも有効でした。TFP は，他の2つの治療法に比べて，怒りと攻撃的行動により大きな改善をもたらしました（Clarkin et al., 2007）。とりわけ私の関心と関連しているのは，愛着とメンタライジングに関する付加的発見です。治療の前後に実施された成人愛着面接を比較した結果（Levy et al., 2006），TFP は，DBT および支持的心理療法に比べて，安定型愛着を示す患者の割合の増加，ならびに首尾一貫したナラティヴやメンタライジングの増加に結びつくことがわかりました。しかし，注目に値することですが，喪失とトラウマの解決においては一貫した変化は認められませんでした。

（3）メンタライゼーションに基づく治療（MBT）

Anthony Bateman & Peter Fonagy（2009）は，MBT を以下のように簡潔に描写しました。

> 愛着理論と認知理論に由来する精神力動的治療。一般の精神保健専門家が実施するためには，中等度のスーパーヴィジョンを伴う限定的な訓練を受ける必要がある。それが目指すものは，愛着の脈絡で自分自身と他者の心理状態を理解する患者の能力を強化することであり，そうするのは自殺や自傷の引き金となる感情・衝動調整・対人的機能における困難に取り組むためである。
> (p.1355)

Bateman & Fonagy（2006a）は，まずデイホスピタル・プログラム〔★訳注11〕の中で MBT を実施しました。最初，それは患者が週に5日間参加するものでした。患者がそのデイホスピタル・プログラムにとどまる最長期間は，18～24か月です。主要な治療的介入は個人療法と集団療法を組み合わせたものですが，デイトリートメントには，①危機管理，②服薬管理，③メンタライジング促進のための表出的な筆記や芸術のような構造化された活動，も含まれます。より最近になって，Bateman & Fonagy（2009）は集中的外来方式の MBT 実施法を開発しました。それは，18か月にわたっ

2．境界性パーソナリティ障害の治療

て毎週行われる50分間の個人心理療法セッションと90分間の集団心理療法セッションから構成されています。

〔★訳注11〕患者が日中は病院で過ごし，夜になると自宅に帰るという方式の精神科ケアである。

MBTを他の治療法と区別するものは，一貫して患者のメンタライジング能力を強化することに焦点を絞ることですが，それは，①重要な愛着関係，②患者‐セラピスト関係，③活動や集団心理療法での他の患者との交流の中で，自己と他者の心理状態を探索することによって行われます。同じ状況（例えば口論）を多重的な複数の見方〔★訳注12〕で眺め，かつ体験することができるのだと認識できるよう患者を援助する場合に，個人心理療法と集団心理療法の組み合わせ（それに加えて，デイホスピタル・プログラムでの集団活動）は，とくに価値があります。

〔★訳注12〕私たちが見ている現実は，現実「自体」ではなく現実の「表象」である，つまり私たちの心が捉えたものである。したがって，見方は1つに限定されず，複数の見方がありうる。「多重的な複数の見方」（multiple perspectives）とは，このことを指している。

最初の効果研究は，デイホスピタルで実施されたMBTとコミュニティでの通常の治療を，治療開始後の18か月時点（Bateman & Fonagy, 1999）と36か月時点（Bateman & Fonagy, 2001）で比較しました。その結果，MBTにはコミュニティでの通常の治療よりも有意に優れた点があることが示されました。しかし，最も注目に値するのは，Bateman & Fonagy（2008）の8年間にわたるフォロウアップ研究です。この研究では，前述の2つの治療を受けた患者たちが，治療終了から5年後（治療開始から8年後）に評価されました。これはBPD治療についての抜群に長い期間にわたるフォロウアップ研究です。そのため，研究者のKen Levy（2008）は，この研究の特徴を「精神医学史に残る研究になることが運命づけられている」（p.556）と表現せずにはいられませんでした。積極的治療の終了に続く5年間で，MBT群の患者たちは，〔通常の治療を受けた患者群に比べて〕以下のような特徴を示しました。①自殺企図がより少ない（23％対74％）。②緊急相談室の訪問や入院がより少ない。③外来治療と服薬の利用頻度がより少ない。④BPDの診断基準にあてはまる人がより少ない（13％対87％）。⑤衝動性を示すことがより少なく，対人的機能がより良好であり，就労を続ける能力がより高い。対人的機能の改善は，不安定型愛着の改善を示唆している点がとくに注目に値します（ただし，愛着パターンは直接的には査定していません）。MBTの患者たちは，BPDの中核的な2つの診断基準，つまり'強烈で不安定な関係'と'見捨てられることを避けるための死にものぐるいの努力'において有意な改善を示しました。とくに注目に値するのは治療終結後も改善が持続している

第4章 エビデンスに基づく治療

ことであり，そのため，Levy（2008）は，「行動制御の発達は〔行動的〕スキルに基づく必要はなく，**心的スキルの発達**を通して生じうる」（p.557；強調は後から付加）とコメントしないではいられませんでした。長続きする MBT 効果は，Herman（2009）の以下のような発言を導きました。「この研究が最終的には BPD に対するケアの新しい標準を決めるだろうと，私は信じている。この研究のおかげで，私は，複雑性 PTSD に対する同様に集中的でマルチモードの治療モデルを開発しようかと思案している」（pp.xvi-xvii）。

多面的デイホスピタル・プログラムの中にあるメンタライジング焦点化治療ほど集中的なものではありませんが，より純粋な形のメンタライジング焦点化治療の利点を検討するために，Bateman & Fonagy（2009）は，18か月間の集中的外来治療（個人心理療法と集団心理療法）の効果を，構造化された臨床的マネジメントの効果と比較しました。ちなみに後者は，BPD 治療のガイドラインに基づくもう1つの積極的介入法です。予想どおり，どちらの治療法も18か月後にみられる相当な改善と関連していました。ただし，MBT は，とくに最後の6か月間（つまり治療開始から12か月経過後）に，臨床的マネジメントよりも優れた効果を示しました。MBT は，とりわけ自殺行動と非自殺性自傷の発生数がより少ないこと，ならびに入院と投薬治療の使用頻度がより低いことと関連していました。MBT 群は，さらに全体的機能および抑うつ症状と社会適応において，より大きな改善を示しました。MBT 群と臨床的マネジメント群の相違が，とくに注目に値します。つまり，両群の患者たちは，同じくらいの回数の心理療法を受けていました。しかし，臨床的マネジメント療法は支持と問題解決に焦点を合わせており，一方 MBT はメンタライジングを促進することに焦点を合わせていました。

3．複雑な心的外傷性ストレス障害の治療

先の2章で強調したように，愛着トラウマに起因する諸問題は，おそらく PTSD を超えた範囲にまで，そして BPD さえはるかに超えた範囲にまで及ぶであろうと思われます。当然のことながら，そのような複雑な問題の治療に関する研究は，より限定された障害に関する研究よりも遅れています。しかし，これらの複雑な諸問題に取り組む治療の必要性は何年間にもわたって明白でしたし，それは Herman（1992b）の先駆的研究からも明らかです。Christine Courtois & Julian Ford（2009）は，複雑な心的外傷性ストレスを理解，査定，治療することに関するその後の諸研究を統合するうえで大きな貢献をしました。

3．複雑な心的外傷性ストレス障害の治療

　複雑な心的外傷性ストレスを治療するための現在の最良の実践においては，個々の障害の治療とは異なり，治療が個人に特化され，かつその人全体に焦点を合わせたものであることが要求されます。Courtois & Ford（2009）のアプローチの中核的原則は，愛着の脈絡においてメンタライジングに焦点を合わせる本書の立場と一致しています。つまり，「セラピストは，①クライエントが情動を認証され，『目を向けられ』，正当に評価される関係状況を創り出そうとする。②愛着トラウマおよびその後の犠牲者化と関連する不認証（invalidation）の体験に立ち向かおうとする。③情動の表出と発達を奨励しようとする」（Courtois et al., 2009, pp.86-87）のです。Courtois と共同研究者たちは，Herman（1992b）に従って，複雑性トラウマを治療する3段階のアプローチを提唱しています。段階Ⅰは**安全と安定化**に焦点を合わせており，トラウマに関する教育を含みます。そして，安全な環境（つまり，持続する虐待や暴力がない環境）を確保します。極度の情動喚起を調整することを学習します。自殺行動と非自殺性自傷からの安全を持続させます。支えとなる関係を発展させます。段階Ⅰは単なる導入ではないし，すぐに完了することもありません。上述のような課題は，長期にわたる治療の屋台骨です。段階Ⅱは，**トラウマ記憶を処理すること**と，トラウマについての首尾一貫したナラティヴを生成することから構成されています。したがって，この段階はエクスポージャー療法に似たものです。段階Ⅲは**再統合**を伴います。それは，次のようなことに関して前向きに人生を生きることです。つまり，①信頼関係と親密性を築くこと，②健全な性的機能を確立すること，③効果的な子育ての営みを発展させること，④職業とキャリアへの関心を追及すること，です――要約すれば，愛することと働くことにおける努力です。

　臨床家たちは，複雑なストレス障害の治療ではトラウマ記憶の処理にどの程度注意を向けるべきかということについて議論しています。Herman（1992b）の次のような警鐘的発言は，注目に値します。つまり，「最もよくみられる治療的過失は，トラウマに関する話題の回避であるが，おそらく二番目によくみられる過失は，安全を確保し，治療同盟を安定させるという課題に十分注意を向けることなく，時期尚早または早計に探索作業を行うことである」（p.172）というのです。それを私なりに解釈すると（Allen, 2001），治療には〔記憶の〕処理とコンテインメントのバランスが必要であり，コンテインメントの2つの主軸は安定した愛着関係と個人の情動調整能力だということです――つまり，苦痛に直面したとき安心感を与えてくれる他者を頼りにできることと，必要なときには苦痛に自分自身で対処できることです。このバランスを見出すことは，セラピストと患者にとってトラウマ治療における大きな試練です。Herman が見極めたように，一方の危険は回避であり，もう一方の危険はトラウマに

没入して打ちのめされることです。適正なバランスは，人によって異なるでしょうし，特定の人においても治療のどの時点であるかによって異なるでしょう。さらに，私たちが思い違いをして，コンテインメントの目的はトラウマ記憶の処理を可能にすることであると信じることがあるでしょう。私は，その逆を主張します。つまり，トラウマ記憶を処理することの目的は，コンテインメントを増大させること——安定型愛着と情動調整の能力——なのです。トラウマ記憶の処理自体を最終目的のように考えて，それに関心を集中することは非生産的です。最終目的は，トラウマを思い出さないことではなく，うまく生きることなのです。

　私がここでほのめかしたとおり，私たちは複雑な心的外傷性ストレスの治療に関する豊富な臨床的文献に恵まれており，その文献は個人心理療法だけでなく集団心理療法に関するものでもあります（Ford et al., 2009）。しかし，様々な治療アプローチに対する実証研究からの支持は限られており，私たちは公式の治療ガイドラインを持っていません。さらに，「複雑な心的外傷性ストレス障害のクライエントに対する，明確に妥当性が証明された記憶再構成作業アプローチはない」（Courtois & Ford, 2009, p.95）のです。しかし，Christie Jacksonと共同研究者たち（2009）がレビューしたとおり，いくつかの統制された研究は，認知行動的技法を複雑な心的外傷性ストレス障害の患者の治療に応用した多面的治療アプローチと関連する改善を明らかにしており，その点で期待が持てます。これらのアプローチはどれも，コンテインメントとトラウマ記憶の処理への支持との間のバランスを大切にしています。

4．親-子への介入

　本章で，私は，トラウマ治療のための一連のアプローチと，それらに対する様々な水準の実証的支持を書き連ねてきました。様々な治療法がかなりの成果をもたらすことが証明されてきましたが，結果の水準と実証的支持の程度にはまだ明らかな改善の余地があります——それは，長期間のフォローアップ研究が不足していることをみれば明らかです。とりわけ結果に示された治療の限界は，予防と早期介入の必要性を示しています——最も重要なことは，早期愛着関係におけるトラウマ的相互交流の軽減です。ここに関しては，私たちが心強く思う十分な根拠があるのですが，なぜかと言えば，メンタライジングと愛着の安定性を促進する親-乳児介入および親-幼児介入の有効性が証明されてきたからです。

4．親 - 子への介入

（1）マインディング・ザ・ベイビー

　Arietta Slade と共同研究者たちは，乳児・幼児の心理状態と親 - 子関係に関してメンタライズする親の能力を高めることを明示的目標とする介入法を開発しました（Slade, 2006）。その目的は単純です。つまり，「私たちが様々な直接的方法および間接的方法で試みることは，子どもについて思いめぐらすことができるように親たちを援助することである」（Slade, 2008b, p.307）というのです。Slade は，子どもの基本的心理状態（例えば感情）を熟慮することができるように親を援助することから始めます。次に，心理状態と行動の関係を認識することができるように親たちを援助します（例えば，子どもがぐずるのは「意地が悪い」からではなく，「空腹で疲れている」からであると認識すること）。最後に，二者の心理状態の相互影響を理解することができるように親たちを援助します（例えば親の怒りが子どもを怯えさせ，子どもの怯えた行動がさらに親の不満をかきたてる）。Slade のアプローチは，主として子どもと親子関係をメンタライズすることに焦点を合わせており，親の生育史に問題の起源を探ることについては副次的に焦点を合わせるだけです（Slade, 2008b）。

　Slade と共同研究者たち（Sadler et al., 2006; Slade et al., 2004）は，スラム街に住む高リスクで初産の親とその乳児のために，メンタライジングに基づく子育てプログラムを開発しましたが，このプログラムは「マインディング・ザ・ベイビー」（Minding the Baby）〔赤ちゃんへの思いやり〕という適切な名称が付与されています。このプログラムに参加する母親たちは，重大なトラウマの既往および一連の精神医学的障害を抱えているのが一般的であり，その精神医学的障害にはしばしば物質乱用が含まれています。母親たちは，自分自身が不安定型愛着の既往を持っていますので，一般に自分自身の心理状態および子どもの心理状態についてのメンタライジングに問題を抱えています。介入は妊娠時から子どもの2歳の誕生日まで続き，家庭訪問者が幅広い実際的支援を行います（例えば，親に教材やその他の必需品を提供すること，併せて住宅提供・社会福祉サービス・健康ケアを受けるための支援を行うこと）。このプログラムの実施期間を通じて，セラピストはメンタライジングのモデルを呈示します。妊娠中の最初のメンタライジング的介入の目的は，妊娠と出産に関する心配を言葉で表現できるように母親を援助することです。それは，性的虐待の既往や出産への恐怖がある母親に対しては，とくに重要な支援形態です。出産後には，母親は乳児の心理状態を認識することができるように援助されます。「赤ちゃんに感情と欲求が**あることを**理解することは，母親たちの大半にとって1つの達成である」（Sadler et al., 2006, p.280；強調は原書のとおり）ということです。またセラピストは，母親 - 乳児の相互交流を録画し，その録画を母親とともに振り返ります。そして，そのプロ

第4章 エビデンスに基づく治療

セスにおいてはセラピストは赤ちゃんを代弁し，そのおかげで母親は自分自身の感情と意図および赤ちゃんの感情と意図を省察することができるのです。一歩距離を置いたメンタライジングは，問題のある相互交流の最中で行う場合よりも容易です。それに加えて，家庭訪問者は，母親が赤ちゃんと遊ぶ際にそれを助け，このようにして安定した愛着の中の安心基地の側面を促進します。

Slade（2008a）があげた親のメンタライジングの例は，以下のとおりです。

> 省察的（reflective）または志向的（intentional）な姿勢〔★訳注13〕の発達は，**行動を潜伏的な心理状態または意図の働きであるとみなす能力**によって特徴づけられる。**子どもの（または親自身の）内的状態を行動または他の内的状態に結びつける能力を親が示したら，親を省察的であるとみなすことができる**。例えば，「彼が店でかんしゃくを起こしたのは（行動），疲れていてお腹がすいていた（身体状態）からです。私が一日中あちこち連れまわしたので，彼はそれにうんざりしていたんです（心理状態）」「彼女が一晩中眠らなかったのはとても怯えていたからで，それは私が怒ったせいなんです」。子どもの心理療法で親との治療作業がうまく進んでいると，行動的姿勢から省察的姿勢への移行が見え始めます。例えば，「放課後，彼を車に乗せようとするとき，どうすれば私は彼に逃げるのをやめさせることができるのでしょう？」と言うのではなく，「ああ，私が学校に迎えにいくと彼が私から逃げるのは，多分，どれほど寂しかったかを私に知られるのが耐えがたいからなのでしょうね！」と言う。　　　（p.317；強調は原書のとおり）
>
> 〔★訳注13〕「省察的姿勢」（reflective stance）とはメンタライジング的姿勢と同じことであり，自己と他者の心理状態を推測し，認識するだけでなく，その認識について振り返り，その性質，根拠，妥当性などについて考えることができるあり方である。「志向的姿勢」（intentional stance）とは哲学者Dennett の用語であり，対象を独自の心理状態を持つ主体とみなす姿勢である。

第1章（『愛着・メンタライジング・トラウマ』）でレビューされた研究は，「マインディング・ザ・ベイビー」の理論的基盤に支持を与えてくれます。つまり，より高いメンタライジング能力を示す親は，子どもの愛着をより安定化させます。親のメンタライジングは，より効果的な子育ての実践に結びつきます。親のメンタライジングは，子どものメンタライジングの発達に結びつきます（Slade, 2006）。したがって，初期の効果研究が示唆していることですが，「マインディング・ザ・ベイビー」プログラムは，愛着の安定性を促進しながら親のメンタライジングを促進し，乳児の健康を改善し，無秩序型の愛着を回避するのです（Sadler et al., 2006）。

（2）サークル・オブ・セキュリティ

「サークル・オブ・セキュリティ」〔安心感の輪〕（Circle of Security）というプロジェクトも，乳児と幼児に対する親の敏感性を高めることによって愛着の安定性を高

4．親-子への介入

めることを目指している点で注目に値します（Marvin et al., 2002; Zanetti et al., 2011）。親たちは，子どもが安全な逃げ場と愛着の安心基地の間に描かれたサークル〔輪〕の上を移動するという着想〔★訳注14〕とともに，安全な逃げ場と安心基地について教育されます。つまり，子どもたちは，安心基地があると環境を探索する冒険に乗り出します。苦痛を体験すると，子どもたちは，慰めを求めるとともに安心を取り戻すためにサークル〔輪〕に沿って安全な逃げ場に戻ります。親たちは，子どもを見守り，必要に応じて助けを与え，子どもの活動と成功を喜ぶことによって探索を支持するよう指導されます。また親たちは，子どもの苦痛の信号に注意を払い，波長合わせと慰めを伴う応答をするよう指導されます。John Bowlby の研究を念頭に置いているので，子育ての公式は以下のようになります。つまり，「**いつでも**〔子ども〕より大きく，より強く，より賢く，親切でいよう。**できるときはいつでも**子どもの欲求に従おう。**必要なときはいつでも**親が主導権を握ろう」（Zanetti et al., 2011, p.322；強調は原書のとおり）ということです。

〔★訳注14〕「サークル・オブ・セキュリティ」（Circle of Security）とは，下記の図（COS）とそれが描く愛着概念を意味している〔Zanetti et al., 2011から作成〕。下記の図で「両手」は親を表しており，子どもの世界を抱えている（Winnicott が言う "holding"）。そして，両手で示されたゴールは，養護システム（caregiving system）による親の機能（安心基地と安全な逃げ場）を表している。図の上半分は，探索システム（exploration system）による子どもの動きと欲求を表している。子どもは，親が安心基地として機能していれば周囲の世界を探索する。図の下半分は，愛着システムによる子どもの動きと欲求を表している。子どもは，（疲労，不満，不安などの）苦痛を体験すると，安全な逃げ場としての親のところに戻る。

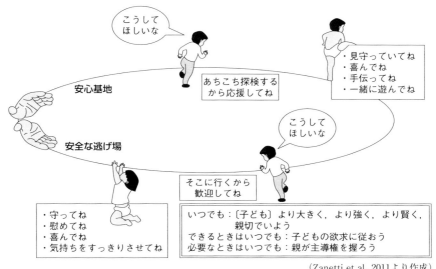

（Zanetti et al., 2011より作成）

第4章　エビデンスに基づく治療

　介入は，生後11か月から5歳までの子どもを持つ6名の参加者（一般的には母親）のために企画された20週間の集団プログラムです（Zanetti et al., 2011）。プログラムは，ストレンジ・シチュエーションにおけるそれぞれの母子の撮影から始まりますが，この撮影では再会場面にとくに注意を向けます。それから親は，「サークル・オブ・セキュリティ面接」に答えているところを撮影されるのですが，この面接では，「ストレンジ・シチュエーション」での体験，および幼年期における自分自身の養育者との関係について質問されます。これらのアセスメントは，親がサークルのどこに困難を抱えているかを突き止めるために行われます（つまり，探索を支持することの困難さか，慰めを与えることの困難さか）。セラピストは，親と子の間の**決定的格闘**（linchpin struggle）——つまり「親子の相互交流と双方の内的作業モデルに表れている重要な防衛方略」（p.327）——を突き止めます。この格闘は，介入の焦点となります。ビデオ録画された相互交流は，集団場面で振り返りが行われ，そうすることで親たちは，自分が観察したことについて省察することができ，おまけに〔親同士で〕互いを支え，互いから学習することができるのです。

　この後に示すマリーと3歳の息子サミュエルの事例は，決定的格闘と介入の実例を示すものです。マリーは，サミュエルを出産した後に，産後うつに悩まされていました。そして，彼女は，サミュエルの妹が誕生した後に，圧倒されるような不安を体験しました。ちなみに，マリーが治療を求めたときにサミュエルの妹は生後2か月でした。彼女は，生後1年目のサミュエルについて，まとわりつく扱いにくい子であり，思いどおりにならない敏感な子であったと描写しました。マリーは，解決されていない喪失の既往と格闘しており，愛着と育児の無秩序性を示す次のような兆候を示していました。つまり，①サミュエルの攻撃性への恐怖，②無力感，③怒りの制御の喪失，です。マリーは慰められた体験がほとんどないため，彼女にとって慰めることは容易なことではありませんでした。彼女は，慰める行動（例えば，抱きかかえて優しくたたくこと）は行いましたが，慰めとなる情動的波長合わせ（メンタライジング）は行いませんでした。したがって，マリーは，サミュエルに対して，彼女を頼りにしないように教えていたのであり，彼のほうは支配するような行動パターンを発達させました。ここで，ストレンジ・シチュエーションにおける二人の相互交流の描写を提示します。

　　サミュエルは，早熟であるように見えたが，物静かな少年であった。母親が部屋にいたときの母親を支配しようとする試みとは裏腹に，2度目の分離の間に，彼はひどく動揺していた。マリーが戻ってきたときに，決定的瞬間が訪れた。サミュエルは，ストレンジャーのそばに立ってすすり泣いていた。マリーが腕を広げて再び入室してきたとき，彼はマリーのほうを見た。彼女は彼を抱き上げ，椅子まで連れて行った。彼女は励ますような言葉をかけ，彼の

体を優しくたたき，彼の涙を拭ったが，彼女の表情には苦痛を伴う心細さが表れており，手での接触は必死さが伝わってくるような性質のものであった。全体として，彼女の慰めは，気持ちを落ち着かせることができるように彼を助けるという点では非効果的であるように思えた。30秒も経過しないうちに，彼女は彼を床に降ろし，玩具を見るよう促し始めた。それは，彼が最悪の気分である（つまり慰めを求めている）ことを彼女に直接的に伝えているのに，防衛的に彼を「サークル」の上半分に（つまり探索）に進ませようとすることであった。彼はすすり泣くのをやめ，それから父親に会いたいと言って立ち上がり，ドアのほうへ歩いて行った。

　この挿話は，不適切な養育が積極的に行われることがなくても無秩序型の愛着パターンが生じうることを示している点で教訓に満ちています。実際，サミュエルの苦痛に対するマリーの応答は善意から出たもの——しかし非効果的なもの——であり，セラピストはその経過に光を当てました。ビデオテープに録画されたこの決定的瞬間をマリーおよび他の患者とともにグループで振り返りながら，サミュエルには慰めが必要なのに自分は探索を奨励しているのだということをマリーが認識できるように，セラピストは援助しました。この討論の過程でマリーが認識するようになったことですが，サミュエルが情動的興奮状態に陥ったときにも彼女は同じように対応していたのです。他者を慰める最良の方略は，「ただ彼ら／彼女らと**一緒**にいること……あなたがそこにいることを彼ら／彼女らに知らせること，それでよい。その人と一緒にいるために，その時間を使うこと」（p.335；強調は原書のとおり）であると，彼女は学びました。治療の終結までには，マリーはサミュエルとの相互交流において，それまでよりも温かさを示すようになり，彼の攻撃的行動は減少していました。ストレンジ・シチュエーションをもう一度実施したところ，2回目の分離の後に，マリーは，「サミュエルが彼女の後を追いかけたとき，彼を部屋に戻して『大丈夫よ。そうじゃなきゃ，お母さん，あなたに言わないわよ』と言うことで，サミュエルを励ますことができた」（p.338）とのことです。

5．結論

　もし読者が本章で示された治療のカタログに熱心に目を通したとすれば，読者は目を回していることでしょう。ここでは，この状況に対するポジティヴな捉え方を提示します。つまり，私たちは，心理療法という分野の豊かさに困惑しているのだということです。しかし，治療開発者と研究者が多くの成功に誇りを持つのは当然であるとしても，私たちは声援を送る立場にはなれません。必ずしもすべての患者がその様々な治療の恩恵を受けるわけではありませんし，多くの患者がドロップ・アウトします。

第4章 エビデンスに基づく治療

さらに，恩恵を受ける人であっても症状や生活上の問題が残ることがあります。そのうえ，私たちには幅広い一連の治療の選択肢があるといっても，必ずしもすべての選択肢が広い地域で利用可能というわけではなく，地方ではとくに選択肢が限られています。それに加えて，健康ケアのための財源が限られているという普遍的問題があります。

この章全体が証明しているように，最良の環境の場合―― 一連の治療選択肢のすべてを利用できる場合――でさえ，選択の指針となるエビデンスは限られており，それでも，患者とセラピストは，そのような選択肢の中で選択を行わなければならないという厄介な問題に直面します。私たちには多くの有効な治療法がありますが，一般的にはその効果の違いはわずかです。私の記憶によれば，私の大学院時代初期の授業の教員の一人であるJulian Rotterは，1960年代後半に，異なる治療法ごとにそれがどのような性質の患者に最適なのかを理解する必要があると嘆いていました。40年を超える時が経過した今でも，この領域は，誰に何が有効なのかを決めるための根拠を実証研究の中に見出そうと奮闘しています（Roth & Fonagy, 2005）。

次章では，目がくらみそうなほどずらりと並んだ，効果がほぼ等しい治療法からどれかを選択しなければならないという問題への対抗的見解を提示します。つまり，これらの治療法が共有しており，その有効性の説明理由となる要素を探求するということです。本書における愛着への焦点合わせと一致することですが，この探求においては治療関係に光を当てます。本章が証明しているように，「エビデンスに基づく治療」という栄誉あるラベルは，実験的研究を経た治療方法に付与されてきました（例えば，ある特定の治療法の効果を，待機リストに載せられている統制群〔★訳注15〕と実験的に比較すること）。しかし，この「エビデンスに基づく」というラベルはいくぶん恣意的です。次章でレビューされることですが，治療関係がもたらす恩恵を支持する幅広いエビデンスがあります。この事実は，本書の第1章でレビューされた愛着に関する研究を考慮すれば驚くべきことではありません。

〔★訳注15〕特定の治療の有効性を実験的に検討するためには，その治療を実施される患者群（治療群）と実施されない患者群（統制群）の間で効果を比較する必要がある。しかし，その治療を受けないまま終わる群を設けることが倫理的および／あるいは実際的に困難である場合には，その治療を受ける患者たちを2群，例えばA群とB群に分け，B群に対する治療の時期を後にずらす。そして，治療を待っている（待機リストに載せられている）段階のB群を統制群とみなし，治療を受けたA群との間で症状や問題の改善度を比較する。この方法を「待機リスト法」と呼ぶ。

6．要点

◆実質的に PTSD に対するすべての効果的治療法は——外的・内的な——恐怖刺激に対する統制されたエクスポージャーを伴っています。持続エクスポージャーは，最もよく研究され，見た目には最も単純な治療アプローチであり，12セッションで行われるのが一般的です。しかし，恐怖と不安が消去されるプロセスは単純ではありません。

◆そのプロセスの複雑さは，強調するに値します。①エクスポージャー療法は，不安耐性を改善し，併せて不安喚起刺激に対する新たな連合を形成します。②それは，恐怖を超えた幅広い情動についての探索と理解を伴います。③それは，トラウマ体験に関する首尾一貫したナラティヴの発達を促します。④それは，安全な関係という背景条件——つまり愛着という背景条件——のもとで行われます。

◆愛着トラウマは，親密な関係における情動調整を毀損することにかけては，PTSD をはるかに凌ぎます。したがって，BPD のために開発された治療は，愛着トラウマを治療する際にきわめて重要です。DBT は最もよく研究されており，当然のことながら最も広く知られていますが，他の治療アプローチも有効であることが証明されています。これらはすべて長期的治療です。理論的用語は異なりますが，これらすべてのアプローチは，重要な関係における情動調整の問題に取り組んでおり，そうしながら，どれも関係の中で生じる情動と葛藤への気づきを増大させます。私が忌憚(きたん)なく記したように，TFP は愛着の安定性における改善をもたらすことを証明してきましたし，MBT は長期にわたるフォロウアップ研究において最も永続的な効果を示しました。

◆BPD の診断は，たとえ多面的なものであろうと，愛着トラウマに関連する諸問題の複雑さのすべてを捉えているとは言えません。複雑な心的外傷性ストレス障害は，複数の診断名と問題からなる広領域を含んでいます。そして，それに対する複合的な治療アプローチが開発されており，それは段階的な治療を含んでいるのが一般的です（①安全と安定の達成，②トラウマの処理，③機能と生活の質の向上）。これらの長期的治療は複合的であり，厳密な手続きに従うものにはなりえません。したがって，実証研究は容易ではありません。ただし，実証研究が進行中であり，今後に期待できそうです。

◆個人心理療法は，全範囲の精神医学的障害に対する心理社会的治療の要(かなめ)であり続けてきましたし，トラウマおよび他の精神健康上の諸問題との絡みで最も幅広く研究されてきました。トラウマに対する集団療法の価値を支持する研究は豊富です。し

第4章　エビデンスに基づく治療

かし，特定のタイプのグループを推奨するのに役立つか，誰がグループから最も恩恵を受けるのかを決めるのに役立つような示唆は，これまでの研究からはほとんど得られていません。メンタライジングと安定型の愛着が最も重要となる関係の中で，それらを直接的に促進しようとする努力は恩恵をもたらすように見えます。このことを考慮すると非常に気がかりなのは，トラウマへのカップル療法・家族療法に関する実証研究が相対的に不足していることです。

◆精神健康上の諸問題には予防を通して取り組むのが最もよく，このことは少なくとも半世紀間にわたって自明のことでした。愛着に関する文献は，この点では非常に頼もしく，愛着の安定性につながる親 − 子の相互交流を促進する早期の介入の有望性を示しています。これらの介入のいくつかは，早ければ妊娠中に始まり，メンタライジングへの明示的注意を含んでいます。実際には，このような研究は，愛着関係におけるメンタライジングがもたらす可能性のある恩恵を実験的に証明しているのであり，それは素朴で古い療法が正当であることの証明なのです。

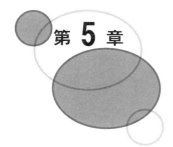

第5章 素朴で古い療法

　私の心理療法家としての最初の経験は，その後の歩みを決めるものでした。そのとき，私は心理学専攻の学部生で，最後のセメスターを迎えており，臨床心理学の大学院を目指していました。私は，すでに大学院の臨床心理学のコースをいくつか履修していました。それで，私の先輩助言者が私に「臨床心理クリニック」で患者に面接してはどうかと提案したのですが，このようなことは——最近ではありえないことでしょうが——40年前にはまったく非常識なことではありませんでした。私が行うのは，非常に限定された問題，つまりスピーチ恐怖を抱えた患者に対する，きわめて構造化され，十分に研究された治療——系統的脱感作——だったので，このような計画が可能だったのです。患者は，集団の前で話すことを要求される仕事に就いたばかりで，そのため援助を必要としていました。治療の手続きは単純でした。セラピストは患者にリラクセーションを教えます。患者は，リラクセーションをマスターした後に，教示を受けながら一連の段階を踏んでイメージによるエクスポージャーを行います（例えば，小規模でインフォーマルな友人集団に語りかけることから，批判的な専門家たちで構成される大規模な聴衆の前で正式のスピーチを行うところまで）。患者は，リラクセーション状態を維持しながら，そうしないと不安を引き起こす場面をイメージすることを学びます。イメージの中で行われるとはいえ，この経験は現実場面に般化〔★訳注1〕します——それは，心的外傷後ストレス障害（PTSD）に対するイメージによるエクスポージャーがそうであるのと同様です。

　　　〔★訳注1〕学習理論では，ある刺激に対して生じるようになった反応が，元の刺激と似た別の刺激に対しても生じるようになることを「般化」（generalization）と言う。ここでは，もう少し広く，学習された行動が最初の学習が生じた状況と似た状況でも生じるようになるといった程度の意味で般化という言葉が用いられている。

　私が初心者の状態であるにもかかわらず，最初のうちはすべてが順調に進みました。

第5章 素朴で古い療法

私は患者にリラクセーション技法を教え，患者はリラクセーション状態を維持しながら，恐れている場面の階層表を首尾よく上方に進んでいきました。しかし，潜伏的な何かが起きつつありました。セッションの開始時に，患者は，彼の抱える問題について，私にただ話すことだけを求めました。さらに，心理療法の経過全体を通してみると，彼は話すことを求めるほうが多く，脱感作を求めることは少なかったのです。悲しいかな，彼は心理療法を求めていたのですが，私はそうするための訓練を受けていませんでした。私は，助言者からスーパーヴィジョンを受けるようになり，患者をかなりうまく援助することができました。幸運なことに，恐怖症を除けば，患者の精神健康は良好だったのです。

このイニシエーションの後も長い間，私は，心理療法のための構造化された手続きがあるはずだ，私がそれを知らないだけで習得することはできるのだという錯覚を抱いたまま努力を続けました。私は大学院に行き，博士の学位を取得しました。私は，大学教員の職を得ましたが，引き続き心理療法を行い，スーパービジョンを受け，また大学院生にスーパービジョンを行いました。それでも十分とは言えません！ 私は，博士号取得後の訓練に身を投じ，その訓練を終えた後に，さらに5年間の心理療法スーパービジョンを受けました。構造化された手続きとしての心理療法を行うというこのつかみ所のない目標を達成することは，一度としてありませんでした。今や，私は，自分の探求がまったく馬鹿げていたことを認めます。私は，知らないうちに，当時の標準に従い，エビデンスに基づく治療を実践することによって心理療法家としてのキャリアを始めました。患者が私とただ話すことだけを求めたときに私が経験した苦しみの理由を，私は最近になって——40年間の経験の後に——やっと十分に認識しました。私は，決して探し求めていたマニュアルを見つけたのではありません。私は，探すことをやめたのです。

1．エビデンスに基づく治療の限界

前章（『エビデンスに基づく治療』）で垣間見た心理療法という分野の豊かさは，今日では広く認識されている大きな問題を生み出しました。つまり，こうしたエビデンスに基づく心理療法をすべてマスターできるセラピストなど，いるわけがないということです。すでに20～30年前に，250以上の心理療法が行われていました（Herink, 1980）。心理療法の研究者は，麦の糠を粒に変えるように，無作為化統制試験〔★訳注2〕を通して実証的に支持された治療（empirically supported treatment: EST）を選り分けようとしました。これは，前章で私が行ったレビューを導く指針でもありまし

1．エビデンスに基づく治療の限界

た。しかし，実証的に支持された治療が増え続けているので，このような努力の選別効果は限定されたものにとどまっています。10年前に145の EST が確認されていたことを思えば，EST を用いて幅広い患者たちを治療しようと願う，悩めるセラピストの苦しい胸の内は，容易に察することができます。つまり，「同じ治療ではあるがマニュアルが異なる複数の立場の間に機能的等価性がないなら，EST を自分の実践に適用したい実践者は，150以上のマニュアル化された個別の治療法を学ぶという，気が遠くなるような問題に直面する」（Malik et al., 2003, p.151）ということです。

　　〔★訳注2〕第4章でも説明したとおり，ある治療法の効果を検討する際に，その治療を受けた群とそうでない群（統制群）に患者を無作為に配置し，効果に治療以外の要因が影響しないように統制したうえで，両群における効果を比較する臨床試験のこと。

10年以上前のことになりますが，私が行うトラウマ心理教育グループの1つに参加していた猜疑心の強い患者が，私たちが行うすべての心理療法について私を揶揄しました。そのグループの終了時に，彼女は，近づいてきて，黙って私に1枚の紙を渡しました。その紙には次のような文章が書かれており，彼女はそれをアントン・チェーホフ（Anton Chekhov）の『桜の園』からの引用だと言いました。それは，「1つの病気に対して多くの治療法が処方されるなら，人はその病気を治癒しないものだと確信するだろう」というものでした。これは，その原書から引用されたもので，ある翻訳版では以下のように書かれている一節だということを，私は発見しました。

　　ある病気に対して，人々があらゆる種類の治療法を提案するとき，その病気は不治の病ということなのさ。私は考え続け，知恵を絞り続け，たくさんの解決法，たくさんの治療法を思いつくんだが，基本的に，それは何もない――1つもない――ということなんだよ。
　　　　　　　　　　　　　　　　　　　　　　　　　　（Chekhov, 1904/1998, pp.25-26）

もし完全に効果的な治療法が1つあるなら，私たちは，こうしたあらゆる代替的治療法を開発し続けることはせず，その治療法を使用するのは明らかです。私たちは正直でなければなりません。つまり，私たちは援助することはできても，治癒させることはできないのです。

学術機関ではエビデンスに基づく心理療法が盛んであり，そうした機関は特定の障害の**比較的純粋な形**のものを示している患者を集めています。しかし，実践場面では，本当に純粋な形のものを見出すことは，ほとんど不可能です。多くのセラピスト――私もそこに含まれている集団――は，経験や専門性に制約されながら，幅広い様々な障害を持つ患者たちを治療しています。学術機関にいるセラピストとは対照的に，現場にいる多くのセラピストたちは，一般医療における一般医に相当します――専門医

第5章　素朴で古い療法

ではありません。私の共同研究者の Jeremy Holmes の次のような記述は，私たちの立場をよく表しています。「私は，自分の実践を，公的領域においても私的領域においても，一般医療における『一般診療』に似た『一般心理療法』であると規定する。つまり，自由に接近でき，高度に専門化されてはおらず，来る者は拒まずという形の治療作業である」（Holmes, 2010, p.xiv）ということです。

　素朴で古い療法を擁護するために，私は Peter Fonagy と共同研究者 Anthony Roth による皮肉っぽい主張を好んで引用しますが，その主張はエビデンスに基づく心理療法の研究文献についての彼らの見事なレビューの後に述べられたものです。「実践がエビデンスに基づいたものであることが次第に求められるようになっているが，このプロセスがもたらす恩恵を示す体系的エビデンスを私たちはまだ認識していない」（Roth & Fonagy, 2005, p.502）というのです。Roth & Fonagy は，彼らのキャリアのかなりの部分をエビデンスの探求と獲得に捧げたのですから，エビデンスの持つ価値を切り下げているのではありません。むしろ，彼らは，エビデンスだけにとどまらず，臨床的判断も頼りにする必要があることを強調しているのです。彼らは，とりわけ複雑で重篤な精神病理の脈絡で，エビデンスに基づく手続きを実施する際の技芸（art）に対して，それにふさわしい敬意を向けているのです。私はエビデンスが必要であるということに反論しているのではありません。私たちが実践を正当化するために必要なエビデンスについて，私は広い見方を採用しているだけなのです。

　これは私の捉え方ですが，この数十年間に，心理療法に関して，ほぼ同時並行的な2つの思考の流れが発展してきました。1つの流れは，前章で例を示したものですが，障害に特化した，エビデンスに基づく心理療法の発展です。私のレビューが，この流れに対する私の敬意を伝え，私たちジェネラリスト実践者がそこから学ぶべきことを概観するものになっているなら幸いです。さらに，患者がこのような障害に特化した治療を必要としているときには，私たちジェネラリストは患者をスペシャリストに紹介しなくてはなりません。しかし，私のレビューが証明しているように，私たちが，PTSD から境界性パーソナリティ障害へ，さらに複雑な心的外傷性ストレス障害へと，複雑性の高いほうに進むにつれて，障害とその治療における特異性は必然的に減少します。

　心理療法研究における第二の，同じくらい尊重すべき流れは，様々なブランドに共通するものに焦点を合わせ続けています。半世紀前に，Jerome Frank は，次のような大胆な主張をしました。つまり，「異なる形の心理療法の効果の，すべてではなくても多くは，それらを互いに区別する特徴ではなく，すべての心理療法に共通する特徴によるものかもしれない」（Frank, 1961, p.104）ということです。Frank の主張は，

今では，数十年にわたる研究によって，とりわけ私が本章で強調する患者 - セラピスト関係についての研究によって，支持されています。このような研究があることは幸いなことです。とりわけ，心理療法についての2つの思考の流れが臨床家と実証的研究者との対立を招いたという事実があるので，なおさらそうなのです。John Nocross & Michael Lambert（2011）は，心理療法研究についての彼らのレビューの冒頭で，次のように述べています。「心理療法における文化戦争は，治療方法と治療関係を劇的な形で対立させている。治療が障害を治癒させるのか，関係が人を癒やすのかというふうに」(p.3)。彼らの言う対立をあからさまに表現すれば，次のようになります。「多くの実践指針とエビデンスに基づく実践事例集に描かれているのは，DSMに記載された障害に関する治療手続きを実行する血の通わない心理療法家である。これは，強烈な関係と深い情緒を伴う体験である臨床家の心理療法体験とは，きわめて対照的である」(p.7) ということです。

私たち心理療法家は情報を与えられた提供者でなくてはならず，同様に，患者は情報を与えられた顧客でなくてはならないという確信に基づいて，私は本書を執筆しました。さらに，私たち提供者は顧客に情報を与える責任を負っています。精神保健ケアの実践を方向づける社会的な力に支えられているので，セラピストはエビデンスに基づく様々な心理療法ブランドに関する情報には触れやすく，それらの共通要因についての情報には触れにくくなります。このことは患者たちにさえあてはまるのではないかと，私は思います。ちなみに，患者たちは認知行動療法（CBT）や弁証法的行動療法（DBT）については聞いたことがあるでしょうが，結果の至る所にみられる類似性やこれらの治療に共通するものについて知る可能性は低いのです。

2．素朴で古い療法の定義

素朴で古い療法はマニュアルがありませんので，定義が容易ではありません。おかげで，私は，脱感作ではなく対話を求める患者に対して脱感作を実施し続けた学部生時代のように，途方に暮れる思いです。私は，詳しく定義され，すべてが略称を有する心理療法の隆盛に対抗して素朴で古い療法を提唱したのですが，この流儀では，素朴で古い療法を，何かの正反対であるものとして——何でないものか（what it is not）という形で——区別しています。素朴で古い療法は，どちらかと言えば構造化されていませんので，始めから特異性を欠いており，その具体的実践はかなりの程度までセラピストの個性を反映したものになるでしょう。真の心理療法家であることを示す標識は，理解することと理解されることの絶大な価値を信じていることであると，

第5章 素朴で古い療法

私は思います。私は問題解決が持つ明らかな価値に異議を唱えているのではありません。しかし，問題を明確化することが先決であり，心理療法の主な目標は，特定の問題を解決することではなく，より問題解決能力に優れた人になれるように患者を助けることです。愛着関係の中で改善されたメンタライジングの出番は，そこにあるのです。この能力は，理解することと理解されたと感じることが反復されるプロセスから生じます。

素朴で古い療法という言葉を使用することで，私は議論を刺激しようと意図しているのです。**対話療法**（talk therapy）という言葉でも，いっこうにかまいません。私は，学部生時代に思いがけず心理療法を実施することになったときに比べて，今では明確な構造がないほうがはるかに心地よいですが，自分が何をしているのか知りたいという欲求を放棄したわけではありません。

私は，心理療法の焦点を見出そうとする私の努力に反発する患者と，面白い交流をしたことがあります。彼女はとにかく話して「すっきり」したいと言いました。ですから，彼女は私の質問を尋問に近いものとして体験していました。立場を逆転しようとして，彼女は自分が私に面接してよいかと尋ねました。私はこの役割逆転がどこに行き着くのか見たいと思ったので，同意しました。彼女は私の学歴を聞き，次のような挑戦的質問をしました。大学院時代に私が情緒的に最も苦労したことは何か，というのです。答えはすぐに思い浮かびました。心理療法の実践を学ぶことが最も大変な部分だったが，それは心理療法には簡単な手続きなどないからだと，私は答えました。彼女は私の答えに満足し，「あなたは，構造がほしいという欲求を捨ててはいないように見えますよ！」と声高に言いました。私を彼女がされたのと同じ目に遭わせてからは，彼女は自分の発達過程についての話し合いをより率直に進めていきました。

私は素朴で古い療法を実践したいと願い，他の人にもそうするように奨励しているわけですから，本章の残りの部分で，素朴で古い療法に何らかの定義を与える必要があるでしょう。方向づけのために，私は以下のことを提起いたします。つまり，汎用的心理療法の実践者は――自分がしていることについてどう考えていようが――メンタライズしているのであり，安定型愛着の指標である安全な関係を患者に提供しながら患者をメンタライジングのプロセスに関与させようとしているのだということです。さらに，その心理療法が――自分自身との関わり方を含む――親密な関係における諸問題を対象にしている以上，心理療法過程の内容は愛着と関連しているのです。

こうして，素朴で古い療法についての私のヴァージョンを宣伝しているわけですが，私は成功裏に行われた汎用的心理療法に潜在していると私が信じているものについて説明しているにすぎないのです。セラピストは直観的に愛着関係に注意を向け，安心

2．素朴で古い療法の定義

を伴う治療関係を提供しようと努めていると，私は思います。さらに，当然のことですが，「メンタライゼーションに基づく治療」（MBT）が登場するずっと以前から，セラピストはメンタライズしてきているのですし，メンタライズできるように患者を助けてきているのです。しかし，はっきりさせておくことは有益です。自分が何をしているのかがわかれば，それをより上手に行うことができます。私が愛着とメンタライジングに関する理論と実証研究をレビューするのは，このような正当な理由があるからなのです。患者に愛着とメンタライジングについて教えることは，素朴で古い療法を活用することができるように患者を助けることであると，私は思います。

　読者が陥る可能性のある最大の混乱の原因は，素朴で古い療法とMBTとの微妙な差異と関連しています。この混乱は，主としてMBTがBPDに対するエビデンスに基づく治療として開発されたという事実から生じるものです。しかし，私たちが同時に提唱してきたことですが，メンタライジングは，より一般的に数々の心理療法に通底するものです。さらに，メンタライジングは，より広範囲の精神医学的障害に適用することが可能です（Allen et al., 2008; Bateman & Fonagy, 2012a）。私の考えでは，素朴で古い療法はMBTの汎用版であり，精神医学的障害の全範囲で生じる愛着関係の問題にとくに焦点を絞ります。メニンガー・クリニックで数十年にわたって心理療法を行い，治療について患者に教えてきたことが原動力になって，私はMBTアプローチを素朴で古い療法へと一般化することになりました。私が感じていることですが，多様な臨床実践が行われ，次第に折衷的になる環境においては，ある程度の概念的一貫性を保つ必要があります。また，このような背景の下では，そして困惑を引き起こしかねない環境においては，治療の本質を理解できるように患者を援助する必要があります（Allen et al., 2012; Groat & Allen, 2011）。もちろん，この局地的環境での課題は，より広い臨床実践場面の縮図であり，その広い臨床実践場面においては，うんざりするほど概念的一貫性が欠けていると，私は思います。

　私の提案の中で読者を混乱に陥らせるもう1つの原因が，ここにあります。つまり，私は，一方では愛着トラウマを治療する方法としての素朴で古い療法を標榜しているわけですが，もう一方では，このアプローチがより一般的な形で心理療法を行う際にも良い方法であると示唆しているわけです。ただ，トラウマについての私の見解は，情動的苦痛の中で一貫して孤立無援であると感じることからトラウマが生じるという大まかなものですから，私の考える素朴で古い療法は，適用可能範囲が広い〔一般心理療法と同列に考えてよい〕と，私は信じています。しかし，この点に関する私の見方には偏りがあることも，私は認めています。なぜかと言うと，私が治療的関わりを持ってきた対象は，重篤かつ慢性的な問題と格闘している入院患者たち，つまり様々

第5章 素朴で古い療法

な程度の愛着トラウマを抱えている人が多数を占める集団だからです。

　私の考えですが，素朴で古い療法はちょうど適量の構造を提供します。メンタライジングと愛着に焦点を合わせるのに加えて，いま取り組んでいる問題について，患者と共同で定式化（formulation）を記述しながら発展させていくことを私は好みますが，これは多少の構造を与えてくれます（そして，これは，私に対して面接者の立場を演じた患者が断固として拒否したことでした）。そして，この中程度に構造化されたアプローチのほうが私たち一般実践家には役立つと，私は思います。一般実践家は，幅広い患者たちと柔軟かつ創造的に治療作業を進めたいと願っていますし，多くの理論的アプローチに価値を見出しています。ちなみに，それらのアプローチは，精神力動的アプローチから，対人的・人間主義的アプローチを経て，認知行動論的アプローチまでを含んでいます。

　争いに巻き込まれた人たちは，反対者をステレオタイプに捉え，風刺しがちですが，私もその例外ではありません。私は，**障害中心**アプローチとは対照的な**人間中心**の発達的アプローチを標榜する点で，Patrick Luytenと共同研究者たち（2008）に与しています。ちなみに，障害中心アプローチとは，障害に特化した，エビデンスに基づく多くの治療法のことです。しかし，私たちは，大まかな区別を厳密な区別に変えてしまうべきではありません。マニュアル化された治療を実践する行動主義者から精神分析家までを含む異なる立場のセラピスト集団に，次のような質問をした場合を想像してみてください。その質問は，「皆さんの中で，自分は精神医学的障害よりも個々の人に焦点を合わせていると思う人はどのくらいいるでしょうか」です。すべての人の手が上がること請け合いです。ですから，障害に特化した治療を実践する人は心理療法を行う際に人間中心ではないと示唆することは，きわめて侮辱的なことでしょう。同様に，エビデンスを無視するのが私たちジェネラリストの特徴だと考えるべきではありません。それとは逆に，エビデンスに基づく治療をテーブルに喩えれば，私たちもそこに座席があるのです。しかし，この座席にふさわしい存在であるためには，その現状に満足することはできず，現在の理論と実証研究に基づいて実践を絶えず洗練させなければなりません。さらに，限定された問題や障害には特異的治療法が優れた効力を発揮することについて，私は疑いを抱いてはいません。強迫性障害の患者がエクスポージャーと反応妨害〔★訳注3〕から恩恵を受けそうであれば，この障害を素朴で古い療法で治療するべきではありません。私たちは，常にスペシャリストと共存する——敵対者というよりも協力者である——ジェネラリストを必要としています。さらに，私が思うことですが，とくに心理療法間の共通点の重要性および患者−セラピスト関係の中心性を考慮すると，スペシャリストは，素朴で古い療法の実践にも長け

3. 心理療法の結果に寄与する要因

> **表5-1　なぜ素朴で古い療法が必要なのか**
> ・多くの心理療法家は，幅広い問題や障害を抱えた患者を治療するジェネラリストである
> ・セラピストは，膨大な数の特異的治療法をマスターすることはできない
> ・患者が呈しているのは，厳密に定義された問題や単一の障害というよりも，複数の問題と障害の複雑な組み合わせである
> ・セラピストは，とくに様々な治療アプローチの有効性や患者-セラピスト関係の最適の性質に影響する共通の諸要因を十分に活用することを学ばなくてはならない
> ・特異的な治療手続きは，素朴で古い療法に長けていることを前提として，そのうえに追加されるものでなくてはならない

ていなくてはなりません。ちなみに，この場合，より明確な手続きに従う（prescriptive）方法は，必然的に素朴で古い療法に上乗せされることになります。私は，私のキャリアにおける最初の患者との治療作業の中で，苦労しながらこの教訓を学びました。表5-1は，この大まかな見方に基づいて，素朴で古い療法を復権させることが正当である理由を要約したものです。

〔★訳注3〕「反応妨害」（response prevention）とは，強迫性障害の認知行動療法の中で行われる手続きである。強迫性障害の患者は，侵入思考（強迫観念）を体験すると，その侵入思考を意識から追い出そうとするかそれを打ち消すための行動（中和行動または安全希求行動）を示す。その結果，侵入思考の頻度はさらに増加する。この中和行動または安全希求行動をやめることが「反応妨害」である。この行動をやめると不安が一時的に高まるが，やがて自然に減少する（馴化）。このプロセスを体験することが強迫症状の軽減に有効とされている。

このような方向に沿って，本書の残りの部分では，私が素朴で古い療法の基盤であるとみなしているものを詳しく述べます。最初に，私は主要な共通要因に関する実証研究をレビューします。これらの研究は，数々の心理療法同士の相違点ではなく，それらの中に共通して存在するものが患者に恩恵をもたらすのだというFrank（1961）の辛辣な観察結果に触発されたものです。第二に，私が素朴で古い療法の本質的要素とみなしているもの，つまり愛着とメンタライジングの促進について，さらに詳しく述べます。最後の締めくくりとして，私は，心理療法がどのようにして効果をあげるのかに関しては学ぶべきことがまだくさんあるのだということを認めます。愛着とメンタライジングに関する進行中の研究から得られる知識を用いて，素朴で古い療法を洗練させるなら，私たちジェネラリストは，実践をさらに優れたものにする方向に向かって生産的な歩みを始めることができると，私は信じています。

3. 心理療法の結果に寄与する要因

　Larry Beutler & Louis Castonguary（2006）は，この数十年の心理療法研究につ

第5章　素朴で古い療法

表5-2　心理療法の結果に寄与する潜在的要因

- 患者の特徴：最も明らかなのは，疾患の重症度
- セラピストの特徴：例えば，熟達と柔軟性
- セラピストの患者との関わり方：共感，肯定的関心，本来性を含む
- 治療同盟：信頼関係ならびに共同作業，および絆の崩壊を修復する能力を含む
- 治療の方法と手続き
- 心理療法外の要因：例えば，ソーシャル・サポート，ストレス，ライフイベント，自力での変化

いての壮大なレビューを意味ありげな論調で開始しました。彼らが言うには，「他の治療よりも効果がある治療を見いだすことは難しく，すべての治療が何もしない場合よりはよいように思える」(p.5)のです。このコメントは，その後の2つの研究の流れの歴史を方向づけています。その2つの研究の流れは，2つの作業部会に代表されており，1つの部会は実証的に支持された治療についてレビューし，もう1つの部会は関係性という要因に焦点を絞りました〔★訳注4〕。手詰まりが続いたので，Beutler & Castonguay は，先述の2つの部会の結果を統合する任務を負った第三の作業部会を設けました。

〔★訳注4〕「アメリカ心理学会」(APA)の中の臨床心理学分会と「北アメリカ心理療法研究学会」(NASPR)に支援されて行われた研究である。

　私は，前章で治療方法をレビューしましたので，本章では関係性という要因を強調します。まず，私は，治療結果に影響する患者とセラピストの特徴を述べます。次に，私は，治療結果に一貫して影響を及ぼす2つの関係性領域，つまり患者に対するセラピストの関わり方と治療同盟を取り上げます。概要を示すために，私は，心理療法の結果に寄与するこれらの主要な要因を表5-2に列挙しました。この節の始めから終わりまで，私が大いに頼りにするのは，Beutler & Castonguay (2006)の記念碑的論文です。そして，これを補強するものが，関係性要因の研究について Norcross (2011)が最近行った更新であり，これは，さらに別の作業部会の成果です。

(1) 患者の特徴

　一般医療の場合と同様に，心理療法にもあてはまると以前からわかっていたことですが，治療結果の主要な決定因は，患者の抱える疾患の重症度です (Norcross & Lambert, 2011)。**重症度**という言葉で私が言おうとしているのは，①症状や機能不全の深刻度，②その問題の持続期間，③苦痛の水準，④問題の多重性の大きさ（例えば，DSMの用語を用いるなら，異なる障害の数）です。例えば，物質乱用やパーソナリ

ティ障害は，不安や抑うつの治療を複雑化させます。治療をさらに複雑化させるのが環境ストレスであり，これには，経済的・職業的な問題，貧困生活，ソーシャル・サポートの欠如が含まれます。

　ここで，私たちは出口のないジレンマに直面します。治療関係はすべての心理療法において主要な癒やしの手段であることを私は論じているのですが，すでに論じたように，愛着トラウマは不信や疎外感のような問題を生み出し，そのせいで患者は治療関係から恩恵を受けることが困難になります。このジレンマはトラウマを負った患者たちを尻込みさせます。ちなみに，トラウマを負った患者たちは，セラピストを信頼して治療から恩恵を受けようとするときに遭遇する困難を痛切に認識しています。心に留めておくべき重要な点ですが，そもそも短期的治療のほうが研究しやすいので，実証研究の大部分は短期的治療に関して行われたものです。より重篤な障害を抱えた人に対しては長期的治療がもたらす恩恵が大きいことをすべての研究が指摘していますし，長期的治療は有効です。

（2）セラピストの特徴

　治療の結果においては治療方法間の違いよりもセラピスト間の違いの影響が大きいことを示す徴候があるにもかかわらず，私たちは，セラピストよりも心理療法について研究する傾向が強いように思われます（Roth & Fonagy, 2005）。そういうわけで，心理療法の結果を予測するものとしてのセラピストの特徴に関する研究は相対的に不足しています（Castonguay & Beutler, 2006）。ジェンダーが注目を浴びています。女性セラピストが少し有利であることを示した研究が若干ありますが，①女性セラピストが男性セラピストよりも成果をあげやすいか，②女性患者が男性患者よりも恩恵を受けやすいか，③セラピストと患者とのジェンダーが同じであることに利点があるか，について結論を下すには，あまりにコンセンサスが乏しいのです。もちろん，患者がどちらを選ぶかということは，きわめて重要であり，尊重されなくてはなりません。例えば，男性から性的虐待または性的暴行を受けた女性が，男性よりも女性と治療作業を進めるほうが安全だと感じるような場合がそうです。

　より良い結果がセラピストの経験の多さや特定の障害を治療した経験と関連していることを示す証拠は，驚くほどわずかです。Roth & Fonagy（2005）が結論として述べているように，経験は熟達（expertise）や有能性ほど重要ではないのです。練達性の重要な側面が**柔軟性**です――つまり，どんなときに特定の治療方法の標準的実施から逸脱するのかを知っていることです。柔軟性は愛着トラウマの領域とも関連しており，複雑で困難な問題，とくに対人関係の問題を抱えた患者を治療するときには，

第5章　素朴で古い療法

柔軟性が最も必要とされます。パーソナリティ障害の治療においては，セラピストの特徴がとくに重要であるとして取り上げられてきました。資格要件のリストは以下のとおりです。①激しい情動を伴う長期間の関係を心地よく感じること，②辛抱強さ，③患者と治療過程に関する感情への耐性，④虚心坦懐・柔軟性・創造性，⑤特別の訓練（Critchfield & Benjamin, 2006, p.255）。学部生は資格要件を満たしていません。

抑うつの心理療法に関する野心的研究の1つについてのSidney Blatt（2008）による概説は，方法とセラピストの相違を浮き彫りにしています。その「抑うつ治療共同調査プログラム」は，「国立精神保健研究所」に支援されているので，Blattの見解では「おそらく心理療法研究において認められている最も広範で包括的なデータ・セット」（pp.224-225）です。この研究では，4つの短期的治療法が比較されました。それらは，CBT，対人関係療法，臨床的マネジメント（つまり，支持し勇気づける関係）を伴う抗うつ薬投与，臨床的マネジメントを伴う偽薬投与，でした。以下の結果に読者はもう驚くことはないでしょうが，終結時と18か月後のフォロウアップ時における改善によって効果を測定したところ，3つの積極的治療の間に全体として差は見出されませんでした。ただし，2つの心理療法に比べて，投薬は症状のより速い減少をもたらしていました。結果において，**心理療法間**には差はみられませんでしたが，**セラピスト間**にはかなりの差がみられ，それは，セラピストが用いる方法——投薬マネジメントを含む——が何であるかにかかわらず，そうだったのです。効果をもたらすセラピストは，①生物学的ではなく，より心理学的な方向性を有しており，②患者に治療から恩恵を受けてもらうためにはより多くのセッションが必要であると認識しており，③幅広い患者たちと治療作業を進めることができました。Blattの結論は，読者にはもうなじみ深いものでしょう。つまり，「心理療法の結果は，治療マニュアルに記述された技法や方略ではなく……治療過程の対人的領域から大いに影響を受ける」（p.233）ということです。

（3）セラピストの患者との関わり方

Carl Rogersは，1940年代にクライエント中心療法を開発し始めました。彼は，心理療法理論の中に，クライエント－セラピスト関係の質を，考えうる限り最も徹底した形で取り入れました。詳しく言うと，Rogers（1951, 1957/1992）は，クライエントに対するセラピストの態度が特定のどの技法よりもはるかに重要な役割を果たすのだと提唱しました。彼は，効果的な治療関係の発展に不可欠なセラピストの態度の大まかな3つの面に光を当てました。それらは，共感，肯定的関心，一致です。これらの3つの中でも，**共感**——メンタライジングの重要な一面——が中核的なものです。

3．心理療法の結果に寄与する要因

　可能な限りクライエントの内的判断基準を前提とし，世界をクライエントが見ているとおりに捉え，クライエント自身を彼自身が見ているとおりに捉え，そうしている間は外的判断基準によるすべての捉え方を脇に置いて，この共感的理解の中の何かをクライエントに伝えることが，カウンセラーの機能である。　　　　　　　　　　　　(Rogers, 1951, p.29)

　共感が有効であるためには，セラピストは，それを感じているだけでなく，それを表出しなくてはならず，患者がそれを知覚していなくてはなりません (Elliot et al., 2011)。Dan Siegel (1999) の的を射た言い回しによれば，患者が「感じてもらえていると感じている (feel felt)」(p.89) のでなくてはなりません。
　共感を補完するものが患者への**肯定的関心**（positive regard）であり，これは，①受容，②肯定，③配慮，④〔相手を〕思いどおりにしようとしない温かさ，⑤患者を個人として尊重すること，を包括する広い概念です。Rogers の著作が明らかにしているように，肯定的関心は，関係性と自律性とのバランス，さらには愛と敬意という中核的価値同士のバランスを維持します。明らかなことですが，敬意は，患者について患者自身よりもわかる人はいないという確信を含んでいます。この点では，患者は専門家なのです。
　最後に，Rogers は，セラピストにおける**一致**（congruence）を重要なものとして擁護しましたが，これは純粋性（genuiness）および本来性（authenticity）として性格づけられているものでもあります。一致は，くつろいでいて自然に振る舞うことを伴っており，縛られた専門家的役割を演じることとは正反対です。このような一致は，セラピストが自己認識を持っていて同時に透明（transparent）であること——つまり，自分の自己認識を進んで率直かつ正直に患者と分かち合うこと——を要求します。一致ができれば，セラピストは，誤りや共感不全を認め，防衛的にならないようにしながらその理由を探索することもできます。
　セラピストのこれら3つの関係能力は，効果的な心理療法の中核的共通要因として広く認められていますし，それぞれが実証研究によって支持されています (Castonguay et al., 2006)。その3つの中でも，共感は最も幅広く研究されてきました。その心理療法的恩恵は，57の独立した研究における合計3,599人の患者たちのサンプルを用いて証明されてきました (Elliot et al., 2011)。肯定的関心 (Farber & Doolin, 2011) および一致 (Kolden et al., 2011) がもたらす恩恵についても，かなりの実証研究による支持が蓄積されてきました。このようなわけで，Tracy Smith と共同研究者たちがこの半世紀のロジャーズ派の伝統について結論として述べているように，「……関係性が持つ力についての現在の作業部会報告が登場するずっと以前に，クライエント中心療法は，実証的に支持された心理療法アプローチのリストに名前を連ね

第5章 素朴で古い療法

ていてもよかったように思える」(p.231) ということです。

　私の考えでは，Rogers は，素朴で古い療法のさらに最も素朴で古いヴァージョンの代弁者です。したがって，クライエント中心療法の諸原則の多くとメンタライジング・アプローチは相互に代替可能であると，私は思います（Allen et al., 2008）。共感と一致を維持するためには，セラピストがクライエントおよび自分自身についてメンタライズしていることが要求されます。私たちもセラピストの態度を最重視していますが，私たちは，それを非審判的探求性というメンタライジング的姿勢として解釈しています（Allen et al., 2008; Bateman & Fonagy, 2006a）。さらに，愛着の視点から見ると，Rogers は，セラピストの役割についての Bowlby（1988）の見解を先取りしていたのです。ここで言うセラピストの役割とは，探索のための安心基地を提供することであり，その探索の対象には，そうでなければ防衛の対象となる苦痛な感情や意味が含まれています。

> セラピストとの関係が醸し出す情緒的温かさの中で，クライエントは，自分が表出するどのような態度も自分と同じ捉え方で理解してもらえ，受け入れてもらえることがわかるので，安全感を体験し始める。それだから，彼は，例えば，自分が感じてきた漠然とした罪悪感を探索することができる。この安全な関係の中で，彼は，初めて自分の行動のある側面にみられる敵対的な意味や目的を捉えることができる。そして，彼は，なぜそれに罪悪感を抱くのか，なぜこの行動の意味に気づかないように否認する必要があったのかを理解することができる。　　　　　　　　　　　　　　　（Rogers, 1951, p.41）

　Rogers の考えと著作に対する私の賞賛は，ご覧のとおり一目瞭然です。彼は，治療関係についての思考を方向づけただけでなく，心理療法についての実証研究の先駆者でもありました。大雑把に言うと，彼は，結果にとって重要なセラピストの対人スキルに焦点を絞りました。しかし，私は2つの但し書きを付けます。まず，Rogers は，ポジティヴな治療関係を，改善のために必要であるだけでなく，**十分でもあると解釈**しました（Smith et al., 2006）〔★訳注5〕。Marsha Linehan（1993a）の視座から見ると，共感に焦点を絞ったという点で，彼〔Rogers〕は，弁証法において必要とされる対立項の片方を強調したとみることができます〔★訳注6〕。つまり，彼は，変化のための援助には重点を置かず，妥当性の認証（validation）を最重視したということです。メンタライジングへの焦点合わせは，同様に弁証法的ですが，患者の見方に共感することと，代替的見方の提示によって患者に挑戦することの間のバランスを必要とします（Bateman & Fonagy, 2006a）。様々な見方を考慮する能力は，メンタライジングの中核に位置するものです。簡単に言えば，私たちセラピストは，**治療作業を行うと**

3．心理療法の結果に寄与する要因

いう目的のために良い関係を形成する必要があるということであり，探索・学習・成長——つまり変化——のための安全な逃げ場および安心基地を提供するのです。この作業を行うためには問題への焦点合わせが必要であり，この焦点合わせは，一部分だけとはいえ精神医学的診断に支えられているのです。

〔★訳注5〕Rogersは，（自己）一致，（無条件の）肯定的関心，共感（的理解）を特徴とする治療関係を，心理療法によってポジティヴなパーソナリティ変化が生じるための「必要・十分条件」であるとみなした。つまり，セラピストがこの3条件を実現し，それがクライエントに伝わっているなら，クライエントにはポジティヴなパーソナリティ変化が生じる。逆に，クライエントにポジティヴなパーソナリティ変化がみられたら，セラピストはこの3条件を実現しており，それがクライエントに伝わっていたということになる。

〔★訳注6〕第4章でも触れられているが，Linehanの弁証法的行動療法（DBT）では，①患者の体験を受容し，妥当と認める応答と，②患者に挑戦し，変化を促す応答という正反対のものを組み合わせるという方略を用いる。

　私の第二の但し書きは，以下のとおりです。Rogersは，彼の心理療法理論において，主として自己における変化に焦点を絞りました。彼は次の2つのことを提唱したのですが，それは道理に合わないことではありません。まず，セラピストの肯定的関心は，患者の自尊心を高めるための土台になるということです。さらに，このような自己機能の改善が関係の改善をもたらすということです。つまり，「心理療法を完了した人は，よりくつろいで自分自身のままでいることができ，より自分を信じており，より現実的に他者との関係を営み，明らかにより良い対人関係を形成する」（Rogers, 1951, p.520）のです。メンタライジングでは，自己受容が高まるから関係の改善が生じると想定するのではなく，自己・他者・関係に対してバランスよく焦点合わせを行うように努めます。私たちの心理教育グループでは，他者を愛する前に自分自身を愛さなくてはならないと主張する患者の発言を耳にすることがよくあります。早期発達の観点からみると，この主張は因果の方向を逆転させています。つまり，自己への愛は，愛されることから生じるのです。より広く言うと，第1章で述べたとおり，自己感は関係の中でメンタライズされることから発達するのであり，この発達は生涯を通して続くのです。

(4) 治療同盟

　すべての患者‒セラピスト関係要因の中で，治療同盟は，最も幅広く研究されてきており，14,000以上のケースに基づく研究がその肯定的影響力を証明しています（Horvath et al., 2011）。さらに，治療同盟と治療結果との間の強い関連は，治療方法——精神力動的，対人関係的，認知行動的，物質乱用焦点化のいずれであるか——にかかわらず見出されます。

第5章　素朴で古い療法

　治療同盟は，きわめて複雑な概念であり，治療方法や患者 - セラピスト関係の他の側面が要求する条件からまったく切り離して考えることができるものではありません（Roth & Fonagy, 2005）。その幅広さを証明していることですが，治療同盟とは，「①陽性の感情を伴う絆，②目標およびその目標を達成する手段についての合意，③パートナーであるという感覚，および約束と関与の共有，④互いに役割・責任を補い合うことの受容，を包括する」（Stiles & Wolfe, 2006, p.157）ものです。大雑把に言うと，治療同盟には2つの重要な面があります。**信頼関係**と，共通の目標に向かって**ともに治療作業を進めている**という感覚です。治療同盟のこれらの側面の二番目に関して，私の共同研究者と私（Allen et al., 1984）は，心理療法における患者の**共同作業（collaboration）**の重要性を強調してきました——つまり，それは，治療過程への積極的関与と，心理療法を生産的変化のための資源として適切に活用することです。そのような共同作業は，①セラピストのタイプ，②治療方法，③治療過程，についての患者の好みを尊重することを含みます。患者の好みを尊重することは，ドロップアウト率を下げ，治療結果を好ましいものにするのですが（Swift et al., 2011），それは驚くほどのことではありません。私たちは信頼関係と共同作業を区別していますが，実践においては，これらの2つの面が強く関連していることは明らかです。つまり，良い関係なしに誰かと共同作業を行うことは困難だということです。さらに，巧みな援助を受け，治療から恩恵を受けることは，その関係を強化してくれるでしょう。

　すでに注目したように，私たちは，出口のないジレンマに直面します。愛着トラウマの既往に対応する対人関係上の諸問題は，信頼と協力を伴う関係を妨げがちであり，そうして陽性の治療同盟の形成を妨害し，それによって治療の恩恵を制限してしまいます。そのような諸問題は，パーソナリティ障害を抱える患者の治療において最も目立つ形で観察されます（Smith et al., 2006）。そのような支障となる問題に含まれるものは，①劣悪な家族関係，②現在の対人関係における諸問題，③防衛の強さ，④絶望感，⑤心理的理解（メンタライジング）への関心の欠如，⑥悲観的傾向，⑦敵意，⑧完璧主義，です。これらの問題はどれも，愛着トラウマの脈絡ではなじみ深いものばかりです。治療同盟についてのこのような見方は，より一般的な論点，つまり治療関係に対する患者の寄与とセラピストの寄与は不可分であるということの実例を示しています。Rogersは，セラピストの共感・肯定的関心・一致に焦点を合わせましたが，セラピストのこのような性質は，どれも患者の関わり方から影響を受けます。私たちセラピストは，協力的に関与してくれる患者たちに比べて，回避的であったり感情を排除していたり敵対的であったりするような患者たちに対しては共感と受容を感じにくくなります。おまけに，患者たちと同様に，私たちセラピストも，透明である

ためには——つまり，気軽かつ率直に私たちの考えや感情を分かち合うためには——安全感と信頼感を感じていなければなりません。

　BPD 患者に対する心理療法の脈絡では，最初に陽性の治療同盟を形成すれば順調な経過を経て肯定的結果に到達すると考えることは誤解につながることに，私たちは気づきました。それとは逆に，治療同盟の性質は，心理療法全体を通しても，一回のセッションの間にも，強化と弱体化を繰り返すのだということに，私たちは気づいたのです（Horwitz et al., 1996）。愛着トラウマのことを思うとき，安定した陽性の治療同盟は，効果的な心理療法の前提条件ではなく，その**結果**であると考えるほうがより道理にかなっていると思われます。この見解と一致することですが，治療同盟における**亀裂の修復**（repairing ruptures）に多くの関心が注がれてきました（Safran et al., 2011）。治療同盟のどちらの面〔信頼関係と共同作業〕に関しても，そのような亀裂が生じる可能性があります。例えば，セラピストの傷つけるような言い方や電話への対応のまずさによって信頼感にひびが入ることがあります。共同作業は，心理療法の目標や方法についての不一致によって台無しにされてしまうかもしれません。そのような亀裂を修復するためには，患者は，陰性の感情を進んで表出しなくてはなりません。逆説的なことですが，それは高水準の信頼を必要とする行為です。同時に，セラピストは，例えば，鈍感さや失敗を認め，患者の反応を妥当なものとして認証することによって，非防衛的かつ共感的でなければなりません。そのような認証は，ありふれた人間的失敗への反応を悪化させることがある患者側の誤解を探索するための準備作業です。例えば，私が熟慮の足りないコメントをして，それが思いがけず失礼なコメントになったとすれば，私は，まず自分の誤りを認め，謝罪し，その後に，私が患者を心理療法から追い出そうとしているという患者の誤解を探索することでしょう。

　私の見解では，安定した愛着は，頼りにできる敏感な応答に恵まれたという生活史だけに基づくものではありません。安定した愛着は，対立に取り組み，それを解決することができるのだという信頼感に基づくものでもあります。乳児期以降になると，絶えず波長合わせが行われることを特徴とするような関係は存在しません。交流（engagement），非交流，再交流の間を行き来するのが標準的状態です。愛着に関する私たちの心理教育グループの副リーダーである Denise Kagan が好む言い方ですが，ある関係を試す試金石となるものは感情の嵐をくぐり抜ける能力です。以下に示すのは，治療同盟における比較的小さな亀裂の実例ですが，最初のセッションのわずか数分以内に起きた点で注目に値するものです。

　【事例】サラは，悪化する抑うつと不安の治療のために入院を許可された若い女性でしたが，

私は，サラと会う前に精神医学的評価に目を通していました。心理療法を開始するまでには，サラは治療に反応を示し，嬉しそうであり，乗り気でした。私は，彼女の既往を全般的には知っているが，どのように共同作業を行えばよいかわかる必要があり，何を治療の対象にしたいか彼女から直接聞きたいということを，彼女に伝えました。彼女は，抑うつのためにいかに不自由な思いをしているかということや，抑うつの原因が見当たらないということを語りました。私は同意し，こう彼女に伝えました。つまり，彼女の既往を振り返ったとき，彼女がそれ以前にはうまく機能できていたことを考慮すると，彼女の症状がまったく不可解に思えた，と伝えたのです。彼女も困惑していましたが，彼女が言うには，家族にも抑うつの既往があり，彼女は抑うつを「遺伝的」なものだと信じているとのことでした。私は，自分も生物学的要因が重要だという見解を持っていると認めながらも，彼女の問題にはきっと心理学的基盤もあるので，それを一緒に探索することができると言い，私の「先入観」を彼女に伝えてしまいました。驚いたことに，彼女は，このコメントを余計なお節介と感じ，「あなたは，私の心をねじ曲げようとしています」と言いました。私は，彼女の反応を驚くほど妄想的だと思いましたが，そうは言いませんでした。彼女の立ち居振る舞い全般をみると，妄想症は似つかわしくありませんでした。そのときには気づいていませんでしたが，私は生物学的要因だけに注目することに対しては嫌悪を感じていましたから，彼女の見解に対する私の直接的反論はかなり辛辣だったのではないかと思います。私は，いくらか驚いて，「私たちは，まだ始めたばかりですが，もう対立していますね」と答えました。
　サラは，共同作業に戻り，私が彼女の抑うつについての「理論」を持っているかどうかについて尋ねました。私は，思い浮かんでいることがあると打ち明けました——つまり，彼女は家族との別れに対してそのときにはきわめてうまく対処したように思えますが，家族との大きな別れが症状と関連しているのだということです。それから，私たちは，その別れの期間の彼女の経験を探索し，すぐに，私は，彼女の才能，成功経験，全般的な如才なさに対する認識を深めました。彼女は，私の敬意に反応し，自分が達成したことについて誇らしさの感情を交えて語りました。私たちは，元に戻り，このような前向きの雰囲気でそのセッションを終えました。このように，私は，人間としての彼女をもっとよく知りたいという関心に動機づけられて，関係の亀裂に注目するだけにとどめ，それを取り上げることを避けました。
　その後の数セッションで，私たちは，愛着の不安定さを深刻なほど増悪させることに寄与した本質的要因を理解することができました。ちなみに，愛着の不安定さの増大は，サラがそのときには見抜くことができないような形で起きていたのでした。推測の域を出ませんが，私たちは，彼女の脆弱性に寄与した重要な気質的（遺伝的）要因があることについても合意しました。

4．心理療法における愛着

　John Bowlby（1988）が，説得力のある著書『安心基地』（"A Secure Base"）の中で，愛着理論および愛着研究には心理療法に対する示唆が含まれているという見解を言葉にしたのは，彼のキャリアの比較的晩年になってからのことでした。私は，その著書を通して，トラウマを考えるうえでも愛着理論が適していることに気づきました。私は，まさにトラウマを負った私の患者たちに最も欠けており，最も必要であるもの

4．心理療法における愛着

――愛着における安心基地――を Bowlby がこれほど明確に発言していたことを知り，驚きを禁じ得ませんでした。Bowlby は，しばしば引用される以下の一節において，心理療法に対する愛着の枠組みを提示しました。この中で彼が提唱していることですが，セラピストにとっての最初の課題は，以下のとおりです。

> 患者に，過去も現在も含めて彼の人生における種々の不幸で苦痛な側面を探索することができるような安心基地を提供することである。ちなみに，患者にとって，そのような側面について考え，再検討することは，支持，励まし，同情を，そして，ときにはガイダンスを提供してくれるような，信頼のおける同伴者なしには困難であるか，おそらく不可能であると思われる。
> （Bowlby, 1988, p.138）

心理療法についての Bowlby の見解を簡潔に要約した，私の好きな言葉が，トラウマについての心理教育グループの中で出現しました。PTSD の侵入性症状について語るという脈絡で，私は，「心は恐ろしい場所になることがあります」と発言しました。グループにいた一人の若い女性が「そうよ，そこに一人で入りたいなんて思わないでしょうよ」と皮肉っぽく言ったのです。これは，Bowlby の主張を最も簡潔に言い表したものであり，トラウマ療法の記述としては私がこれまでに聞いた中で最良の記述です。Bowlby が提起した命題と洞察力のある患者が述べたその簡略版は，愛着理論が「セラピスト-クライエント関係の常識的モデルを提供する」という Holmes の見解を具体的に述べたものです。ちなみに，Holmes は，そのモデルを以下のように詳しく説明しています。つまり，「治療関係の構造は，苦痛の中にいて安全な逃げ場と安心基地を探し求めている人と，安心・慰め・探索のための同伴関係を提供できる養護者という構造である」（Holmes, 2009, p.493）というのです。

本書で私が概要を示したとおり，愛着理論は発達モデルとして始まり，そのモデルは最終的には成人の関係にまで拡張されました。さらに最近になってやっと，臨床家が Bowlby の先例に倣って，愛着理論と愛着研究を心理療法の実践に適用しています。私たち臨床家は，愛着理論に基づく認定された心理療法の学派に近いものを保有しているわけではありません。私の解釈では，Arietta Slade（2008b）が書き表した以下のような内容が現在のコンセンサスです。

> 愛着理論と愛着研究は，特定の患者についてのセラピストの理解を（決定するのではなく）**豊かにする**力を秘めているというのが，ここでの私の見方である。愛着理論は，治療の特定の形態を決定するのではない。愛着およびメンタライゼーションの性質と力動についての理解は，介入と臨床的思考を規定するのではなく，介入と臨床的思考に裏づけを与えるのである。
> （p.763；強調は原書のとおり）

第5章　素朴で古い療法

　Slade の見解と一致するのですが，Joseph Obegi & Ety Berant（2009b）は，「愛着療法と呼ばれるような，成人向けの心理療法は存在しない」（p.2）と宣言しています。しかし，彼らは，愛着理論に由来する2つのタイプの心理療法を区別している点で新たな挑戦をしています。彼らの言う第一のタイプである**愛着に裏づけられた心理療法**（attachment-informed psychotherapy）は，「愛着理論と愛着研究を判断のための知識源として活用する心理療法であり，表れている問題を概念化し，査定し，治療する方法に影響を与える心理療法」です（p.3）。しかし，愛着に裏づけられた心理療法は，すでに確立されている心理療法を用いて患者を治療するという脈絡で，このような知識を活用するのです。第二のタイプである**愛着に基づく心理療法**（attachment-based psychotherapy）は，①個人の発達および問題を概念化するために愛着理論を活用し，②心理療法の構造の中に愛着理論を取り入れ，③効果研究によってその有効性を証明しようとします。

　愛着に裏づけられた心理療法から愛着に基づく心理療法に移行するとともに，新たな略称 ABP まで備えた新たなブランド名〔Attachment-Based Psychotherapy〕が生まれる可能性が見えてきます。私は，ブランドと略称に嫌気がさしているので，これが私たちの進むべき道とは思いません。Slade（2008b）の表現を借りれば，私たちが——素朴で古い療法を含む——どのような方法を用いようと，愛着理論は，私たちの心理療法の実践を豊かにし，それに裏づけを与えるのです。セラピストがそれに注意を向けていようがいまいが，愛着は，心理療法における共通要因として重要な役割を果たすことでしょう。なぜなら，心理療法は，その性質上，愛着欲求と愛着パターンを呼び覚ますからです。つまり，苦痛の中にいる患者は，助けを求めるということです。ひとたび愛着欲求が引き起こされたなら，患者はできる限りそれを満たそうとして安定型愛着または不安定型愛着の方略を頼りにすることでしょう。

　本節では，扱うべきことがたくさんあります。最初に，治療関係の中に愛着が入り込むことはほとんど不可避であるという点について，さらに詳しく論じることにします。それから，心理療法において安定型および不安定型の愛着の特定パターンがどのような形で実演される傾向があるかについて述べます。このような背景を押さえたうえで，セラピストの愛着スタイルと行動が治療の結果にどのように影響するのかについて考察します。私は，登場しつつある実証研究の2つの領域を要約して述べます。その2つの領域とは，患者の特徴的愛着パターンが心理療法の結果に影響する程度と，心理療法が愛着の安定性を改善する程度です。愛着の対人的影響力についてのこの議論の後に，心理療法が内的安心基地（internal secure base）——つまり自分自身に対する愛着関係——の発達に及ぼす影響力に関する議論が続きます。締めくくりとし

表5-3　心理療法における愛着の役割

- 理想的な場合，心理療法は，安全な逃げ場と安心基地を提供することを含めて，安定型愛着の特徴をそなえている
- 心理療法は，その基本的で専門的な境界を保つために，愛着欲求の充足には制限を設けている
- 安定型および不安定型のすべての愛着パターンが，患者-セラピスト関係の中に表れる可能性がある
- 患者は，セラピストとの関係の中で，親に対する愛着パターンを反復することになりやすい
- 愛着が安定型の患者は，より陽性の治療同盟を形成し，より速やかに心理療法から恩恵を受ける
- 愛着が不安定型の患者は，心理療法を求める可能性がより高い
- 心理療法には，愛着の安定性を改善する力がある
- 愛着が安定型の心理療法家は，不安定型愛着の様々なパターンを有する患者に柔軟に関わり，患者をより安定した愛着に向かわせるための援助を行うことができる
- 心理療法は，自分自身との安定した関係——つまり内的安心基地——を促進するのにも役立つ

て，心理療法の中での愛着の変化が他の諸関係に般化する程度について論じます。表5-3は，私がこれから主張する主要な点を要約したものです。

（1）愛着関係としての心理療法

　私はすでに，心理療法が1つの愛着関係であると断定しました。しかし，この断定は，事態を単純化しすぎています。Mario Mikulincer & Phil Shaver（2007a）は，心理療法が愛着関係になりやすい経緯を，以下のように手際よく要約しました。

> 治療関係がセラピストの意図したとおりに形成されるとき，セラピストは，クライエントにとって純粋な愛着対象（つまり，安心と支持を与えてくれる信頼でき，信頼される人）になる。クライエントは，欲求不満，不安，意気消沈の状態で心理療法に足を踏み入れるのが通例であり，そのことが愛着システムを活性化させ，支持と安堵を希求させるのである。愛着欲求は，セラピストに向けられやすい。なぜなら，少なくともクライエントがセラピストの癒やしの力を信じている限り，セラピストは，良い愛着対象の特徴を備えた「より強くて賢い」養護者と知覚されるからである。セラピストは，クライエントの抱える問題への対処法をクライエントよりもよく知っているのだという期待を向けられる。そして，セラピストは，その関係において，優勢で養護的な役割を演じる。したがって，セラピストは，クライエントの接近希求の対象，および安全な逃げ場と安心基地を求める未充足の欲求を投げかけられる対象になりやすいのである。　（p.411）

　この提言と一致するのですが，患者の心理療法体験についての実証研究（Eagle & Wolitzky, 2009）は，患者たちが安全な逃げ場および安心基地としてのセラピストを支えにしていることを証明しました。患者たちは，セラピストの利用可能性を気にか

第5章 素朴で古い療法

けています。患者たちは，病気や休暇によって生じる分離に対して，抗議という形で（つまり，よそよそしさ，いらだちやすさ，面接のすっぽかしによって）反応することでしょう。しかし，臨床家は，心理療法と他の愛着関係との相違をも認識しています。ちなみに，その原型は母親－子どもの関係です。Bowlby（1988）の表現を借りれば，「自分の考えと感情を探索し，かつ表出するための安心基地を患者に与える点で，セラピストの役割は，世界を探索するための安心基地を子どもに与える母親の役割に**似ている**」（p.140；強調は後から付加）のです。

　心理療法と親子関係の間の多くの相違が，一部は心理療法独自の特徴と関連づけられながら，詳しく記述されてきました（Florsheim & McArthur, 2009）。心理療法は，専門的関係であり，どう考えても，患者が代金と引き換えに受け取るサービスです。心理療法が効果的であるためには，専門的境界を維持することが非常に重要です。そのような境界に含まれるものの1つは，セラピストの面接室でスケジュールどおりにセッションが行われることです（ときにセッションとセッションの間の電話での接触についての明確な取り決めもここに含まれています）。もう1つは，セラピストの側の自己開示の制限です。もしその関係が社交的関係や友人関係や――極端な場合には――性的関係に変形するなら，その関係はもはや治療的とは言えず，むしろまったく破壊的でさえあります。さらに，たいていの愛着関係における安全な逃げ場は，情動的波長合わせだけでなく，身体的慰めを含みます。手による接触を用いるかどうかに関してはセラピストによって個人差がありますが，心理療法における情緒的な慰めと結びつきは，基本的には，**心理的な波長合わせ**――メンタライジング――に基づくものです。

　以上のような相違と制限を前提として，Holmes（2010）は，心理療法関係における逆説を次のように説明しています。

> 治療関係の強さは，一方では「現実的」である――クライエントは，成人生活でそれまでに経験したことがないほどの強さの親密感をセラピストに対して形成するかもしれない。そして，治療関係の強さは，契約と面接室の倫理的・物理的な制約の範囲内にとどめられるという点では「非現実的」である。結局，セラピストは，現実の安心基地というわけではなく，**疑似安心基地**なのである。　　　　　　（p.57；強調は後から付加）

　治療関係のこの逆接的性質は，サービスに対して代金を支払うこと，および情緒的慰めから手での接触を除外することに中におそらく最も目立つ形で表れているでしょうが，このことを考慮すると，私たちは，その関係の専門的性質が独自の効果をもたらしているのだということに注意を向けておかなければなりません。赤裸々に言うと，

私たちセラピストがもし患者と一緒に暮らしていたとすれば，私たちは，一貫して共感的であることなどほとんどできないでしょう。治療関係の専門的境界が，治療的探索に有利な形で愛着を制限してくれるのです。しかし，私たちは，ここで言葉に——つまり**似ている**とか**疑似的**というような用語に——注意しなければならないと，私は思います。Rogers が半世紀以上も前に明らかにしたように，治療関係は，現実の思いやり（caring）を伴うものでなくてはならず，そうでなければ，それは愛着関係としては役立たないでしょう。

（2）心理療法関係における愛着パターン

Bowlby（1988）は，探索のための安心基地を提供することが心理療法関係の特徴であると考えたわけですが，このとき彼は理想を表明していたのです。論点を誇張して言うなら，心理療法を探索のための安心基地として速やかに活用できる患者は，心理療法を受ける**必要がない**と言ってもよいでしょう。実際，心理療法の患者の大多数は，愛着が不安定型です（Slade, 2008）。とりわけ愛着トラウマの既往を持つ患者にとって，心理療法関係を安全な逃げ場および安心基地として体験できるということは，大きな達成であり，所与の前提ではありません（Eagle & Wolitzky, 2009）。

患者-セラピスト関係には愛着への引力が存在するのですから，優勢な愛着パターンがその関係の中で再体験され，再演されることが予想できます。大雑把に言えば，これは，対人関係において普遍的にみられる**転移**——つまり現在の関係における過去のパターンの反復——の一例にすぎません。典型例を取り上げるなら，親との関わりのパターンがセラピストとの関係の中で反復される可能性があるということです。Diana Diamond と共同研究者たち（2003）は，「患者-セラピスト成人愛着面接」を用いてセラピストに対する患者の愛着を査定することによって，小規模のケース・シリーズ〔★訳注7〕において上記のような反復を確認しました。この研究者たちは，セラピストへの愛着を，標準的な「成人愛着面接」によって査定された親への愛着と比較しました。高水準の一致が見出されました。つまり，セラピストへの愛着は，親への愛着ときわめて似ていたのです。

〔★訳注7〕ケース・シリーズ（case series）というのは，特定の条件に合う患者たちのケースを集め，特定の側面について前後の経過を検討するが，統制群（対照群）との比較は行わない方法である。

転移は対人的学習の顕在化とみることができます。意識できている程度はまちまちですが，私たちはすべて過去を現在へと般化（generalize）させています〔★訳注8〕。この不可避的般化は，過去と現在が一致している程度に応じて，適応的であったりそ

第5章 素朴で古い療法

うでなかったりします。もし読者の上司やセラピストが実際に読者の父親と同じくらい批判的で支配的であるなら，用心深く接することは適切ということになるでしょう。本書の〔第1章〕第1節で，私は，安定型，回避型，アンビヴァレント型，無秩序型という愛着の基本的原型を記述しました。それぞれの愛着パターンを有する患者たちがセラピストとの関係において示しやすい関与の仕方を以下に記述しますが，読者はその記述から容易に愛着の基本的原型を認識することでしょう。ここで私が行うことは，臨床実践と実証研究から得られた観察結果（Slade, 2008b; Obegi & Berant, 2009a）を要約して示しているにすぎません。

> 〔★訳注8〕すでに説明したように，本書ではある状況で学習された行動やパターンが他の類似の状況でも生じることを「般化」と表現している。この箇所では，転移を対人関係で生じた学習とみなしているので，過去の対人関係で学習された反応パターンが現在の対人関係においても生じることは般化であるということになる。

　愛着が安定型である患者たちは，セラピストを探索のための安心基地として用いるというBowlby（1988）の理想と一致しますが，これは驚くべきことではありません。安定型の患者たちは，必要なら心理療法を求める可能性がより高く，そうした後には確固とした治療同盟を形成する可能性が高いのです。安定型の患者たちは，ポジティヴな内的作業モデルを形成しているので，人を信頼する可能性が高く，その結果，セラピストを頼りがいがある，敏感である，気にかけてくれる，支持的であるとみなします。そのため，安定型の患者たちは，比較的自己開示をするほうであり，同時に，その関係の中で生じる失望，欲求不満，不安に耐えることができます。このようなわけで，安定型の患者たちは，ネガティヴな感情を表現できますので，治療同盟における亀裂の探索と修復が可能になります。不安定型の愛着の傾向，とりわけ愛着トラウマの既往を有する患者にとっては，このような心理療法の理想像は，治療作業の目標となるものであり，出現するまでには非常に長い時間がかかることでしょう。私は，ある女性に治療的に関わった経験を忘れることはないでしょう。その女性は，重篤なトラウマを負っていました。そして，5年間の集中的な心理療法の期間中，私はかなり頼りにでき，信頼に値する人であり続けたのですが，彼女は，その後もまだ私を信頼するのに悪戦苦闘しました。

　回避－軽視型の愛着を示す患者たちは，どちらかと言えば心理療法を求める可能性が低く，求めたとしても治療同盟を形成するのが困難です。〔Blattの言う〕関係性－自律性という領域に関しては，回避－軽視型の患者たちは，自律性の方向を偏重しており，愛着関係を否定し，自己依存的（self-reliant）であろうと努めます。それだから，回避－軽視型の患者たちは，情緒的絆を形成することや協力関係を形成すること

4．心理療法における愛着

が困難なのです。回避 - 軽視型の患者たちは，助けを求める欲求を表出することによって自分自身を弱い存在にしてしまうことを嫌がり，セラピストを非難がましく拒否的であるとみなしがちです。それだから，回避 - 軽視型の患者たちは，恥ずかしく，屈辱的だと感じやすいのです。回避 - 軽視型の患者たちは，自分自身の欠点よりも——セラピストを含む——他者の欠点に注目しがちです。心理療法に対して懐疑的であることを公言します。そして，心理療法に接するときにも，それを非人格的な事務的関係とみなす傾向，つまりセラピストを配慮的な人と捉える感覚を持たずに専門家と相談しているかのように思いたがる傾向があります。回避 - 軽視型の患者たちは感情を表出することが困難ですから，治療同盟における亀裂は潜伏的なまま表面化せず，そのため修復を受けつけません。セラピストは，共感が困難であり，患者と同じく情緒的に関与していない——実際には情緒的関与を遮断されている——と感じがちになります。私は，ある治療セミナーの際に，患者との関係を象徴化した視覚イメージを提供してくれるように訓練生に求めました。そのとき，あるセラピストは，回避的な患者との関係を特徴づけるものとして「氷の塊」を思いつきました。逆接的ですが，これは希望を感じさせる比喩です。氷は解けるのであり，実際，その患者は——非常にゆっくりと——温まっていました。

【事例】テルマは，40歳代で入院治療を求めましたが，それは，衝動的で破壊的な行動の悪循環パターンを断ち切るためでした。ちなみに，その行動には，彼女が「セックス中毒」と呼んでいたものの他に，薬物乱用と自傷が含まれていました。彼女が言うには，彼女はこれまでに健康な恋愛関係を持ったことがなく，「無意味なセックス」のほうがより快適であるとのことでした。彼女は，子どもの頃に10代の青年から性的ないたずらをされた既往があり，おまけに大学時代にはレイプされたことがあり，もっと後の成人期にも再びレイプされたのでした。彼女は，母親を「怒り中毒」と描写しましたが，父親には依存的になり，成人期の間ずっとそうし続けていました。しかし，彼女は，父親を「情緒が乏しい」と描写しましたし，情緒的慰めを得るためではなく，実際的な問題解決のために彼に依存していたのでした。

テルマは，心理療法の開始時には，誰にも依存したくないし，誰かから依存されたくもないと，淡々と語りました。彼女は，私には憂慮するべき深刻な問題と思われるものについて快活な態度で語りましたが，それは，彼女が意図的に人を遠ざけておくために身につけた態度でした。しかし，彼女は，自分自身の冷淡で情緒的関わりを避ける面についても吐露しました。彼女は，「残酷な」ほど批判的で人を見下しており，自分を「氷の女王」だと宣言しました。

情緒的に距離をおく態度から考えても，彼女は，心理療法に関与することがきわめて難しい人でした。彼女は，自分の問題を率直に語りましたが，情緒的関わりを避けているので，彼女にとって心理療法は意味も影響力もないものでした。彼女は芸術作品や詩を持参することによってつながりを形成しようと努力しました。その作品や詩は深刻なほど苦痛な情動を表現しており，慰めとつながりへの希求を暗示していましたが，彼女は，その苦痛を直接表現することができませんでした。子どもの頃，母親の怒りに怯えると，彼女は自分の部屋に

第5章　素朴で古い療法

隠れました。病院で苦痛を味わったときにも，彼女は同じことをしました——自分の部屋に退却しました。彼女は，アディクション・プログラムへの参加をめぐって治療チームと意見が食い違ったときに，早くも治療を離れました。彼女は，「より大きな力」（higher power）への12階梯の集中というプログラムが好きではないと抗議したのです。なぜなら，彼女のより大きな力は自分だったからです。結局，彼女は，自分に「より広い空間」を与えてくれると彼女が思う別のプログラムに移りました。

　回避型の患者たちとは対照的に，アンビヴァレント－とらわれ型の患者たちは，心理療法を求める可能性が高く，すぐに情緒的関与を示し，陽性の治療同盟と思われるものを形成します。アンビヴァレント－とらわれ型の患者たちは，激しい情動を示し，表出的で，きわめて自己開示的です。〔Blattの言う〕関係性－自律性の領域に関しては，過度の依存性と言えるほど関係性の方向を偏重しています。アンビヴァレント－とらわれ型の患者たちは，自己主張と自律性を恐れているのですが，これらは孤立無援であるという感覚を予期させるのです。このような理由で，陽性の治療同盟は崩壊しやすいのです。セラピストの不可避的な失敗が，セラピストは頼りにならないという患者の予期を確証してしまいます。早期の陽性の治療同盟は，錯覚にすぎないことがあります。いずれ失望が到来します。患者は，苦痛と援助を求める欲求を気軽に表出しますが，援助の取り入れは難しいのです。私の若い頃の教師の一人である精神分析家のStuart Averilは，次のようにコメントしました。つまり，患者は強い「送信機」と弱い「受信機」を持っているようなものだというのです。一方で，専門的関係には本質的に制約が伴う以上，セラピストによる思いやりは，はがゆいくらい不十分なものとして体験されることでしょう——ある患者の表現を借りると，大海にわずかな量の水を注ぐようなものなのです。もう一方で，自律性に向かう動きは，治療を終結することや，セラピストとの間のか細い絆を失うことを予期させますので，これが患者にとって脅威になりうる限り，患者は，変化に向けてのセラピストの励ましに抵抗を示すことでしょう。

　【事例】ウルスラは，20歳代に入院治療を求めたのですが，それは，幅広い外来心理療法を行っても，たび重なる自殺の危機を防げないことがわかった後のことでした。彼女は，自分自身を「愛情飢餓」で「共依存的」だと描写しました。そして，彼女は，このような特徴の原因を，幼年期の間ずっと「悲しみにうちひしがれているネグレクトされた子ども」だったことに帰属させました。彼女の母親は，激しい痛みを含む慢性的な医学的問題を抱えていました。彼女が言うには，母親は，一度に何日間も寝たきりになり，そのときには聞くに堪えないような「うめき声と泣き声をあげる」のでした。父親は，「躁うつ的」で，きわめて予測不能であり，愛情深く娯楽好きの状態から，いらだっていて処罰的な状態を経て，抑うつ的で人を避ける状態に至るまでの範囲を行き来しました——ときどき，「ゾンビのように空

4．心理療法における愛着

間をじっと見つめながら」，何時間もリクライニング椅子に一人で座っていることがありました。

ウルスラが語ったことですが，彼女は，中学生になると，すぐに恋愛関係に飛び込みました。彼女が言うには，彼女は，女子とはあえて真剣な交際をすることをしませんでした。なぜなら，これは，彼女の愛情欲求を満たすものではなかったからです。彼女は，恋人を「ものにし」，愛に「酩酊」しました。彼女が言うには，その酩酊は，彼女の「自己憎悪」を一時的に和らげてくれました。彼女は，「彼らに愛を浴びせ」，彼らのすべての欲求に応えることによって，彼らが彼女のそばにいてくれることを確かめようとしました。恋人たちが彼女に応えてくれる限りは，これらの努力は比較的有益でした。ただし，最終的には，ウルスラの自己憎悪が再び表面化しました。彼女は，自分自身を「夜泣きする赤ん坊」であり，「慰めに影響されないという免疫がある」と描写しました。彼女は，以前に受けた心理療法で，自分の行動が相手を息苦しくさせ，統制するものであることを認識するようになっていました。彼女は，きわめて独占欲が強く，嫉妬深くなるのでした。そして，恋人が距離を置くと，怒って暴言を吐くのでした。その関係が破綻すると，必然的に，彼女は失望し，無視されていると感じるのでした。

彼女が高校生だったときに，友人の一人が自殺しました。葬儀はウルスラに大きな衝撃を与えました。彼女は溢れんばかりの悲しみと思慕に襲われましたが，それだけではありませんでした。彼女は，友人がそれを最も必要としていたときに他の人たちが気遣いと愛を十分に示さなかったことに対する後悔にも襲われたのです。このような手本に後押しされて，ウルスラは，親から配慮を引き出し，恋人が彼女から去るのを防ぐ手段として，次第に自殺念慮を頼りにするようになりました。彼女は，外来心理療法でも，入院中にも，このパターンを繰り返しました。彼女の自殺念慮は臨床家たちをきわめて混乱させました。ちなみに，臨床家たちは，あるときには彼女がしていることを「駆け引き」と感じ，別のときには彼女の安全を心配しました。この混乱は，ウルスラのほうにもみられました。彼女が認めたことですが，彼女は，ときどき自殺念慮を「苦痛を示す信号」として利用していました。しかし，彼女は，徐々に危険度を高めながら自殺の「練習をする」うちに，以前よりも本当に自殺したいと願うようになっていきました。こうして，彼女は，「警告を発する」段階から，死にたいと願う段階へと，次第に速やかに移行できるようになったのです。

ウルスラの自殺念慮は，治療の焦点となりました。彼女の自殺行動は外来治療を中止させ，入院治療をも危うくさせており，彼女の自殺行動によって臨床家たちが「苦しい」「恐ろしい」と感じているのだから，彼女は治療を妨害しているのだと，私は伝えました。ウルスラは，自分の欲求不満と恨みについては痛切に自覚していましたが，他者を苦しめようという意識的意図があるとは自覚していませんでした。しかし，助けてもらいながらメンタライズすることによって，自分の意図がどうであれ，他者が苦しさと恨みを感じていることを，彼女は認識することができました。私が述べたのは，彼女の自殺行動が恐れを通して他者を彼女につなぎとめるものだとしても，他者が「愛想を尽かす」ならば，その関係は「決裂する」だろうということでした。実際，彼女の恋愛関係や以前の治療はそうなったのですし，現在の治療も決裂する寸前でした。

ウルスラの行動の自己妨害的性質は入院治療中のスタッフや患者仲間との関係において再演されたわけですが，心理療法に助けられて，それはウルスラにとって火を見るよりも明らかなものになりました。家族および恋愛における苦痛な関係の歴史について語ることができるようになるにつれて，彼女の「慰めに影響されないという免疫」も減退し始めました。この推移のおかげで，他の人たちは恐れではなく気遣いを通して彼女とつながることができま

第5章　素朴で古い療法

した。ウルスラの方も，患者仲間に共感を示すことができ，仲間に慰めを与えることができることを認識するようになりました。こうして，彼女は，以前よりも自分を価値ある存在と感じ，自尊心を身につけました。彼女が言うには，彼女は，「自己憎悪」から，少しだけ「肯定的自己評価」を伴う「自己嫌悪」へと移行しつつあるとのことでした。長期にわたる格闘の後に，彼女は，今後も治療を台無しにすることなく継続的に利用できるという，より良い見通しを抱いて，退院することができました。

「成人愛着面接」の場合と同様に，心理療法においてみられる無秩序型愛着も，秩序型の愛着パターンと混じり合っています（Slade, 2008b）。成人愛着面接における関係の亀裂と符合するのですが，愛着トラウマの既往を持つ患者たちは，とりわけトラウマの侵入性記憶や解離性障害と格闘しているときには，心理療法関係の中で顕著な亀裂を体験しがちです。私は，私を虐待的だった亡父としてみていた患者のことを鮮明に記憶しています——私が彼女の父親を思い出させるとか，私があたかも彼女の父親のようだとみられていたのではなく，私はその瞬間に彼女の父親そのものであるとみられていました。トラウマ体験や苦痛な記憶が想起されるとき，愛着が無秩序型の患者は解離状態に陥り，深刻なほど世界と隔絶していると感じるか，極端な場合には「ここにいない」と感じるでしょうが，それは稀なことではありません。

Giovanni Liotti（2011）が指摘していることですが，最初にトラウマを体験した際の愛着関係と同様に，心理療法関係も解決のない怯え〔★訳注9〕という解決困難なジレンマを患者に押しつける可能性があります。つまり，セラピストに対する恐れが愛着欲求を呼び覚ましますが，この欲求を満足させてくれるはずの親密さが怯えを引き起こしてしまいます。自律性を犠牲にしてでも関係性を維持しようとするアンビヴァレント型の患者や関係性を犠牲にしてでも自律性を維持しようとする回避型の患者とは異なり，無秩序‐恐れ型（disorganized-fearful）の患者は，どちらかと言えば関係性も自律性も維持することが困難です。両者のバランスを維持することができないため，患者は，親密さに怯えたり呑み込まれたりすることと，完全な孤立につながる関係回避との間を行き来する可能性があります。

〔★訳注9〕第1章で解説されている現象であり，愛着が「無秩序型」の人にみられる。第1章40ページを参照のこと。

【事例】ヴィックは，家族のくびきを脱することができないでいる若年成人ですが，家族がもはや彼の無謀な行動や感情爆発に耐えることができなくなったときに入院させられました。家族が助けようと努力しても彼がそれを受け付けないとき，例えば，長期間にわたって自室に籠城するときに，両親の不満はとくに高まるのでした。この「手に負えない」行動のパターンは彼が生まれてからずっと続いているようなものだと，両親は述べました。また，両親は家族が「めちゃくちゃ」であると述べ，それはヴィックが生まれてからずっとそうだっ

4．心理療法における愛着

たというのが両親の口癖でした。

　心理療法では，ヴィックは，解決のない怯えのパターンを顕著に示しました。正直言って，私は，彼をそれから助け出すための持続的解決法を見出すことができませんでした。最初のセッションで，ヴィックは「調子がいい」と述べました。彼が言うには，自分の問題はすべて自分で解決したので心理療法で取り組むことはないとのことであり，実際，彼は「話すことがない」のでした。「精神病院にいて調子がいいこと」自体が矛盾していることは，彼も認めました。彼に言わせると，友人以外の誰も彼のことを理解できず，医師はただ彼を「叱りつけ」，手荒く扱い，彼を迷路にいる動物のようにみなして実験の対象にするだけとのことでした。彼は，何も話すことがないと宣言したにもかかわらず，一気呵成にしゃべりました。私がこの矛盾を指摘すると，彼は，私に話す機会と「彼をうちのめす」機会を与えないように会話を「支配している」のだと語りました。それでも，ヴィックの苦悩は透けて見えました。彼は何か単一の問題に焦点を合わせることはできませんでしたが，以下のことをはっきりと示しました。それは，①麻薬への嗜癖をやめようともがいたがうまくいかなかったこと，②両親に多大な緊張を強いてきたことに対して罪悪感を感じること，③結婚につながるのではないかと期待した恋愛関係が破綻して大変な苦痛を味わったこと，でした。彼が言うには，彼は「あてもなく漂っている」と感じており，何の価値もない人間で終わるのではないかと恐れていました。このようなわけで，私たちには治療同盟の土台になるものがまったくなかったのですが，私は，そのセッションの終わりに，次のように語ることができました。私が語ったのは，彼が「非常に困っている」こと，それだから面接を続けることには意味があるということ，でした。彼は同意しました。

　セッションが12回を超え，その時点でヴィックは急に入院治療を離れたのですが，私たちは，前述のような行き詰まり状態のまま面接を続けていました。ヴィックは，全般的に，相変わらずセッションを言葉で埋め尽くし，対人関係における明らかにトラウマ的な体験には短く言及するだけでした。そして，しばしば涙を流し，動揺するという事実があるにもかかわらず，助けを求める願望があることを否認しました。彼は，苦痛な事柄を探索しようとする私の努力を拒絶し，「憂さ晴らし」が必要なだけだと語りました。実際，彼が言うには，憂さ晴らしが役に立つのであり，それ以外の方法では彼の頭が「破裂する」だろうとのことでした。

　しばしば，私は明らかな矛盾に困惑しました。例えば，ヴィックが言うには，彼の父親は，ヴィックが安心しているかどうかを確かめようとして，かえってヴィックを不安にさせるとのことでした。また，彼には「おどおどしている」ときになだめてくれる友人がいたのですが，彼は，自分が「完璧なほど快適」で助けなど必要としていないことを理由に，その友人に対する不満を表明しました。矛盾を明らかにしようとするどのような試みも，彼の防衛性を強めるだけでした。彼は，自分の精神機能における困難を認めてはいましたが，それを精神科医の「下手な」投薬のせいだと言いました。

　私は，言葉よりも行為のほうが雄弁であるという原則に従って心理療法を続けました。ヴィックは，一貫して自分には心理療法など必要ではなく，取り組むべき問題もないと言い続けましたが，約束の時間には規則正しくやってきて，多くの問題について語り，苦痛を伴う情動を表出しました。そうするうちに，私たちは，セッションの部分部分ではナラティヴの首尾一貫性を達成することができました。ヴィックは，私の奮闘にまったく同情を示さないわけではありませんでした。あるセッションで，私は，セラピストである私にとって何も取り組むべき問題がないのはつらいと言ったのですが，そうするとヴィックは，私の発言に反応して，**私を「もっと良い」気分にさせるにはどうしたらよいかと尋ねました**。「あなた

213

がやってきて，自分には，例えば対人関係の問題のような，問題があると言ってくれることだね」と，私は答えました。ヴィックは，その後，自分の不満を語る方向に進みましたが，その不満とはガールフレンドに「心を開く」ことができないということでした。理由はわからないがそうするのがこわいと感じたとのことでした。彼は，彼女が彼に対して不満を感じていることも理解していました。事実，彼女は，彼と別れるときに次のように言いました。つまり，彼女には彼が傷ついていることがわかっているのですが，彼が彼女を「閉め出す」ので，彼女は「どうすることもできない」と感じていたのです。

　ヴィックは，相変わらず治療とかみ合っていなかったのですが，それでも，最終的には，ガールフレンドとの関係に影響しており，治療においても実演されていることがわかる「性格的弱点」を率直に認めることができました。彼が語ったことですが，個人的問題を誰とも話し合えないできたことや信頼したい欲求を感じても「シャットダウンする」しかなかったことについて，恥ずかしさと弱さを感じるとのことでした。彼が動揺していることに他の人が気づいていることは彼も知っていたのですが，彼は「注目の的になること」に耐えられず，他の人を心から閉め出すので，他の人は理解する方法がわからなかったのです。心理療法期間中ずっと私もこのような体験をしていたことを，私は彼に知らせました。つまり，私には，彼が「苦しんでいる」ことがわかっていて，私の自然な傾向は理解しようとすることであるのに，そうすることが困難だったということです。明らかに，この問題は彼の治療の根幹でした。私たちが少なくともそれを言葉にすることができたことは，いくらか希望を感じさせてくれることだと，私は思いました。

　心理療法の中で実演されるこれらの愛着パターンを記述する際に，私は，典型例に依拠してきました――それらは，戯画化されたものではないとしても，たぶんステレオタイプではあったでしょう。私たちセラピストが注意を向けておかなければならないことは，以下のとおりです。これらのパターンは，①表れる程度が異なります（例えば，よりアンビヴァレントまたは回避的か，そうでないか）。②流動的なものである可能性があります（例えば，アンビヴァレント型から回避型へと向かう動きや，回避型から恐れを伴う無秩序型パターンへの転落）。③混じり合っています（例えば，ウルスラの体験が示しているように，慰めを求める深刻でアンビヴァレントな飢餓感を回避型が覆い隠している場合）。さらに，次の項で論じることですが，患者の愛着行動は，セラピストの愛着の傾向性と相互に作用し合うことでしょう。愛着パターンは常に共同作品です――Bowlby（1982）が性格づけたように，関係またはパートナーシップだということです。

（3）愛着に対するセラピストの寄与

　愛着関係を作り上げるには，二人の人が必要です。セラピストの愛着パターンが心理療法の経過に寄与することに関する利用可能な研究結果は比較的わずかですが，現在までの研究文献は，比較的一貫した全体像を示しています（Obegi & Berant,

2009a)。

　セラピストの安定型愛着がもたらす恩恵は，一目瞭然です。安定型のセラピストは，安定型の親がそうであるように，養護的役割をうまく演じる傾向があります。この役割には，〔情緒的に〕役に立ってくれること，依存させてくれること，情緒的応答性があること（メンタライジング）が含まれています。愛着の安定性は，情動調整の能力がより優れていることと関連しています。それだから，愛着が安定型のセラピストは，情動的苦痛を受け入れ，患者 - セラピスト関係における葛藤に目を向け，併せて治療同盟における亀裂を探索し修復するためのより優れた資質を持つことになるでしょう。このようなわけで，セラピストにおける安定型の愛着は，より陽性の治療同盟（Levy et al., 2011）およびより良い治療結果（Beutler & Blatt, 2006）に結びつくとされてきたのです。

　心理療法を受ける大部分の患者たちは，不安定型の愛着を抱えており，セラピストの仕事は，不安定型の患者たちを安定性がより高まる方向に進ませることです。不安定型における2つの基本的方向は，1つが自律性と距離の過剰さ（回避型）であり，もう1つが関係性と依存の過剰さ（アンビヴァレント型）です。したがって，セラピストの仕事は，患者たちを両極端（距離か親密さ）から中庸へと——つまり関係性と自律性とのより良いバランスへと——進ませることです。愛着が安定型のセラピストは，このバランスを取る能力がより高いのですが，それは彼ら／彼女らの柔軟性——つまり親密さと距離の双方に対する耐性——のおかげです。

　当然のことですが，セラピストは，患者の愛着スタイルに対して補完的になる傾向があります。つまり，回避型の患者に対してはどちらかと言えば認知的になり，アンビヴァレント型の患者に対してはどちらかと言えば情緒的になることができます。しかし，安定型のセラピストは，回避型の患者に対しては情緒的関与を増やす方向に進み，アンビヴァレント型の患者に対しては情緒的コンテインメントを増やす方向に進むことによって，不安定型の患者の愛着傾向に立ち向かう能力をも持ち合わせています。言い換えれば，愛着が安定型のセラピストは，Arietta Slade（2008a）〔原書の（2008b）を訂正〕が助言しているとおりにすることができるのです。その助言とは，「……個人の優勢な防衛スタイルにやんわりと挑戦することに価値があると，私は示唆したのである。このことは……軽視型の患者に対してはより感情に基づく応答か共感的応答を用い，とらわれ型の患者に対してはより知的な応答か構造化するような応答を用いることを意味する」(p.774) ということです。別の言い方をすれば，セラピストは，方法を患者の愛着パターンに適合させることを考えるだろうということです。その点に関して，Betler & Blatt（2006）は以下のように提唱しています。

第5章 素朴で古い療法

> とらわれ型の患者たちは，情緒的-体験的な介入を歓迎するが，圧倒的な感情を調節するのを助けてくれるような，より認知的-行動的な方略から恩恵を受けるように思える。……同様に，回避型の患者たちは，理性的-認知的な介入を歓迎するが，情緒的関与を促進するような方略から恩恵を受けるように思える。 (p.35)

　そのような柔軟性——患者の不安定型愛着パターンに合わせるが，同時にやんわりとそれに立ち向かうこと——は，愛着が不安定型のセラピストにとっては，より困難な課題になることでしょう。Brent Mallinckrodtと共同研究者たち（2009）が注目したことですが，「適度な治療的距離は，回避型のクライエントには緊張と不快を生じさせる傾向があり，不安型〔アンビヴァレント型〕のクライエントには欲求不満を生じさせる傾向がある」（p.243）のです。不安定型のセラピストは，この適切な距離を保つことに関連する不快に耐えることに困難を覚えるでしょう。回避型のセラピストは，回避型の患者の愛着行動に合わせるだけであり，どちらかと言えば知性化された心理療法過程に専心し，そのため回避型のパターンを持続させてしまいがちです。また，回避型のセラピストは，より情緒的な関与と親密さを求めるアンビヴァレント型の患者の願望に対して不満を感じ，不安，敵意，距離を置くことを伴う応答をする可能性があります。対照的に，アンビヴァレント型のセラピストは，情動を伴う応答をしやすく，アンビヴァレント型の患者の情動スタイルに合わせてしまい，患者の情動調整を助けることに失敗してしまいます。さらに，アンビヴァレント型のセラピストは，見捨てられることや拒否されることへの敏感さがあるため，治療同盟における亀裂に対して適切に対応することが困難になりがちです。

　患者たちに心理療法について教える際に，私は，しばしば「H要因」に言及します——つまり，セラピストも人間（human）だということです。ここでの短い議論が証明しているように，セラピストが効果的に治療作業を行うためには，セラピストの愛着が比較的安定していなくてはなりません。しかし，セラピストの愛着の不安定性は，不可避的影響力を発揮し，関係回避と過度の距離，または情緒的な巻き込まれに寄与します。そのようなバランスの偏りを回避しようと努めても，それは無意味です。バランスの偏りは，すべての愛着関係において不可避です。しかし，セラピストは，安定性からのその逸脱に気づき，それを修正するために最善を尽くさなければなりません——つまり，このような亀裂を修復することに専心しなければならないということです。セラピストは，マインドフルでなくてはならず，メンタライズしなくてはなりません。きわめてよくあることですが，セラピストにも助けが必要です。セラピストにおける安定型愛着は，進んで助けを求めることに結びつきます——その助けが心

理療法を受けることの中にあるか，先輩や仲間からスーパーヴィジョンを受けることの中にあるかは，問題ではありません。

（4）愛着パターンと治療結果との関係

本章で先に論じたように，より良い治療同盟は，より良い治療結果を予測しています。そして，愛着が安定型の患者は，陽性の治療同盟を形成する可能性がより高くなります。ですから，論理的に推測すれば，愛着が安定型の患者は，愛着が不安定型の患者よりも改善する可能性が高いことになります。実証研究文献は限られていますが，文献は上記の仮説を支持しています。

一般的に言って，愛着が安定型の患者は，治療開始時においても終結時においても，より高い水準で機能しています（Berant & Obegi, 2009）。Ken Levy と共同研究者たち（2011）は，14の研究の結果を結びつけ，愛着についての領域別アセスメントを用いて，愛着不安〔アンビヴァレント傾向に相当〕および愛着回避の程度と心理療法による改善の程度を関連づけました。予想されたとおり，安定型の愛着は，より大きな改善に結びついていました。注目するべきことですが，より改善が乏しいことに結びついていたのは，不安定性の2つの領域のうち回避ではなく不安〔アンビヴァレント傾向〕でした。

不安定型愛着を抱える患者たちは心理療法から恩恵を受けることがより困難であろうと思われますが，心理療法を求める主な理由が愛着関係における諸問題である限り，そのような患者たちが心理療法を必要とする可能性はきわめて高いのです。愛着が不安定型の患者たちは，より長期にわたる心理療法を必要としており，心理療法から恩恵を受けると思われますが（Berant & Obegi, 2009），これは驚くべきことではありません。例えば，Fonagy と共同研究者たち（1996）が見出したことですが，回避型の患者たちのうち長期的な精神力動的治療で改善する人の割合は，他の愛着分類の患者たちの場合に比べてはるかに高いのです。同様に，Blatt（2004）も，（回避－軽視型愛着と関連する）自己批判型抑うつの患者たちが長期的心理療法から恩恵を受けることを明らかにしました。回避型を克服することは，そもそもゆっくり進むプロセスですが，患者が治療に関与し続けるなら可能であるということです。

（5）心理療法と愛着の安定性の改善との関係

不安定型愛着パターンを持つ患者たちにとって心理療法から得られる重要な恩恵の1つは，愛着の安定性の改善です。第1章で述べたとおり（「持続性と変化」の節を参照のこと），愛着パターンは，発達の経過の中で，持続性と変化が混合した姿を示

第5章　素朴で古い療法

します。信頼でき持続する関係を形成することは変化の原因になりうるものの1つであり，心理療法はそのような関係を形成する機会を与えてくれます。

心理療法の経過の中で愛着の安定性に生じる変化を調査した研究の数はわずかですが，それらの結果は一貫しています。つまり，安定型と分類される患者の割合が増大し，不安定型と分類される患者の割合は減少します（Berant & Obegi, 2009）。例えば，「成人愛着面接」を用いて，心理療法の経過の前後で愛着のあり方を査定した研究者たちがいます。Fonagyと共同研究者たち（1995）の報告によれば，治療開始時には安定型愛着を示す患者は皆無でしたが，入院という設定で精神力動的心理療法を受けた後では40％が安定型と分類されました。

同様に，前章で報告したことですが，Levyと共同研究者たち（2006）は，1年間にわたる「転移焦点化療法」の後に安定型愛着を示すBPD患者の数が有意に増加したことを報告しました（「弁証法的行動療法」と支持的心理療法の場合には，そうはなりませんでした）。注目するべき点は，転移焦点化療法を受けた患者群において，「成人愛着面接」におけるナラティヴの首尾一貫性が増大したことであり，ナラティヴの首尾一貫性は愛着の安定性の指標だということです。この結果は，愛着関係を探索し，愛着関係について情緒豊かに本心から対話することを目指す心理療法過程で生じることが予想される結果です。注目するべきことですが，Levyと共同研究者たちの報告では，「転移焦点化療法」のおかげで，トラウマと喪失に関して未解決型と分類された患者の数が減少しました。しかし，この知見は統計的に有意なものではありませんでした。これに対して，幼年期に虐待を受けた既往を持ち，PTSDと診断された女性たちに対する治療の結果に関する研究において，Stovall-McCloughと共同研究者たち（2008）は，治療を受けている間に未解決型が有意に減少することを見出しました。

治療の結果として愛着の安定性が増大することに関する実証研究はまだ緒に就いたばかりですが，見出された知見は全体として勇気づけられるものです。しかし，患者−セラピスト関係において達成されたと思われる安定性の増大が恋人や家族のような重要な愛着対象に般化する程度に関しては，不確かなままです。Bowlby（1988）は，「心理療法の焦点は，常に患者とセラピストのいま・ここでの相互交流に絞られるべきであり，ときに患者に対して過去を探索するように勧めるとすれば，その唯一の理由は，現在の感じ方や人生への対処の仕方に光を当てるためということである」（p.141）と提唱しました。

明らかなことですが，個人心理療法は，次の3つの領域において愛着パターンを探る媒体（vehicle）を与えてくれます。3つの領域とは，①幼年期の親との関係，②

患者 - セラピスト関係，③心理療法場面外での現在の愛着関係，です。しかし，愛着の安定性をより高めるために患者とそのパートナーの相互的応答性を改善しようとして，直接的に両者に関わることに関しては，言うべきことがたくさんあります。私たち人類が進化して以来，私たちの自然な愛着関係がトラウマ療法を提供してきたのだということを私たちは心に留めておくべきですし，愛着関係は私たちにとっての慰めの主要な源であり続けています。個人心理療法がうまく機能しているときには，個人心理療法は，この関係をより上手に活用することを促進します。しかし，Sue Johnson（Johnson & Courtois, 2009）は，この関係が持つ癒やしの能力をカップル療法および家族療法の中で直接的に強化することを強力に支持しています。そうすれば，私たちは，個人心理療法からの般化だけに頼る必要はないというわけです。「メンタライゼーションに基づく家族療法」（Asen & Fonagy, 2012）は，この必要性を満たすために発展しました。しかし，トラウマからの癒やしにおいて個人心理療法が持つもう1つの潜在的価値があり，それを私たちは見過ごすべきではありません。それは，私たちの自分自身との関係を改善するということです。

（6）内的安心基地の開発

　数年前に自分への愛は自分自身との絆を伴うという考え（Swanton, 2003）に触れたとき，私には，安定型の愛着を自分自身と関わるためのモデルと考えることもできるという考えが浮かんできました（Allen, 2005）。言い換えれば，人は，メンタライズすることとマインドフルであることによって——つまり，自分の感情に注意を向けること，それを受け入れること，その根底にあるものに興味を持つことによって——情動的苦痛に対処することができるだろうということです。このような態度で，人が他者を慰めるか他者から慰めを受け取るのとちょうど同じように，人は自分自身を慰めることができるでしょう。不幸なことに，不安定型の愛着も，自分自身と関わるためのモデルを与えてくれます。つまり，人は，自分の感情を無視することができるし，その感情を抱いているからという理由で自分自身を批判することもできます。最悪の場合，人は，自分自身に対して，無視し虐待するような形で関わることができます。自分自身に対する愛着の安定性を知りたければ，不安だ，悲しい，腹が立つ，後ろめたい，恥ずかしいと感じるときに，自分が自分自身に対して何を語りかけているかに注意を向けるだけでよいのです。本書の至る所で，周期的に，私は，体験の回避と体験の受容を対比させるように心がけました。体験の回避は自分自身との不安定な愛着に基づくものであり，体験の受容は自分自身との安定した愛着関係を必要とするものだと，考えることができるでしょう。

第5章　素朴で古い療法

　Mikulincer & Shaver（2004）は，安定型の愛着関係の心的表象を活性化すること——それらについて思い出し，想像し，考えること——が安心感を呼び起こし，安心感がストレスへの緩衝を提供すると，提唱しました。このようなわけで，安心感は，愛着関係を内在化したことに基づくものです。つまり，「大切に扱われた子どもは，元をたどれば愛着の安定を促進してくれた愛着対象によって実行されていた，保護し，なだめ，承認し，指導する機能を自分自身の心的過程の中に取り入れる」（Mikulincer & Shaver, 2007a, p.152）のです。こうして，愛着が安定型の人は，「自分自身の内部で配慮的な性質を作動させる」（p.162）ことができます。そうする際に，彼ら／彼女らは，愛され，価値を認められたという内的作業モデルを活性化し，それが苦痛からの解放感を与える形で働くのです。

　Mikulincer & Shaver（2007b）は，彼らがポンプに誘い水〔★訳注10〕を差すことになぞらえて**安定性の誘い水**（security priming）と呼ぶものによって，安定型の内的作業モデルを活性化するいくつかの方法を発見しました。そのような誘い水は——例えば，安定型の愛着体験について考え，語り，書くように促すことによって——愛着の表象を活性化します。安定性の誘い水の広範な実験効果は目を見張るものがありますが，これには，①気分の改善，②トラウマの想起手がかりに関連する苦痛の緩和，③自尊感情の改善，④慈しみや利他的援助として表れるような養護性の増大，が含まれています。これらの目を見張るような発見の中の1つとして，次のようなことがあります。つまり，典型的な回避型や不安-アンビヴァレント型の人たちが，一時的にではあれ，安定性の誘い水のおかげで，より愛着が安定している人たちを特徴づけるような形で機能できるのです。実際，安定性の誘い水は，愛着の不安定性を一時的に減退させます。

　　〔★訳注10〕井戸などに設置された手押しポンプで底の水を吸い上げるときに，まずポンプの中に一定量の水を入れてからポンプを動かすとスムーズに水を吸い上げることができる。この場合に最初にポンプに入れる水のことを「誘い水」（prime）と呼び，誘い水を差すことを英語では"pump a prime"と表現する。本書のこの箇所では，心の底にある安定型の内的作業モデルを引き出すための手がかりとなるものを比喩的に誘い水と呼んでいる。

　私が驚いたことですが，安定性の誘い水は，誘い水が**閾下で**（subliminally）——つまり意識的自覚を伴わずに——提示されたときにも，このような有益な効果をもたらします。誘い水のそのような閾下提示は，ある刺激をスクリーンにごく短時間（例えば約50分の1秒）だけ映写することによって行われます。そうすれば，その刺激は，意識的に記憶されることがありません。そのような閾下刺激としては，多くのものが使用されてきました。例えば，①乳児を抱いてあやす母親を描いたピカソの絵，②研

4．心理療法における愛着

究参加者が一緒にいて安心する人の名前，③「世話する」「愛」「安心」「愛情」といった言葉，です。そのような安定性の誘い水は，回避型の研究参加者の場合には防衛的反応の減少につながり，アンビヴァレント型の研究参加者の場合には不適応なコーピングの減少につながることが明らかにされてきました。つまり，不安定型の研究参加者の各群は，安定性の誘い水を差された後には，安定型の研究参加者により近い反応を示したのです（Cassidy et al., 2009）。

　Holmes（2001）は，苦痛なときに安心感をもたらす安定型の内的作業モデルを作動させる個人の能力を指して，**内的安心基地**（internal secure base）という用語を使用します。治療関係が本章の始めの部分で記述されたようなポジティヴな治療的性質を有する場合には，心理療法は外的な安心基地を提供する力を持っています。また，心理療法は，外的安心基地を提供してくれる他の諸関係における安心感を促進する力も持っています。しかし，心理療法は，内在化――関係の共感的性質を取り入れること――を通して，患者の内的安心基地を強める力も持っています。愛着トラウマという脈絡では，このような機会がとくに貴重です。ちなみに，愛着トラウマを抱えている場合には，患者は，安定型の内的作業モデルの発達や内在化をもたらす心理的波長合わせを経験したことがないのです。悲しいことですが，愛着トラウマは，**安定性欠如の誘い水**をもたらし，自分自身に対して無視し虐待するような形で関わることにつながる内的作業モデルを活性化させます。

　私たちは，心理療法において，多くの時間を費やして現在と過去の関係の問題――不安定型の愛着――を話し合います。もしかすると，私たちは，安定型愛着の経験を思い浮かべることに，より多くの時間を費やすべきなのかもしれません。私は，Mikulincer（Shaver & Mikulincer, 2011）の言う**安定性の島**（ilands of security）という概念に親しんできました。愛着トラウマを抱えている患者であっても，必ずと言ってよいほど，安定性の島を――きょうだい，拡大家族の一員，教師，コーチ，聖職者集団の一員との間で――経験したことがあります。私たちセラピストは，このような島を再訪することに時間を費やす必要があります。そうすれば，比較的安定した愛着関係の経験がより思い浮かびやすくなります。私は，暴力的な家庭で育ち，常に怯えていて心が安まるときがなかった女性と治療的に関わったときのことを思い出しています。しかし，私は，彼女の温かさと思いやりに胸を打たれ，このような特徴をどうやって身につけたのかと彼女に尋ねました。彼女は，幼年期に愛情深い祖母の家を訪問したことを思い出しましたが，彼女は，それまでの長い間，そのことを考えてみることもなかったのです。この経験を思い返すときに彼女が表出した喜びは，はっきりそれとわかるものでした。そして，彼女がこの関係から内在化したものを十分に

221

理解したことによって，彼女の自己感と心理的安心感が以前とはかなり違うものになりました。

（7） 愛着の限界

　私は，ここまで徹底して愛着理論を使用してきましたが，人生には愛着以外のこともたくさんあります。愛着は多くの行動システムの中の1つにすぎないということが，愛着理論を成り立たせている前提です（Cassidy, 2008）。つまり，人は，探索し，技能と才能を形成し，社会化し，集団に所属し，セックスを楽しみ，世話を提供することもあります。それだから，心理療法で話し合うべきことは，愛着以外にもたくさんあります。しかし，Mikulincer & Shaver（2007b）が私たちに思い起こさせてくれることですが，「愛着理論では，安心（security）が，例えば探索，養護，所属，性といった他のシステムを最適に機能させる**発達的基盤**であるとみなす」（p.205；強調は後から付加）のです。そして，彼らが付言していることですが，「良好なセックス，気高い美徳，複雑な遊び，友情といったものが最初に出現し，そのおかげで，その後に安心の出現が可能になると想像する人は誰もいない」（p.205）のです。それだから，「このような理由で，私たちは，安全（safety）と安心（security）を一次的なものと考えるのであるが，それは，安全と安心がすべてであるという意味ではない」（p.205）と，彼らは述べています。

　Fonagyと共同研究者たち（2008）も，以下のように，愛着の限界を認めています。「愛着理論は，苦痛の状態にある心はもちろん，通常の心を満たしている豊かな主観的内容のすべてを明らかにしたいと願うことはできないし，願ってもいない。これは精神分析が志していることである」（p.802）。精神分析の理論と実践が私たち心理療法家に個人とその個人の対人関係についての最も徹底した心理学的理解を提供してきたというのが彼らの見解ですが，私もこの見解を共有しています。しかし，他の理論的アプローチから学ぶべきこともたくさんあるわけで，本書がそれを証明していると思います。そして，これから繰り返し言うことになるでしょうが，心理学も，精神医学も，心理療法も，すべて新参者です。哲学，文学，芸術から——そして何よりも，人生を十分に生きることから——自分自身について多くのことを学ぶことができるのです。私たちの知識に寄与するこれらすべてのもの——そして私たち個人の人間性——が，心理療法の中でメンタライズする私たちの能力に貢献してくれます。そして，これが私たちの次の論題です。

5．心理療法におけるメンタライジング

　私の共同研究者である Peter Fonagy および Anthony Bateman と私は，メンタライジングが複数の心理療法的治療に通底する**最も基本的な共通要因**であると提唱しましたが，その点では大胆な主張をしたことになります（Allen et al., 2008, p.1；強調は原書のとおり）。この主張は，以下のような私たちの事前の認識によって和らげないと誇大妄想のように思えることでしょう。つまり，私たちのメンタライジングへの焦点合わせは「想像できる範囲で**最も新しくない心理療法アプローチ**」（Allen & Fonagy, 2006, p.ix；強調は後から付加）であるという認識です。その用語法は新しいかもしれませんが，その基本的着想はそうではないということです。心理状態——考えや感情など——への注意を伴わない心理療法のブランドを私は想像することができません。私の見解ですが，もしメンタライジングの基盤が愛着関係の中にあることを立証した発達的研究が存在しなければ，心理療法はメンタライジングを軸にして展開するものだと主張しても，それは比較的月並みな主張になることでしょう。さらに，心理療法がメンタライジングに支えられていると主張しても，それは，私たち心理療法家が一貫して，あるいは巧みにメンタライズしていると述べているのではありません。メニンガー・クリニックのスタッフの主任である John Oldham（2008）は，この点を主張しました。彼が言うには，「メンタライジングは，私たちの言葉の中に常に明示されているわけではないにしても，多くの形の心理療法において暗示されており，私たちの治療作業において私たちを導く貴重な概念的標識である。もちろん，Allen と共同研究者たちは，『あなたはすでにそれ〔メンタライジング〕を行っている。そして，**私たちが自分の仕事をしているなら，私たちもそれを行っているのである**』と示唆した時点で，すでにこのことを語ったことになる」（p.346；強調は後から付加）とのことです。私たちは，愛着理論から，メンタライジングを促進するものだけを学んできたのではありません。私たちは，セラピストである私たちと患者たちにとって「自分の仕事をすること」の妨げになるものについても学んできました。つまり，真っ先に問題になる障害物は，愛着トラウマだということです。

　メンタライジングは，BPD の治療において有名になりましたが，次第に幅広い脈絡で応用されています（Bateman & Fonagy, 2012a）。これは，メンタライジングを心理療法の異なる学派やブランドに通底する共通要因とみなす私たちの見解と一致する動向です。このようなわけで，私は，メンタライジングへの焦点合わせを素朴で古い療法の**スタイル**であると考えるようになりました。そして，私は，本節を始めるにあたり，実際に成功を収めた程度は様々ですが，素朴で古い療法を実践しようとする

第5章　素朴で古い療法

ときのスタイルの実例を示します。続いて，私は，心理療法においてトラウマをメンタライズするときの実例を示し，心理療法がメンタライジングに及ぼす影響に関する実証研究を要約して紹介します。本節の締めくくりとして，私は，愛着関係がいかに基本的なものであるとしても，それがメンタライジングに至る唯一の道ではないということを確認します。

(1) 素朴で古い療法のスタイルとしてのメンタライジング

　あなたが心理療法のメンタライジング・アプローチを用いたセッションを観察したとすれば，「それはメンタライゼーションに基づく治療——MBT！——に違いない」と言うかもしれませんが，このアプローチにはそのような独自のものは何もないのです。眼球運動もなく，思考記録もなく，マインドフルネス実習もなく，寝椅子もありません。その汎用的実践という点で，それは素朴で古い療法なのです。Bateman と Fonagy (2006a) は治療マニュアルを公刊しましたが，それは，拘束力の強いものではなく，心理療法を実施するための比較的大まかな原則と示唆から構成されています。彼らは，最近のハンドブックの中で彼らの実践のスタイルを見事に伝えています (Bateman & Fonagy, 2012b)。私は，素朴で古い療法の中でそれを実践する私の努力の具体例を示そうと思います。メンタライジングは，独自のアプローチではありませんが，多くのセラピストが魅力を感じるいくらか特色のある実践スタイルです。

　多くのセラピストは，**メンタライジング**という言葉を聞いたことがなくても，この素朴で古い療法に似たものを実践していると，私は信じています。クリニックを離れてしまうとメンタライジング療法を実践する外来セラピストをみつけることができないだろうという懸念を表明する患者と関わることがたまにあります。良いセラピストはそれをそう呼ばなくてもメンタライズしているし，必要なことは患者を理解してくれ，良い治療作業をしてくれるセラピストをみつけることだと言って，私は患者を安心させます。しかし，同時に私が信じていることですが，メンタライジングの概念を心に留めておき，同時にその基盤が愛着関係にあることを理解しているなら，そのおかげで，私たちセラピストは，より一貫して，したがって，より効果的に，このスタイルでの実践を行うことができます。さらに，メンタライジングと愛着を理解できるように患者を助けるなら，それに支えられて，患者は，この心理療法のスタイルで私たちと共同作業を行うことができます。

　メンタライジング・スタイルの心理療法を実施しようとするときの私の経験では，それは，対話的であり，堅苦しくなく，常識的であり，積極的に取り組まれるという点で非常に自然であると感じられます。このアプローチは，患者とセラピストが同じ

5．心理療法におけるメンタライジング

土俵の上にいるという意味で，非常に共同的です。つまり，患者もセラピストも，メンタライジングのプロセスに関与するのであり，メンタライズする両者の能力は，両者の情動処理能力（つまり，感じながら考えること，および考えながら感じること）に依存しています。そして，情動処理能力の起源は，両者の愛着の歴史に，そしてその関係の中で特定の瞬間に感じられた安全感と安心感にまで，遡ることでしょう。メンタライジングは，交互通行が可能な道のようなものです。参考までに私の経験を言うと，患者は，メンタライズするセラピストを助け，同時に，自分がメンタライズする際の助けをセラピストから得ます。私は，二人の役割に違いがないと言いたいのではありません。違いはたくさんあり，その中でも軽視できないこととして，セラピストはそのプロセス関して訓練を受けており熟達していることと，二人の関係の専門的性質を維持する最終的責任をセラピストが負っていることがあります。私たちセラピストは——どのような心理療法ブランドを実践しようと——メンタライズする**義務**を負っているのです。

患者たちには，そのような義務はありません。したがって，患者たちをメンタライジング・プロセスに関与させ，私たちにできる支援なら何でもすることが，私たちの仕事です。その関係の専門的あるいは技術的な性質を無視するのではありませんが，個人心理療法は，煎じ詰めれば，自分自身とお互いを理解しようとして1つの部屋にいる二人の人に帰着するのであり，私は，たいていの場合，そのことを痛切に認識しています。メンタライジングについて学びさえすればメンタライジングがうまくできるようになるという認識は，私にはありません。しかし，メンタライジングについて学ぶと，その困難さと失敗に気づきやすくなり，その結果，軌道を踏み外したときにも，その後に元の軌道に戻ることができます（例えば，患者に対して「私たちは話がかみ合っていないようですね。私が何か誤解したんだと思います……」と言うことによって，元の軌道に戻るということです）。

私たちは誰もがどうすればメンタライジングができるかを知っているので，それは実際よりも易しく思えてしまいます。私は，意図的にメンタライジングを行おうと志しているときにさえ，失敗することがあります。

【事例】私は，入院患者のウィルとのセッションに臨みましたが，彼は，抑うつが深刻でほとんど語ることがなく，私を見ることもありませんでした。彼は，そのセッションのほとんどの間，うつむいて絨毯を見て過ごしました。私は，まったく彼を助けることができないと感じました。彼の抑うつの急激な悪化の原因の1つは，彼の精神科医が休暇でいなくなったことと，病院での最良の友人が葬儀に出席するために病院を離れたことでした。また，ウィルよりも「愛に飢えて」いて，そのためスタッフの注意を引こうとしている他の患者たちを，

第5章　素朴で古い療法

　彼は恨んでいました。ウィルは，無視されていて孤立無援だと感じていました。私は，彼のことを心配しており，彼の精神科医が不在であることを考慮すると，私にできる唯一の有益なことは，翌日に追加のセッションを提供することでした。そのときまでには，彼の気分は改善し，前よりは少し関与度も高く，いくらか私を見ることができました。

　私は，彼の抑うつの変動が彼の対人関係を損なっていることを知っていたので，前のセッションで私たちの交流が困難だったことについて自分から話し始めました。とりわけ，彼が私を見ないことが交流をとくに問題のあるものにしていたので，私はそれを探索しました。彼が言うには，抑うつが急激に悪化すると，彼は人（例えば母親や妻）を見なくなるとのことでした。なぜなら，人は彼を批判するか，彼の苦痛に触れて自分も苦しいと感じるだろうと，彼は信じていたからです。彼は，人が苦しんでいるのを見ることに耐えられないのです——そのせいで，彼は，罪悪感を感じ，抑うつ感がさらにひどくなるのです。

　メンタライジングを促進しようとして，私は，ウィルに，もし前のセッションで私を見たとしたら，私の表情が彼にはどう見えたと思うかを尋ねました。そういうことは考えたことがないと，ウィルは答えました。そこで，私は，「いまそれを考えてください」と求めました。彼が言うには，彼の抑うつ的な部分が判断すると，私から「だめな奴」か「大げさ」とみられているように思っただろうし，彼のより理性的な部分が判断すると，私が助けようとしているのがわかっただろうとのことでした。また，彼は，私が彼にそれ以上の交流を求めず，彼に「休息」を与えたことについて，感謝の言葉を述べました。

　私の心をウィルと分かち合おうとして，**彼には私が彼をどう助けたらよいか困っているように見えただろう**と，私は伝えました。彼を助けようと悪戦苦闘したおかげで，彼が抑うつ状態のときに他者が彼と関わることがいかに難しいか，またそのような状態のときに彼が他者と関わることがいかに難しいかを垣間見ることができたと，私は彼に知らせました。ここで，私のメンタライジングの誤りが起きています。もし彼が私を見たとすれば私の表情の中に何を読み取ったかということが，私にわかるわけはありません。私には，私が感じたことを，私に理解できる範囲内で言うことしかできないのです。

　この治療アプローチの真髄は，**メンタライジング的姿勢**を維持することであり，メンタライジング的姿勢とは，セラピストの場合には，患者の心の中で，またセラピストとの関係を含む患者の対人関係において何が進行しているかについて，好奇心に満ち，探索的で，とらわれのない状態でいることを伴っています。したがって，セラピストは，その関係で生じる自分自身の考え，感情，動機についても好奇心を抱き続けなくてはなりません。この姿勢を維持するセラピストは，このようにして，患者を鼓舞してこの姿勢に関与しようという気にさせることでしょう。つまり，発達の場合と同様に，メンタライジングはメンタライジングをもたらすのです。セラピストと患者がこの姿勢を失うときの理由は同じです——不信，怯え，怒りを感じることや，より一般的に，防衛的な気持ちになり，そのため探求的かつ開放的であるよりも閉鎖的になるか自己を正当化するほうがよくなることです。

　Anthony Bateman がかつて私に語ったことですが，メンタライジング・アプローチの特徴は，セラピストがアイ・ステートメント〔★訳注11〕を行うこと——自分の考

えを声に出して患者に伝えること——です。このアプローチのおかげで，私は，真理を知っているとか正しい理解を持っていると主張することなしに自分の心にあるものを語ることができる大いなる自由を獲得することに気づきます。そのプロセスの早期から，第1セッションにおいてさえ，しばしば私はきわめて積極的になります。例えば，「まだ始まったばかりなのはわかっていますが，私が考えていることを話させてください。そうすれば，私は自分が正しく理解できているかどうかがわかります」と言うのです。私は，セラピストが話すことを期待していないような患者たちと治療的に関わることがありますが，このような場合には，私が介入する必要があります。例えば，「話を中断させて申し訳ないのですが，あなたのお役に立つためには私も話せるということが必要だと思ったんです」と言うのです。理解は，傾聴を通して生じるだけでなく，相互交流を通しても生じるのです。

〔★訳注11〕アイ・ステートメント（"I" statement）とは，セラピストが患者（クライエント）に何か伝えるときに，発言中に「私」という言葉を入れることにより，自分が考えたり感じたりしたことだと明言することを指している。こうすることにより，セラピストの発言は絶対的なものではなくなり（相対化され），患者（クライエント）とセラピストがともに吟味することができるものになる。具体的な応答としては，例えば，英語であれば，"I think..."，"I feel..."，"I wonder if..." などの言い回しが使用される。

　このメンタライジング・プロセスにおいて，私は，患者の心について——患者の無意識についてはなおさら——専門家として何かを宣告するようなことはなく，私の思考や感情を相互的考慮に委ねます。例えば，次のように語るということです。「私は，あなたに失礼なことを言ったのではないかと思っています」「あなたは，自分を誇りに思っているけれども，あまり自己顕示はしたくはないと思っているのでしょうか」「私は，あなたが彼から脅かされるように感じていると思っていたのですが，いま考えると，あなたは彼を刺激しないように用心していたようですね」「正直に言いますが，私たちが何に取り組んでいるのか私にはわからなくなってしまいました」「私たちは（拳を突き合わせながら）対決しているように，私には感じられます」「あなたがそういう目に遭ったことを聞いて，私は悲しみを感じています」「あなたの言うことが正しいと思います。いまそれについて考えてみると，私は，**確かにあなたに対して批判的な気持ちになっていました**。なぜかというと『それを我慢するべきじゃないんだよ』と，私は考えていましたから」。私は，自分が話の筋を見失っているときには，進んで軌道修正してもらいます。患者たちからみて私が誤解していると思えるときには，それをはっきり言うことを患者たちに奨励しています。自分が完全に間違っているというのは恥ずかしく感じられることではありますが，私はそれに耐えることができます。

第5章 素朴で古い療法

　私が素朴で古い療法のこのメンタライジング・スタイルを好む理由は，その**透明性**（transparency）にあります。私が願っているのは，患者たちが自分の心を私と分かち合おうとしてくれることですが，それとまったく同様に，私も自分の心を患者たちと分かち合います。私は，Bateman & Fonagy（2006a）の次のような言明をとくに好んでいます。彼らが言うには，「患者とセラピストがともにメンタライジング・プロセスを発展させるつもりなら，患者はセラピストの心の中にいる自分自身を見出さなければならないし，同様にセラピストも患者の心の中にいる自分自身を理解しなくてはならない。両者は，心が心によって変化させられるのを体験しなくてはならない」（p.93）のです。患者が私の心を変化させたときには，あるいは，私が患者を以前よりもよく知るようになり，患者に対する見方が変化したときには，私はそれを患者に知らせることにしています。例えば，私は，ある患者に対して次のように伝えました。つまり，私は，始めに彼を「鉄のように非情」で，とても「支配的だ」とみていたが，後に，彼が感情面では「優しく」，他者の願望や欲求に合わせることもできることを認識するようになったと，伝えたのです。優しさはめったに見せない面だと，彼は言いました。このような見方の変化は，必ずしもすべてがポジティヴなものとは限りません。私は，何人かの患者たちに，あなたが「冷酷」になりうることを認識するようになったと伝えたこともあります。

　私は，考えたり感じたりしたことをすべて言うのでしょうか。決してそうではありません！　私は，ときには口を閉ざすこともあり，援助的であろうとして言い方を工夫し，敬意を示そうとします。しかし，自分の表情，姿勢，声を統制しようとすることはありません――このような自然な表出は，私の心および感情を患者と分かち合い，患者の考慮に委ねるための方法です。重要な点を強調しておくと，私は，ときに椅子から離れ，頭を壁に打ちつける動作をすることさえありますし，かがみ込んで絨毯の角を引っ張り上げ，私たちがその下に追いやったと思われるものを探す素振りをすることもあります。私は患者からひどい扱いを受けることに興味があるわけではありませんが，言い方を気にせずに自分の心を語るように患者に薦めることがあります。患者が罵ることにためらいを感じているときには，私は海軍にいたことがあるので心配は無用だと患者に知らせることもあります。私は，「質問の背後に隠れている質問」の重要性に気づいていながら，患者からの質問に対して自動的に質問し返すことを嫌います〔★訳注12〕。妥当な範囲内でその質問に答え，**その後に**，その質問をした理由について尋ねます。

　　〔★訳注12〕患者の質問の背後に別の質問が隠れていることがある〔鑪幹八郎（1977）．試行カウンセリング　誠信書房〕。例えば，ある患者が独身の若いセラピストに対して「先生は結婚していますか」と

5．心理療法におけるメンタライジング

聞いたとすれば，その背後に「まだ若くて独身の先生に，このような夫婦関係の苦しみがわかりますか」といった問いが隠れているかもしれない。

　繰り返しになりますが，セラピストは治療作業において「自然」であることが重要であると，私は思います。私は，自分を「セラピスト」であるというように感じるのではなく，**治療作業をしている**と感じますが，その治療作業は一般的には困難を伴います。私は，素朴で古い療法を行う際に万人にとって正しい方法があるとは考えていません。なぜなら，私には自然に感じられることが，別のセラピストには自然に感じられないことがあるからです。私は，高度に構造化され，マニュアル化された心理療法（例えば，私の出発点となった系統的脱感作）に熱心ではありませんが，かといって方向性のない自由奔放な心理療法を心地よく思うわけではありません。残念なことに，私は，必ずしも常に一貫した焦点合わせを達成できるわけではありません。ときに心理療法は紆余曲折を伴いますが，それでも患者は恩恵を受けるように思えます。しかし，方向性を求めているときには，私は，心理療法の早期に，短いワークシート（表5-4）に記入することを患者に求めます。ちなみに，これは，私の同僚で認知行動療法家の Tom Ellis から情報を得て私が開発したものです。

　私は，自分が理解した範囲の問題について書いた定式化（formulation）を患者に

表5-4　心理療法の焦点ワークシート

教示：心理療法における重要な焦点，つまり私たちが取り組んでいる主要な問題についての定式化に関して合意することができるなら，メニンガー・クリニックの個人心理療法では比較的短い時間枠でより多くのことを達成できると，私は思います。また，主要な問題の中の焦点を見つけ出すことは必ずしも容易ではないと，私は思います。これは，メンタライジングを要求される課題の実例です。ちなみに，私たちの言うメンタライジングとは，あなた自身の考えと感情および他者の考えと感情に気づいていることです。したがって，メンタライジングは，他者への共感だけでなく，自分自身への共感も含むのです。典型的な場合，人を治療に向かわせる問題には，個人内の困難だけでなく，重要な対人関係における葛藤が含まれていますので，私たちは，自己と他者の両方についてのメンタライジングを頼りにしながら，こうした問題を明らかにし，それに取り組みます。焦点を見出すための私たちの作業の出版点として，いくつかの質問に答えてくださるようお願いいたします。

- あなたがそのことで助けがほしいと思う主な問題は何ですか
- 自分自身の何を変えたいと思いますか
- あなたを行き詰まらせてきたか，あなたの改善を妨げてきたものは何ですか
- あなたが目を向けないでいたか対処しないでいた問題または葛藤がありますか
- もし心理療法において目標を達成したとすれば，あなたがしていることで，これまでと違うところは何でしょうか
- あなたに希望を与えてくれるものは何ですか

第5章 素朴で古い療法

提供することが有益であると思うことがよくあります。そして，私は，自分が誤解していることや見落としていることがあれば教えてくれるようにと患者を誘います。ときどき，その定式化をコンピューター上に呼び出し，双方が合意に達するまで編集することがあります。例えば，私は，自殺企図にまで発展した複雑な体験を理解しようとして，ある患者と治療作業をしました。患者の父親から提供された自殺記録に助けられて，彼の自殺企図には怒りの表出という面があることが私にも彼にも明らかになりました。その原因について誰かが嫌疑をかけられるとすれば，彼は，彼を裏切った二人の名前をあげたことでしょう。しかし，その定式化を読んでいる最中に，彼の自殺企図は「怒りを伴う行為」であると私が読み上げるところまでくると，彼はたじろいで，「この部分には同意しません」と言いました。私は驚きました。というのは，その前のセッションで，この点については合意していたからです。しかし，私が定式化に書いたことは，彼を裏切った人に対して**意図的に仕返しするために**自殺が行われたという意味に解釈できることに，私は気づきました。私は，このことをはっきりさせるように定式化を修正し，彼はそれに完全に同意しました。

　自明のことですが，どのような心理療法も患者の求めていることや能力に適合している必要があります。患者とセラピストであれば誰でも共同作業を進めることができるかというとそうとは限らず，最初の課題は，できるかどうかの決定をすることです。私には提供できない特異的アプローチを必要としている患者たちもいますし，私は，「相性」がぴったりである――あるいはかなり良い――ことが必須であると強く信じています。ジェンダーが重要であることがしばしばあります――例えば，私が気づいたことをお話しすると，無理もないことですが，男性から性的虐待を受けたことのある女性の中には，女性と治療作業を進めるほうが落ち着くと感じる人たちがいます。ジェンダーは男性にとっても重要であり，ある男性は，女性との共同作業から男性との共同作業に変更することを考えていました。なぜなら，彼は，女性が相手だと，彼の治療にとって非常に重要な性的話題を持ち出しにくかったからです。彼は迷っていて，「相性」に基づいて変更の決断をしたいと思っていました。私は，彼の基準が妥当であることに同意しました。2，3回のセッションを終えて，彼は，「相性」が良いので彼女と作業をするほうがよいと言いましたが，私と作業するほうが正しいと考えていました。というのは，そのほうが重要な話題に取り組みやすいと思われたからです。私は，彼の決断の賢明さに同意し，相性は時間の経過とともに改善していきました。

　一部の患者たちにとっては，心理療法におけるメンタライジングは自然に出現し，私たちは幸先の良いスタートを切ります。別の患者たち――例えば，抑うつが深刻で

あるか極端に不安が強い患者たち——は，メンタライジング・プロセスに関与することがきわめて困難であることに気づきます。この患者たちには，他の何よりも，励まし，教育，直接的ガイダンスが必要です。そのような場合，私は，もし思い浮かぶなら助言を与えることを厭いません。患者がメンタライジングに関与できるなら，自己についてのメンタライジングと他者についてのメンタライジングにバランスよく焦点を合わせます。つまり，もし患者が自己に焦点を絞りすぎるようであれば，私は，他者の心理状態についての患者の理解を尋ねます。もし患者が他者に焦点を絞りすぎるようであれば，私は，患者の自己に関心を引き戻します。また，私は，私たちの関係や相互交流についてのメンタライジングに患者を関与させます。それは，見方の相違を直接的に認識することができるように患者を助けるためです。私が明らかにしたいことは，'私が何を考えたり感じたりしていると**患者は**思っているのか'と，'患者が何を考えたり感じたりしていると**私は**思っているのか'との間の相違です〔' 'は訳者が付加：以下，同じ〕。

【事例】ジョーは，抑うつ的な反芻思考に陥り，自分の人生についてまったく絶望的だと感じていました。「私にはわかるんですが，私はあなたがこれまでに接した中で最も悪い患者ですし，あなたは私と治療作業をするのが嫌なんですよ」と，彼は宣言しました。私は，彼と治療作業をするのが嫌ではないと答えました。そして，彼は治療作業の中で私が感じている**不満**に反応しているのだろうかと，私は問いかけました。私は，彼が反芻思考から脱却し，彼の状況を絶望以外の何かであるとみることができるように援助したいのであり，だから私の不満はそれが困難であることと関連しているのだと，私は説明しました。私たちは，私の不満と彼の妻の不満の間に類似性がみられることについて話し合いましたが，彼の妻の不満は彼にとってあまりに明らかなことでした。
　彼は，妻が彼と別れ，私が彼に見切りをつけるのではないかという懸念を表明しました。私は不満には慣れており，非常に辛抱強いし，不満だということは見切りをつけようとすることを意味してはいないと，私は答えました。あなたは妻があなたへの不満に耐えることができないと思っているのかと，私は尋ねました。彼が言うには，まったく逆で，彼女は「信じられないほど忍耐強く」，そればかりか，彼女は，彼がいずれ抑うつを克服できるという確信を抱いており，その点では「頑固」であるとのことでした。妻と私が彼に見切りをつけるだろうという彼の確信は，彼の反芻思考——事実ではなく確信——の一部であることを，彼は，少なくとも瞬間的には知ることができました。彼が最終的には回復するという妻の確信の根拠について，私は彼に尋ねました。彼が言うには，彼は，以前に，この「強迫的」で「絶望的」なパターンに陥ったことがあるが，そこから脱け出したとのことでした。そこで，私たちは，次に，彼がどうやってそこから脱け出したのかということを話し合いました。

広い意味で，このような相互交流は，メンタライジングの促進のために私たちの関係を用いるという意味での転移との取り組みを伴っています。素朴で古い療法を使用していても，この広い意味での転移を考慮に入れない臨床家は，関係におけるメンタ

第5章　素朴で古い療法

ライジングを実践する絶好の機会を逃していると，私は思います。本章で先に論じたように，治療同盟における亀裂を修復する際にも，メンタライジングは不可欠です。しかし，患者－セラピスト関係に関するメンタライジングの要点は，**他の諸関係**——最も重要なものとしては愛着関係——において，より効果的にメンタライズする傾向やスキルを形成することができるように患者を助けることです。私がジョーに見切りをつけようとしているのではないことを彼が考慮したことは，彼にとって重要なことでした。しかし，妻が彼と別れようとしているのではないことを彼が認識したことのほうが，はるかに重要なことでした。

しかし，私たちの関係（例えば私に対する患者の感情）について直接的に語り合うことはきわめて大きな脅威を与える可能性があることを，私は認識しています。それは，人が普通の会話の中で行うことではありませんし，そうすることに不慣れな患者にとって，それは侵入的またはきわめて無礼なことだと感じられるかもしれません。さらに，患者は，患者－セラピスト関係に焦点を合わせすぎるセラピストを自己中心的であると捉えがちです。例えば，患者は，「何でも**あなたが**中心じゃないんですよ」と言います。私は，心理療法関係に焦点を合わせすぎないように，あるいはその重要性を過大評価しないように努めています。しかし，間接的に知り得た知識を利用するよりも，患者には私の目で確かめることができるものに取り組んでもらうほうが，私は，より手助けがしやすいと思うのです。私は，次のように言うことでしょう。「私たちは論争で身動きが取れなくなりつつあるように感じます。これは，あなたの言いたいことを奥さんに理解させようとするときに起きると，あなたがお話しになった問題に似ているでしょうか」。

とりとめのないものではありますが，先述のコメントが，心理療法のスタイルと一連の手続き・技法との相違を明らかにすることに役立つのであれば幸いです。共同で治療作業をする際のやり方は，かなりの程度まで，それぞれの患者とセラピストが見出す必要があるものです。重要な関係を形成し，維持する場合に言えることですが，そこには多くの技芸（art）があります。私たちは，この技芸を人生早期に学び始め，生涯を通してそれを洗練させます。私たちは実例を通して学ぶのが常ですから，私は，ここでそのいくつかを披露します。表5-5は，メンタライジングを促進する——あるいは知らないうちにそれを衰退させる——あり方について，セラピストに秘訣を提供するものです。患者も，これらの秘訣を用いて，自分のセラピストがメンタライジング・スタイルを実践しているかどうかの程度を計測してもよいでしょう。

良い治療結果を得るには良い関係があるだけで十分だという考えに対して，私は，次のような問いを投げかけて抗議してきました。その問いとは，私たちは関わりなが

5．心理療法におけるメンタライジング

表5-5　セラピストがメンタライジングに影響を与えるための秘訣（Allen et al., 2008, pp.166-167より一部改変）

メンタライジングを促進するあり方
- 探究的で好奇心に満ちた無知の姿勢を維持すること
- 単純で的を射た介入を提供すること
- 情熱的すぎもせず冷淡すぎもしない情緒的関わりの水準を促進すること
- 心理状態——患者とあなたの心理状態——についての患者の探索を促進するような安心基地体験を提供すること
- 患者を自己の心理状態の探索に引き込むことと，他者の心理状態の探索に引き込むことの間でバランスを保つこと
- あなたの情緒的応答性が患者の心理状態や感情を患者に伝え返しているようなミラリング・プロセスに専心すること
- あなたと患者との相互交流について，分別をわきまえた自己開示を行うこと
- 代替的見方を提示する前に，患者の体験も妥当だと認めること
- 相互交流や自己体験を多重的な複数の観点からみることに患者を引き込むこと
- あなたが考えていることを患者に知らせ，あなたの歪んだメンタライジングを患者が修正するのを許すこと
- あなたが何を言うべきか，または何をするべきかわからないときには，それを認め，患者に助けてもらいながらそのプロセスを前進させること
- あなた自身のメンタライジング不全を認め，誤解を理解するように努めること
- あなたの失敗を認め，あなたが患者の敵対的反応に寄与していないか積極的に探索すること
- あなたの態度・感情・確信について患者が根拠の乏しい思い込みをしているなら，それらに立ち向かうこと
- 面接室でそのとき自分の心がどう動いているのか理解できるよう患者を助けるために，転移に取り組むこと

メンタライジングを衰退させるあり方
- 賢くあろう，優秀であろう，洞察力を示そうと努めること
- 複雑で長たらしい介入を行うこと
- 確信をもって患者に関するあなたの思いつきを患者に提示すること
- あなたの理論的先入観に基づいて，ある心理状態を患者に帰属させること
- 「心理学用語の濫用」に陥ること
- 長い沈黙をそのまま放置すること
- ある対人関係についてのクライエントの体験とその根拠をより詳しく探索するのではなく，その体験を一般的パターンに帰属させること
- クライエントに対して，反応性の（メンタライズされていない）強烈な情動を伴わせた応答を行うこと

ら何をしているのかということです。何についてメンタライズしているのかという問いを度外視して，ただメンタライジングを促進すればよいというようなことを，私は言いたいのではありません。私たちは関わりを持ち，そして治療作業をするのです。このようなわけで，私は，その治療作業を定義しなくてはなりません。私たちセラピ

第5章　素朴で古い療法

ストは，心理療法の焦点となる諸問題ついての明示的定式化に到達するためのメンタライジング的会話に患者を関与させなくてはなりません。愛着関係における回避を克服しようと格闘していた患者のために私が書いた定式化は，以下のとおりです。

　　　心理療法の主要な課題について私が考えていることを要約して示すことが，あなたの役に立つのではないかと，私は考えました。私たちはこのように短い期間しか共同作業をしていないという事実を考慮すると，私は思い切った推測をすることになりますが，私の考えのうちのいくつかがあなたの役に立つなら幸いです。
　　　私がトラウマを心配しているに違いないとあなたは思っているわけですが，あなたは正しいのです。ちなみに，トラウマというのは，私の見解では，情動的苦痛の中で孤立無援だと感じた経験を中核にして生じるものです。あなたが9歳のときに父親が倒れ，あなたは父親が後に心臓発作で亡くなるのを目の当たりにしたわけですが，そのことについてのあなたの説明は，以下のことを示しています。つまり，あなたの母親が「取り乱し」，それから数か月の間，家族内の他の人たちの関心は彼女に集中し，その結果，あなたは「気づいてもらえない」（invisible）と感じました。あなたの表現を借りるなら，彼女は舞台中央にいて，あなたは舞台脇に放置されました。こうして，あなたは，悲しみや経験したことへの恐怖とともに，きわめて孤立無援のまま放置されたのです。
　　　そして，私たちは，ストレスに満ちた他の多くの経験にはまだほとんど触れていません。そのような経験に含まれるものとしては，①母親が再婚のために転居したときに家や友人たちから引き離されたこと，②継父による厳しい躾と無慈悲な処罰，③弟のハイキング中の事故と障害が残るほどの怪我，④家を飛び出し，しばらくの間，路上生活をしたこと，⑤ギャングに襲撃されたこと，⑥自殺を企て，その結果，死ぬことへの恐怖を味わったこと，があります。
　　　あなたは，「自制に努め」ながら，ジルとしっかりした関係を築き，将来有望な仕事で進歩を示せたことを誇りにしていましたが，それは当然のことです。不幸なことに，ジルは，あなたが「仕事中毒」であることについて不満を言い始め，あなたは，ジルが浮気していることに気づいたわけですが，そのときに「すべてが瓦解しました」。新しい指導係があなたの才能と仕事ぶりを正当に評価してくれないとあなたは感じたわけですが，これがジルの裏切りと重なりました。こうして，あなたは，自分がそのために働いてきたもののすべてに幻滅し，自殺が「最良の逃げ道」と考えるようになりました。
　　　あなたがもう理解していることですが，たぶん起源としては父親が死んだときに，あなたは「壁を築く」という対処方略を採用したのでしょう。あなたも認識していることですが，あなたは，例えば，トラウマ体験と結びついている考えや感情を遮断することによって，情動的苦痛への防壁を築いたわけです。あなたは，自分の心の中の，この壁の背後に隠れている悲しみと爆発しそうな怒りを恐れているのです。あなたは，その壁を補強するためにアルコールに頼るようになりました。しかし，アルコールはその壁を砕き始めているのではないだろうかと，私は思います――ずっと酒を飲んでいると「自制心を失い」やすいと，あなたが言ったからです。自分が感じている情動を他者に知らせないようにするという意味での外的な壁も，あなたは築いています。不幸なことに，この壁は，情動的苦痛の中で孤立無援であるという体験を永続化させました。そして，その壁の背後に隠された孤独があなたの抑うつに寄与したのだと，私は思います。
　　　長い間，その壁は力の源であり，何かを達成するために不可欠なものだと，あなたは信じ

5．心理療法におけるメンタライジング

ていました。しかし，今では，あなたは，自分が必要とする助けをその壁が遮断していることを理解し始めています。あなたは，助けを求めて手を伸ばし始めていますが，これは有益なことです。あなたは，安心を求める欲求を認識しています。そして，あなたは，祈りと神への親密感を支えにすることができていますが，これがいくらか慰めを与えてくれます。あなたは，別の女性を信用することについて不安があるにもかかわらず，メラニーに愛着を向けることを自分に許したわけですが，この点であなたは重要な一歩を踏み出したと，私は思います。しかし，つながりを保ち，愛情を受け取ることを自分に許すということは，あなたの苦手とすることです。そして，あなたは，自分の欲求がメラニーの重荷にならないようにしたいと願っていますが，この願いは裏目に出るかもしれません。彼女がとくにあなたの抑うつの重さを恐れているときに，あなたが彼女を信じて本心を語ることがないと，彼女は不満と無力さを感じるのであり，彼女はそのことをあなたに知らせています。あなたが言うことから判断すると，彼女は，あなたの壁への感受性をまったく持ち合わせていないようです。

　とくにあなたが築いた壁に注目するなら，あなたは，心理療法を驚くほどうまく活用したと，私は思います。あなたは，壁が崩れる必要があることを了解していますが，その壁はそう簡単に突破できるものではないことについて，私たち二人の考えは一致しています。「ゆっくりと徐々に崩していく」というあなたのイメージを，私は気に入っています。あなたは，こんなにも短い期間に，自分に関する多くのことを私に知らせるという形で信頼を示してくれました。そして，あなたは，あなたの悲しみと温かさを垣間見る機会を私に与えてくれました。あなたは，私に，しばらくの間，その壁のあなたの側で過ごすことを許してくれました。あなたは，私たちスタッフだけでなく患者仲間とともに，その壁を徐々に崩すための多くの機会が得られる設定で治療を受けることを求めたわけですが，その点で賢明な決断したと，私は思います。あなたは，集団療法の中で心を開いて話したことや，そうしても安全だと感じたことを私に語りましたが，そのことで私は勇気づけられました。あなたは，メラニーを信じて本心を語ることが難しいという問題を彼女と話すときに，ソーシャル・ワーカーからの援助を利用することができると考えているわけですが，その考えを私は気に入っています。

（2）トラウマのメンタライジング

　私は，素朴で古い療法におけるトラウマのメンタライジングを，他の信頼できる関係におけるそれと根本的に異なるものとはみなしていません。トラウマのメンタライジングはきわめて困難なものになることがありますが，基本原則は単純です。患者は，その経験に圧倒されることなくそれを心に留めておけるようになることを目指して，それについて考え，感じ，語るわけですが，私の目的は，それを援助することです。私の目的は，その経験に対する患者の「感受性を弱める」（desensitize）ことではなく，むしろ，その経験を苦痛ではあるが耐えられないほど苦痛ではないものとして想起できるように患者を助けることです。その苦痛が耐えられる範囲のものであるなら，それを避けるために死にものぐるいの努力をする必要はないからです。そして，私は，その経験に付与することができるどのような意味づけであっても，それを付与することができるように患者を援助しようとします。そして，その際に私が目指しているの

第5章 素朴で古い療法

は，患者が耐えてきたことに対する，より自己批判的でなく，より赦しと慈しみを伴う態度を育てることです。

このメンタライジング・アプローチは，「カタルシス的」アプローチとは異なります。ちなみに，一部の患者たちはカタルシス的アプローチを求めますが，私はそれを非生産的だとみなしています。トラウマ体験を延々と詳細に探索し，それが自己目的化すると，得られるものは何もないし，失われるもののほうが多くなる恐れがあります。私のアプローチは，現在に焦点が絞られています。私は，過去が現在に影響している点（あるいは，より一般的な言い方をすれば，過去に対する回避が現在に影響している点）に関心を集中します。わかりきったこと——なのに見落とされる可能性があること——を言うのですが，トラウマ治療の目標は，現在および未来においてより良く生きることです。トラウマへの過度の没頭は，とりわけ患者に安定型愛着と情動的苦痛の処理能力が欠けている場合には，より良く生きる望みを衰退させてしまう可能性があります。良くなっていると感じるためには，その前に悪くなっていると感じる必要があるという古い格言には，一片の真実が含まれているかもしれません。しかし，そのプロセスにおいて，人としての**機能**が悪化しているなら，何かが悪い方向に進んでいるのです。

この後に続く複数の事例は，素朴で古い療法でトラウマを治療する私のアプローチの実例です。

【事例1】ヨランダは，ヘロインとコカインを混ぜて使用することを含む物質乱用がエスカレートした後に，入院してきました。彼女は，幼児期におじから何度も性的虐待を受けたという経験について話す「トラウマ療法」のために，院内の精神科医から紹介されてきました。彼女は，人生のほとんどの間，その虐待について考えることを避けてきましたが，今では，それが起きたときに人に話さなかったことについて自分自身を責めていました。彼女は，あたかもすべてが正常であるかのように関係を続けるという共謀的努力をしていたのでした。彼女は，大学のルームメイトが性的虐待を受けた経歴について語ったので，その後に，初めてその虐待のことを語ったのでした。それから，彼女は，その虐待のことを外来セラピストに語り始めましたが，そうすることによって物質乱用がエスカレートしてしまい，入院治療に回されたのです。

その性的虐待は，彼女の過去と現在に重大な影響を及ぼしましたが，それは，幅広いトラウマにまとわりつかれた過去の一面にすぎませんでした。彼女は，幼年期の間ずっと親の暴力を目撃しており，学校でもいじめを受けました。彼女は，母親から誤解され，批判されたことについて不満を述べ，父親と一緒にいるほうが安心感があったと語りました。しかし，高校に入学し，薬物を使用し始めると，彼女は以前よりも反抗的になり，父親との喧嘩が絶えない状態に陥りました。彼女は，ボーイフレンドとの間でも，身体的に虐待され，屈辱を与えられるような長期的関係に「引きずり込まれ」ました。彼女が言うには，とくに夜に「一人になるのが怖い」ので，その関係にとどまり続けたのでした。さらに，彼女は，コカ

5．心理療法におけるメンタライジング

イン使用との絡みで，あるパーティーでレイプされたのです。彼女のボーイフレンドは数日後にそれを知ったのですが，そのとき，このことで彼との葛藤がエスカレートしました。恋愛関係でも虐待が続いていたことともあいまって，レイプは，彼女の薬物使用をさらにエスカレートさせました。

　ヨランダは，最初，心理療法を難しいと思いました。彼女は，開口一番，性的虐待について話す必要があることはわかっていると語りましたが，その多くを思い出せませんでした——思い出すのは，映画のシーンの断片に似た，ばらばらの出来事だけでした。彼女が言うには，これらのばらばらのイメージが彼女を苦しめており，その主な理由は，彼女が自分自身に対して「不快」と「嫌悪」を感じることでした。私は，より多く思い出すように勧める気はなく，彼女を苦しめている心の中のイメージを話すことができればよいと思っていると語ることにしていました。彼女は，このプランに同意しておきながら，心理療法のセッションに来ることを避け，そうしながら様々な言い訳をして，セッションに来ないことが不安と関連していることを否定しました。しかし，彼女は，最終的には，私たちの共同作業についての不安を語ることができましたし，それは彼女が予想していたほど苦痛なものではないこともわかったのです。

　私たちは，性的虐待だけでなく，他の幅広いトラウマにも焦点を合わせることで合意しました。ヨランダは，最初の懸念を克服してからは，心理療法を非常に生産的な形で利用しました。かなりの苦痛が伴うにもかかわらず，彼女は，動揺と嫌悪を引き起こすいくつかの断片的記憶について率直に語ることができました。それから，彼女は，自分の機能に対する様々なトラウマの影響について自発的かつ自由に語りました。心理療法の過程で，彼女の性的虐待の侵入性記憶は，頻度がより減少し，より苦痛の少ないものになっていきました。彼女が実質的にボーイフレンドの「奴隷」になってしまったのは一人になることへの不安のせいであることを，彼女は理解しました。長期にわたる禁酒は，情動を処理する自信に大きく寄与しました。

　病院が提供したコンテインメントのおかげで，ヨランダは，以前ならできなかったような形で心理療法を活用することができました——以前の心理療法は，まったく危機対応的で，「やってもやってもきりがない」ものでした。ヨランダは，今では心理療法の中でトラウマについて語ることに不安は感じていませんでした。そして，彼女は，退院のときには，問題のある男性関係を検討するために，集中的な物質乱用治療と併せて，さらに続けて心理療法を活用する覚悟ができていました。さらに，禁酒のおかげで，彼女は，人生のより早い段階で主なサポート源であった父親との関係を修復し始めるところまで到達していました。

【事例2】アンドレアは，一酸化炭素中毒による自殺企図の後に入院してきました。彼女は，たまたま隣人に発見され，救護されたのですが，最初，生きていることに腹を立てていました。しかし，彼女は，「子どもの頃の重荷」を取り除くことに取り組む決意を固めました。ちなみに，その重荷は，自殺企図の引き金となった結婚生活の問題に寄与していると，彼女は確信していました。

　アンドレアは，母親と父親の間に争いが絶えず，両親と彼女の兄も暴力的に争うような暴力的家庭で育ちました。彼女の兄は，20代の始めに首つり自殺をしました。彼女は，暴力について考えると「わけがわからなくなる」と言い，兄の死のことで両親を非難しました。ある心理療法セッションの一時点で，アンドレアは，私の机の上に置いてある暗くて影のある写真に気づきました。彼女は，それを一瞥しただけでしたが，パニックに陥りました。彼女は，私にそれを片付けてほしいと頼み，私はそうしました。当然，私は，その写真に対する

第5章 素朴で古い療法

彼女の反応について尋ねましたが，彼女はそれについて話し合うことができませんでした。私たちは，彼女が落ち着けるように助ける作業をし，彼女はそうすることができました。

アンドレアは，その次のセッションで，写真に対する反応を話題にしました。私は，彼女に，それが何を思い起こさせたのかについて話すことができるかと尋ね，彼女は，そうすることができました。彼女は，夜間に起きた両親間の暴力についてのとくに苦痛なエピソードを思い出しました。彼女は，父親が母親に対して加えた残忍で屈辱を与えるような攻撃について描写しました。しかし，彼女が最も苦痛だと思ったことは，暴力ではなく，暗闇の中に一人で放っておかれ，両親がまったく彼女に無関心だったという事実でした。彼女は，もっと全般的に，そのような争いのすべてが彼女に与えた影響やそれが兄の死に寄与したことについて激怒していました。彼女の自殺企図の引き金になったものは，夫の「不機嫌さ」が彼女に与える影響を無視する態度を夫がとったことでしたが，これは偶然のことではありません。

アンドレアは，治療において，その「重荷」について話し合うことに熱心に取り組みました。そして，ソーシャル・ワーカーの援助のおかげで，夫に聞いてもらえるような言い方で自分の気持ちを夫に語ることができました。彼女が言うには，彼女は，夫と「和解し」，同時に重荷を脇に置いておくことができるような，より好ましい段階に到達しているとのことでした。「恐怖を感じさせる」ものであった両親の争いとは異なり，夫の不機嫌さは「ただ腹立たしいだけ」だということを，彼女は，はっきりと理解しました。

心理療法の終結が近づいた頃に，アンドレアは，彼女をパニックに陥れ，それ以来，私が机の引き出しにしまっておいた例の写真を見たいと要求しました。その写真は，投影法検査のロールシャッハ図版のように機能しました。それは，暗い雲を背景にした風景であり，その雲の中に，彼女は，威嚇してくるような人物を垣間見たのでした。再びそれを見たとき，彼女は，そこに美しさを見て，「異なる見方の持つ力」について語りました。

【事例3】ベンが治療を求めたのは，夫婦間の暴力がエスカレートし，夫婦の双方が互いに深刻な怪我をする可能性があることに危機感を感じた後のことでした。暴力の先行要因は明らかでした。どちらも暴力的な家庭で育っており，この共通の生育史は最初に二人が惹かれ合った1つの理由でした。ベンが言うには，彼が何かで両親に不満を言うと，数え切れないくらい「黙れ」と言われたとのことです。彼は，自分の話を熱心に聞いてくれる「運命の人」を発見して感謝しました。二人が自分たちはこのような生育史を背負っているのだから結婚生活は違ったものになるだろうという確信を抱いて惹かれ合ったことは，明らかです。しかし，悲しいことに，蓋を開けてみると，二人の結婚生活は，二人のどちらの親の結婚生活よりも暴力的なものになったのです。

ベンは，治療に入ったときには「廃人同様」でしたが，その理由の1つは，暴力の記憶を「打ち消す」ためのアルコールが入手できないことでした。彼は，病院が課す制限に腹を立て，スタッフと言い争い，他の人たちの争いや甲高い声が耳に入ると自分が「ないがしろにされている」と感じました。彼は，テレビの音を含む騒音を我慢することができませんでした。彼は，自分の部屋に避難し，他者と関わることができるように彼を助けようとする試みに対して憤慨しました。

ベンは，トラウマに「溺れて」治療に入りました。彼は，トラウマについて考えることや語ることをやめることができませんでした。心理療法が始まるとすぐに，彼は有益な比喩を思いつきました。彼が言うには，屋根裏部屋にあるトランクの蓋を開けてしまい，そうしたために中身のすべてをくまなく探すのをやめることができないようなものだとのことでした。

私たちは彼が蓋を閉めるのを助ける必要があると私は示唆し，彼は同意しました。私が彼に蓋を閉めるように求めるなら，彼は私から「黙る」ように勧められていると感じるかもしれないと，私は彼に警告しました。彼は，この危険に注意を向けておくべきであることに同意しましたが，溺れるのをやめたいだけだと言いました。
　私たちは，心理療法の期間中ずっと屋根裏部屋のトランクの比喩を活用し，蓋を開けることと蓋を閉めることのバランスを維持するように努めました。ベンが記憶の洪水に襲われ始めると，私は，彼が「トランクをくまなく探索し」始めたことを指摘しました。そして，それは，私たちの注意を他に向けるべきであることを示す手がかりでした――ただし，それは，必ずしも常に達成しやすいことではありませんでした。やがて，ベンは，トランクの中身を選んで調べることができるようになりました――例えば，妻からの電話が両親との間で起きた出来事を思い出させたと言いましたが，記憶の洪水や制御できない怒りに襲われることはありませんでした。彼は，次第に自発的に蓋を開けたり閉めたりすることができるようになっていきました。怒って話していても溺れているように感じないでいられる彼の能力に，私は感銘を受けました。さらに，恐れおよび悲痛な感情を確認することによって，彼の怒りは徐々に緩和されました。例えば，彼と両親で母方の祖父母の家を訪問したときの貴重な息抜きの時間を，彼は思い出しました。彼は，祖母には威圧されるように感じましたが，祖父を愛していました。そして，彼は，一緒に時を過ごした後に祖父から抱擁されるのをいつも楽しみにしていたことを，涙ながらに語りました。訪問後に祖父母の家を離れるときのことは，最も強い苦痛を伴う幼年期の記憶の1つでした。
　ベンと妻の暴力的な愛着は有害な強力接着剤のようなものだということを双方が確認し，彼らは，離婚に至る前段階として別居することに合意しました。二人とも，「制限された用量」でのみ交流できることに気づきました。溺れることなく頭を水面上に出しておけるようになった主な理由は妻との接触が制限されたことであると，ベンは気づきました。トラウマ記憶をアルコールで「打ち消そうとする」方略は逆効果であることも，彼は理解するようになりました。健康とくに睡眠が回復すると，彼は，ある水準の「精神的明瞭さ」を感じましたが，それは，彼がもう何年間も経験しないでいたことでした。さらに，仲間――とりわけ，よく似た経験を持つ同世代の男性――を信頼することが，友人関係の重要性を再認識させてくれました。ちなみに，これは，彼がいつの間にか結婚生活に「とらわれる」うちに，軽視するようになっていたことでした。妻との別居を予期しても孤立無援と感じないでいられるように彼を援助するうえで，長続きする友人関係を新たに形成することは非常に重要でした。

　上にあげた複数の事例を読んで，読者は，「このアプローチの何が新しいのか」と不思議に思っていることでしょう。そこに何か新しいものがあるとしても，読者にはそれが確認できない，というわけです。Bowlby（1988）なら同意したでしょうが，心は恐ろしい場所になりえますし，そのような場合に，人はそこに一人で入りたいとは思わないでしょう。私がこれらの事例を利用したのは，素朴で古い療法の具体例を示すためだけではありません。心理療法的な入院環境を背景にしてメンタライジングを促進する心理療法を行うことの――今日の精神保健ケアにおいてはきわめて稀な――利点（Vermonte et al., 2012）に光を当てるためでもあります。病院は，コンテインメントと安全を与えてくれますし，併せて，仲間関係の中で信頼とより大きな安

心を形成する機会を与えてくれます。それに加えて，マルチ・モードの治療が行われますが，これには，重要な愛着関係での問題に目を向け，家族システムの中でより幅広くメンタライジングを促進するためのカップル・家族での治療作業が含まれています。

（3）心理療法におけるメンタライジングに関する実証研究

　宿泊施設付きの外来治療プログラムに基づいて，Bateman & Fonagy（2008, 2009）は，BPDに対するMBTには確固とした実証的エビデンスがあることを証明しました。しかし，心理療法がメンタライジングを促進することを示す直接的な実証研究は，比較的わずかしか見当たりません。そういうわけで，私は，心理療法のおかげで安定型愛着がメンタライジングを促進し，逆にメンタライジングが安定型愛着を促進することがありうると確信しているとはいっても，かなりの程度まで発達的実証研究からそう推測しているだけなのです。

　心理療法にはメンタライジングを促進する力があるという確信に対する実証的支持は，皮肉なことに他の治療アプローチから得られます。第4章で要約して述べましたが，BPDに対する転移焦点化療法は，メンタライジング能力はもちろん成人愛着面接の際のナラティヴの首尾一貫性をも改善させることが証明されました（Levy et al., 2006）。Sheree Tothと共同研究者たち（2008）は，抑うつを患い，幼児 − 親心理療法の1年間コースに参加していた母親のメンタライジングにみられた変化を査定しました。彼らの治療的介入は，子どもとの相互交流の情緒的影響についての母親の気づきを促進すること，およびそれ以前の関係がこの相互交流に及ぼす効果を認識できるように母親を援助することを意図したものでした。目論見どおり，介入はメンタライジングを改善させました。統制群の母親と比べて，抑うつ介入群の母親においては，低水準のメンタライジングから高水準のメンタライジングに移行した母親の割合が有意に高かったのです。同時に，介入群の幼児たちも，愛着の安定性が改善していました。しかし，この著者たちは，幼児の愛着の安定性における変化が母親のメンタライジングの改善によるものであることを示すエビデンスを見出したわけではありません。母親の幼年期の愛着（つまり「成人愛着面接」で扱われる愛着）に関するメンタライジングではなく，母親 − 幼児関係に関するメンタライジングにおける変化を測定すれば〔母親のメンタライジングと子どもの愛着との〕直接的関連が表れるであろうと，彼らは推測しました。

　Rudy Vermoteと共同研究者たち（2010）は，Bateman & Fonagy（2006a）を手本にした1年間の精神力動志向的入院治療プログラムの過程でメンタライジングの変

化を査定するという難題に挑みました。予想とは異なり，メンタライジングにおける全体的な改善は見出されず，メンタライジングにおける変化と治療の結果との間にも関連は見出されませんでした。この結果についてのより精緻な検討は，より目につきにくい変化を明らかにしました（Vermote et al., 2011）——つまり，患者たちが2つのクラスターに分かれるということです。**持続型**クラスター〔に属する患者たち〕は，治療の過程でメンタライジング能力における漸次的かつ着実な改善を示しました。それに対して，**変動型**クラスター〔に属する患者たち〕は，治療の過程でメンタライジングが増進したり減退したりし，その変動は治療同盟における亀裂と関連する傾向がみられました。例えば，治療の中期では，情動的負荷の大きい葛藤に陥ることがメンタライジングに悪影響を及ぼし，治療の終結期には，迫り来る別れに関連する不安がメンタライジングに悪影響を及ぼすことがあったのです。

「成人愛着面接」におけるメンタライジング能力の尺度も，愛着の安定性の尺度も，個人の持続的特性を取り扱っているという前提を含んでいます。つまり，ある人たちは他の人たちよりもメンタライジングに優れているということです。そして，ある人たちは愛着が安定型であるのに対して，他の人たちは不安定型であるということです。それだから，私は，愛着関係についての内的**作業モデル**の概念を重視しています——ここで言うモデルは，**多重的モデル**（multiple models）の場合のような（複数の）**モデル**です。私たちは，すべての関係に同じモデルを適用するわけではありません（そのようなことをしたら困ったことになります）。私たちは，関係特異的（relationship specific）なモデルを用いているのです（Bretherton & Munholland, 2008）。Diana Diamondと共同研究者たち（2003）も，メンタライジングが関係特異的であるという似たような見方をしています。愛着と同様に，心理療法におけるメンタライジングは，**二者的**プロセスです。つまり，患者とセラピストが**一緒**に行う——または行うのに失敗する——ことです。したがって，Diamondと共同研究者たちの研究が示したとおり，セラピストは，ある患者に対して，他の患者の場合よりも効果的にメンタライズすることがありうるでしょう。さらに，メンタライジングの関係特異的で力動的な性質を考慮すると（P. Luyten, P. Fonagy, L.C. Mayes, R. Vermote, B. Lowyck, A. Bateman, & M. Target, September 21, 2011），メンタライジング能力は，関係ごとに異なるだけでなく，ある特定の関係の**内部**でも時によって異なるでしょう。こういうわけで，人は，父親よりも母親と交流しているときのほうが，より容易にメンタライズできるかもしれません。また，人は，母親を侵入的で統制的であると感じたときには，母親に対してメンタライズすることに困難を覚えるかもしれません。したがって，ある特定の関係の内部には愛着の**不安定性の島**（islands of insecurity）が存在す

第5章　素朴で古い療法

る可能性があり，このような島の1つの上で立ち往生しているときには，メンタライジングはより困難になることでしょう。

メンタライジングの二者的性質に関する実証研究が強調していることですが，心理療法関係を含むどのような関係においても，メンタライジングは一方通行の道のようなものではありません。セラピストはメンタライズできるように患者を助けるだけであり，その逆ではないと，私は思っているわけではありません。幅広い個人的経験から私が患者よりもわかっている場合もありますが，私が見当違いをしているときに，メンタライズできるように患者が助けてくれることも結構頻繁にあります。そして，私は，メンタライズするうえで患者を頼りにしています。私が誤解していたら教えてほしいと伝えることも，日常茶飯事です。治療同盟における亀裂を修復する際にも，患者が助けてくれることがあります。

>【事例】私は，ある患者と話がかみ合わなくなった心理療法セッションのことを，多少の後悔とともに思い出します。私は，ケルヴィンの前進を妨げていると私が思うものを，彼に探索させようとしていました。しかし，彼は，治療を前進させるために，多くの障碍に立ち向かいながら懸命に治療を前進させようとしていると感じていました。私は，ケルヴィンが病院を退院した後の安全が気になっていました。そして，私は，危険な自傷のエピソードがこれ以上起きないようにするための具体的計画を彼が立てるのを援助しようとしていました。しかし，その私の努力を妨げているのが彼の「消極性」であると，私は感じていました。おそらく自分自身の感情を彼に投影していたのでしょうが，不満を感じていたのは私なのに，私は，**彼が**いらだちを感じているかどうかを尋ねました。彼は，いらだっていないと答え，彼からみると私が話をそらしているように感じられると説明しました。彼は，私が何を言いたいのかを理解したがっていました。彼の説明によれば，彼は，自分の考えていることを私に説明しようとしているだけなのでした。そして，彼は，私の考えていることを知りたがりました。私が彼の安全についての気がかりを声に出して述べたとき，彼は，自分でも危機感を感じていると言いました。彼が引き続き助けてくれたので，私は，適切な計画を立てるときに彼が直面する困難を理解することができました。また，私は，計画を立てようとする彼の努力の中で私がまだ気づいていなかった点を，理解することもできました。このようなわけで，彼は，メンタライズすることに**私を**誘っていたのであり，最終的に，私たちは，話がかみ合うようになりました。この相互交流は，患者に助けられた共同作業の例を示しており，メンタライジングにおけるパートナーシップ，および誤解を理解する際のメンタライジングの役割を説明しています。

先に述べたとおり，私は，心理療法を愛着とメンタライジングの視点から見ることを好みますが，なぜかというと，そうすることで，私たちセラピストも患者たちも，役割における違いはあるものの同じ土俵に立つことができるからです。つまり，「どちらの側も，自分自身——自分の出自，文化，パーソナリティ，精神病理，期待，偏向，防衛，力——をその人間関係に持ち込む」（Norcross & Wampold, 2011, p.429）

のです。Holmes（2010）によれば，私たちが心理療法についてどのような理論化を行おうと，「最終的には，セラピストと患者は，その関係についても，そこに持ち込む人間的特質についても，自分たちでどうにかする」（p.xii）しかないのです。

（4）愛着関係を超えたメンタライジング

　私は，メンタライジングと安定型愛着との結びつきを強調してきましたが，それを誇張してはなりません。Fonagyと共同研究者たち（2008）が警告したように，「安定型愛着がメンタライジングの発達に影響を与える唯一の関係であると（科学的視点から，または常識的視点から）示唆するなら，それは**道理に合わない**であろう」（p.797；強調は後から付加）ということです。私たちは，操作されたり，いじめられたり，虐待されたりしたときにも，また，競り合っていて裏をかかれそうなときにも，メンタライズすることを学ぶに違いありません。私たちは，親との間でメンタライズすることを学ぶだけでなく，親族や仲間，恋人や見知らぬ人，友人や敵，セラピストや患者との間でもメンタライズすることを学びます。とはいえ，Fonagyと共同研究者たちが結論として述べているように，愛着関係は「自分の心と他者の心についての理解が生じる**主要な教育的脈絡**」（p.802；強調は後から付加）です。私が理解している限りでは，この主張の理由は単純です。このような関係は，私たちにとって最も親密で持続的な関係であり，そこに多少の安心感があれば，それぞれの成員が他の成員に最も十分に知られている関係だからです。さらに，もうおわかりのことと思いますが，他者に知られているということと自己を認識しているということは，乳児期以来，不可分の関係にあるのです。

　心理療法がここでの私の主要な関心事であり，メンタライジングは心理療法にとって基本的なものです。しかし，先述のことが示唆しているように，心理療法は，私たちにとってメンタライジングに役立つ唯一の資源というわけではありません。それでよいのです。つまり，心理療法は，たかだか1世紀の歴史しかない最近の文化現象であり，それまでずっと，人間のコミュニティに対して，他の人間関係が適切に——実際，初めて意識とメンタライジングが進化するのに十分なほど適切に——役立ってきたということです（Hrdy, 2009）。しかし，愛着関係におけるトラウマはこのような日常的信頼関係を活用する個人の能力を台無しにしてしまう可能性があり，それで，私たちは，このギャップを埋めるために心理療法の専門職を発展させたのです。

第5章　素朴で古い療法

6．素朴で古い療法の必要性

　「私たちは本当に素朴で古い療法を必要としているのか」という問いに対する私の答えは説明するまでもありませんが，精神保健ケアの分配にみられる最近の傾向のせいで，この問いの重要性は増すばかりです。Alan Kazdin & Stacey Blasé（2011）は，数十年の歴史のある主張の現代版を強く提起しましたが，その主張とは，伝統的心理療法の――個人療法か集団療法か家族療法かを問わず――すべてのヴァージョンをかき集めてもケアへの要求を満たすにはきわめて不十分であるということです。サービスの分配が地理的にみてきわめて不公平であるだけでなく，それ以上に，世界的規模の経済難という状況下では財源における広範な制約が目立ちます。

　こういうわけで，Kazdin & Blasé は，たとえその効果の大きさに限界があるとしても，さらに幅広い一連の非心理療法的介入を開発し，普及させなければならないと主張するのですが，これには正当な理由がないわけではありません。予防をより重視することを支持するこの著者たちの見解は，目新しいものではありません。早期介入に潜在的利点があることは，愛着に関する文献からも明らかです。しかし，私が素朴で古い療法に傾倒していることがこれから述べることを暗示しているのですが，科学技術や次第に高まるコンピューター崇拝を支持し，中でもインターネットに助けられた非人格的介入を支持する彼らの見解に対して，私は心穏やかではありません。電話による心理療法は，目新しいものではありません。そして，その機能をビデオで補強することは，きわめて賢明なことのように思えます。サービス分配のこのような拡大は，治療的関係が発展する可能性を大いに高めてくれます。対面での交流に比べてビデオでの交流ではどれだけのものが失われるか（あるいは得られるか）ということは，実証研究に委ねられるべき問いです。しかし，Kazdin & Blasé がレビューしているように，私たちは，すでに，例えば気分を観察したりコーピングスキルを増進したりするために，コンピューターによる介入やスマートフォン・アプリケーションを活用できるのであり，これらは拡大の一途をたどっています。

　私たちセラピストはサービスの到達範囲を拡大していく必要があり，私たちが提供できるどのような援助であっても――たとえ効果が弱いものであっても――有益であるという Kazdin & Blasé の基本的主張に対して，私は異を唱えているのではありません。さらに，この著者たちが述べているように，新しい科学技術は，心理療法の付加的手段として役立つ可能性があります。しかし，私がいくらアイパッド（iPad）を愛用しているからといって，アイパッド療法が普及する事態を予想すると背筋が寒くなります。非人格的な科学技術だけに依存することは，愛着関係および良い患者－セ

ラピスト関係が持つ治療的価値についての半世紀にわたる研究から私たちが得た成果に背を向けることです。私たちはコンピューターに依存せずに生きることはできそうにありませんが，コンピューターはメンタライズすることはありません。それだから，私たちは，親，友人，恋愛関係を，そして——愛着関係において事態が劇的に悪い方向に進んだときには——心理療法家を必要とするのです。

7．素朴で古い療法はどのようにして効果を発揮するのか

　Kazdin（2007）は，端的に次のように問題提起しました。つまり，「私たちは，心理療法が『効果を発揮する』，つまり変化を引き起こすものであることをよく知っているが，なぜ・どのようにしてそれが効果を発揮するのかについてはほとんど知らない」（p.2）のです。心理療法の異なる方法を開発し，ある治療が他の治療よりも優れているかどうかを調べることは，道理に合わないことではありませんでした。しかし，Kazdinが指摘するように，「注目するべきことであるが，心理療法研究には数十年の歴史があるのに，私たちは，最もよく研究された介入法の場合でさえ，それがどのようにして，あるいはなぜ変化をもたらすのかについてエビデンスに基づく説明を提出することができない」（p.23）のです。このようなわけで，Kazdinは，心理療法における**変化のメカニズム**を突き止めなくてはならないと主張します。変化のメカニズムとは，「効果の基底にあるもの，言い換えれば，その変化を引き起こすプロセスまたは事象，そして，なぜ変化が起きたのか，またはどのようにしてその変化が生じたのかの理由」（p.3）です。心理療法が恩恵をもたらす理由を理解できるなら，そのメカニズムに合わせて私たちの介入を調整することができ，技法やマニュアルをさらに増やして実験する必要はなくなるでしょう。Roth & Fonagy（2005）が述べているように，「変化をもたらす重要な心理的プロセスを突き止める見通しがあり，それが近年激増した治療アプローチに秩序をもたらし，複数のオリエンテーションをまたいで効果的かつ共通であるものは何であり何でないのかを突き止めることにつながるなら，それはとりわけ魅力的」（p.508）なのです。さらに，Roth & Fonagy，おまけにKazdinまでが支持していることですが，私たちは，このような変化のメカニズムと，私たちが改善させようとする不全——ここでは愛着トラウマ——をもたらす発達過程とを関連づけることを目指すべきなのです。

　私は，変化のメカニズムを探し求める広領域としては治療関係と治療同盟を重視するべきであるという先入観を包み隠さずに述べてきましたが，このようなアプローチを支持するかなりのエビデンスがあります（Norcross, 2011）。そして，私は，発達

第5章　素朴で古い療法

的研究に基づいて治療同盟と治療関係を考えようとしてきたのであり，そのための手段として愛着関係という脈絡でメンタライジングに焦点を合わせてきたのです。Kazdin（2007）の厳しい基準に従うなら，変化のメカニズムとしてメンタライジングと安定型愛着を候補にあげることは，勇み足ということになるでしょう。それでも，発達的研究にしっかりと根ざしたものである以上，これは——とくに愛着トラウマの治療に関して——変化のメカニズムをさらに探索する際には有望な領域であると，私は信じています。本章の先の部分でレビューしたように，心理療法における愛着とメンタライジングに関する研究は，まだ始まったばかりです。Kazdinが雄弁に主張したとおり，私たちは，変化のメカニズムを突き止めるまでにはまだ長い道のりを歩まなければなりませんし，そうするためには幅広い計画的研究を要求されることでしょう。しかし，その一方で，愛着関係におけるメンタライジングに焦点を合わせていれば，正しい方向に歩み続けることになると，私は信じています。

　私は，対話療法の信奉者ですので，万能の技法を1つ持っています。それは，会話です。もちろん，これは通常の会話ではありません。それだから，明示的にメンタライズしているときには，私は会話の内容を気にかけています。しかし，治療的愛着関係は，会話の内容と同じくらい——いえ，おそらくそれよりもはるかに——非言語的交流に基づいて形成されます。Fonagyと共同研究者たち（Fonagy & Target, 1997）の主要な貢献の1つは，**洞察**よりも**スキル**に特権的地位を与え続けてきたことです。つまり，洞察は移ろいやすいものであり，健康な対人関係の基盤となるのは，その一瞬一瞬にメンタライズする傾向とそうする能力——メンタライジング的姿勢にとどまり続けること——なのです。そして，健康な関係は，自分自身との関係を含んでいます。つまり，心の中に内的安心基地を活性化しておくためには，メンタライジングが必要なのです。このようなわけで，心理療法においては，自分自身と自分の関係について学ぶべきことがたくさんあります。しかし，心理療法の主要な価値は，**行うことによって学ぶこと**，つまり，メンタライズすることと，より上手にそれができるようになること——他の関係においてもそうなること——です。さらに，内的作業モデルは，もっぱら省察によって修正されるというのではなく，主に**行為**の中で修正されます。皆さんは，恥ずかしい体験について，機会をみつけて誰かに打ち明けたとき，より人を信頼することを学ぶのです。他のスキルの場合にも言えることですが，実践することによって，そのスキルの適用はより自動的になります。それを行うときに，ことさらそれについて考える必要はなくなります。その後に，何かがうまくいかないとき——誤解やコミュニケーションの失敗のような場合——には，それを解明するために，再び明示的にメンタライズすることに立ち戻るわけです〔★訳注13〕。

7．素朴で古い療法はどのようにして効果を発揮するのか

［★訳注13］メンタライジングには自動的・非意識的に行われる「黙示的」(implicit) なメンタライジングと，意図的・意識的に行われる「明示的」(explicit) なメンタライジングがある。例えば，私たちは他者と対話するときには，その他者が伝えたいことや他者の心理状態を知るために黙示的にメンタライズし始める。そして，黙示的メンタライジングによって交流がうまく進んでいるなら，自分のメンタライジングについて振り返ることはないであろう。しかし，その他者と話がかみ合わなくなったような場合には，「この人が伝えたいことは何だろう」とか「自分は何が理解できていないんだろう」といったように意図的・意識的（明示的）にメンタライズする。

　このように，心理療法は，関係におけるより大きな自由に向かう形で，黙示的にメンタライズする持続的プロセスです——より大きな自由とは，受容的関係と自己受容の増大から生じる，体験の自発性と率直さです。そのような体験は，それ自体で癒やしになりうると，Rogers（1951）は提唱しました。しかし，私たちは，この仮説を自明のものとみなすことはできません。患者が心理療法の中で明示的かつ黙示的に学ぶことが十分な成果を生むためには，それがメンタライジングと**他の愛着関係における安定性の増大**とを結びつける架け橋にならなくてはなりません。患者教育グループにおいてこの比喩を用いたときに，私は，その橋に乗ることも十分大変だが橋から降りることはもっと大変だと言われ続けてきました。しかし，私たちは，心理療法を利用して現在の関係における機能を高めなくてはなりません。心理療法関係の中で生じるメンタライジングと愛着の安定性は，他の関係での変化につながる経路にならなくてはなりません。この点では，私たちは，個人心理療法の限界を認識するべきです。Paul Wachtel（2008）は，以下のように警告しました。

> 　私は，何度かにわたって，私を悩ませるパターンに注目してきた。その人は，自分のセラピストがいかにすばらしいかについて述べているが，その一方で，その人について私が耳にすることか知っていることから判断すると，私には，彼がいまだにこれまで同様の苦痛に満ちた自己破滅的な形で**生活している**ように思えるのである。私にわかることから判断すると，セラピストとの関係は**改善した**のである。面接室の中には，二人が面接を始めた頃にはなかったと思われる活力，活気，純粋な結びつきが存在している。その結果，セラピストも，おそらく良い治療作業が行われていると感じているであろう。しかし，セッション外での患者の生活は，ほとんど変わりがないのである。彼は，依然として，苦痛であるか制約が多い生活を営み続けている。セラピストはすばらしいオアシスになったが，患者はまだ砂漠に住んでいるようなものである。
> 　　　　　　　　　　　　　　　　　　　　　　　（p.267；強調は原書のとおり）

　個人心理療法は，現在の関係における問題に取り組むことによって助けを与えることができます。しかし，そこで得られたスキルは，他の関係にも適用される必要があります——それだから，集団療法，カップル療法，家族療法には利点があるのです。

第5章　素朴で古い療法

8．人間的であるスキル

　このようなメンタライジング志向は，セラピストをどこに向かわせるのでしょうか。知識よりもスキルに焦点を合わせる点で，心理療法は，歴史の授業よりもピアノの授業に似ています。しかし，心理療法におけるメンタライジング・アプローチには，従うべきシート・ミュージックや楽譜は存在しません。ジャズのような即興音楽に喩えるのがより適切です。素朴で古い療法を実践することやその利用者であるためには，曖昧さへの耐性が必要です。結婚生活や他の関係において正しい行動の仕方は1つではないのと同様に，「心理療法を行う正しい方法は1つではない」というWachtel（2008, p.303）の確信に，私は心から同意します。私たちセラピストは指針となる理論を持っていますが，理論と実践との結びつきは緩やかです。Wachtelはそれを見事に表現し，心理療法の実践に関する彼の著書について，次のようなことを認めています。つまり，彼の著書は，「私の理論だけを反映しているのではなく，人として私が誰であるかを反映している。これが，人と治療的に関わる際の私のやり方なのである。それは私の理論のあり方と重要な関連を持っているが，それはある面ではただ私であることにすぎない」（pp.266-267；強調は原書のとおり）のです。本章の導入部分で述べたとおり，私は，学部生のときにたまたま素朴で古い療法に導かれただけですので，その後も1つの手続きを求め続けました。しかし，私は，構造を追い求めながらも素朴で古い療法を放棄することはできず，人気のある代替手段，つまり認知行動療法系の，実証に裏づけられ，マニュアル化された療法に心を奪われることはありませんでした。私は，学部生のときには，心理療法を行うことが大体においてただ私であることにすぎないという事実を受け入れるような段階ではありませんでした。

　私は，曖昧さに耐えることを学びましたし，そうすることができるように患者を援助することもほぼできるようになりました。私は，心理療法を1つの技芸（art）とみなす見方を採用しました（Allen, 2008）。ただし，Holmes（2010）は，**技芸よりも職人芸（craft）**という用語が好ましいと力説しました。彼の見解によれば，職人芸は，技芸と科学から引き出されるものですが，〔技芸と科学の〕どちらからも区別できるものです。①職人芸は書物から学ぶことはできません。②それは見習い期間を必要とします。③それは競争的なものではありません。④それは通過儀礼を持つコミュニティまたはギルドに属しています。⑤それは技巧またはスキルを暗示しています。職人芸は，標準化された手続きに還元することはできません。Holmesは，心理療法家を熟練した庭師やシェフに喩えて，次のように表現しました。彼が言うには，「すべての人は，能力と資源の許す限り，庭や台所を思い思いにしつらえる。同様に，それ

8．人間的であるスキル

それの心理療法家‐患者関係も，尊重に値するそれ自身のユニークな性質を備えている」(p.x) のです。Wachtel が言うように，それを行う正しい方法は 1 つではありません。私は，これまでの風刺的描写の中ではそれを伝えきれていないかもしれませんが，同じことはマニュアル化された心理療法にもあてはまるのです。マニュアル化された心理療法も，実際に適用される際には，即興と創造性を必要とするのです (Newman et al., 2006)。私たちは手続きと科学的方法を必要としていますが，それらを技芸的に使用する必要があります。私が初めて心理療法を実施する機会に触れたときに発見したとおり，エビデンスに基づく治療は，素朴で古い療法を土台にしていなければなりません。私が本章の先の部分（「素朴で古い療法の定義」の節を参照のこと）で述べたように，程度は状況によって異なるとしても，特異的技法は，素朴で古い療法——通常の治療的会話——に**上乗せされる**のでなくてはなりません。このようなわけで，メンタライジングのスキルをさらに向上させることと，愛着についてより詳しく知ることは，**すべてのセラピストと患者にとって**価値のあることだと，私は信じています。

　心理療法という職人芸には，どのようなスキルがふさわしいでしょうか。私が解釈してきたとおり，メンタライジングはセラピストの中核的スキルです。患者の場合と同様に，セラピストは，愛着が安定しているときに最も巧みにメンタライズすることでしょう。しかし，私たちは，愛着が関係特異的なものであることを確認してきました。そして，私自身の経験を指針にして考えると，巧みにメンタライズするためには，患者に対して安心感を感じることが必要です。私は，油断できない，ピリピリしている，自分を過剰に気にしていると感じるときには，自由にメンタライズすることができません。それは，そのような状況ではピアノをうまく弾くことができないのと同じことです。セラピストがどのようにすれば，患者はより巧みにメンタライズできるようになるのでしょうか。発達の場合と同様に，心理療法においても，それは〔セラピストが〕メンタライズすることによって可能になります。繰り返しになりますが，そのプロセスは，行うことによって学ぶというプロセスです。それでは，そのセラピストのスキルは，どこに起源があるのでしょうか。それは発達に起源があり，幼年期に始まり，一生かけて洗練されるのです。

　この見方は，私を次のような謙虚な推論に至らせます。つまり，共同体での養育の中で進化したメンタライジング能力 (Hrdy, 2009) が，人間という種である私たちの独自性の重要な部分であるとすれば，効果的な心理療法を行う私たちの能力は，**人間的であるスキル**に依拠していることになります。この最も基本的な水準においては，私たち心理療法家は，専門家としても個人としても，特別なものを治療作業に持ち込

第5章　素朴で古い療法

むことはありません。私たちの有用性は，究極的には，私たちが共有する人間性に依拠しているのです。このようなわけで，愛着トラウマの治療においては，**私たちの人間性を用いて，私たちの非人間的なあり方がもたらした影響を癒やさなくてはなりません**。心理療法の本質は最終的には人間的であるスキルに帰着するのだとすれば，子育てや結婚生活がそうであるのと同様に，心理療法の本質はマニュアル化することはできません。ただし，これは認めざるをえないのですが，先述したような事実があるにもかかわらず，広範な心理療法研究の文献と数多くの自習書の存在が証明しているように，心理学者たちは，私たちの関係をマニュアル化したいという願いを思いとどまることはありませんでした。ただし，私は，素朴で古い療法のほうが好きなのです。

　読者が首をかしげることがないように，最後のコメントを述べるのが順当でしょう。つまり，効果的な心理療法は人間的であるスキルに依拠しているのであれば，なぜセラピストには専門的な訓練と経験が必要なのかということです。わかりきったことですが，私たちにはまだ無知なところが残っているとはいえ，心理療法の有用性と専門的関係の本質的諸特徴に関する研究から，私たちは非常に多くのことを学んできました。私たちには，まだ知る必要のあることがたくさんあります。私たちは，専門的知識に助けられながら患者の体験をメンタライズしているのです。本書の第1章がそれを証明していれば幸いなのですが，愛着研究を通して得られた知識のおかげで，私たちは，トラウマ体験をメンタライズすることができます――つまり，ストレスに満ちた体験をトラウマ的なものに変えたのは何なのかについてメンタライズすることができます。さらに，専門的知識がなければ，精神医学的障害の影響がみられる行動をメンタライズすることは非常に困難です。実際，そのような知識がないことによるメンタライジングの困難さは，かなりの程度まで，患者と困惑した家族成員や友人との葛藤に寄与しています。皮肉なことですが，トラウマの後のフラッシュバック，解離状態，自殺行動，非自殺性自傷，妄想症，自分が悪であるという抑うつ的確信，サディスティックな行動などの形で生じる非メンタライジングをメンタライズすることは，きわめて困難であることがわかります。私が本書にトラウマと関連する障害に関する章を含めたのは，ひとつにはメンタライジングの助けになるからです。最後に，本章がその証明になっていれば幸いですが，心理療法を最も巧みに実施するためには，それがどのようにして効果を発揮するのかについて多くのことを学ばなければなりませんし，まだ発見しなければならないことが多いのです。このようなわけで，人間的であるスキルは，心理療法を巧みに実施するために必要ではあっても，それで十分とは言えません。しかし，専門的知識は，それが人間的であるスキルに上乗せされるのでなければ，セラピストにとっても，患者にとっても，ほとんど価値のないものになる

でしょう。本書の最終章（『実存的-スピリチュアルな視座』）では，愛着トラウマからの癒やしにおける最も深遠な挑戦，人間的であることに内在する私たちの治療的スキルを極限まで試す挑戦に取りかかります。

9．要点

- ◆心理療法研究の分野は，特異的治療に特権的地位を与えてきましたが，私たちは，ジェネラリストによって至る所で実施されている心理療法を洗練させることにも同じくらい関心を向ける必要があります。愛着トラウマは，焦点を狭く絞ったアプローチでは手に負えない複雑な障害を生じさせるのが通例です。素朴で古い療法は，様々な問題に対する効果的な療法に共通する要素を活用します。患者 - セラピスト関係の特質は，こうした共通点の中でも中心的なものです。さらに，治療関係はすべての治療の成否を左右する中心的なものですから，特異的治療の実践は，素朴で古い療法のスキルに上乗せされるのでなければなりません。
- ◆愛着トラウマは，情動調整能力を損なわせます。愛着の安定性の改善は，情動調整の基盤です。患者 - セラピスト関係においては，必ずと言ってよいほど不安定型愛着の異なるパターンが姿を現します。そして，愛着が不安定な患者たちと柔軟に関わり，患者たちの愛着がより安定化するように支援するセラピストの能力においては，セラピスト自身の愛着の安定性が重要な役割を演じています。
- ◆愛着トラウマの治療に貢献する素朴で古い療法のスタイルは，「メンタライゼーションに基づく治療」から得られた基本原則を使用するということです。このアプローチを成り立たせている基盤は，メンタライジングが愛着の安定性に貢献すること，およびその逆もまた真実であることを示す愛着研究です。セラピストが，メンタライジング的姿勢を維持しているおかげで，患者は——心理療法の中でも，重要な愛着関係の中でも——同じようにメンタライジング的姿勢を維持することができるようになります。
- ◆私たちは，この半世紀にわたる広範な研究から，心理療法が効果を発揮することを知っていますが，なぜ効果を発揮するのかについてはまだ学ばなければならないことがたくさんあります。愛着とメンタライジングに関する研究は，変化のメカニズムに関するこれからの研究に明るい展望があることを示しています。例えば，エクスポージャーは，トラウマ治療において中心的な役割を演じていますが，エクスポージャーは，何もないところでそれだけが起きるのではなく，脱感作よりもはるかに多くのことを伴っています。安定した愛着関係という脈絡でのトラウマのメン

第5章　素朴で古い療法

タライジングは，苦痛な経験をより有意味で耐えやすいものに変えます。そして，この治療過程は，メンタライジング能力と愛着の安定性の増大につながる道を開きますが，愛着の安定性の増大は，それが最も重要となる領域，つまり他の親密な関係において生じます。

第 6 章 実存的 - スピリチュアルな視座

　私が本章を執筆するのは，次のような確信があるからです。つまり，私たちはトラウマの精神医学的結果を取り扱うように訓練を受けたわけですが，トラウマの――とくに愛着関係における――実存的 - スピリチュアルな衝撃も同じくらい考慮に値するものだということです。「実存的 - スピリチュアル」(existential-spiritual) な衝撃という言葉で私が言おうとしているのは，①脱錯覚，②人と世界への信頼の喪失，③皮肉主義，④辛辣さ，⑤疎外，⑥虚無，⑦憎しみ，⑧自己嫌悪，⑨不毛感または無意味感，のような現象のことです。トラウマと関連した精神医学的諸問題も厄介なことですが，実存的 - スピリチュアルな衝撃に取り組むことは，それ以上に骨が折れることだと，私は確信しています。本当に途方に暮れることがあります。ここには，特異的治療のマニュアルはありませんので，私たちは，素朴で古い療法に立ち戻り，人間的であるスキルに頼らなければなりません。

　これは第 2 章でアイデンティティに関して述べたことでもありますが，Bonnie Janoff-Bulman (1992) が提唱したように，すべての人は次のような 3 つの基本的想定を保持しています。つまり，それらは，①世界は善意に満ちている，②世界は意味のあるものだ，③自己は価値のあるものだ，という想定です。トラウマ体験は，これらの想定を打ち砕き，実存的危機をもたらす恐れがあります。この実存的視座からみれば，認知の歪みに治療の焦点を合わせることは，あまりに皮相的です。Chris Brewin (2003) は以下のように指摘しましたが，まさにそのとおりです。

> トラウマの後にはネガティヴな思考や確信が目立つけれども，それらは，より深層の潜在的過程を反映していることが多い。……例えば，個人としての主体性感覚の希薄化を伴う精神的衝撃の体験は，単にその人が考えさせられたことではなく，一人の人であるということに対して加えられた，より基本的な攻撃を物語っているように思われる。
> 　　　　　　　　　　　　　　　　　　　　(p.67；強調は原書のとおり)

第6章　実存的 - スピリチュアルな視座

　もちろん，幼年期に愛着トラウマを経験した人たちは，ポジティヴな想定を形成する機会に恵まれることはないでしょうし，その後に続くトラウマは，すべてが無意味だという虚無的予期を強固にするだけでしょう。しかし，幻滅が人生早期に生じることもありうると，私は確信しています。愛着理論が支持する見解ですが，私たちは，進化によって，どちらかと言えば善意に満ちた養育環境に適するように生まれついていますので，愛着トラウマは――たとえ前言語的レベルで起きたとしても――想像もつかないほど深刻な意味で期待を裏切るものなのです。

　セラピストとして，私は，恐れおののきながら，こうした実存的 - スピリチュアルな関心に向き合っています。私の推測では，私と同様に，大多数のセラピストは哲学や神学に精通しているわけではないでしょう。しかし，哲学や神学がまったくわからないというのでない限り，私たちは，トラウマを負った人たちと治療作業を行うときに，実存的 - スピリチュアルな関心に向き合うことを避けて通るわけにはいきません。しかし，私たちのメンタライジング能力の限界を試すのですから，心底から謙虚さを伴う態度でそうするのでなければなりません。千年にわたる哲学的・神学的な探求がこうした関心を解決できずにきたのですから，私たちセラピストが患者たちのためにそうすることができるとは到底期待できません。もし私たちが進んでそうするとしても，私たちにできることは，トラウマを負った患者たちがこうした関心について考え，語るのを助けることぐらいです。

　ここまでの諸章ではどちらかと言えば科学的研究に忠実であったのに，この最終章で，私はその路線を踏み外しつつあるように見えるかもしれません。たぶん，そうとも言えるでしょう。私は，本章を執筆していても，そうすることが思い上がった行為であることを十分に自覚しています。私は，このような事柄に関して何の権威も持っていません。私は，哲学者 Thomas Nagel（1985）の著書『どこでもないところからの眺め』の冒頭にある「私は，自分が本書で取り扱われる諸問題にふさわしい人間であるとは感じていない。それらの問題は，私の知性の秩序とはまったく異なるものを要求しているように，私には思える」（p.12）という彼の但し書きに共鳴しています。私は，自分が行うすべての試みにとってのモデルとして，古代のストア派の哲学者エピクテトゥス（Epictetus）の言葉を好んで引用します。つまり，「何かをうまくやるためには，次のような謙虚さを，つまり，少し**要領が悪く**，勘でやってみて，やり方に迷い，しくじる謙虚さを持たなくてはならない。あることを企てようとし，それをできるだけ下手にやる勇気を持ちなさい。とりたててこれというものがない人生の特徴は，何か新しいことを試みるときに能力がないように見えてしまうことへの恐れである」（Lebell, 1995, p.87：強調は後から付加）ということです。これは心理療法を行

う場合にも良いモットーであり，その心理療法家の熟練度がどうであるかにかかわらずそうであると，私は思います。私は，要領が悪いことを心地よく感じていますので，本章では明確な解答を提供しようとは思いません。むしろ，私は，メンタライジング的姿勢の精神に則り，ここで取り上げている事柄に対する探究心の持つ価値に注意を引きつけるだけにとどめます。とりわけ，実存的 - スピリチュアルな関心は，私たちがメンタライジングにおいて擁護している「無知」(not-knowing) の立場にしっかりと専心させてくれます。

この領域の全範囲で何の権威もふりかざすことなく要領の悪いままでいることを私に許してくれる唯一の正当な根拠は，贅沢なことに，私がこれから思いのままに引用する文献を著した真の権威者たちの研究に依拠しているということです。

1．悪という問題

【事例】クラリッサは，夫に裏切られたと感じて，自殺したいほどの絶望状態で入院してきました。ちなみに，彼女の夫は，彼女の抑うつに愛想が尽きたと宣言し，離婚の申し立てを行うことに決めたところでした。彼女は，彼の決定をきわめて不当だと思いました。というのは，彼女は，彼と二人の子どもたちの世話にすべてのエネルギーを注いできており，その世話の中には，数年間にわたって彼のアルコール乱用に耐えてきたことが含まれていたからでした。

自分は「生まれつき抑うつ的」なのだと，クラリッサは信じていました。彼女が思い出せることと言えば，幼年期の間ずっと家庭で喜びのなさに苛まれていたことだけでした。彼女は，母親を「狂信的信仰者」と描写しましたが，母親にとって違反や失敗は「罪」なのでした。彼女は，父親を「悪い飲んだくれのサディスト」と特徴づけました。彼女の兄は「自由奔放に振る舞う」ことを許されていたのに，彼女は家に縛りつけられ，汚れにとらわれる「狂気じみた完璧主義者」の母親が行う家事を手伝うように要求されました。おまけに，彼女は，病んでいる母方祖母の面倒を見るように要求されたのですが，彼女は，この祖母を「ひねくれ者の恩知らず」と描写しました。クラリッサは，母親の専制に簡単には従いませんでした。彼女が怒りを抱えておけず，母親を罵るときには，父親から「酔っ払いの長話」を聞かされ，「殴られて失神」したということを，彼女は述べました。クラリッサが青年期になって少年への興味を募らせると，母親はこれまで以上に厳格な統制をしようと努めました。母親は，クラリッサのナイトテーブルで一人の少年の写真を見つけると，クラリッサを「汚れた娼婦」と呼びました。そして，彼女が罪のために「地獄の業火に焼かれる」のを神はご覧になるだろうと，母親は彼女に告げました。

クラリッサには，幼年期に１つの「救い」があったのを思い出しました。彼女にはペットのウサギたちがいて，彼女はそのウサギたちを愛し，世話し，かわいがり，信頼していました。父親は，彼女が行いを改めないならウサギを追い出すと言って，繰り返し彼女を脅しました。そして，彼は，自分の主張を通すため，ときどきウサギを倉庫に閉じ込めました。彼女は，人生で最もトラウマ的だった出来事を思い出しました。父親は，彼女の反抗的行為へ

第6章　実存的‐スピリチュアルな視座

の罰としてウサギの檻をトラックの荷台に載せ，川でウサギを溺れさせると宣言しました。その2日後にウサギたちは浮かび上がりましたが，すでに手遅れでした。クラリッサは，その出来事を「正真正銘の悪」の行為として思い出しましたが，それが彼女の信仰を取り返しがつかない形で打ち砕いたと，彼女は考えていました。

「わずかの正常性」を保つ唯一の方法は学校に行くことだったと，クラリッサは語りました——そこは，彼女の家とは対照的に善意と安全がある逃げ場でした。彼女は学習に励み，彼女の才能に対する教師たちからの敬意を生きがいにしていました。彼女は，仲間たちからも非常に好かれていましたが，どのような関係も学校に限定されることを知っていたので，なかなか深い友情を発展させようとはしませんでした。なぜなら，彼女は誰も自宅に連れてくることはありませんでしたし，仲間たちの家を訪問することも許されていなかったからです。彼女は，「同じくらい地獄のような」家庭生活を送っている少女と信頼関係を築きましたが，その少女が引っ越したときには取り残された気持ちになりました。

クラリッサは，心理療法では，両親への憎悪を隠そうとはせず，彼らを「嫌悪し」，「不道徳」とみなしていました。幸いにも，学校での経験のおかげで，彼女は，苦しみと剥奪の人生を送らなくてもよいことに気づくことができました。彼女は，大学に「逃避した」と語りました。母親の「専制的規則」の下で生きた後ですから，彼女が自由を謳歌したことは驚くべきことではありません。悲しいことに，彼女の「パーティー通い」は面倒なことにつながりました。2，3か月後に，彼女は妊娠し，中絶の手続きが取られました。彼女は，妊娠を両親には隠しましたが，心の中の母親に隠すことはできませんでした。母親の予言が蘇ってきて彼女を苦しめました。彼女は，自分が「汚れた娼婦」であるような気がしました。そして，自分は「悪」であり，間違いなく「呪われている」と，彼女は確信しました。

中絶後の目を見張るほど固い決心によって，クラリッサは何とか「立ち直る」ように努めましたが，それは1つには信頼する友人の助力があったからであり，その友人は彼女をある寛容な教会に関与させたのでした。クラリッサは，幼年期に恐れていた「悪魔のような神」に代わる神を思い描くようになりました。そして，彼女は，最終的には神が「寄り添ってくれる」だろうと確信しました。しかし，彼女は，幼年期からの遺産を手放すことができませんでした。彼女は，結婚し，子どもを持ち，家計を維持するためにパートタイムで働きました。しかし，彼女は決して十分とは感じませんでした。彼女は，時折生じる幼い息子二人に対する不満の爆発を恐れていました。ただし，これらの爆発は，彼女がかつて堪え忍んだ残酷な仕打ちに比べれば大したことはありませんでした。彼女は，自分が思い描いていたような愛情深い母親ではないことについても自責の念に駆られていました。彼女が言うには，彼女は，人生への「熱意」が欠けており，「義務に縛られた」形で行動し続けるように自分を追いつめることがよくありました。より抑うつ的になるにつれて，自分は夫にとっても重荷であると，彼女は感じ始めるのでした。彼女は，幼年期の心理的遺産に打ち勝つことができないことに落胆し，憤慨していました。ちなみに，私からみると，彼女はそうしようとして英雄的努力をしており，その努力には，集中心理療法を受け，異なる多くの向精神薬を試していることも含まれていました。心理療法で，彼女は，自分自身に見切りをつけたのとまったく同様に神に見切りをつけたということを，ひどく恥じ入りながら語りました。抑うつがよりひどくなると，彼女は，両親が彼女に与えた消えない傷に対する「憎しみで根こそぎ果ててしまう」と語りました。彼女は，誰かが彼女のことを気にかけてくれ，寄り添ってくれると「信じ込まされ」てきたが，夫も神もそうしてはくれなかったと，感じていました。

　私が本章で悪の問題に目を向けるのは，クラリッサのような患者が明瞭な形でそれ

1. 悪という問題

と格闘しているからというだけでなく，何世紀にもわたる哲学的・神学的な関心が悪に向けられており，それがトラウマの重大性を強調しているからでもあります。トラウマには程度の違いがあり，悪に対する私の焦点合わせは極端を強調しているという事実を，私は見失わないようにしたいと思います。しかし，私たちセラピストは，治療作業においてその極端に直面することがあります——それは，クラリッサの経験が証明しているとおりです。そして，私たちは，その極端から，トラウマの全範囲について，とりわけ意味を見いだそうとする欲求について，学ぶことがたくさんあるのです。過去20～30年の間に，用語集においても，専門的文献においても，**トラウマ**という言葉がとても一般的になったので，私たちはそれに慣れてしまっています。私たちは，トラウマを，あたかも他の疾患と同じように「治療する」ことができるかのように振る舞っています。私は，そうではないと思います。クラリッサが経験したような愛着トラウマの極端なものに対して，世界は良い方向に向かうという治療的態度で向き合うことはあまりにひとりよがりであると，私は思います。悪という尊重するべき枠組みを採用することによって，私たちは，**トラウマ**という言葉を重大なこととして受け取らざるをえなくなります。つまり，人は，必ずしも「それを克服する」とはいえないし，「幕引きに到達する」ともいえないということです。成功する程度は様々ですが，人は，何とかそれと共に生きることを学ぶだけです。

　最初に言っておかなければならないことですが，悪という言葉には歴史的に古い含意が伴っているとはいえ，それを使用する際に，私は超自然的なものに言及しているわけではありません。それとは逆に，悪はきわめて自然なものです。悪は他者を悪魔視・非人間視する扇動的で危険でさえありうる言葉であることに，私は気づいています。皮肉なことですが，そのような悪魔視はかえって悪い行為を助長します。そして，**悪**という用語を使用することはきわめて尊大であることについても，私は痛いほど認識しています。私の経験では，トラウマを負った多くの患者たちは，自分に危害を加えた人たちを特徴づけるためだけでなく，自己非難の究極的形態としても，その用語を使用します。この後の議論で明らかになるでしょうが，私は，そうするのがふさわしければ非難することを全面的に厭うわけではありません。しかし，私は，それよりもはるかに理解を追い求めるほうに傾斜しています。

　私は，悪がトラウマと本質的に関連していることに基づいて悪に対する私の関心を正当化することから，本節を開始します。それから，私は，悪とその様々な形態に対して定義を付与します。私は，私たちが悪と折り合いをつけようとする際の方法について，宗教的視座と世俗的視座から考察します。最後に，私は，赦しという恐ろしいほど複雑な問題に目を向けます。

第6章 実存的 - スピリチュアルな視座

(1) 悪・極悪・スピリチュアルなトラウマ

　Susan Neiman（2002）の『近代思想における悪』という深遠な著書を読んでいるときに，悪は人にトラウマを負わせるからこそ悪なのだということを，私はすぐに認識しました。悪は謂われのない無意味な苦難を人に背負わせると，Neiman は主張します。「私たちが**これは起きるべきではなかった**と判断するときにはいつでも，私たちは，悪と直接つながる道に足を踏み出している」（p.5；強調は原書のとおり）のです。もし私の経験が代表的なものであるとすれば，私たち心理療法家は，起きるべきでなかったことがどのようにして起きたのかを理解するための努力を開始できるようにトラウマ患者を援助しなくてはなりません。「どうして彼はそんなことができたんだ」「どうして彼女はそんなことができたんだ」「どうしてあの人たちはそんなことができたんだ」という言葉を，私は何度聞いたことでしょうか。私が思うこと——そしてときどき言うこと——ですが，私たちは，無意味なものを意味づけようとしているのです。「理解を追い求めると，世界は私たちを狂気に追いやるために存在するという判断に到達する」（p.144）と，Neiman は特筆しています。

　『残虐パラダイム』という著書において，Claudia Card（2002）は，悪を「非難されるべき悪行によって生み出される予知可能な耐えがたい加害」と定義しました。そして，「悪を通常の過ちから区別するものは，加害者の心理状態ではなく，その危害の性質と重大さである」（p.3）と，彼女は付言しました。こうして，私たちは，起きうる危害の連続体の極限に身を置くのです。つまり，「悪は人生を，あるいは人生の重要な部分を崩壊させる傾向がある。もし被害者が決して回復することがないか，決して前に進むことができないとしても，それは驚くに値しない。ただし，ときに人は回復し，前に進むことがある」（pp.3-4）ということです。Card は残虐——大規模な悪——に焦点を合わせ，愛着トラウマを含む意気消沈しそうなほど長いリストを提起しています。それは，「民族浄化，奴隷化，拷問，戦争の手段としてのレイプ，都市への集中爆撃，生命を脅かすウィルスやガスを散布する生物的・科学的戦争，長期間続く一連の国内テロ，ストーキング，子どもの虐待」（p.8）です。

　Card は，それに続いて，**極悪**（diabolical evil）を以下のように解釈しています。つまり，「知っていながら罪深いことに他者の道徳的堕落を追い求めることであり，生き延びるために自らの選択で道徳的退廃または道徳的死に陥る危険を冒さなければならない状況に他者を追いやること」（Card, 2002, p.211-212）です。そのような極悪は，Antonio Bifulco と共同研究者たち（2002）が心理的虐待というカテゴリーに分類しているものの極端な形であり，子どもを堕落させることを含んでいます——それは，ありふれているとはいえ悲しいことですが，子どもを性的・犯罪的行為および物

1. 悪という問題

質乱用に巻き込むことの中にみられるものです。

　私たちの誰もが，カトリックの神父による子どもへの性的虐待に気づかされて，やりきれない思いを抱いてきましたが，これは，心理的虐待に該当し，Card の極悪の概念（つまり堕落）に一致する愛着トラウマの一形態です。Ken Pargament（2007）は，いみじくも「被害者の魂の冒涜」(p.95) と特徴づけています。この脈絡で，Thomas Doyle（2003）は，**スピリチュアル・トラウマ**という正当に評価されていない次元に光を当てています。Doyle は，神父による子どもの性的虐待のトラウマ的衝撃を**聖職権主義**（clericalism）と結びつけていますが，これは神父が神と近い関係にあることに由来する聖職者の力と影響力のことです。つまり，「聖職者は，人々の中から選ばれ，取り分けられ，特別な形で天の恵みを与えられた人——神聖な力の分与者，そして要するにもう一人のキリスト——とみなされるべきである」(p.219) ということです。こういうわけで，聖職者は，最高の敬意と信従の対象になるのです。

　Doyle が**宗教的強要**（religious duress）と呼ぶものは，神父の権威によるものであり，それは教会によって子どもに教え込まれるだけでなく，親によって強化されます。子どもが安全な逃げ場としての神父に情緒的愛着を向けるようになっていると，性的虐待は，他の形態の愛着トラウマを超えた耐えがたい葛藤の中に子どもを置くことになります。つまり，虐待という心理的現場（psychological field）に神がいることになります。教会は，暗黙裏に神父の行動を神聖化しますが，同時にセックスを罪深いことであると教えてきました。「道義的に許されないセックスは最も重大な背徳であると，カトリック教会は一貫して教えてきたが，今やその『教師たち』の一人が感受性に富む犠牲者をまさにその罪の領域に招き入れる」（Doyle, 2003, p.226）のです。

　Doyle は，Patrick Carnes を引用して，聖職者による虐待を，躊躇なく実存的 - スピリチュアルなトラウマの領域に位置づけています。

> スピリチュアルな存在による裏切りが意味することは，犠牲者が意味づけを行う際の拠り所に深く関与している人が同時にその犠牲者を裏切る人でもあるということである。犠牲者がたどるべきスピリチュアルな道程が妨げられてしまう。すべての犠牲者たちが自答しなければならない根本的な問いは，「善良な人にどうして悪いことが起きるのか」ということである。その答えの拠り所となるはずのものがその問題の原因でもあるとき，その問いはさらに悩ましい問いとなる。
>
> （Carnes, 1997, pp.68-69：Doyle, 2003, p.225における引用）

　その背徳をさらに悪化させることですが，その虐待が秘密のベールで覆い隠される程度に応じて，その教会はネグレクト〔無視〕する親の役割を演じることになります

第6章　実存的 - スピリチュアルな視座

——ネグレクトする親とは，例えば，父親の虐待から子どもを守ることができない母親です。教会の公的イメージを守り，心理的・スピリチュアルなトラウマをネグレクト〔無視〕することは，Doyle が教会の最悪の失敗と解釈しているものをもたらします。つまり，それは，トラウマを負った子どもたちとその家族に対して必要な配慮を提供することができないということです。

　教会が罪深いこととして非難してきた関係によって子どもが堕落させられるとき，私たちは間違いなく極悪の現場にいることになります。しかし，それは必ずしもそこで終わりということにはなりません。私が治療的に関わったある患者は，虐待をしたばかりの神父が，その後に彼に対して，そのような「不自然な行為」をしたという理由で罪を懺悔するべきだと主張したときに，さらなる心理的苦痛を味わったのでした。私が治療的に関わった別の患者は，神父から，その性的虐待を暴露したら両親が死んで地獄に行くだろうと信じ込まされたのでした。この脈絡は，トラウマの中では心理的に孤立無援であるという，私が焦点を合わせてきたことの実例を示しています。そして，神の権威と結びついた聖職権主義の底知れない力のせいで，大人でも性的搾取を受けやすいことに，私たちは注意しておくべきです。これも，その大人を解決できない道徳的葛藤の渦中に置く，とくに致命的な形の愛着トラウマを形作ります。

（2）宗教を通して悪を理解する：神義論

　単なる悪では足りないとでもいうかのように，極端な悪があります。それは，残虐行為と極悪です。宗教は悪と取り組むための1つの拠り所であり続けてきましたが，それは簡単な答えを与えてはくれません。「西洋の宗教哲学においても東洋の宗教哲学においても，悪の偏在は，有神論に対する反論として最も広く支持されているように思える」（Taliaferro, 1998, p.299）のです。Neiman（2002）は，その難題を次のように簡潔に要約しています。「互いに相容れない3つの命題を維持しようとするとき，悪の問題が生じる。1．悪が存在する。2．神は慈愛に満ちている。3．神は全能である」（p.119）。神義論（Theodicy）は，悪の偏在と，全能・全知・善そのものである神の存在との折り合いをつけようとする神学の一分野です（Peterson, 1997）。この折り合いのためには，神は正しいということと，悪は余計なものではなく，より大きな善，例えば完全な人間的自由のために存在するということが必要になります。

> 　もし神が人に人為的なものではなく本当に有意味と言える自由を与えるとすれば，彼は，人に広い範囲の選択肢と行為を許さなくてはならない。実際に，偉大で気高い行為の成就にとって基本的に重要と言える自由は，最も残虐な行為をも許すような自由である。

1．悪という問題

　人を創造し，人に自由意志を与える際に，そうすることによって，神は，価値を創造することと破壊することの両方を含む，驚くほど広い可能性を創造したのである。

(Taliaferro, 1998, p.306)

　そのような神義論に対するヒョードル・ドストエフスキーの抗議は，まるごと聞くに値します。『カラマーゾフの兄弟』において，イワンは，悪を直視します。

　　父親と母親に憎まれている5歳の少女がいたんだ。その父親と母親は，「良い教育を受け，教養もある，きわめて尊敬に値する人たちだった」。わかると思うが，……それは多くの人たちにみられる奇妙な特徴なんだ，子どもを，そして子どもだけを虐待するというこの愛は。この虐待者たちは，他のすべての人間に対しては，教養のある人道的な西欧人のように穏やかで善良に振る舞うんだ。しかし，この人たちは，子どもたちを虐待することが大好きで，その意味では子どもたち自体を好きだと言ってもいい。虐待者をその気にさせるのはまさに子どもたちの無防備さであり，彼の汚れた血を騒がせるのは逃げることも訴えることもしない子どもの天使のような信頼なんだ。もちろん，すべての人間には悪魔が隠れているさ——怒りの悪魔，虐待の犠牲者の叫び声に情欲を高ぶらせる悪魔，鎖を解かれた無法者の悪魔……。この哀れな5歳の子どもは，教養のある両親による，ありとあらゆる虐待に曝されるんだ。親たちは，何の理由もなしに，彼女の体にあざができるまで彼女をなぐり，むち打ち，足で蹴った。それから，親たちは凶暴性にさらに磨きをかけた——寒くて凍てつく屋外トイレの中に彼女を一晩中閉じ込め，（天使のようにすやすや眠っている5歳の子どもが自分で起きて要求するように躾けられているとでも言わんばかりに）彼女が夜中に抱き起こされることを求めなかったという理由で，便を彼女の顔に塗りつけ，口に詰めこんだ。そして，それは母親だったんだ，母親がこういうことをしたんだ。そして，その母親は，哀れな子どものうめき声を聞きながら眠ることができたんだよ。自分に対して行われていることを理解することさえできない小さな被造物（creature）が，どうして暗闇と厳寒の中で痛む胸を小さな拳で打ち，親愛なる慈愛の神に向かって柔和で恨みひとつない涙を拭わなければならんのか，あんたは理解できるかい？

(Dostoevsky, 1912/2005, pp.223-224)

　イワンは，「それは一体何のためなのか」を理解したいと願いました。すべての宗教が「この願いに基づいている」ことを認識しました。「俺は信仰者だ」と宣言しました。しかし，不意を衝かれたかのようにこう言いました。「そうは言っても，子どもたちがいるんだ。子どもたちについては，俺はどうすればいいんだ？」（p.226）。イワンの苦悩は，神義論によって緩和できるものではありませんでした。

　　俺は，より高い調和なんかときっぱり縁を切る。それは，小さな拳で自分の胸を打ち，臭いトイレで「親愛なる慈愛の神」に対して，償われることのない涙を浮かべて祈りを

捧げたその虐待された子どもの涙に値するものなんかじゃない。それに値するものなんかじゃない，なぜかと言えばその涙は償われていないからだ。それは償われなくちゃならない，そうでなければ調和などありえない。しかし，どうやって？　どうやってそれを償おうというんだ？　そんなことができるのか？　彼らが復讐されることによってか？　しかし，彼らへの復讐ために俺にどうしろっていうんだ？　迫害者の地獄のために俺にどうしろっていうんだ？　地獄が何の役に立つんだ，その子どもたちはすでに虐待されたというのに。　　　　　　　　　　　　　　　　　　　　　　(pp.226-227)

　イワンは，トラウマを負った多くの人々が味わうスピリチュアルな苦悩を情熱的に表現しました。被害者には，幸いなことに複数の選択肢があります。それらは，①神義論を受け入れること，②神の定めた道を理解できないことと折り合いをつけること，③神学の外に意味を見出すこと，です。私はNeiman (2002) の神義論概念を気に入っていますが，彼の概念は「絶望に直面する際に私たちを助けてくれるような意味を悪に対して付与する方法」(p.239) を含むところまで拡張されたものです。この広い意味の神義論を拒否することは，「理解自体を拒否すること」(p.325) になります。
　「啓蒙思想」(Enlightenment) は，神義論に対する世俗的代替理論を与えてくれました。つまり，過度に単純化する危険を承知で言えば，私たちは，神を非難することをやめ，自分自身で考え，悪を防ぐ責任を引き受けるべきだということです。こうして，それは私たちに委ねられています。「科学者たちの神は，人を彼のイメージどおりに創り上げ，ただ1つの戒律だけがある世界に人を投げ込んだのだと，人はそう示唆したい誘惑に駆られるのであるが，その1つの戒律とは，さあこのすべてがどのように行われたのか，またそれがどのように働いているかを自分自身で理解するように努めよということである」(Arendt, 1971, p.137)。このことが私たちを心理学に導きます。

(3) 科学を通して悪を理解する：マインドブラインドネス

　Card (2002) は，悪を行う人の心の状態に焦点を合わせるのではなく，加えられた危害の程度に基づいて**悪**を定義しました。しかし，出来事を悪として体験し，併せてどのような形であれ可能な限り悪を理解しようとするとき，私たちは，その損害を引き起こす人の心の状態を無視することはできません。私たちは，メンタライズしようとする試みを避けることはできません――たとえそれらの行為があまりに極端で無意味に見えるためにメンタライズしようとする私たちの努力が妨げられるとしても，私たちはそうせざるをえないのです。Cardは，悪の定義の中に悪を行う人の過失責任を含めていますが，その過失責任とは，義務不履行と無謀さ，および**悪意**――つま

り「誰かに耐えがたい危害を加えるという責められるべき意図」(Card, 2002, p.20)
——を包括するものです。

　大きな危害をもたらす悪い**行為**から，いきなりそのような危害を加える悪い人に話を進めるのは，大きな飛躍です。私たちは，気づかないうちに一方から他方に飛躍してはなりません。誰かを悪と呼ぶことほど非難を含んだ特徴づけはありません。そして，私は，トラウマ被害者との治療作業において，もう十分なくらいその用語を耳にしてきました。もっとよく耳にするのは，卑劣，残酷，冷酷，サディスティックといった，悪の方向を指す言葉——心理的虐待と密接に関連する用語——です。Roy Baumeister（1997）が問題提起したことですが，「悪の実行者は，自分がしていることについての自分なりの動機，理由，正当性を有する普通の善良な人間であり」(p.38)，「悪を理解することは，私たち自身がこれらの［悪い］ことを行うことができるのだという自覚から始まる」(p.5) のです。したがって，私たちが聞きたくないことではありますが，「あなたや私とまったく同様の，他の点ではまともな人々が悪い行いに関与してしまうことがある」(p.103) のです。

　レイプ犯，暴力的警官，その他の暴力犯に関する諸研究に基づいてBaumeister（1997）が結論づけたことですが，そのような行為をする人たちの中で，サディスティックな快楽を追求するためにそうする人たちは，わずか約5％にすぎません。さらに，この5％の中で，最初からサディストである人たちはわずかです。それどころか，大部分の人たちが，最初は，自分の行った暴力にむかつきを覚えたり，おぞましさを感じたりするのです。しかし，時が経過するにつれて，ついにはサディスティックな快楽が，獲得された嗜好，そして嗜癖的嗜好になります。Erich Fromm（1973）は，悪質な攻撃性を性格に根ざした情熱と解釈した点で，この変容を捉えていたことになります。そして，彼は，サディズムの中核を，「相手が動物であれ，子どもであれ，男性であれ，女性であれ，**生きているものを絶対的かつ無制限に支配しようとする情熱**」(p.322；強調は原書のとおり) であると指摘しました。

　もし悪意を抱いて悪が行われることが稀であるとすれば，私たちは，それをどのように理解すればよいのでしょうか。John Kekes（2005）は，いくつかの動機，つまり信仰，イデオロギー，野心，名誉，羨望，退屈さに光を当てた綿密な事例研究を行いました。しかし，私は，何が欠けているかを考察することが有益であると思います。Hanna Arendt（1963/1994）が書いて議論を呼んだホローコーストに関する著作によって，私は衝撃を受け，これを悪について考える際の指針にするようになりました。彼女は，ナチの戦犯アドルフ・アイヒマン（Adolf Eichmann）において典型的に表れているような悪の正真正銘の凡庸さ（banality）に光を当てました。アイヒマンは，

第6章 実存的‐スピリチュアルな視座

以下のような人でした。

> 彼の唯一の個人的特徴は，おそらく**通常の域を超えた浅はかさ**であった。その行いがどれほど鬼畜的であっても，その実行者は鬼畜でもなく，悪魔でもなかったのである。そして，彼の裁判およびそれに先行する警察の尋問の際にみられた行動ならびに過去において見出すことができた唯一の彼らしい特徴は，まったく陰性的なものであった。つまり，それは，愚かさではなく，興味深く，かつ本来的な**思考能力の欠如**であった。
> (p.159；強調は後から付加)

Baumeister (1997) と同様の見解ですが，Arendt (2003) の観察によれば，戦争犯罪の中には「無法者，鬼畜，狂乱したサディストによってではなく，尊敬に値する社会の最も尊敬されている成員たちによって行われる」(p.42) ものがあります。思考能力の欠如は知的な人たちにもみられることがあると，彼女は提起しました。また，「邪悪よりも思考欠如および愚かさが頻繁にみられることだけをみてもわかるように，邪悪がその原因となることはほとんどない。比較的稀な現象である邪悪な心が大きな悪を引き起こす必要条件ではないことこそ，悩ましいことである」(p.164) と，彼女は提起しました。Arendt (1963/1994) が特筆したことですが，アイヒマンを評価したある精神科医は，彼について「ともかく，彼を診察した後の私よりも正常だ」(p.25) と公言しました。

これらの文章を初めて読んだとき，私は，すぐさま「思考能力の欠如」をより正確な定式化，つまり**メンタライズする**能力の欠如に読み換えました。そのような悪行における極端なメンタライジング不全を特徴づけるには，Simon Baron-Cohen (1995) の**マインドブラインドネス**という用語が最も適切だと，私は思いました (Allen, 2007)。Baron-Cohen は，自閉症におけるメンタライジングの欠如を特徴づけるためにマインドブラインドネスを用いました。Arendt は，直観によってアイヒマンの中にマインドブラインドネスを感じ取りました。同じようにマインドブラインドなことですが，アイヒマンの弁護士は，アウシュヴィッツで行われたことを「医事」と呼びました (Arendt, 2003, p.43)。Kekes (2005) は，トレブリンカ絶滅収容所の所長であったフランツ・シュタングル (Franz Stangl) における驚異的水準のマインドブラインドネスを記述しました。ちなみに，シュタングルは，絶滅〔ユダヤ人虐殺〕を実行する際の時計仕掛けのような効率性に対してハインリッヒ・ヒムラー (Heinrich Himmler) が鉄十字章 (Iron Cross) を与えた人でした。

白い［乗馬］服を身にまとい，毎日続く何千人もの殺害を監督し，自家製の野菜を添え

1．悪という問題

た肉とジャガイモの昼食を楽しみ，裸の男性・女性・子どもたちをまとめてガス室に追いやってからその遺体を廃棄するまでの間に静かにうた寝をする，このシュタングルという男は一体何者だったのか？　この地上の地獄の主となり，その円滑な機能を作り上げる者がいるとすれば，それはどのような男なのであろうか？　　　（Kekes, 2005, p.51）

シュタングル自身の言葉を引用すると，以下のとおりです。

彼らを個々の人としてみたことはめったになかったね。いつも大きな集団だったよ。ときどき壁の傍に立って，彼らがチューブ［ガス室に続く通路］の中にいるのを見たんだ。しかし——どう説明したらいいか——彼らは裸で，ひとまとめにされていて，走っていて，ムチで追い立てられていた……〔文章が途切れる〕。かつて旅行していたとき，数年後にブラジルでのことなんだが，私の乗った列車が屠殺場の隣に停車したことがあってね。檻の中の牛たち……これがポーランドを思い出させるんだ。あの人たちもちょうどああいうふうに見ていたよ，こちらを信じていて……。ああいう大きな目が……私を見ていた……まもなく全員が死ぬんだってことを知らずに……。荷物……彼らは荷物だったんだよ。
(Kekes, 2005, pp.61-62)

Baron-Cohen（2011）は，悪に関する著書の中で，共感に関する実証研究に基づいて科学的説明を行おうとしているのですが，この場合の共感はメンタライジングと重なるものとして解釈されています。幅広い研究の結果，私たちの共感能力も，知能のように程度の違いがあるものとして測定できることが明らかになりました。Baron-Cohen は，ゼロ（共感なし）から 6（顕著な共感）までの 7 段階尺度上で共感を段階分けしています。悪は**共感の衰退**に由来するものであるという仮説を，Baron-Cohen は提起しています。彼は，共感欠如に寄与する神経生物学的要因を示す幅広いエビデンスについてレビューしています。ちなみに，その中には遺伝的要因が含まれていますが，これに関しても，共感（およびメンタライジング）と関連する多重的脳領域に変容がみられるというエビデンスがあります。彼は，段階ゼロの共感の多くの形態をレビューしていますが，それらの範囲は複数の異なるタイプのパーソナリティ障害から自閉スペクトラム障害にまでわたるものです。共感が欠如していれば必然的に悪行が生じるというわけではありませんが——Arendt や Kekes の著作が証明しているように——共感の欠如は悪行が生じる素地を形作ります。つまり，加害は他者の心理状態への波長合わせの欠如——最悪の場合には無関心——によって可能になるのです。

共感は「私たちの世界で**最も価値ある資源である**」（Baron-Cohen, 2011, p.15；強調は原書のとおり）と，Baron-Cohen（2011）は結論づけています。共感は活用されていない資源であり，普遍的な解決策であると，つまり「共感を浸透させればどのよ

うな問題も解決可能になる」(p.186) と，彼は信じています。彼は，次のような希望に満ちた見解の持ち主です。つまり，「誰であれ——私たちがその人たちをいかに悪く描写しようと——100％悪い人や人間的働きかけに反応しない人として取り扱われるべきではない」(p.175) のです。共感が欠けている人たちの中に共感を育てるという難題について，Baron-Cohen は甘く考えているわけではありません。遺伝的要因および他の神経生物学的要因は——愛着トラウマを含む——環境的不遇と絡み合いながら共感（またはメンタライジング）の機能不全に寄与するのですが，このような共同寄与について知ることができればできるほど，私たちは，この最も価値ある資源を開発するのにより適した立場に身を置くことになるでしょう。

　メンタライジング能力のおかげで，私たちは事象を異なる複数の見方で見ることができ，私たちの間にある見方の相違を認識することができます。悪を論じる際に，私は，道徳的視座と科学的視座を併用してきました。先に述べたとおり，職業柄，私は，非難するよりも理解するほうに傾きがちです。私たちは，マインドブラインドであるときに加害に至る人間的潜在能力を生まれつき共有しているのですが，そのことに目を向ける際に Arendt, Baumeister, Baron-Cohen の研究は私たちを謙虚にさせてくれることでしょう。Paul Pruyser (1974) が指摘したことですが，「神議論はもはや抽象的な営みではなく，非常に個人的な探求である」(p.175) ということです。責任を外在化し，最悪の場合には悪魔を見出そうとする私たちのあまりに人間的な性向に逆らいながら，彼は以下のように続けました。

> 善と悪についての統合された現実的な見方に人がどうやって到達するのかは，私にはわからない。しかし，正常な（あるいは至適な）心理的発達についての観察は，私たちが善意に触れる体験と悪意に触れる体験を私たちの生に統合していく道筋についての示唆を与えてくれる。この統合における1つのステップは，私たちにとって重要な人物を徐々に現実どおりの大きさに縮小することから構成されている。つまり，父親も母親も，神でもなければ悪魔でもないということである。彼らは，善意を示すときもあれば悪意を示すときもある。彼らは，愛し，かつ憎む。彼らは，ただの人間である。彼らの両親や祖父母がそうであったのと同様に，彼らも脆くて不安定な存在であり，愛と憎しみの混合体である。私も例に漏れない。私も，神でもなければ悪魔でもないし，善意の塊でもなければ悪意の塊でもない。　　　　　　　　　　　　　　　　　　(p.175)

　このことが私たちを赦しへと導きます。

（4）赦し

　愛着関係におけるトラウマは，常に悪の極みへと発展するわけではありません。悪

1．悪という問題

は，誤った行為の連続体の極点に位置しているのですが，私たちは明確な境界線を引くことはできません。加害の程度や加害者の過失責任がどうであれ，トラウマの被害者は，意味を見出し，信頼を回復することだけでなく，自分にトラウマを生じさせた人との関わり方を見出すことにも悪戦苦闘することでしょう。赦しは関係を修復するための1つの道筋ではありますが，それは苦痛を伴う旅になることでしょう。

私はある心理教育グループのことを鮮明に思い出すのですが，そのグループで，私は建設的な怒りと破壊的な怒りについて語り，併せて，怒りにおける微妙な違いについて語りました。つまり，困っている，いらいらしている，不満である，むかついている，怒っている，激怒している，怒り狂っている，怒りで我を忘れている，といった感情について語りました。すると，ある患者が声を上げ，「憤り」が脱け落ちていることを指摘したのですが，これは適切なことです。トラウマが道徳的義憤を引き起こすのは正当なことですから，これはトラウマの脈絡では本当に目立つ脱落でした。トラウマを負った人たちに対して軽々しく「赦しさえすればいいんですよ」と助言することは，正当な道徳的義憤を見落とすことです。私が言いたいのは，赦しは望ましくないということではありません。その利点を支持する良いエビデンスがあります（Plante, 2009）。赦しは容易なことではないと私は主張しているだけなのであり，それは個人的選択の問題でなくてはなりません。私たちは，赦しには深く考えて接近しなくてはなりません。決して赦さないことのほうを選択する被害者たちがいます。赦すことができるまでは癒やされることはないだろうと言う被害者たちもいます。赦しとトラウマからの回復との関係は単純なものではないことを，実証研究が明らかにしています（Connor et al., 2003）。

私たちは，赦しを美徳と考え，怨みを悪徳と考えることに慣れています。恨みの破壊性を否定することはできません。恨みは復讐心と攻撃性を助長するのに対して，赦しは和解と平穏な関係を促進します。くすぶり続ける恨みは，トラウマを負っていることの1つのあり方です。それは関係と自分自身の幸福感を台無しにしてしまうことがあります。だとすると，道徳哲学者のJeffrie Murphy（2003）が赦しのためにあまりに早く恨みを手放してしまうことがないようにと勧めていることは，驚くべきことのように思えるかもしれません。挑発的なタイトルの著書『報復すること――赦しとその限界』において，Murphyが助言していることですが，恨みは，誤った行為への反応ですから，自己尊重を維持し，自己防衛を促進し，道徳的秩序への敬意を強化します。あまりに安易な赦しは誤った行為に黙従するのと同じことだと，彼は提唱しています――極端な例としては，暴力を振るう配偶者と縒りを戻し，そうすることで自分自身を尊重することも守ることもできなくなる暴力被害者があげられます。心理教

第6章　実存的 - スピリチュアルな視座

育グループで声を上げた患者が私たちすべてに気づかせてくれたように，私たちは，憤りと道徳的義憤が生じる余地を残しておかなければなりません。

同じようなことですが，哲学者の George Sher（2006）は，『非難を讃えて』という挑発的なタイトルの著書を出版しました。Sher は，非難に対する私たちの悪感情や軽率に非審判的姿勢を推進することに関して，私たち精神保健専門家を叱責しています。Sher は，非難を道徳性にとって本質的なものと考えます。つまり，もし私たちが道徳性を備えているなら，私たちは誤った行為を非難に値するものと感じる自然な反応を受け入れているのです。もちろん，非難傾向についても，非難に値するかどうかに関する反応や判断の程度についても，私たちは互いに異なっています。ちなみに，それらはメンタライジング（または非メンタライジング）に基づいているのです。

Sher（2006）の表現を借りるなら，過ちを犯した人が「本来ならそうするべきではなかった道徳的理由を認識できないか，その道徳的理由に対して効果的に反応できないかのどちらか」（p.118）であると思われるときに，私たちは加害行動を容赦します。私たちはこのような容赦的判断を行わざるをえませんが，そのような判断を下すのは本当に困難です。Baron-Cohen（2011）は共感不全に寄与する神経生物学的要因についてのエビデンスを集めましたが，このような神経生物学的要因は愛着トラウマの世代間伝達と絡み合っている可能性があり，私はそのことを本書の第1章で論じました。先に言及したように，非難することから理解することに移行するのが私のほとんどいつもの癖です。しかし，道徳的判断を行う自然な傾向やそれにまつわる感情を放棄することはできないし，そうするべきではないということも，私は自覚しています。

私たちは，程度の違いという角度から考えなければなりません。Sher（2006）は，非難という感情を，それについてどうするかということ——例えばそれを伝えるかどうか——から区別しています。容赦の余地を残すことに加えて——またしても程度の問題なのですが——彼は，非難の激しさを抑えることによって関係を改善することの価値を認めています。彼は，彼の著書の結論として，私たち精神保健専門家にも関わりのある点を述べています。

> 十分に道徳的な人生を生きるには道徳性からの要請を無視または蔑視する人々を非難することが必要だと言うことと，将来の和解をより困難にさせるほどの毒々しい怒りが必要だと言うことは，決して同じではない。非難と怨恨との結びつきを弱めたほうがよいということが反 - 非難イデオロギーの中にある真実の核心部分であろうが，非難自体を放棄するほうがよいということは，その核心部分が埋め込まれたままの，より大きな欺瞞である。
> 　　　　　　　　　　　　　　　　　　　　　　　　　　　　（Sher, 2006, p.138）

1. 悪という問題

　トラウマを負った人の多くは，赦しはするが忘れはしないという立場をとります。私の見解とも一致するのですが，赦しは傷つきについての強迫的反芻思考の放棄と復讐願望の放棄を伴うと，私のメンターの Len Horwitz（2005）は主張しました。これは，心の健康のため，および関係改善のための1つの処方箋です。

　私は，赦しを一回性の行為ではなく，長期にわたる企てであると考えます。Card（2002）が提唱したことですが，赦しは全か無かの命題ではなく，次のようないくつかの面を備えたプロセスです。つまり，①加害者への思いやりに基づいて敵意を放棄すること，②加害者の悔恨を受け入れること，③処罰の機会を断念すること，④関係を改めること（つまり和解），です。この複雑な構造は，**部分的な**赦しというアイディアと一致しています。さらに，赦しは一度行えば終わりという問題ではなく，消えたり現れたりするものだと，私は信じています。生きている間の出来事がトラウマの記憶を呼び覚ますと，恨みの感情が再浮上してくる可能性が高いのです。最終的に，Cardは——極端な過失行為の文脈で書いていることですが——赦しに対する慎重なアプローチを擁護しています。そして，彼は，許しがたい行為もあるという考えを真摯に受けとめています。

　私たち精神保健専門家は，誤った行為をして患者に危害を加えた人たちに対する赦しよりもはるかに多く，患者の自己への赦しを守り支えることになります。トラウマの脈絡で謂われのない自己非難が蔓延していることを考慮すると，自己への赦しは重要です。自己非難は，何でも自分で制御できるという錯覚を維持する方略のことがありますが，執拗に罪と恥の感情を助長し，心的外傷後ストレス障害を永続化させます（Foa et al., 1999）。ここでもまた，私たちは，複雑性のための余地を残しておかなければなりません。他者を赦すことと同様に，自分自身を赦すことは複雑な成果です。Card（2002）が指摘しているように，それは，自分自身に対する敵意を放棄し，自分自身に対する慈愛的態度を採用することを要求します。しかし，Murphy（2003）が言うように，私たちは，他者を赦す行為と同様に自己への赦しを軽々しく取り扱うべきではありません。そうでなければ，自己への赦しは無意味なものになるでしょう。他者に対する赦しと同様に，自己への赦しも部分的なものにとどまることがあります。私たちはすべて，自分が行ってきた加害に対する罪悪感という遺産とともに生きなくてはなりません。しかし，私たちは，実際の罪悪と罪悪**感**をきっぱり区別しておかなければなりません。私が治療的に関わってきたトラウマ経験者たちにおいては，一般に後者のほうが前者をはるかに凌いでいます。そして，道徳的完璧主義や道徳的純粋性の希求は情緒的崩壊を引き起こしうるものですから（Nussbaum, 2001, p.234），私たちは，これらの危険性にも用心していなくてはなりません。私は，患者の「道徳的

第6章　実存的 - スピリチュアルな視座

完璧主義」に気づいたときにはそれを指摘します——これは稀なことではありません。罪悪感は道徳的動機づけの有益な源でありうるものですが，罪と恥の重圧の下での激しい苦しみは，道徳的マゾヒズムと同じものになることがあります。そして，それが私たちをより良い人にすることはありません。それどころか，「最終的に，人は，自己を非難するのではなく自他を大切にしながら，人生の営みを続けることができるようになる必要がある」（Tangney & Mashek, 2004, p.163）のです。

　読者は，私に明らかな治療的中立性の欠如がみられることに気づいて大変な衝撃を受けているかもしれません。しかし，心理療法は専門的・科学的な企てであるとともに倫理的な企てでもあるという私の見解を，私はすでに認めています（Allen, 2008）。私は，常に審判しています——他者をも自分自身をも。しかし，私の主な望みは治療的なものです。つまり，改善をもたらすために理解するということです。ここで，私は，完全な矛盾のように思えるものを認めなくてはなりません。マインドフルネスとメンタライジング的姿勢の脈絡で言うと，改善には，しばしば体験に対する非審判的態度を採用することが必要です。同様に，科学的理解は距離を置いた離脱の態度を伴っています。私たちが行う治療作業の多くにとっては，非審判的姿勢が必要であり，役立ちます。しかし，それは，道徳的姿勢に対する代替的姿勢であり，それに取って代わるものではありません。基本的な点を強調しておくと，私たちのメンタライジング能力は，私たちの経験を多重的な複数の見方で見ることに基づいており，その見方の中には道徳的な見方も宗教的・スピリチュアルな見方も含まれています。〔他者の〕誤った行為によってトラウマを負った患者たちに心理療法を行うことは，手間のかかる仕事です。それをすっきりと整理されたものにできるマニュアルはありません。

2．神への愛着とスピリチュアルなつながり

　必ずしもすべてのトラウマ被害者が，宗教的関心または神との関係をめぐって悪戦苦闘するわけではありません。多くの人たちは宗教的ででなく，神を信じてもいません。したがって，多くの患者たちにとって，これらの事柄に対する私の関心は重要なことではありません。しかし，私たちすべてのセラピストにとって，個人的信念がどうであれ，これらの事柄は非常に重要なのです。私たちが関わるトラウマ患者の多くは宗教のことで悪戦苦闘しますし，多くは神との関係における深刻な葛藤を経験するのであり，その葛藤は他の愛着関係における葛藤を映し出しているのです。一般に患者たちはセラピストよりもずっと宗教やスピリチュアリティについての関心を語り合うことを好むのであり，私たちはその事実に注意を向けておかなければなりません。

2．神への愛着とスピリチュアルなつながり

　私の見解を明らかにすることが，読者をこの節に導き入れるのに役立つことでしょう。私は権威を否認し，私が引用する他者に責任を負わせているのですが，私は，自分が選んだ一連の権威者に対する責任を認めなくてはなりません。というのは，その一連の権威者たちは私のバイアスを反映しているからです。私は，確実なものに対抗しようとする強いバイアスを持っていますので，メンタライジング・アプローチを魅力的なものと感じます。持続的にもっと多くのことを知ろうと努めている一方で，私は，知らないということを楽しみます。私が本章で神について書くのはどうしてかというと，まず，トラウマを負った患者たちの間には神との格闘がよくみられるからです。次に，愛着研究はこれらの格闘についての情報を与えてくれるからであり，おまけに愛着研究は宗教が癒やしの源でありうることに光を当てているからです。私の個人的見解は，カンザス時代のメニンガー・クリニックでの私のメンターであったPaul Pruyser（1974）の著書のタイトル――『信と不信の間』――にうまく要約されています。私は，宗教的な家庭で育ちましたが，青年期に宗教への関心を失いました。そして，私は，周囲の世界とそこでの私たちの位置づけについて知るために必要なことのすべてを科学が提供してくれるだろうと信じて，成人生活の多くの期間を過ごしました。より最近になって，私は，この狭隘な見方に失望しましたが，私の心をこじ開けるための鉄梃（かなてこ）が必要であると感じることがたまにあります。私が選んで引用してきた権威者たちは，そのような知的鉄梃の例です。信と不信の間のこの位置に助けられて，私は，幅広い患者たちと治療的に関わることができます。とにかく，私は，ただ患者たちが考え，信じていることに関心があるのです。私は依然として明らかに科学志向ですので，鉄梃を常備しておく必要があります。そうしているので，私は，無神論者，懐疑論者，信仰者，まったく混乱している人たちのなかの誰を相手にしても，同じように心地よく感じます。この薄暗い領域を進むために重要となるものは敬意です。信または不信への蔑視は，治療的探索を台無しにしてしまいます。

　愛着理論とメンタライジングについて学んできたおかげで，私は，トラウマを負った患者たちの神との格闘に対して，以前にはできなかった形で関わることができるようになりました。幼年期を皮切りに人との間に愛着を形成するのと同様に，私たちは，神との間に愛着関係を形成することができます。人に対して形成する場合と同様に，私たちは，メンタライジングを通してこの愛着を形成するのです。そうする際に，私たちは――良かれ悪しかれ――内的作業モデルを適用しています。例えば，幼年期から成人期までの愛着トラウマと絡み合うと，神は，救済者とみられたり，虐待者とみられたり，あまりにこちらを無視する存在とみられたりすることでしょう。しかし，私は，安易に類似点を見出すことだけで満足しているのではありません。私たちは，

第6章 実存的‐スピリチュアルな視座

表6‐1　神との関わりにおける愛着とメンタライジングの役割

- 神と関わるには想像力が必要である
- 神は人としての属性を付与される――つまりメンタライズされる――ことがある
- トラウマは依存性を高め，神への依存性をも高める可能性がある
- 神は愛着対象になり，その愛着は相対的に安定型か不安定型のどちらかでありうる
- 神への愛着の性質は，他の愛着（例えば親への愛着）と一致していることがある
- 神への安定型の愛着は，他の愛着関係における不安定を補償するものになることがある
- 神への安定型の愛着は，内的安心基地に貢献することがある
- メンタライジング的姿勢は，患者の神との関係を探索するセラピストの能力を促進する

この宗教的領域に足を踏み入れる前に，それについて明確に考えてみなくてはなりません。なぜなら，私たちは，個人的で神聖な地平を歩んでいるからです。

　愛着関係は神との関係に影響を与えるという命題を詳述することから，私は本節を開始します。次に，私は，神に対するトラウマ的愛着を抱えた患者たちを援助することを妨げる基本的障壁に目を向けます――つまり，それは，宗教を信頼することに対する専門家的蔑視の歴史であり，私たちの専門的実践を枠付けている科学崇拝というさらに広いエートスの中に埋め込まれているものです。この文化的脈絡も，愛着に対する私たちの態度に，つまり情緒的安心を求めて――神を含む――他者に依存しようとする欲求の受容に，影響を与えます。この下準備が完了すると，次に，私は，神に対しても安定型および不安定型の愛着が生じる可能性を示す実証研究を要約して述べます。この実証研究は，私たちの関心が妥当であることを証明してくれます。なぜなら，人間関係の場合と同様に，神への愛着にも持続性と変化の可能性があることが示されているからです。また，人間関係の場合と同様に，トラウマ的愛着から安定型の愛着に移行することが重要な利得を伴うからです。本節の締めくくりとして，私は，神に対するメンタライジング的姿勢を提唱しますが，この姿勢は，この神聖で危険を伴うかもしれない地平を探索する際に専門家を自由にしてくれるものであると，私は思います。

　方向づけのために，私の議論における主要な論点の概要を表6‐1に示しています。神への愛着を論じた後に，私は，癒やしのための代替的拠り所としてのスピリチュアリティについて論じます。そして，私は，本節の締めくくりに，宗教とスピリチュアリティを心理療法に統合しようとする最近の試みを要約して示すことにします。私は宗教とスピリチュアリティというこの領域に愛着トラウマという窓から足を踏み入れたのですが，私が得た理解は，素朴で古いセラピストとしての私の治療作業の全般において価値あるものだということがわかりました。そのようなわけで，私は，宗教とスピリチュアリティに関するこれらの節を，完全にトラウマ領域だけに限定されることと考えているわけではありません。

2. 神への愛着とスピリチュアルなつながり

（1）神々と人々

「すべての宗教は，何らかの擬人視（anthropomorphism）から始まる」と，Karen Armstrong（1993）は主張しました——つまり，擬人視とは，人間ではない存在に人間的特徴を付与することです。より詳しく言えば，「ユダヤ教，キリスト教，そして——そこまでではないが——イスラム教は，人間が行うことなら何でもする……個人的な神という着想を発展させた。つまり，神は，私たちがするのと同様に，愛する，裁く，罰する，見る，聞く，創造する，破壊する」（p.209）というのです。発達的視座を採用して，Ana-Maira Rizzuto（1979）が提唱したことですが，西欧世界のすべての子どもたちは神のイメージを形成しますし，このイメージは親的人物と関わった体験と関連しています。もちろん，Pruyser（1974）が指摘したように，神は，はるかに大きな安心を与えてくれる可能性があります。つまり，「神を信じる家族は，より大きな力，より豊かな知恵，より大きな愛，より高い持続性と一貫性を備えていると考えられるわけであるが，実際に個人に対して通常の家族では行うことができないようなことをする」（p.159）というのです。

しかし，神のイメージは，Pruyser が理想と考えるものよりもはるかに多様であり，私たちの内的作業モデルがこれらのイメージに影響します。したがって，私たちの神のイメージは，狭隘で歪曲されたものになりがちです。それは，Pargament（2007）が小さな神々を列挙した際に捉えているものです。小さな神々というのは，①現代の現実には疎い「大御所」，②私たちに完全無欠を要求する「絶対的完璧さ」という神，③限りない世話を提供してくれる「天上の乳房」，④私たちを取り仕切る「駐在警察官」，⑤私たちを寒さの中に放置する「遠くの星」のような神，のことです。トラウマを負った人たちは，「遠くの星」のような神とともに寒さの中に放置されていると感じながら，「天上の乳房」を望んでいることでしょう。

信仰者にとって，愛着トラウマがもたらす深刻なほどトラウマ的な1つの結末は，神からの疎外感であり，それは，耐えがたい苦痛の中で孤立無援であると感じる苦しみを助長することがあります。人間であるすべての愛着対象がそうであるように，神も，見捨てる，冷淡である，気持ちを無視する，苦痛に無関心であるというように体験されることがあります。

【事例】ヴィクトリアは「過度に宗教的な」祖母が仕切る家族の中で育ちました。ヴィクトリアが言うには，彼女が祖母の完璧主義的要求に応じることができないと，祖母は「彼女に神を突きつけ」続けました。彼女が言うには，彼女は，幼い年齢で「神を忌み嫌う」ことを学び，神の基準と祖母のそれを等しいもののように考えました。さらに，「すべての苦悩は神の意志である」という祖母の口癖は，彼女を激怒させました。ヴィクトリアは，大学に行

第6章 実存的-スピリチュアルな視座

くために家を離れたときに，リベラルな教会に所属し，自分で自由に考えてよいのだと感じ，慈愛に満ちた神のイメージを形成したのですが，そのおかげで，欠点があっても以前より楽な気持ちで生きることができるようになりました。

しかし，やがてヴィクトリアは一連の裏切りと喪失を経験しました。彼女は，大学にいた魅力的な男性に「ぞっこん惚れ込んだ」のですが，結局，彼が――彼女のルーム・メイトを含む――他の複数の女性と寝ていたことを知るに至りました。彼女は，恋に見切りをつけましたが，セックスについてはそうでありませんでした。そして，おぞましいことに，彼女は妊娠したのです。以前からある彼女の宗教的信念が中絶を阻みましたが，彼女は子どもを育てることができる立場ではありませんでした。彼女が言うには，彼女の人生で最もトラウマ的な出来事は，その子どもを養子に出すために手放したことでした。ヴィクトリアが語ったことですが，30代になって，彼女は「分別を取り戻し」，満足できるくらいの教歴を積みました。彼女は，満足できる恋愛関係を見出そうとして相手と力を合わせて努力しましたが，搾取されることと当然のようにあてにされることが合体したような感じを抱いて，やむなく関係を絶ちました。彼女は，自分がやや情緒的に距離を置いていることにも気づき，それを以前からある恥の感情と結びつけました。

ヴィクトリアは，40代始めにさしかかる頃には，徐々に抑うつ的になっていました。そして，節目になったのは，彼女が高く評価していた学校と同僚から引き離されて，不本意ながら新しい学校に転勤したことでした。ちなみに，その新しい学校で，彼女は「孤立無援で居場所がない」と感じました。その転勤がとくに苦痛だったのは，校長が彼女にその決定を知らせたときに，とても「冷淡」だったことでした。彼女は，「かつての絶望感」を体験し，初めて自殺したいと感じ，その時点で入院を求めたのでした。

ヴィクトリアと私には，心理療法において取り組むべき多くの問題がありましたが，それらのなかでも彼女の神との関係が最も目を引きました。私は，彼女の皮肉っぽさと辛辣さに衝撃を受けました。彼女は，神に対して心の底から恨みを感じるようになったと語りました。すべての苦悩は神の意志であるという祖母の予言が蘇ってきて彼女を悩ませるようになり，彼女は責め苛まれていると感じました。さらに，心の奥底では，その苦悩を十分長く耐え抜くなら神は報いてくれるだろうという確信を形成していることに，彼女は気づきました。その報いは良い恋愛関係であろうと，彼女は恥ずかしそうに語りました。彼女の自殺念慮状態においては，神に裏切られたという感情が中心的役割を演じていました。彼女は，祈りの最中に急に欲求不満が強まる瞬間があったことを覚えていましたが，その瞬間に彼女は自分の希望が「愚か」で「空虚」であることを自覚したのであり，その後に，彼女は命を絶つことを考えたのでした。

慈愛に満ちた神とつながっている感覚を形成した前歴がありましたので，ヴィクトリアは，学校での安心感の喪失に直面して「退行して」いたのだということを認識しました。彼女は洞察力がありました。つまり，祖母の有害な信念が蘇ってきて彼女を悩ませていたことと，男性や校長との間でなされた経験が神に対する見方を色づけていることを，彼女は知ることができました。しかし，私の見解ですが，これらの洞察は，ヴィクトリアが神とのより確かなつながりを回復する際には，取り立てて重要ではありませんでした。むしろ，病院の患者仲間やスタッフ陣とのつながりを築くことによって疎外感を克服するにつれて，彼女の気分は改善し，彼女は自分自身に対する慈しみをより豊かなものにしていきました。これらの推移が，神との関係を含む諸関係に対して彼女の心を開かせるのに役立ちました。その後に，彼女は，人々や神についての自分のイメージがいかに歪んでいるかということを知ることができたのです。

（2）依存

　William James（1902/1994）は，はっきりとこう表現しました。「ここに宗教的問題の真の核心がある。つまり，『助けてください！，助けてください！』ということである」。Sigmund Freud も同意しましたが，彼はこの心理的方略への軽蔑を隠そうとはしませんでした。ちなみに，彼はそれを願望的かつ原始的な思考に等しいものとみなしました。

> もし世界を創造した神がいて慈愛に満ちた摂理があれば，そして世の中に道徳的秩序があり，死後の生命があれば，大変すばらしいと，私たちは自分に言い聞かせるであろう。しかし，大変衝撃的な事実であるが，これはすべて，まさに私たちがそうであってほしいと願うように運命づけられているだけのことである。私たちの，不運で，無知で，虐げられた先祖たちが世の中にあるこれらすべての難問をうまく解決できたとすれば，そのほうがもっと驚くべきことであろう。　　　　　（Freud, 1927/1964, pp.52-53）

　このようなわけで，Freud は，宗教という錯覚を強迫神経症に似たものとみなし，敬虔な信者について「世界的神経症を受容するおかげで，彼らは個人的神経症を構成するという課題を免れている」（p.72）と述べたのです。
　Freud の宗教観は，それに先立つこと 2 世紀前に啓蒙思想の中に現れていました。つまり，理性と科学に依拠することによって，神に依存せずに，自分のことは自分で処理できるということです。Freud の先駆けとなった哲学者 Ludwig Feuerbach〔フォイエルバッハ〕（1873/2004）は，「勇気を持ち，一貫して，神をまったく放棄し，あなたの存在の最終的基盤としての純粋で，ありのままの，神なき自然に訴えなさい」（p.48）と，提唱しました。
　私が思うことですが，私たちは，啓蒙思想的ナラティヴによって，成熟することと神への信頼を放棄する勇気とを等しいものと考えるように誘惑される可能性があります。しかし，私たちはこの誘惑をそういうものとして認識しておくべきである（Taylor, 2007）と，私は思います。この啓蒙思想的ナラティヴは，スピリチュアルなものとの関係性よりも自律を高く評価します。それは，私たちをスピリチュアルな安全地帯または安心基地から切り離しながら科学的探索を奨励します。その結果，私たちは，世界の中で居心地がよい自分を見出そうとして悪戦苦闘することになるでしょう――トラウマ的愛着に関する言葉で表現するなら，最悪の場合には，私たちは恐れにとらわれ，孤立無援である自分を見出すことでしょう。私の判断ですが，Freud はあれだけ人間的つながりを重視しているのに，宗教に関する彼の立場は回避型愛着の姿勢に近いのです。

私たちはよりバランスがとれたあり方を必要としていると，私は思います。Pruyser（1974）が明らかにしたように，信と不信は，成熟していることもあれば未成熟なこともあり，その点では同じです。愛着理論の視座からみれば，依存を受け入れることが自律につながる道です。トラウマ的出来事は私たちを無力にし，私たちの弱さと依存の感覚を強めます。Pargament（2011）が主張するように，「宗教は，**人間的不充足**（human insufficiency）の問題に答えを提供する」（p.278；強調は後から付加）のです。私たちのすべてのつながりの源は想像力であるということに関して，私は Rizzuto（1979）に同意します。そして，配慮を求める私たちの希求や，私たちの恐れや，私たちの限界に甘んじるために私たちが創造的空想を必要とする限り，私たちは神々を保持し続けることでしょう。つまり，「私たちが世界のあらゆる場をコンピューター化するためにいかに多くの『進歩的』努力を行おうと，自然と世界は人格化され続けるであろう。Freud が思い描いたような，錯覚のない理想的な人が登場するためには，人類の新しい種を，そしておそらく新しい文明を待たなければならないだろう」（p.54）ということです。

（3）神との関わりにおける愛着パターンに関する実証研究

Pehr Granqvist & Lee Kirkpatrick（2008）は，次のように強く主張しました。つまり，「人々の関係ネットワークにおいて神や他の想像上の人物が果たす役割をはっきりと認めることなしには，成人の対人関係一般についてのモデル，とくに愛着関係についてのモデルは，完全なものにはならないであろう」（p.928）というのです。神を正真正銘の愛着対象とみなすことの正当性を示す広範なエビデンスがあります（Kirkpatick, 2005）。多くの宗教信者が神と個人的かつ交流的な関係を持ちます。彼ら／彼女らは，その関係を母親的な面でも父親的な面でも愛情深いものとして体験します。彼ら／彼女らは，とくに苦痛なときには，（最も幅広くみられるのは祈りを通してですが，それだけでなく教会にいることによって）神との近接を求めます。そして，彼ら／彼女らは，（例えば，信仰を失ったときや神に見捨てられたと感じたときに）神との分離を苦痛なものとして体験します。苦しんでいるとき，とりわけ喪失を体験したときに慰めを与えてくれるという点で，神が近づきやすい存在であり，神が応答を返してくれる限り，その関係は**安全な逃げ場**のあらゆる特徴を備えています。それに加えて，その関係は，不安からの相対的自由と，強さ・自信・有能性の感覚という意味での**安心基地**を与えてくれます。私の見解ですが，神との関係は，おそらく自己依存と自律の基盤となる**内的安心基地**に重要な貢献をすると考えてもよいでしょう。神への愛着と人間への愛着の間に重要な違いがあることは疑う余地のないことで

あり，何といっても，人間に関しては直接的に観察することが可能です。さらに，神は高貴な愛着対象であり，計り知れないほど強くて賢く，おまけにいつでも愛と守りを与えてくれます——有神論の言葉で表現すれば，慈愛に満ちているだけでなく，遍在し，全知であり，全能です。

　良し悪しなのですが，人間との関係に基づく内的作業モデルが拡張されて神との関係に適用されるという直接的**一致**を証明する実証研究があります（Kirkpatrick, 2005）。親とポジティヴな関係にある子どもたちは，神ともポジティヴな関係を築きやすくなります。同じことが成人にもあてはまります。愛着が安定型の人たちは親の基準に同一化しやすいので，親が宗教的であるなら，この人たちも神に対して愛情を伴う関係を築きやすいのです。さらに詳しく言うと，ポジティヴな自己像は，神を愛情深いと体験することと関連していますし，他者についてのポジティヴなモデルは，神との個人的で親密な関係と関連しています。対照的に，回避型の人たちは，とくに不可知論的または無神論的になりやすく，神を距離があって近づきがたいものと捉えがちになります。

　しかし，神との関係が親との愛着とは一致せず，むしろ不安定型の愛着を**補償する**ものになることがあります。Kirkpatrick（2005）の説明によると，「人間への適切な愛着の**欠如**は，人間の愛着対象とは重要な点で**異なる**神を信じることへの動機づけとなるか，それを可能にすると思われる」（p.127；強調は原書のとおり）のです。明らかなことですが，愛着トラウマの既往は，このようなシナリオの生じやすさに寄与します。例えば，アンビヴァレント型愛着の脈絡では，神は，信頼できない親とは全く対照的な姿を示し，無条件の愛を与えてくれ，その結果，信仰者は拒絶されることや見捨てられることを恐れる必要がなくなります。神との関係が安心感を与え，自尊心を高める限り，その関係は，人間へのより安定した愛着に到達するための踏み台を提供することでしょう。しかし，不安定型愛着に基づく補償的な神との関係は，他のアンビヴァレント型愛着と同じ運命をたどることがあります。「不安型〔アンビヴァレント型〕の成人たちは，代理的愛着対象としての神にすがる可能性が最も高いけれども，後になって，神との関係が自分の愛着欲求を満たすためにはまったく不適切であったことを発見する可能性もきわめて高い」（pp.141-142）のです。

（4）神との関わりにおけるメンタライジング

　虚心坦懐の権化であるJames（1902/1994）は，狭い科学志向を持つ私たち心理療法家が肝に銘じておくべき次のような警句を発しました。つまり，「私たちがそのようなものに関与することができないからというだけで，現象を注意の外に閉め出すこ

第6章 実存的 - スピリチュアルな視座

とほど愚かなことはない」(p.124) のです。メンタライジング的姿勢は，心理療法において不可欠であると同様に，宗教的関心との関係においても不可欠です。多様な患者たちと治療的に関わるセラピストとして，私はこの姿勢のおかげで全範囲の信仰を公平に探索することができます。そして，その範囲は，不信から始まり，疑いを経て，様々な形の信仰にまで及びます。メンタライジング・アプローチは，大きな自由を与えてくれました。私は自分から宗教的話題を後押しすることはありませんが，患者が取り上げるときはいつでも，患者の神体験について喜んで語り合います。なぜなら，私はこの領域を魅力的だと思うからです。しかし，私は，この同じ領域に関して耐えがたいほど苦痛で混乱に陥る体験をたっぷり味わうこともあります——それは，不安定型の愛着が神との関係性に与える影響に関する実証研究に加えて，悪に関する何世紀にもわたる神学的・哲学的文献が証明しているとおりです。

　神との関係を探索する際の私のメンタライジング的姿勢を促進しているのは，神との関係はメンタライジングに基づくものであるという私の信念です。私たちの共感能力が良い例ですが，メンタライジングには想像力が要求されます。Karen Armstrong (1993) が著書に書いたことですが，彼女が宗教生活を始めるときに，「1つの重要な含意として，神は創造的な想像の産物だ」ということや「私は自分で意図的に神の意味を創造するべきだ」(p.xx) ということをもし聞かされたなら，彼女は多大な不安に時間を費やすことになっただろうというのです。メンタライジングの達人である Armstrong は，彼女の論点を次のように拡張しました。

> 今日，深い含意においては神は想像の産物であると，指導的神学者が示唆するなら，西欧の多くの人々は落胆することであろう。しかし，想像が中心的な宗教的能力であることは，誰の目にも明らかなはずである。それは，Jean-Paul Sartre〔ジャン－ポール・サルトル〕によって，**ないものを考えることができる能力**と定義されている。人間は，ここにないもの，あるいは存在せず考えうるだけのものを思い描く能力を持つ唯一の動物である。こうして，想像は，科学と工学だけでなく芸術と宗教においても，私たちの達成をもたらす原因であり続けてきた。神という着想は，それがどのように定義されようと，不在の現実のおそらく最上の実例であろうし，それは，内包する諸問題があるとはいえ，何千年にもわたって男性および女性の発想を刺激してきた。感覚によっても論理的証明によっても捉えることができない神を思い描く唯一の方法は，象徴を手段として用いるということであり，その象徴を解釈することは，想像力を備えた心の中心的機能なのである。　　　　　　　　　　　　　　(p.233；強調は原書のとおり)

　このようなわけで，私は神を神秘的なものの象徴と考えることを好みますが，これは，Pruyser (1987c) が「神を神のままにしておき，被造物としての限界を受け入

2．神への愛着とスピリチュアルなつながり

れることにつながる宗教的に謙虚な精神」（p.6）を提唱したことと一致しています。

　この視座から見ると，神から愛される――あるいは憎まれたり，無視されたり，見捨てられたりする――のを感じるためには，想像的メンタライジングが必要です。祈りの場合も同様です。したがって，神と関わることは，社会的交流の際にメンタライジングに関与する脳領域と同じ脳領域を活性化します（Schjoedt et al., 2009）。さらに，先ほどレビューした愛着研究が証明しているように，神をメンタライズする方法は，他の関係をメンタライズする方法から影響を受けます。愛着トラウマはメンタライジングを台無しにし，その結果，人は硬直した思考にとらわれることがあります。例えば，人は――まるで神の心を読み取れるかのように――自分の受難を神からの非難であると確信することがあります。ですから，ヴィクトリアは，喪失と抑うつに直面して退行し，神が彼女の苦しみを望み，彼女を苦しみの中に放置しているのだと確信したのです。彼女は，治療の中で以前より省察的になったときにメンタライジングを回復したので，他の可能性に心を開くことができました。ちなみに，それは，人生のより早い段階で，家を離れた後に彼女がしたことと同じでした。

　愛着が安定型の人たちは，回避型やアンビヴァレント型の人たちに比べて，実存的関心に対しても，宗教やスピリチュアリティを1つの**探求**とみなすことに対しても，より気楽に取り組む可能性が高いのですが，それを示すエビデンスを Mario Mikulincer と共同研究者たち（2004）が要約して述べています。こういうわけで，安心感は神に対するメンタライジング的姿勢を促進するのではないかと，私は思います。ちなみに，神に対するメンタライジング的姿勢とは，①想像的思考に身を投じる能力，②信念を保留する能力，③曖昧さと不確かさへの耐性，④神についての作業モデルを再吟味し，修正する能力，です――それとまったく同様に，メンタライジングは，他の愛着関係においても変化を受け入れる開放的姿勢を促進します。また，メンタライジングは，より一般的に多様な見方への耐性をもたらしやすいと，私は思います。例えば，愛着の安定性に支えられていると，確実さを根拠にする必要を感じずに自由に考えることができますが，この自由は，①有神論，②無神論，③信と不信の間の中間領域，のいずれに対しても相性が良いのです。

　私の見解ですが，メンタライジングのおかげで，私たちは不履行状態――知識を求めながらも無知でいること――にとどまります。私が治療的に関わった若い男性は，きわめて宗教的な家族の中で育ち，神についての疑念を罪深く恥ずかしいことだと感じていました。ちなみに，その疑念は，彼の知的探究心から生じたものでした。彼の信念と感情を探索した後に，私は彼に牧会カウンセリングを紹介し，彼はそれを心強く思いました。その間も，私は自分の見解を伝えることを憚りませんでした。彼が自

第6章　実存的-スピリチュアルな視座

分の困惑を罪深いと思うのではなく，楽しむようになるかもしれないという希望を，私は表明しました。私は，次のような Armstrong の精神に則ってそうしたのです。つまり，「人間は，自分では解決できない問題を自分自身に提起し，まだ創造されていない現実という暗い世界に立ち向かい，そのような無知とともに生きることが驚きと喜びの源であると思うように方向づけられているのだと思われる」（Armstrong, 1993, p.311）のです。私の患者が最終的にどうなったかというと，彼は楽な気持ちで率直に家族と話し合い，そのとき，彼が自分で心を決めることに家族は反対していないことを，彼は発見したのです。

（5）スピリチュアリティ

【事例】私が心理療法でエディと会ったのは，彼が50代で心的外傷後ストレス障害を発症した後のことでした。エディは，幼年期の間ずっと，手荒く支配され，義父――鬼軍曹――による暴力的な説教と殴打に服従していました。彼は，自分のことを，結婚はしたが妻とやや距離のある関係を続けている「一匹狼」であると特徴づけました。彼が言うには，彼は，近隣のなじみのない場所で道に迷い，車を停めて道を聞こうとしたときに強盗に暴行され，金品を盗まれたのですが，その後に「何が何だかわからなく」なったのでした。それから数週間後，彼は，暴行のぞっとするほど暴力的なイメージに悩まされるようになりました。青天の霹靂のように，自分が他者に暴行されているか他者に暴行しているというイメージが浮かびました。彼は「気が狂いそうだ」と感じました。なぜなら，彼の侵入的イメージがあまりに鮮明なときがあるので，彼は，あたかも街にいる見知らぬ人が彼に暴行を加えているか，またはその逆であるかのように実際に感じたからです。

エディは，自然と一体になることによって幼年期を生き延びたと語りました。彼は，安全を求めて近隣の公園の林の中で過ごしたのですが，そこでは鳥たちや他の動物たちとのつながりを感じました。この幼年期の関心は，成人期に至ると永続するスピリチュアルな探求に姿を変えました。エディは，成人生活の間を通してスピリチュアルな隠遁の中に平安を見出しました。彼は，鋭い審美眼を育て，「自然と心を通わせる」ことができると感じました――それは親密な人間関係よりも安全と感じられることを，彼も認めました。彼は，彼のスピリチュアルな導師との関係に全幅の信頼を寄せていましたが，その人の平等性と慈愛は，義父とは劇的に異なるものを与えてくれたのです。

エディのスピリチュアリティは，彼の症状によって中断しました。彼は，眠ることができず，集中することができませんでした。そのため，瞑想を支えにすることができませんでした。彼は，自分の暴力的な考えとイメージをとても恥ずかしく思っていたので，誰にもそれについて話しませんでした。彼は，他者からも，自分からもまったく疎外されていると感じました。絶望に駆られ，勇気に鼓舞されて，彼は，心の中で起きていることについて，徐々に心理療法の中で語るようになりました。その育ちにもかかわらず，エディが優しい心の持ち主であることは，私には一目瞭然でした。そして，彼の暴力的イメージは，彼が育て上げた性格とはきわめて対照的でした。もちろん，彼が最も恐れていたことは，義父とは正反対になろうと努力し続けているにもかかわらず義父のようになってしまうことでした。暴行を

2．神への愛着とスピリチュアルなつながり

受けたことがきっかけで，長いこと心に潜んでいた父への暴力的空想が再燃したのだということを，彼は治療の中で認識しました。不安が減少し，集中力が回復するにつれて，彼は瞑想を再開し，侵入的イメージに対してマインドフルな姿勢をとることができました。つまり，自分自身に慈しみを向けるように努めたので，侵入的イメージと同一化するのではなく，それから距離をとることができました。それだから，彼は，そのイメージが心に亀裂を生じさせずに心の中を行き来するのを許すことができました。重要な点ですが，彼は，これらすべての体験についてスピリチュアルな助言者と話すことができ，そうすることによって，さらなる癒やしへの扉を開きました。

Thomas Plante（2009）の「神聖なものであり，かつ自分自身を超えた概念・信念・力と結びついているものに関心を向けること」（p.4）という**スピリチュアリティ**（spirituality）の大まかな定義を，私は好みます。私は本章にスピリチュアリティについての考察を含めていますがそれはなぜかというと，宗教と同様に，スピリチュアリティはトラウマとの絡みで意味や癒やしを見出すための拠り所だからです――それは，世界の中で，孤立無援で疎外されていると感じることをより少なくし，居心地がよいと感じることをより多くするための経路となりうるものなのです。気質，育ち，教育，幻滅という理由によって，神を信じないほうに傾きやすい人たちにとって，スピリチュアリティは，**つながり感**（feeling of connection）を得るためのもう1つの経路を与えてくれます。私の見解ですが，スピリチュアリティには――あるとすれば――2つの対極があります（図6-1を参照のこと）。まず，スピリチュアリティは自己陶酔の対極にあるものです。André Comte-Sponville（2007）は，彼の『無視論者のスピリチュアリティについての小冊子』という刺激的タイトルの著書の中で，「自己は牢獄である。……私たち自身の小ささを自覚することは，その牢獄から自由になることである。こういうわけで，自然をその広大さのままにまるごと感じることは，スピリチュアルな体験なのである」（pp.147-148）と書きました。第二に，スピリチュアリティは，Pruyser（1987a）が「身も蓋もない現実主義」（flat-footed realism）

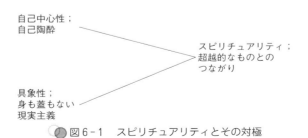

図6-1　スピリチュアリティとその対極

(p.197）と呼んだものの対極です。同様に，Nagel（2010）は，「石頭の無神論」(hardheaded atheism）という名高い世俗的姿勢に言及しました。それは，「世界が存在していて，特定の［科学的］記述を満たしている。それが生み出したものの1つが私たちである。話はこれで終わり」（p.8）といった姿勢です。「啓蒙思想」を全面的に支持するのであれば，それでよいでしょう。

しかし，俗語を用いて表現するなら，身も蓋もない現実主義は，トラウマ被害者を**クソなことも起きるものだ**（shit happens）という不毛な神議論とともに放置します。この見解は，ほとんど満足にはつながらないので，私たちはさらに多くを求め続けることになります。それはCharles Taylor（2002）が明言したとおりであり，「人々は不信に満ちた世界で不安感を抱き続ける。つまり，何か大きなもの，何か重要なものが除外されたままであり，ある水準の根源的願望が無視されたままであり，私たちの外側のより大きな現実が閉ざされたままであるという感覚を抱き続ける」（p.56）のです。私の見解ですが，有神論の神を信じる気はないけれども，より以上のもの——神聖でスピリチュアルなもの——への欲求を感じている人たちにとっては，スピリチュアリティが中間的位置を与えてくれます。しかし，スピリチュアリティの中にも程度の異なる複数のスピリット〔超越的関心〕があります（Pargament, 2007）。『懐疑論者のためのスピリチュアリティ』という興味深い著書の中で，Robert Solomon（2002）は，要するに生命への思慮深い愛であり，関係性の中に埋め込まれている日常化されたスピリチュアリティを擁護しました。「いずれにせよ，スピリットは社会的なものである。それは，私たち個々の自己よりもずっと大きい人間性や世界に関与し，所属しているという感覚を表している」（p.9）のです。

Nagel（2010）の視座から見ると，そのような人間的スピリチュアリティは神の不在に対する**部分的解決策**です。「というのは，世界は私たちの生に意味を与えてはくれないが，私たちはその中で孤立無援なのではないから」（p.10）です。Nagelはより大きな何かを探し求め，「世界と調和して生き，ただその中で生きるだけではないようにする方法はあるのか」（p.5）と問いかけます。Nagelが指し示す調和は，そこに含まれる畏敬の念と宗教的意味の点できわめて魅力的であると，私は思います。調和への願望を宗教的気質と結びつけて，彼はそれを以下のように表現しました。

> 驚くほど突然存在するようになるのであるが，人は存在の——その全体の——代表者である。人がその一部だからではなく，それが人の意識に現れているからである。私たち**各自において世界は意識に現れてきた**のであり，それだから，私たちの存在は単に私たちだけのものではないのである。　　　　　(Nagel, 2010, p.6；強調は後から付加)

このようなわけで，「この見解では，私たちのそれぞれは世界が徐々に覚醒する長いプロセスの一部なのである」(p.17)と，Nagelは提唱します。

　私たちがそれをどのような形で解釈することを選ぼうと，スピリチュアリティの最高水準では，私たちは世界への依存を受け入れなくてはならず，また**世界の中で居心地がよい**と感じる方法を見出さなくてはならないのです。この比喩はつながり感または所属感を捉えていますが，それは，私がトラウマと解釈するもの——つまり，情動的苦痛の中で孤立無援であり，疎外されていると感じること——の対極をなすものです。Pruyser（1974）は，世界が「友好的な棲み家」として現れる可能性を示しました。そして，彼は，実存主義の哲学者で精神医学者のKarl Jaspers〔カール・ヤスパース〕に言及しながら，次のようなコメントの中でその精神を見事に捉えました。「Jaspersはかつて1つの全体としての世界を『包み込んでくれるもの』(the encompassing)と呼んだ……それを私は良い言葉だと思う。私であれば，それを『**抱擁してくれるもの**』(the embracing)と呼ぶことによって，それについてもう少し比喩的で**温かく**表現したくなるであろう」(p.224；強調は後から付加）というのです。

　スピリチュアリティを安定型の愛着と結びつけるために，私は結びつきを強調し，Pruyserの**抱擁すること**という温かい言葉に光を当てています。しかし，私は愛着の概念をあまりに拡張しすぎることは望んでいません。前節で述べたとおり，愛着関係の重要な要件をすべて満たしている点で，神は別格の愛着対象でありえます。「世界」は，たとえ抱擁してくれるとしても，人または人格化された神のような愛着機能を果たすことはできません。しかし，エディの経験が良い例ですが，スピリチュアリティは，トラウマとの絡みで重要になることのある実存的拠り所——意味と受容だけでなく情緒的安心感の拠り所——なのであり，そのことに関して疑問を差し挟む余地はありません。このことが，私の中心的関心事である心理療法に私を立ち戻らせてくれます。

（6）宗教とスピリチュアリティを心理療法に統合する

　多くの患者たちにとって宗教とスピリチュアリティは目立った関心事ではありませんし，私たちセラピストは，自分の実践において決してそれらを押しつけるべきではありません。しかし，私たちは，それらが生起したときには，苦労なくそれらに目を向けることができなくてはなりません。Pargament（2007）は，トラウマの既往を持つ患者に対してはスピリチュアリティを統合した心理療法が重要であることを強く主張しています。彼の観察によれば，トラウマ体験は人をより宗教的にするかその逆であるかのどちらかです。愛着研究とも一致することですが，幼年期の虐待は，家庭で

第6章　実存的-スピリチュアルな視座

教えられた宗教的信念を保持する可能性が低くなることに結びつき，おまけに神をよりネガティヴに特徴づけることに結びつきます。彼が指摘していることですが，スピリチュアリティは「諸刃の剣」（p.276）であり，「良くても人生と，悪くても人生と結びつく」（p.128）のです。

　Pargament（2011）は，次の3つのタイプの宗教的格闘を区別しています。1）内的：例えば，信仰についての疑念や自己のより高い側面とより低い側面との葛藤。2）対人的：例えば，スピリチュアルな信念をめぐる友人・家族成員・信仰者たちとの葛藤。3）神的：例えば，神に対するネガティヴな感情。さらに，彼は，ポジティヴな宗教的対処（例えば，積極的な問題解決の際に神とつながっていて神に支えられていると感じること）とネガティヴな宗教的対処（例えば，宗教的格闘の中で行き詰まること）を区別しています。トラウマと関連する格闘はスピリチュアルな成長と変容（例えば，受容と放棄の能力の向上）につながることがありますが，このような格闘は必ずしも常に成功するとは限りませんし，脱関与（disengagement）につながることもあります。しかし，全体としてみれば，「スピリチュアリティは害よりも良い結果をもたらすほうであり」，「心理的問題を助長するよりも解決するほうに関係していることが多い」（Pargament, 2007, p.182）と，彼は提唱しています。

　したがって，私たちセラピストは，明らかな理由があるから患者の宗教的な関心と格闘に目を向けるのです。神との愛着葛藤は，人間との愛着葛藤がそうであるのと同じ理由から治療的探索に値します。つまり，過去が現在に及ぼす影響を認識することは，どちらの領域においても，より大きな安心への道を切り開くことがあるのです。広範なエビデンスが証明していることですが，一方の宗教的関与および神とのポジティヴなつながり感と，もう一方の精神的・身体的健康の良好さとの間には，関連がみられます（Plante, 2009）。もちろん，このような健康上の利点も，ポジティヴな宗教体験も，安定型の愛着の中に組み込まれています。

　Pargament（2007）は，スピリチュアリティの話を切り出すためのきわめて率直なアプローチを提唱しています。

> 治療においてスピリチュアリティが顕著だと思えるときには，私は，クライエントに対して，「あなたの問題には，どうもスピリチュアルな次元があるように思えますが」とか「スピリチュアリティは，あなたが自分の問題に取り組む際に潜在的な拠り所になっているようですね」と言うだろう。それから，私は，「あなたの状況のスピリチュアルな側面について探索することを，あなたはどのように感じるでしょうか」と尋ねるであろう。このような種類の発言や質問は，単に出発点であるにすぎない。　（pp.208-209）

2．神への愛着とスピリチュアルなつながり

　スピリチュアリティについての率直な探索の実例で私が気に入っているものがあるのですが，それは私の共同研究者である Jim Lomax（Lomax et al., 2011）の実践から得られたものです。彼の患者の一人は，根本的に重要できわめて個人的なスピリチュアル体験をずっと語ることができず，彼女がそれを打ち明けたのは，その事実があってから何か月も後のことでした。驚くには値しません。彼女の両親は，彼女の考えや感情に対して，一貫して奇妙なほど批判的か，処罰的か，無視する形で反応してきたからです。彼女が「不思議」かつ「超常的」と名づけている体験の開示を躊躇するようになったのも無理はありません。最終的には，彼女はその話題を切り出すのに十分な信頼を形成し，超自然的に思える幼年期の体験から語り始めました。彼女は，混乱しないように慎重に語り始め，それに続いて，今まで隠していたとくに強烈な成人期の体験を打ち明けました。この体験は，彼女がメンターに対して形成した愛情深い愛着と関連しているのですが，そのメンターは病気で末期状態になりました。彼が亡くなったとき彼女は休暇で遠くにいて，1日後に彼の死を知りました。しかし，ちょうど彼が死んだ実際の時間の前後に，彼女は彼の声を聞いたのです。ちなみに，それは彼の死を彼女に知らせ，彼女への愛を表明するものでした。彼女が Jim の反応を尋ねたとき，あなたは「美しい愛の物語」を語ったのだと Jim は発言したのですが，これは彼女の両親の態度を繰り返すことからは程遠いものでした。それから，彼女は，亡くなったメンターとのつながり感を強めている次の超自然的体験を打ち明けました。そして，似たような体験をする人は他にもいるのかと，彼女は尋ねました。Jim は「きわめて幸運な場合に限られますね」と答えました。心理療法における効果的なメンタライジングは突き詰めると人間的であるスキルに帰着すると私は主張しているわけですが，その際に私が思い浮かべている理想の具体例が Jim の応答です。

　セラピストとしてスピリチュアリティや宗教について探索するとき，私たちは自分の能力の範囲内で実践を行うことにも注意していなくてはなりません。私たちは宗教的権威を持っているわけではなく，宗教的な疑問に答えを与えることはできません。というよりも，Pargament（2007）が提唱していることですが，私たちは，「患者たちが**自分自身の**人生の真実を**自分たちが**知覚し，体験しているとおりに発見し，生き抜く」（p.19；強調は原書のとおり）ことができるように患者たちを助けたいと願うのでなければなりません。私たちは，スピリチュアル・宗教的な資源を利用するように患者たちを励ますことができますが，どうすればよいかを教えることはできません。そういうときには，私たちは，患者たちを聖職者集団のメンバーや宗教的専門家に紹介するという形で援助してもよいのです。そして，私たち精神保健専門家は，聖職者集団のメンバーと相談したり，共同作業をしたりすることから恩恵を受けますが，そ

れとまったく同様に，彼らもまた私たちとの共同作業から恩恵を受けるのです（Plante, 2009）。

　スピリチュアリティを統合した心理療法は，きわめて広い範囲にまたがるものです。その連続体の一方の先端では，私たちは，世俗的な心理療法を行う際にスピリチュアルな実践から得られた介入法を用いることができます。マインドフルネス実践が一般的な実例です。この連続体の中間においては，セラピストは，広範囲のスピリチュアル・宗教的な活動に参加することを奨励することができます（Plante, 2009）。この連続体のもう一方の先端では，スピリチュアリティに焦点を合わせる心理療法（Pargament, 2007）という誕生しつつある領域があることをセラピストは認識しておくべきです。実証研究はまだ始まったばかりの段階ですが，Everett Worthington Jr. と共同研究者たち（2011）の結論によると，前述のような〔スピリチュアリティ〕特異的治療は，心理的効果に関しては世俗的治療の場合と変わらぬ有効性を示し，スピリチュアリティを高めることに関してはより大きな利点を示しています。患者の優先的関心を尊重することの利点を考慮すると，〔スピリチュアリティ〕特異的介入法は考慮に値するものであり，非常に宗教的であるかスピリチュアリティの高い人たちに対しては，とくにそうなのです。

3．希望を育む

　トラウマと抑うつに関する心理教育グループを実施する際に，私が好んで取り上げてきた話題は希望です。私は，目標があるほうがより目的を達成しやすいというアリストテレスの主張から話を始めます（Bartlett & Collins, 2011）。こうすると，私たちは，希望について明確に考えるように努力しなければならなくなります。それから，私は，「あなたに希望を与えてくれるものは何か」という問いに答えることにグループの各メンバーを誘います。まったく絶望的だと感じている患者たちにとっては，「何もない」が妥当な回答だということは明らかです。入院という設定では，患者たちが絶望の頂点にいることがよくありますが，そのような設定でも「何もない」という回答は稀です。

　私自身も，あなたに希望を与えるものは何かと聞かれることがあります。私が何年間にもわたって耳にしてきた多様な肯定的回答が私に希望を与えてくれます。しかし，私にとっての希望の最も根源的な基盤は，まったく絶望的だと感じ，長いこと自殺による死だけを考えていた患者たちと治療的に関わった経験に由来するものです。彼ら／彼女らは，心理療法を変化のための機会として利用することはありませんでしたが，

その代わり最後の日々に維持していたい親しい関係を求めました。私が栄誉だと思い続けてきたことですが，何年も経過してから，そのような患者たちから音信があり，患者たちが生きていて良かったと思っていることがわかるのです。実際，そのような患者が一人だけいさえすれば，それは自殺したいほどの絶望に直面しても私が希望を保持していられる理由になることでしょう。

私たちが希望について明確に考えることには正当な理由があります。しかし，Karl Menninger（1959/1987）が半世紀まえに指摘したように，精神医学的文献において希望は悲しいくらい無視されてきましたし，これは今でも変わらない事実です。

> 今や科学と精神医学における**信仰**の位置づけに関する書物や，人の**愛し愛されよう**とする努力に関する書物は，私たちの書棚にたくさん並んでいる。しかし，話が希望となると，私たちの書棚は閑散としている。学術誌は沈黙している。『エンサイクロペディア・ブリタニカ』は愛という題材に対しては多くの欄を費やしているし，信仰に対してはもっと多くの欄を費やしている。しかし，希望，哀れな希望！　希望は掲載されてさえいないのである。　　　　　　　　　　　　　　　（pp.447-448；強調は原書のとおり）

この後に続く紙面で，私は，文献中で目を引く２つのテーマに取り組みます。つまり，希望を将来への健全な期待と結びつけること，および希望を実存的姿勢とみなすことです。私は，締めくくりとして，希望を愛着という揺り籠の中に戻します。表6-2は，希望に寄与する要因について私の目から見た概要を提示しています。

（１）健全な期待

心理教育グループで患者たちに希望についての理解を尋ねると，最初の回答は，常に未来に対するポジティヴな期待を示しています。未来を志向する点で，希望は願望することや楽観主義と重なります。私は，Pruyser（1987b）に従って，希望をこれら２つの類語と区別して定義することから始めます。願望することは望ましい対象ま

表6-2　希望に寄与する要因
- 不確かさに直面しても前進する能力
- 希望との入れ替わりで現れる疑念，恐れ，絶望に対する耐性
- 現実主義的期待をもって現実に直面する能力
- いま思い浮かぶ未来とは別の未来を想像する能力
- 主体性（積極的関与）と経路（方向感覚）を結びつけること
- あなたに希望を見出している他者から希望を借りる能力
- トラウマから個人的成長を引き出す能力
- 慈愛との結びつき：安定型の愛着

第6章　実存的-スピリチュアルな視座

たは出来事に焦点を合わせています——宝くじの当たり券，新居，理想的な友人がほしいと願うといったことです。しばしば，「私は……を希望する」という前置きは，ある願望を伴っています。そもそも願望することに悪い点は何もありません。私たちはすべてそれを行います。しかし，私は，グループ討議をいくつかの重要な相違のほうに導きます。願望することは容易です。希望を保持することは困難を伴います。願望することは非現実的になることがあります。希望は間違いなくそうはなりません。願望することは受身的です。希望は能動的です。願望することは現実を回避する手段となることがあります。希望は現実に直面することを伴います。

　私たちが楽観主義を賞賛することにはもっともな理由があります。楽観主義は良好な気分，良好な健康，人望，粘り強さ，成功と結びつくことを広範な実証研究が示しています（Peterson & Chang, 2003）。逆に，悲観主義は，しばしば抑うつの一部として組み込まれていますが，疎外，受身性，失敗，健康不良と結びつきます。良かれ悪しかれ，楽観主義も悲観主義も自己成就的予言と結びつきます。つまり，楽観主義者は，目標に向けて努力し，そのためより成功しやすくなります。悲観主義者は，やってみようとしないか簡単に諦めてしまい，そのため失敗します。楽観主義がどれだけ価値あるものであろうと，それは希望と同じではありません。私の見解ですが，トラウマからの癒やしというしばしばへとへとに疲れるプロセスで必要とされるものを捉えるには，楽観主義はあまりに能天気な言葉です。

　私たちのトラウマ患者たちは——まったく絶望的ではなくても——深刻な困難を抱えた状況で病院を受診します。ほとんどの場合，楽観主義は場違いなのですが，患者たちの中には，役立ちうる治療に至る道を見出したことによって十分に元気づけられ，楽観主義を表明する人たちもいます。しかし，大部分の患者たちは，そこまで素直に信頼するわけではありませんし，ましてや陽気なくらい楽観主義的であるということもありません。彼ら／彼女らは希望を必要としています。しかし，私たちは，希望を促進する際に中道を歩みます。それは，Menninger (1959/1987) が以下のように警告したとおりです。つまり，「適量の——いくらかあるが多すぎない——希望をかき立てることは，患者に対する若い医師の責任であるが，それと同様に，学生に対する教師の責任でもある。希望の過剰は思い上がりであり，破滅につながる。希望の欠如は絶望であり，衰弱につながる」(p.449) のです。Menninger がそれに続けて提唱していることですが，専門的知識のおかげで，私たちセラピストには以下のことが可能になります。

　　治療的ニヒリズムを建設的努力に置き換えること，健全でない期待を——まず希望に，

3．希望を育む

次に健全な期待に——置き換えること……——哀れで，不安そうで，意気消沈しており，しばしば絶望している——患者たちに対して，私たちにそれ以上の何ができるだろうか？　彼ら／彼女らの——良くも悪くも——誤った期待を一掃し，その後に希望の火をともすこと，それは健全な期待になるかもしれない複数の可能性を示してやることであるが，私たちにそれ以上の何ができるだろうか？　　　　（p.461；強調は後から付加）

　私が直面する専門家としての最大の難題は，患者ごとに健全な期待を育てることです。私は，トラウマに関する著書を書き始めた後に，遅れて気づいたのですが，私の努力の裏で私を突き動かしていた主な力の1つは，現実主義的な期待を育てることができるように，できるだけ多くのことを知りたいという欲望だったのです。本書もその例に漏れません。臨床経験もそうですが，知識は身を助けます。しかし，どれくらい期待すればよいのかを知ることは，決して容易ではありません。患者が本書の至る所で論じられたトラウマ関連問題に直面して——**健全な治療において何年間も熱心に作業したにもかかわらず**——挫折し続け，自殺したいくらいの絶望を表明しているときには，希望を育むことがきわめて困難になります。私は，次のような発言を何度聞いたことでしょうか。「疲れてしまいました」「投げ出したい気持ちです」「闘い続けることができません」「もう終わりにしたいです」。こんなふうに感じながらも，格闘を続け，最終的にはそうしてよかったと感じる患者たちのことを，私は思い出します。この経験は，患者たちの投げ出したいという願望に私が加担するのを防いでくれます。

　希望があると，私たちは，不確かさに直面しながらも前進することができます。この点では，希望には信仰と重なり合う部分があります——有形のエビデンスを基盤としない信頼だということです。続いて，信仰には信頼と重なり合う部分があります——愛着との関連です。私は深刻な抑うつ状態を抱えて入院してくる患者に対して心理療法を行うことがかなり頻繁にありますが，その抑うつ状態は，乗り越えがたいように見える難題を突きつけてくるきわめてストレスに満ちた状況と関連して生じたものです。私は解決策を想像することができません——それは，患者がそうであるのとまったく同じです。万策尽きるとき，私は，「あなたに希望を与えるものは何か」という私の質問に対するある若い女性の回答を思い浮かべます。並外れた知恵を発揮して，彼女は，「私は驚くことができます！」と答えました。だからこそ，今も生きている患者たちがそうしているように，私はやり抜くのです。私は，John Dewey（1922/1988）の著書からの以下の引用に慰めを見出します。

第6章　実存的-スピリチュアルな視座

> 人は生物であるから生き続けるのであり，将来における満足や達成の確実性または可能性を理性で納得するから生き続けるのではない。彼は，彼を生かし続ける活動を行うように生まれついているのである。人々はあちこちでへこたれ，大部分の人たちが元気を失い，退却し，あの地この地に避難する。しかし，それでも人は，人であるから，動物のもの言わぬ肝玉(きもだま)（dumb pluck）を持っている。彼は，忍耐，希望，好奇心，行為への愛を持っている。これらの特性は，熟慮によって彼に備わるのではなく，構造的に彼に備わっているのである。
> （pp.199-200；強調は後から付加）

「物言わぬ肝玉」は，絶望と不確実さに直面したときにセラピストと患者が保持しなくてはならない'一歩前に踏み出す心性'を捉えた言葉です〔' 'は訳者が追加，以下，同じ〕。絶望は未来についての確実感を暗示している点で尊大さの一形態であると，私は患者に指摘することがよくあります。希望は不確実さへの耐性を要求し，おまけに無知という点での謙虚さの感覚を要求しますが，これらはメンタライジング的姿勢の基本的特徴です。

私は，数年間にわたって，メニンガー・クリニックで週1回のピアスーパーヴィジョン・グループを主催してきました。このグループでは，私たち臨床家が集まり，私たちをきわめて不満，不安，困惑，落胆に陥らせる患者や家族について議論します。個人心理療法でこちらを絶望させる患者を相手にしたときに私が最初に経験することと同じですが，このグループにおいても，どうすればその治療が満足な結果に至るのか想像できないことがよくあります。'人に説き勧めることは自分でも行うべき'という諺のとおり，グループの中で語ることが有益であるとわかります——それは，私たちセラピストのための素朴で古い療法です。このグループでは，理解，同情，支持，励まし——そしてときには良い助言——をあてにすることができます。しかし，私たちは，開始時点と同じように混乱したままでグループ・セッションを終えることもよくあります。しかし，臨床家たちは簡単には投げ出しません——まさに，もの言わぬ肝玉です。驚くべきことですが，予想もしなかったような形で，その患者と臨床家は袋小路を脱け出します。決していつもそうだというわけではありません。ときには患者が突然治療から去ってしまうこともあります。ときには，患者は治療を活用しておらず，どこか別の所で援助を求めるべきだという結論を，臨床家が下すこともあります。しかし，希望を息づかせておくのに十分なほど頻繁に状況は改善し，ときには劇的な形でそうなるのです。このプロセスから私が学んだものがあるとすれば，それは，物事がどうなるかを私たちが前もって知ることはできないということであり，私たちが予想できないことへの信頼を維持することが重要であるということです——それはもう信仰の領域です。

3. 希望を育む

　もの言わぬ肝玉を頼りに進むとはいっても，私たちは盲目的な楽観主義には陥らずにそうするのです。Kaethe Weingarten (2010) が，Karl Menninger による健全な期待の擁護を思い起こさせる優れた論文において提唱していることですが，私たちセラピストは**合理的な希望**を育むのであり，合理的な希望とは，現実主義的で，「分別と節度を弁えた」(p.7) 希望のことです。

(2) 実存的姿勢

　私は，Pruyser (1987b) に倣って，希望を次のような実存的姿勢とみなすようになりました。

> 希望を抱くために……人が持っていなくてはならないのは，人生についての悲劇的感覚，歪曲されていない現実観，自然または宇宙の力と働きに対するある程度の謙虚さ，他の人々との，通じ合いとまではいかなくても共通性の感覚，衝動的で非現実的な願望を抑制できる多少の能力，である。　　　　　　　　　　　　　　　　　　(p.465)

　希望は常に疑念につきまとわれていると，私は強く思います。Weingarten (2010) は，さらに絶望を付け加えます。つまり，「疑念と絶望は，合理的な希望と対立するものではなく，併存しうるものである」(p.10) ということです。同様に，恐怖は希望の同伴者です。この情緒的複雑さは，希望が必要とされる悲劇的状況によくあてはまります。恐怖，疑念，絶望がなければ，私たちが希望を必要とすることはないでしょう。Weingarten が言うように，「合理的な希望は，人生が混沌としたものになりうることを受け入れている。それは矛盾を抱えたものである」(p.10) ということです。

　願望することが受身的であるのに対して，希望は能動的なプロセスなのですから，希望は実存的**姿勢**の中に組み込まれています。Weingarten (2010) の言葉を借りれば，「合理的な希望があれば，待つことではなく働くことで現在が充たされる。私たちは自分自身を足場にして未来のための準備をする」(p.7) のです。それに続いて，彼女は次のように提唱しています。つまり，「合理的な希望は1つの実践である。それは，私たちが他者とともに行う何かである」(p.8) というのです。彼女の見解は，「希望はプロセスを暗示している。それは冒険であり，前進であり，確信を伴う探求である」(p.452) という Menninger (1959/1987) の主張と一致しています。彼は，以下のように詳述しました。

第6章 実存的 - スピリチュアルな視座

> 精神分析過程は，これほど明らかに診断的であるのに，全般的には治療と呼ばれるようになったということが，ある意味では興味深いことに思える。診断は解決策を見出そうとする希望に満ちた探求である。見えてくる道に足を踏み出すことと，たゆまず努力し続けること——**それがその治療である**。それは自己方向づけと自己管理を伴う変化である。
> （p.460；強調は原書のとおり）

このように述べ続けて Menninger が提唱したことですが，希望は行動計画の推進力なのです。同様に，Rick Snyder（1994）は，希望には主体性と道筋（pathway）が必要であると解釈しました。主体性は，自発性と責任をとること——基本的には何かをすること——を伴います。しかし，Snyder は主体性だけでは十分ではないと主張しました。希望は，道筋つまり方向感覚を必要とするのです。エネルギーと意志を持つだけでは十分ではありません。計画も必要です。この意味では，希望は治療の**結果**であるというのが私の見解です。希望は，前進し続ける能力を支えるのです。ある心理教育グループにおいて道筋の必要性を主張したときのことを思い出すと，私は胸が痛みます。そのグループで，私の心理療法患者の一人が「盲目的に信じることについてどう思いますか」と質問しました。私は「盲目的に信じることだけでは十分ではありません」と答えました——それは，私が自分の専門家人生の中で行った無数の愚かな発言の1つです。私がもの言わぬ肝玉についての Dewey（1922/1988）の主張を尊重するようになったのは，この軽率な返答をしたことがきっかけでした。Weingarten（2010）は，より説得力のある表現で，「合理的な希望が成長するのは，まとまりのある未来イメージが生じる前である」（p.9）と述べています。計画を形作ることができるまでは，計画なしに歩み続けなくてはなりません。

希望は，想像を必要とするという点でも能動的なプロセスです。ここで，私たちは1つの逆説に遭遇します。絶望は一般的には抑うつに組み込まれていますが，抑うつ的な人は，不活発で具象的反芻思考に陥った心で，無数の重荷の重圧を感じがちです。絶望に直面しながら希望を育むことは，骨の折れる心的偉業です。その偉業には，メンタライジングが含まれています。つまり，患者は，絶望的と**感じること**と絶望的で**あること**との間の決定的な違いを認識しなくてはならないのです。これまでよりも絶望的ではないと感じるようになると，患者は想像を働かせて絶望的ではないことを知ることができます。患者の外的状況は変化しそうになくても，抑うつ的な絶望によって覆い隠されてきた可能性に目を向けることができます。

抑うつに関する心理教育グループの中で，抑うつからの回復は困難ではあるが不可能ではない，つまり抑うつ的な人の大部分は回復するのだと発言したときのことを，私は思い出します。一人の聡明な若い男性が話に割って入り，「先生に言うことがあ

ります。私にとって，**自分の力で抑うつから回復することは不可能でした**」と抗議しました。私には，もはや同意することはできませんでした。希望は私たちが他者とともに行う何かであるというWeingarten（2010）の主張を，私は繰り返します。他者は，とらわれのより少ない想像を働かせて，絶望的と感じている患者には見えない可能性をみることができます。他者は問題解決を助けることができます。そして，他者は，**借り受けた希望**と私たちが呼ぶようになったものを提供することができます。つまり，絶望的と感じている多くの患者たちは，患者たちに対して他者——家族，友人，私たちセラピスト——が抱く希望によって支えられることがあるのです。他者は患者には見えないものを見ることができますので，患者は他者が正しいかもしれないことを受け入れることができる場合もあるでしょう。

　私が患者たちに「あなたに希望を与えるものは何ですか」と聞くときに，きわめてよくあることですが，患者たちは**希望の対象である**何かを語るという形で回答します。つまり，「家族と仲直りすること」「娘に対してもっと良い母親であること」「かつての自分を取り戻すこと」「仕事に復帰できること」といった具合です。これと同様のことですが，あるトラウマ患者が，生き延びるだけでは足りない，**成長**したいのだと語ったことを，私は思い出します。この点では，'トラウマは機能不全にもつながるが成長にもつながる'というありふれた観察結果の中に，希望の根拠があることになり，私たちはそれを見落としてはならないのです（Ryff & Singer, 2003）。Janoff-Bulman & Yopyk（2004）は，被害者の75～90％がトラウマ体験からの恩恵を報告することを示す研究の要約を述べています。Armstrong（2010）が述べたように，慈しみは受難から生まれるのです。自分がくぐり抜けたトラウマのおかげで他者への思いやり，配慮，共感，親密さの能力が身についたという患者たちと，私は治療的に関わってきました。彼ら／彼女らは自分のレジリエンスを誇りにしています——それは，もの言わぬかどうかは別にして，私が肝玉と呼びたいものです。

　トラウマ体験によって生じた傷に苦しんでいる最中の患者たちと治療的に関わるときに，心的外傷後成長（posttraumatic growth）という考えを押しつけることを，私は嫌います。しかし，困難または苦痛な体験から結実する恩恵に注意を向けるプロセスについては弁明しておくべきことがあります。本章が証明しているように，トラウマはスピリチュアリティに至る経路となることがあります。そのスピリチュアリティとは，おそらく，①道徳性へのより鋭敏な評価とより大きな意味感覚，②より明確な人生哲学，③人生への再評価という意味でのスピリチュアリティ，です。〔世界についての〕想定の崩壊について考えるという脈絡で，Janoff-Bulman & Yopyk（2004）は，次のようにコメントしています。

第6章 実存的-スピリチュアルな視座

被害者がより強くなるということも，より柔軟で，より硬直的でない想定世界がもたらす心理的利点を反映しているであろう。つまり，基本的想定を再構築する際に，被害者たちは，以前の想定の限界と甘さを認識し，全面的にネガティヴにはならないようにしながら，トラウマ体験を説明できる基本的スキーマを再構築するのである。

(pp.128-129)

　Janoff-Bulman & Yopyk（2004）も注目していることですが，トラウマは「実存的再評価による認識」を促進する効果を持つことがあります。ちなみに，それは，「意味，とくに有意味感における意味についての問いと関連する」（p.128）プロセスです。この再評価は人生についてのより深い認識につながることがあり，その認識は，親密な関係はもちろん自然とのつながりやスピリチュアリティをも包括するものです。人生に対するより深い認識は，実にポジティヴな結果です。ストア学派の哲学者セネカ（Seneca）は，人生はあまりに短いという何度となく繰り返される不満について批評した際に，次のように反論しました。つまり，人の人生は十分長いのですが，「私たちが〔本当に〕生きる人生の部分はわずかである」（Hadas, 1958, p.49）ということなのです。

（3）愛着

　ここまでくると，私が愛着理論と愛着研究の中に希望を見出していることは，驚くべきこととは思えないはずです。安定型の愛着は希望を生み出しやすいのです。愛着トラウマが安定型愛着にとって最大の脅威であるということは事実ですが，信頼できる関係を体験する機会が与えられれば，愛着の安定性は変化することがあります。私は，メニンガー・クリニックの特異的トラウマ治療プログラの中で私たちが実施した1つの研究に勇気づけられています。その研究では，女性患者たちに対して，彼女たちが比較的安定した愛着関係を築いている人の数を記載することだけを求めました。回答は，考えうる愛着関係の全範囲を網羅していました。つまり，①パートナー（配偶者や恋人），②婚家の拡大家族の成員，③母親・父親・兄弟姉妹，④実家の拡大家族の成員，⑤友人，⑥専門家（例えば聖職者や臨床家），です。回答者の中には子どもを記載した人たちもいました。多くの人たちが親密な情緒的絆を形成しているペットを記載しました。神を記載した人たちもいました。これらの女性たちが報告した比較的安定した愛着関係の数の平均値は4でした——これは，コミュニティの統制群が報告した数の平均値（6）から大きくかけ離れてはいません。トラウマを負った多くの人たちが長期間にわたって安定した愛着なしに過ごすことを，私は痛いほど認識しています。それでも，大部分の人たちは，虐待，ネグレクト，裏切りを経験した既往

があるにもかかわらず愛着に見切りをつけることはないというのが，私の結論です。しかし，私たちが治療的に関わっているのは偏った患者群であることを，私は認識しています。私たちの援助を求めることは，患者たちが愛着に見切りをつけてはいないという事実を証明するものです。多くの患者たちにとって，この忍耐は信仰にも似た行為です。

　本章を通して数々の引用で読者を困惑させましたが，最後まで取っておいた私のお気に入りがあります。「希望を抱くことはある信念に基づいて行われるのであり，その信念とは，**この世界のどこかに自分自身に向けられた善意が存在し，配慮的人物によって伝達されるということである**」(p.467；強調は原書のとおり）と，Pruyser (1987b) は結論を下しました。愛着という視座——配慮的人物に具現化される善意——を，この世界のどこかという開かれた枠組みの中に位置づけた Pruyser の流儀を，私は愛しています。希望についてのこの実存的見解は，人間関係，スピリチュアリティ，宗教を包括しています。つまり，「配慮し，かつ配慮される者としての他者を体験するだけでなく，配慮し，かつ配慮される者としての自己を体験することから，①現実のその他の部分の認知的分類，②形而上学的思索，③創造的な想像，④指針となる考え，⑤宗教的着想，が生じる」(Pruyser, 1974, p.180) のです。Pruyser が解釈したとおり，希望の源泉は深いところにあります。John Bowlby (1982) が，愛着の根拠を進化的生物学に見出した際に明言したことですが，私たちは生まれつき（つまり自然淘汰によって）愛着に対応する神経回路を備えています。私たちは，この点では，無数に生息する霊長類の仲間に属しています。ただし，私たちは，自分たちが形成する結びつきにおいて自己意識的である点がユニークです。トラウマ的な愛着関係に焦点を合わせる際に，私は，愛着がどのような形で悪いほうに向かうのかということに関心を集中させました。しかし，安定型の愛着は規範です。したがって，善意は規範なのであり，そのことは，子どもたちが最早期の段階から配慮的で共感的な傾向性を持ち合わせていること (Tomasello, 2009) からも証明されます。コミュニティからの善意がなければ，私たちの人間性が育ち始めることはなかったでしょう。Sara Hrdy (2009) の的を射たタイトル〔『母親と他者——相互理解の進化的起源』〕を借りて表現するなら，共感的結びつきを形成する私たちの能力は，母親と他者による心理的波長合わせを背景にして進化したのです。私の全体的命題を強調しておくと，それは，私たちの種としての存在自体が愛着関係という脈絡でのメンタライジングを基盤にしているということです。

　このような省察は，第5章（「内的安心基地の育成」を参照のこと）で言及した Mikulincer の確信に私を立ち戻らせます。その確信とは，私たちすべてが安定性の

第6章　実存的－スピリチュアルな視座

島（islands of security）を持っているということです（Shaver & Mikulincer, 2011）。私たちのトラウマ治療プログラムに参加した女性たちが，その既往にもかかわらず，わずかとはいえ比較的安定した愛着を築くに至ったことは，おそらくそのような島のなせる業でしょう（Allen et al., 2001）。そして，このような島は，私がそれを内的安心基地と解釈してきたように，自分自身との安定した関係の基盤にもなりえます。この程度であれば，希望は，外部からだけでなく内部からも生じることがあるのです。希望の源泉は豊富にあるというPruyser（1987b）の見解を採用したので，私は，トラウマに取り組むための拠り所に関して，本章では，あえて最も広い視野で考えようとしました。しかし，人生の始まりから終わりまでを通して，何にも代えがたいものは配慮的人物であるということをも，私は伝えたつもりです。

4．要点

◆ トラウマは，精神医学的障害を引き起こすことにとどまらず，意味とつながりの探求を必要とする実存的－スピリチュアルな関心に患者とセラピストを直面させます。セラピストは，このような関心に取り組むための専門的訓練を受けていないのが一般的です。そして，それに目を向けようとしない傾向は，患者よりもセラピストのほうが強いでしょう。

◆ 悪の問題は，愛着関係におけるトラウマを含む最も重大な形のトラウマと関わりがあります。したがって，悪に関する文献，とりわけ耐えがたい加害をもたらす行為にメンタライジング不全がみられることを示唆する哲学的文献と科学的文献には，セラピストが学ぶべきことがたくさん含まれている可能性があります。

◆ 宗教的な患者にとって，愛着トラウマは，神との関係における不安定型愛着を助長することがあります。心理療法は，このような問題含みの愛着を探索するうえで有益なことがあります。そして，ポジティヴな宗教的対処を育てるには，牧会カウンセリングがきわめて重要な付加的手段になります。セラピストが患者の多様な宗教的信念と関わるためには，メンタライジング的姿勢が最適です。

◆ 希望を育むことはトラウマ治療の要であり，希望は重要な治療効果です。希望は現実主義的な期待に根ざしていなくてはなりませんが，トラウマがもたらす複雑な精神医学的・実存的結果に対する治療作業において，そのような期待を実現することは容易ではありません。突き詰めて言えば，希望は善意を確信することに依拠しているのであり，安定型の愛着がその典型例です。

引用文献

Adams R: Watership Down. New York, Scribner, 1972

Ainsworth MDS: Attachments beyond infancy. Am Psychol 44:709-716, 1989

Ainsworth MDS, Blehar MC, Waters E, et al: Patterns of Attachment: A Psychological Study of the Strange Situation. Hillsdale, NJ, Erlbaum, 1978

Allen JG: The spectrum of accuracy in memories of childhood trauma. Harv Rev Psychiatry 3:84-95, 1995

Allen JG: Traumatic Relationships and Serious Mental Disorders. Chichester, UK, Wiley, 2001

Allen JG: What stabilizes stable instability? Commentary on "Plausibility and possible determinants of sudden 'remissions' in borderline patients." Psychiatry 66:120-123, 2003

Allen JG: Coping With Trauma: Hope Through Understanding, 2nd Edition. Washington, DC, American Psychiatric Publishing, 2005

Allen JG: Coping With Depression: From Catch-22 to Hope. Washington, DC, American Psychiatric Publishing, 2006

Allen JG: Evil, mindblindness, and trauma: challenges to hope. Smith Coll Stud Soc Work 77:9-31, 2007

Allen JG: Psychotherapy: the artful use of science. Smith Coll Stud Soc Work 78:159-187, 2008

Allen JG: Mentalizing suicidal states, in Building a Therapeutic Alliance With the Suicidal Patient. Edited by Michel K, Jobes DA. Washington, DC, American Psychological Association, 2011, pp 81-91

Allen JG, Fonagy P: Preface, in Handbook of Mentalization-Based Treatment. Edited by Allen JG, Fonagy P. Chichester, UK, Wiley, 2006, pp ix-xxi

Allen JG, Fonagy P: Constructing an evidence base for a psychodynamic approach to treating trauma, in Handbook of Contemporary Psychodynamic Approaches to Psychopathology. Edited by Luyten P, Mayes LC, Fonagy P, et al. New York, Guilford (in press)

Allen JG, Newsom GE, Gabbard GO, et al: Scales to assess the therapeutic alliance from a psychoanalytic perspective. Bull Menninger Clin 48:383-400, 1984

Allen JG, Huntoon J, Evans RB: Complexities in complex posttraumatic stress disorder in inpatient women: evidence from cluster analysis of MCMI-III personality disorder scales. J Pers Assess 73:449-471, 1999

Allen JG, Coyne L, Console DA: Course of illness following specialized inpatient treatment for women with trauma-related psychopathology. Bull Menninger Clin 64:235-256, 2000

Allen JG, Huntoon J, Fultz J, et al: A model for brief assessment of attachment and its application to women in inpatient treatment for trauma-related psychiatric disorders. J Pers Assess 76:420-446, 2001

Allen JG, Fonagy P, Bateman AW (eds): Mentalizing in Clinical Practice. Washington, DC, American Psychiatric Publishing, 2008

Allen JG, O'Malley F, Freeman C, et al: Brief treatment, in Handbook of Mentalizing in Mental Health Practice. Edited by Bateman AW, Fonagy P. Washington, DC, American Psychiatric Publishing, 2012, pp 159-196

American Psychiatric Association: Diagnostic and Statistical Manual of Mental Disorders, 3rd Edition. Washington, DC, American Psychiatric Association, 1980

American Psychiatric Association: Diagnostic and Statistical Manual of Mental Disorders, 4th Edition. Washington, DC, American Psychiatric Association, 1994

American Psychiatric Association: Diagnostic and Statistical Manual of Mental Disorders, 4th Edition, Text

引用文献

Revision. Washington, DC, American Psychiatric Association, 2000

Andreski P, Chilcoat H, Breslau N: Post-traumatic stress disorder and somatization symptoms: a prospective study. Psychiatry Res 79:131–138, 1998

Andrews B, Brewin CR, Philpott R, et al: Delayed-onset posttraumatic stress disorder: a systematic review of the evidence. Am J Psychiatry 164:1319–1326, 2007

Andrews B, Brewin CR, Stewart L, et al: Comparison of immediate-onset and delayed-onset posttraumatic stress disorder in military veterans. J Abnorm Psychol 118:767–777, 2009

Andrews G, Charney DS, Sirovatka PJ, et al (eds): Stress-Induced and Fear Circuitry Disorders: Refining the Research Agenda for DSM-V. Washington, DC, American Psychiatric Publishing, 2009

Arendt H: The Life of the Mind: I. Thinking. New York, Harcourt, 1971

Arendt H: Eichmann in Jerusalem: A Report on the Banality of Evil (1963). New York, Penguin, 1994

Arendt H: Responsibility and Judgment. New York, Schocken, 2003

Armstrong K: A History of God: The 4,000-Year Quest of Judaism, Christianity, and Islam. New York, Knopf, 1993

Armstrong K: The Case for God. New York, Knopf, 2009

Armstrong K: Twelves Steps to a Compassionate Life. New York, Knopf, 2010

Arnsten AF: The biology of being frazzled. Science 280:1711–1712, 1998

Asen E, Fonagy P: Mentalization-based family therapy, in Handbook of Mentalizing in Mental Health Practice. Edited by Bateman AW, Fonagy P. Washington, DC, American Psychiatric Publishing, 2012, pp 107–128

Asmundson GJ, Stapleton JA, Taylor S: Are avoidance and numbing distinct PTSD symptom clusters? J Trauma Stress 17:467–475, 2004

Ball JS, Links PS: Borderline personality disorder and childhood trauma: evidence for a causal relationship. Curr Psychiatry Rep 11:63–68, 2009

Barlow MR, Freyd JJ: Adaptive dissociation: information processing and response to betrayal, in Dissociation and the Dissociative Disorders: DSM-V and Beyond. Edited by Dell PF, O'Neil JA. New York, Routledge, 2009, pp 93–105

Baron-Cohen S: Mindblindness: An Essay on Autism and Theory of Mind. Cambridge, MA, MIT Press, 1995

Baron-Cohen S: The Science of Evil: On Empathy and the Origins of Cruelty. New York, Basic Books, 2011

Bartlett RC, Collins SD: Aristotle's Nicomachean Ethics. Chicago, IL, University of Chicago Press, 2011

Bateman A, Fonagy P: Effectiveness of partial hospitalization in the treatment of borderline personality disorder: a randomized controlled trial. Am J Psychiatry 156:1563–1569, 1999

Bateman A, Fonagy P: Treatment of borderline personality disorder with psychoanalytically oriented partial hospitalization: an 18-month follow-up. Am J Psychiatry 158:36–42, 2001

Bateman A, Fonagy P: Mentalization-Based Treatment for Borderline Personality Disorder: A Practical Guide. New York, Oxford University Press, 2006a

Bateman A, Fonagy P: Mentalizing and borderline personality disorder, in Handbook of Mentalization-Based Treatment. Edited by Allen JG, Fonagy P. Chichester, UK, Wiley, 2006b, pp 185–200

Bateman A, Fonagy P: 8-year follow-up of patients treated for borderline personality disorder: mentalization-based treatment versus treatment as usual. Am J Psychiatry 165:631–638, 2008

Bateman A, Fonagy P: Randomized controlled trial of outpatient mentalizationbased treatment versus structured clinical management for borderline personality disorder. Am J Psychiatry 166:1355–1364, 2009

Bateman A, Fonagy P (eds): Handbook of Mentalizing in Mental Health Practice. Washington, DC, American Psychiatric Publishing, 2012a

Bateman A, Fonagy P: Individual techniques of the basic model, in Handbook of Mentalizing in Mental Health Practice. Edited by Bateman AW, Fonagy P. Washington, DC, American Psychiatric Publishing, 2012b, pp 67–80

Baumeister RF: Evil: Inside Human Violence and Cruelty. New York, Freeman, 1997

Beck AT, Rush AJ, Shaw BF, et al: Cognitive Therapy of Depression. New York, Guilford, 1979

Becker CB, Zayfert C: Eating disorders, in The Encyclopedia of Psychological Trauma. Edited by Reyes G, Elhai

JD, Ford JD. New York, Wiley, 2008, pp 240–241

Bedics JD, Atkins DC, Comtois KA, et al: Treatment differences in the therapeutic relationship and introject during a 2-year randomized controlled trial of dialectical behavior therapy versus nonbehavioral psychotherapy experts for borderline personality disorder. J Consult Clin Psychol November 7, 2011 [Epub ahead of print]

Beebe B, Jaffe J, Markese S, et al: The origins of 12-month attachment: a microanalysis of 4-month mother-infant interaction. Attach Hum Dev 12:3–141, 2010

Belsky J: Attachment theory and research in ecological perspective: insights from the Pennsylvania Infant and Family Development Project and the NICHD study of early child care, in Attachment From Infancy to Adulthood: The Major Longitudinal Studies. Edited by Grossman KE, Grossman K, Waters E. New York, Guilford, 2005, pp 71–97

Belsky J, Fearon RMP: Precursors of attachment security, in Handbook of Attachment: Theory, Research, and Clinical Applications, 2nd Edition. Edited by Cassidy J, Shaver PR. New York, Guilford, 2008, pp 295–316

Bender DS, Oldham JM: Psychotherapies for borderline personality disorder, in Understanding and Treating Borderline Personality Disorder. Edited by Gunderson J, Hoffman PD. Washington, DC, American Psychiatric Publishing, 2005, pp 21–41

Berant E, Obegi JH: Attachment-informed psychotherapy research with adults, in Attachment Theory and Research in Clinical Work With Adults. Edited by Obegi JH, Berant E. New York, Guilford, 2009, pp 461–489

Berlin LJ, Cassidy J, Appleyard K: The influence of early attachments on other relationships, in Handbook of Attachment: Theory, Research, and Clinical Applications, 2nd Edition. Edited by Cassidy J, Shaver PR. New York, Guilford, 2008, pp 333–347

Bernet CZ, Stein MB: Relationship of childhood maltreatment to the onset and course of major depression in adulthood. Depress Anxiety 9:169–174, 1999

Berntsen D, Rubin DC: When a trauma becomes a key to identity: enhanced integration of trauma memories predicts posttraumatic stress disorder symptoms. Appl Cogn Psychol 21:417–431, 2007

Berntsen D, Willert M, Rubin DC: Splintered memories or vivid landmarks? Qualities and organization of traumatic memories with and without PTSD. Appl Cogn Psychol 17:675–693, 2003

Beutler LE, Blatt SJ: Participant factors in treating dysphoric disorders, in Principles of Therapeutic Change That Work. Edited by Castonguay LG, Beutler LE. New York, Oxford University Press, 2006, pp 13–63

Beutler LE, Castonguay LG: The task force on empirically based principles of change, in Principles of Therapeutic Change That Work. Edited by Castonguay LG, Beutler LE. New York, Oxford University Press, 2006, pp 3–10

Bifulco A, Moran PM: Wednesday's Child: Research Into Women's Experience of Neglect and Abuse in Childhood, and Adult Depression. London, Routledge, 1998

Bifulco A, Harris T, Brown GW, et al: Mourning or early inadequate care? Reexamining the relationship of maternal loss in childhood with adult depression and anxiety. Dev Psychopathol 4:433–439, 1992

Bifulco A, Moran PM, Baines R, et al: Exploring psychological abuse in childhood II: association with other abuse and adult clinical depression. Bull Menninger Clin 66:241–258, 2002

Blatt SJ: Experiences of Depression: Theoretical, Clinical, and Research Perspectives. Washington, DC, American Psychological Association, 2004

Blatt SJ: Polarities of Experience: Relatedness and Self-Definition in Personality Development, Psychopathology, and the Therapeutic Process. Washington, DC, American Psychological Association, 2008

Blatt SJ, Luyten P: Reactivating the psychodynamic approach to the classification of psychopathology, in Contemporary Directions in Psychopathology: Scientific Foundations of the DSM-V and ICD-11. Edited by Millon T, Krueger RF, Simonson E. New York, Guilford, 2010, pp 483–514

Blumenthal SJ: An overview and synopsis of risk factors, assessment, and treatment of suicidal patients over the life cycle, in Suicide Over the Life Cycle: Risk Factors, Assessment, and Treatment of Suicidal Patients. Edited by Blumenthal SJ, Kupfer DJ. Washington, DC, American Psychiatric Press, 1990, pp 685–723

引用文献

Bowlby J: The nature of the child's tie to his mother. Int J Psychoanal 39:350-373, 1958

Bowlby J: Attachment and Loss, Volume II: Separation. New York, Basic Books, 1973

Bowlby J: Attachment and Loss, Volume III: Loss, Sadness, and Depression. New York, Basic Books, 1980

Bowlby J: Attachment and Loss, Volume I: Attachment, 2nd Edition. New York, Basic Books, 1982

Bowlby J: A Secure Base: Parent-Child Attachment and Healthy Human Development. New York, Basic Books, 1988

Brady KT, Dansky BS, Sonne SC, et al: Posttraumatic stress disorder and cocaine dependence. Order of onset. Am J Addict 7:128-135, 1998

Bremner JD: Neurobiology of dissociation: a view from the trauma field, in Dissociation and the Dissociative Disorders: DSM-V and Beyond. Edited by Dell PF, O'Neil JA. New York, Routledge, 2009, pp 329-336

Bremner JD, Southwick SM, Johnson DR, et al: Childhood physical abuse and combat-related posttraumatic stress disorder in Vietnam veterans. Am J Psychiatry 150:235-239, 1993

Brennan KA, Clark CL, Shaver PR: Self-report measurement of adult attachment: an integrative overview, in Attachment Theory and Close Relationships. Edited by Simpson JA, Rholes WS. New York, Guilford, 1998, pp 46-75

Bretherton I, Munholland KA: Internal working models in attachment relationships: elaborating a central construct in attachment theory, in Handbook of Attachment: Theory, Research, and Clinical Applications, 2nd Edition. Edited by Cassidy J, Shaver PR. New York, Guilford, 2008, pp 102-127

Brewin CR: Posttraumatic Stress Disorder: Malady or Myth? New Haven, CT, Yale University Press, 2003

Brewin CR: Encoding and Retrieval of Traumatic Memories, in Neuropsychology of PTSD: Biological, Cognitive, and Clinical Perspectives. Edited by Vasterling JJ, Brewin CR. New York, Guilford, 2005, pp 131-150

Brewin CR: The nature and significance of memory disturbance in posttraumatic stress disorder. Annu Rev Clin Psychol 7:203-227, 2011

Brewin CR, Reynolds M, Tata P: Autobiographical memory processes and the course of depression. J Abnorm Psychol 108:511-517, 1999

Brewin CR, Lanius RA, Novac A, et al: Reformulating PTSD for DSM-V: life after Criterion A. J Trauma Stress 22:366-373, 2009

Brodsky BS, Oquendo M, Ellis SP, et al: The relationship of childhood abuse to impulsivity and suicidal behavior in adults with major depression. Am J Psychiatry 158:1871-1877, 2001

Broman-Fulks JJ, Ruggiero KJ, Green BA, et al: Taxometric investigation of PTSD: data from two nationally representative samples. Behav Ther 37:364-380, 2006

Brown D, Hammond DC, Scheflin AW: Memory, Trauma Treatment, and the Law. New York, WW Norton, 1998

Brown GW: Psychosocial origins of depressive and anxiety disorders, in Diagnostic Issues in Depression and Generalized Anxiety Disorder: Refining the Research Agenda for DSM-V. Edited by Goldberg D, Kendler KS, Sirovatka PJ, et al. Washington, DC, American Psychiatric Publishing, 2010, pp 303-331

Brown GW, Harris TO: Social Origins of Depression: A Study of Psychiatric Disorder in Women. New York, Free Press, 1978

Brown GW, Bifulco A, Veiel HO, et al: Self-esteem and depression. II. Social correlates of self-esteem. Soc Psychiatry Psychiatr Epidemiol 25:225-234, 1990

Brown GW, Harris TO, Hepworth C: Loss, humiliation and entrapment among women developing depression: a patient and non-patient comparison. Psychol Med 25:7-21, 1995

Bryant RA: Treating the full range of posttraumatic reactions, in Clinician's Guide to Posttraumatic Stress Disorder. Edited by Rosen GM, Frueh BC. New York, Wiley, 2010, pp 205-234

Burgess AW, Holmstrom LL: Rape trauma syndrome. Am J Psychiatry 131:981-986, 1974

Cahill SP, Foa EB: Psychological theories of PTSD, in Handbook of PTSD: Science and Practice. Edited by Friedman MJ, Keane TM, Resick PA. New York, Guilford, 2007, pp 55-77

Cahill SP, Rothbaum BO, Resick PA, et al: Cognitive-behavioral therapy for adults, in Effective Treatments for PTSD: Practice Guidelines From the International Society for Traumatic Stress Studies. Edited by Foa EB,

Keane TM, Friedman MJ, et al. New York, Guilford, 2009, pp 139–222

Card C: The Atrocity Paradigm: A Theory of Evil. New York, Oxford University Press, 2002

Carlson EA: A prospective longitudinal study of attachment disorganization/disorientation. Child Dev 69:1107–1128, 1998

Carlson EA, Egeland B, Sroufe LA: A prospective investigation of the development of borderline personality symptoms. Dev Psychopathol 21:1311–1334, 2009a

Carlson EA, Yates TM, Sroufe LA: Dissociation and the development of the self, in Dissociation and the Dissociative Disorders: DSM-V and Beyond. Edited by Dell PF, O'Neil JA. New York, Routledge, 2009b, pp 39–52

Carnes P: The Betrayal Bond. Deerfield Beach, FL, Health Communications, 1997

Cassidy J: The nature of the child's ties, in Handbook of Attachment: Theory, Research, and Clinical Applications, 2nd Edition. Edited by Cassidy J, Shaver PR. New York, Guilford, 2008, pp 3–22

Cassidy J, Shaver PR, Mikulincer M, et al: Experimentally induced security influences responses to psychological pain. J Soc Clin Psychol 28:463–478, 2009

Castonguay LG, Beutler LE (eds): Principles of Therapeutic Change That Work. New York, Oxford University Press, 2006

Castonguay LG, Holtforth MG, Coombs MM, et al: Relationship factors in treating dysphoric disorders, in Principles of Therapeutic Change That Work. Edited by Castonguay LG, Beutler LE. New York, Oxford University Press, 2006, pp 65–81

Chambless DL, Ollendick TH: Empirically supported psychological interventions: controversies and evidence. Annu Rev Psychol 52:685–716, 2001

Chekhov A: The Cherry Orchard (1904). London, Nick Hern, 1998

Clarkin JF, Yeomans FE, Kernberg OF: Psychotherapy for Borderline Personality. New York, Wiley, 1999

Clarkin JF, Levy KN, Lenzenweger MF, et al: Evaluating three treatments for borderline personality disorder: a multiwave study. Am J Psychiatry 164:922–928, 2007

Coan JA: Toward a neuroscience of attachment, in Handbook of Attachment: Theory, Research, and Clinical Applications, 2nd Edition. Edited by Cassidy J, Shaver PR. New York, Guilford, 2008, pp 241–265

Coan JA, Schaefer HS, Davidson RJ: Lending a hand: social regulation of the neural response to threat. Psychol Sci 17:1032–1039, 2006

Comte-Sponville A: The Little Book of Atheist Spirituality. London, Penguin, 2007

Connor KM, Davidson JR, Lee LC: Spirituality, resilience, and anger in survivors of violent trauma: a community survey. J Trauma Stress 16:487–494, 2003

Connors R: Self-injury in trauma survivors: 1. Functions and meanings. Am J Orthopsychiatry 66:197–206, 1996

Coons PM: Depersonalization and derealization, in Handbook of Dissociation: Theoretical, Empirical, and Clinical Perspectives. Edited by Michelson LK. Ray WJ. New York, Plenum, 1996, pp 291–305

Cormier JF, Thelen MH: Professional skepticism of multiple personality disorder. Professional Psychology: Research and Practice 29:163–167, 1998

Courtois CA, Ford JD (eds): Treating Complex Traumatic Stress Disorders: An Evidence-Based Guide. New York, Guilford, 2009

Courtois CA, Ford JD, Cloitre M: Best practices in psychotherapy for adults, in Treating Complex Traumatic Stress Disorders: An Evidence-Based Guide. Edited by Courtois CA, Ford JD. New York, Guilford, 2009, pp 82–103

Craske MG, Kircanski K, Zelikowsky M, et al: Optimizing inhibitory learning during exposure therapy. Behav Res Ther 46:5–27, 2008

Critchfield KL, Benjamin LS: Integration of therapeutic factors in trreating personality disorders, in Principles of Therapeutic Change That Work. Edited by Castonguay LG, Beutler LE. New York, Oxford University Press, 2006, pp 253–271

引用文献

Crowell JA, Waters E: Attachment representations, secure-base behavior, and the evolution of adult relationships: The Stony Brook Adult Relationship Project, in Attachment From Infancy to Adulthood: The Major Longitudinal
Studies. Edited by Grossman KE, Grossman K, Waters E. New York, Guilford, 2005, pp 223-244

Crowell JA, Fraley RC, Shaver PR: Measurement of individual differences in adolescent and adult attachment, in Handbook of Attachment: Theory, Research, and Clinical Applications, 2nd Edition. Edited by Cassidy J, Shaver PR. New York, Guilford, 2008, pp 599-634

Dalenberg C, Paulson K: The case for the study of "normal" dissociation processes, in Dissociation and the Dissociative Disorders: DSM-V and Beyond. Edited by Dell PF, O'Neil JA. New York, Routledge, 2009, pp 145-154

Davidson J, Allen JG, Smith WH: Complexities in the hospital treatment of a patient with multiple personality disorder. Bull Menninger Clin 51:561-568, 1987

Deklyen M, Greenberg MT: Attachment and psychopathology in childhood, in Handbook of Attachment: Theory, Research, and Clinical Applications, 2nd Edition. Edited by Cassidy J, Shaver PR. New York, Guilford, 2008, pp 637-665

Dell PF: The long struggle to diagnose multiple personality disorder (MPD): MPD, in Dissociation and the Dissociative Disorders: DSM-V and Beyond. Edited by Dell PF, O'Neil JA. New York, Routledge, 2009a, pp 383-402

Dell PF: The phenomena of pathological dissociation, in Dissociation and the Dissociative Disorders: DSM-V and Beyond. Edited by Dell PF, O'Neil JA. New York, Routledge, 2009b, pp 225-237

Dell PF: Understanding dissociation, in Dissociation and the Dissociative Disorders: DSM-V and Beyond. Edited by Dell PF, O'Neil JA. New York, Routledge, 2009c, pp 709-825

Dewey J: Human Nature and Conduct (1922). Carbondale, Southern Illinois University Press, 1988

Diamond D, Stovall-McClough C, Clarkin JF, et al: Patient-therapist attachment in the treatment of borderline personality disorder. Bull Menninger Clin 67:227-259, 2003

Doering S, Hörz S, Rentrop M, et al: Transference-focused psychotherapy v. treatment by community psychotherapists for borderline personality disorder: randomised controlled trial. Br J Psychiatry 196:389-395, 2010

Dohrenwend BP: Toward a typology of high-risk major stressful events and situations in posttraumatic stress disorder and related psychopathology. Psychol Inj Law 3:89-99, 2010

Dohrenwend BP, Turner JB, Turse NA, et al: The psychological risks of Vietnam for U.S. veterans: a revisit with new data and methods. Science 313:979-982, 2006

Dostoevsky F: The Brothers Karamazov (1912). New York, Barnes & Noble Classics, 2005

Doyle TP: Roman Catholic clericalism, religious duress, and clergy sexual abuse. Pastoral Psychol 51:189-231, 2003

Dozier M, Stovall-McClough KC, Albus KE: Attachment and psychopathology in adulthood, in Handbook of Attachment: Theory, Research, and Clinical Applications, 2nd Edition. Edited by Cassidy J, Shaver PR. New York, Guilford, 2008, pp 718-744

Dubo ED, Zanarini MC, Lewis RE, et al: Childhood antecedents of self-destructiveness in borderline personality disorder. Can J Psychiatry 42:63-69, 1997

Dutra L, Bianchi I, Siegel DJ, et al: The relational context of dissociative phenomena, in Dissociation and the Dissociative Disorders: DSM-V and Beyond. Edited by Dell PF, O'Neil JA. New York, Routledge, 2009, pp 83-92

Eagle MN, Wolitzky DL: Adult psychotherapy from the perspectives of attachment theory and psychoanalysis, in Attachment Theory and Research in Clinical Work With Adults. Edited by Obegi JH, Berant E. New York, Guilford, 2009, pp 351-378

Ehlers A, Clark DM, Hackmann A, et al: Cognitive therapy for post-traumatic stress disorder: development and evaluation. Behav Res Ther 43:413-431, 2005

Elhai JD, Biehn TL, Armour C, et al: Evidence for a unique PTSD construct represented by PTSD's D1-D3 symptoms. J Anxiety Disord 25:340–345, 2011a

Elhai JD, Carvalho LF, Miguel FK, et al: Testing whether posttraumatic stress disorder and major depressive disorder are similar or unique constructs. J Anxiety Disord 24:404–410, 2011b

Ellenberger HF: The Discovery of the Unconscious: The History and Evolution of Dynamic Psychiatry. New York, Basic Books, 1970

Elliott R, Bohart AC, Watson JC, et al: Empathy, in Psychotherapy Relationships That Work: Evidence-Based Responsiveness. Edited by Norcross JC. New York, Oxford University Press, 2011, pp 132–152

Epstein JN, Saunders BE, Kilpatrick DG, et al: PTSD as a mediator between childhood rape and alcohol use in adult women. Child Abuse Negl 22:223–234, 1998

Erickson MF, Egeland B: Child neglect, in The APSAC Handbook on Child Maltreatment. Edited by Briere J, Berliner L, Bulkley JA, et al. Thousand Oaks, CA, Sage, 1996, pp 4–20

Fanselow MS, Lester LS: A functional behavioristic approach to aversively motivated behavior: predatory imminence as a determinant of the topography of defensive behavior, in Evolution and Learning. Edited by Bolles RC, Beecher MD. Hillsdale, NJ, Erlbaum, 1988, pp 185–212

Farber BA, Doolin EM: Positive regard and affirmation, in Psychotherapy Relationships That Work: Evidence-Based Responsiveness. Edited by Norcross JC. New York, Oxford University Press, 2011, pp 168–186

Favazza AR: Bodies Under Siege: Self-Mutilation in Culture and Psychiatry. Baltimore, MD, Johns Hopkins University Press, 1987

Favazza AR: A cultural understanding of nonsuicidal self-injury, in Understanding Nonsuicidal Self-Injury: Origins, Assessment, and Treatment. Edited by Nock MK. Washington, DC, American Psychological Association, 2009, pp 19–35

Feeney JA: Adult romantic attachment: developments in the study of couple relationships, in Handbook of Attachment: Theory, Research, and Clinical Applications, 2nd Edition. Edited by Cassidy J, Shaver PR. New York, Guilford, 2008, pp 456–481

Felitti VJ, Anda RF: The relationship of adverse childhood experiences to adult medical disease, psychiatric disorders and sexual behavior: implications for healthcare, in The Impact of Early Life Trauma on Health and Disease: The Hidden Epidemic. Edited by Lanius RA, Vermetten E, Pain C. New York, Cambridge University Press, 2010, pp 77–87

Fergusson DM, Horwood LJ: Generalized anxiety disorder and major depression: common and reciprocal causes, in Diagnostic Issues in Depression and Generalized Anxiety Disorder: Refining the Research Agenda for DSM-V. Edited by Goldberg D, Kendler KS, Sirovatka PJ, et al. Washington, DC, American Psychiatric Publishing, 2010, pp 179–189

Feuerbach L: The Essence of Religion (1873). Amherst, NY, Prometheus, 2004

First MB, Spitzer RL, Gibbon ML, et al: User's Guide for the Structured Clinical Interview for DSM-IV Axis I Disorders: Clinician Version, SCID-I. Washington, DC, American Psychiatric Press, 1997

Fischer S, Stojek M, Hartzell E: Effects of multiple forms of child abuse and sexual assault on current eating disorder symptoms. Eat Behav 11:190–192, 2010

Florsheim P, McArthur L: An interpersonal approach to attachment and change, in Attachment Theory and Research in Clinical Work With Adults. Edited by Obegi JH, Berant E. New York, Guilford, 2009, pp 379–409

Foa EB, Kozak MJ: Emotional processing: theory, research, and clinical implications for anxiety disorders. Emotion, Psychotherapy, and Change. Edited by Safran JD, Greenberg LS. New York, Guilford, 1991, pp 21–49

Foa EB, Rothbaum BO: Treating the Trauma of Rape: Cognitive-Behavioral Therapy for PTSD. New York, Guilford, 1998

Foa EB, Ehlers A, Clark DN, et al: The posttraumatic cognitions inventory (PTCI): Development and validation. Psychol Assess 11:303–314, 1999

Foa EB, Huppert JD, Cahill SP: Emotional processing theory: an update, in Pathological Anxiety: Emotional Processing in Etiology and Treatment. Edited by Rothbaum BO. New York, Guilford, 2006, pp 3–24

引用文献

Foa EB, Hembree EA, Rothbaum BO: Prolonged Exposure Therapy for PTSD: Emotional Processing of Traumatic Experiences. New York, Oxford University Press, 2007

Foa EB, Keane TM, Friedman MJ, et al (eds): Effective Treatments for PTSD: Practice Guidelines From the International Society for Traumatic Stress Studies. New York, Guilford, 2009a

Foa EB, Keane TM, Friedman MJ, et al: Introduction, in Effective Treatments for PTSD: Practice Guidelines from the International Society for Traumatic Stress Studies. Edited by Foa EB, Keane TM, Friedman MJ, et al. New York, Guilford, 2009b, pp 1-20

Follette VM, Iverson KM, Ford JD: Contextual behavior trauma therapy, in Treating Complex Traumatic Stress Disorders: An Evidence-Based Guide. Edited by Courtois CA, Ford JD. New York, Guilford, 2009, pp 264-285

Fonagy P: Early life trauma and the psychogenesis and prevention of violence. Ann N Y Acad Sci 1036:181-200, 2004

Fonagy P, Bateman A: The development of borderline personality disorder: a mentalizing model. J Pers Disord 22:4-21, 2008

Fonagy P, Luyten P: A developmental, mentalization-based approach to the understanding and treatment of borderline personality disorder. Dev Psychopathol 21:1355-1381, 2009

Fonagy P, Target M: Attachment and reflective function: their role in self-organization. Dev Psychopathol 9:679-700, 1997

Fonagy P, Target M: Bridging the transmission gap: an end to an important mystery of attachment research? Attach Hum Dev 7:333-343, 2005

Fonagy P, Steele H, Steele M: Maternal representations of attachment during pregnancy predict the organization of infant-mother attachment at one year of age. Child Dev 62:891-905, 1991a

Fonagy P, Steele M, Steele H: The capacity for understanding mental states: the reflective self in parent and child and its significance for security of attachment. Infant Ment Health J 12:201-218, 1991b

Fonagy P, Steele M, Steele H, et al: Attachment, the reflective self, and borderline states: the predictive specificity of the Adult Attachment Interview and pathological emotional development, in Attachment Theory: Social, Developmental, and Clinical Perspectives. Edited by Goldberg S, Muir R, Kerr J. New York, Analytic Press, 1995, pp 233-278

Fonagy P, Leigh T, Steele M, et al: The relation of attachment status, psychiatric classification, and response to psychotherapy. J Consult Clin Psychol 64:22-31, 1996

Fonagy P, Gergely G, Jurist EL: Affect Regulation, Mentalization, and the Development of the Self. New York, Other Press, 2002

Fonagy P, Gergely G, Target M: The parent-infant dyad and the construction of the subjective self. J Child Psychol Psychiatry 48:288-328, 2007

Fonagy P, Gergely G, Target M: Psychoanalytic constructs and attachment theory and research, in Handbook of Attachment: Theory, Research, and Clinical Applications, 2nd Edition. Edited by Cassidy J, Shaver PR. New York, Guilford, 2008, pp 783-810

Fonagy P, Bateman A, Luyten P: Introduction and overview, in Handbook of Mentalizing in Mental Health Practice. Edited by Bateman AW, Fonagy P. Washington, DC, American Psychiatric Publishing, 2012, pp 3-42

Ford JD: Dissociation in complex posttraumatic stress disorder or disorders of extreme stress not otherwise specified (DESNOS), in Dissociation and the Dissociative Disorders: DSM-V and Beyond. Edited by Dell PF, O'Neil JA. New York, Routledge, 2009, pp 471-483

Ford JD, Courtois CA: Defining and understanding complex trauma and complex traumatic stress disorders, in Treating Complex Traumatic Stress Disorders: An Evidence-Based Guide. Edited by Courtois CA, Ford JD. New York, Guilford, 2009, pp 13-30

Ford JD, Fallot RD, Harris M: Group therapy, in Treating Complex Traumatic Stress Disorders: An Evidence-Based Guide. Edited by Courtois CA, Ford JD. New York, Guilford, 2009, pp 415-440

Frank JD: Persuasion and Healing. New York, Schocken Books, 1961

引用文献

Freud S: The Future of an Illusion (1927). Translated by Robson-Scott WD. Revised and edited by Strachey J. Garden City, NY, Doubleday Anchor, 1964

Freyd JJ: Betrayal Trauma: The Logic of Forgetting Childhood Abuse. Cambridge, MA, Harvard University Press, 1996

Friedman MJ: Interrelationships between biological mechanisms and pharmacotherapy of posttraumatic stress disorder, in Posttraumatic Stress Disorder: Etiology, Phenomenology, and Treatment. Edited by Wolf ME, Mosnaim AD. Washington, DC, American Psychiatric Press, 1990, pp 204–225

Friedman MJ, Karam EG: Posttraumatic stress disorder, in Stress-Induced and Fear Circuitry Disorders: Refining the Research Agenda for DSM-V. Edited by Andrews G, Charney DS, Sirovatka PJ, et al. Washington, DC, American Psychiatric Publishing, 2009, pp 3–29

Friedman MJ, Resick PA, Keane TM: Key questions and an agenda for future research, in Handbook of PTSD: Science and Practice. Edited by Friedman MJ, Keane TM, Resick PA. New York, Guilford, 2007, pp 540–561

Friedman MJ, Cohen JA, Foa EB, et al: Integration and summary, in Effective Treatments for PTSD: Practice Guidelines From the International Society for Traumatic Stress Studies. Edited by Foa EB, Keane TM, Friedman MJ, et al. New York, Guilford, 2009, pp 617–642

Fromm E: The Anatomy of Human Destructiveness. New York, Holt, Rinehart, & Winston, 1973

Frueh BC, Grubaugh AL, Cusack KJ, et al: Exposure-based cognitive-behavioral treatment of PTSD in adults with schizophrenia or schizoaffective disorder: a pilot study. J Anxiety Disord 23:665–675, 2009

Frueh BC, Elhai JD, Gold PB, et al: The future of posttraumatic stress disorder in the DSM. Psychol Inj Law 3:260–270, 2010

Gabbard GO: Psychodynamic Psychiatry in Clinical Practice. Washington, DC, American Psychiatric Press, 2000

George C, Solomon J: The caregiving system: a behavioral systems approach to parenting, in Handbook of Attachment: Theory, Research, and Clinical Applications, 2nd Edition. Edited by Cassidy J, Shaver PR. New York, Guilford, 2008, pp 833–856

Geraerts E: Posttraumatic memory, in Clinician's Guide to Posttraumatic Stress Disorder. Edited by Rosen GM, Frueh BC. New York, Wiley, 2010, pp 77–95

Ginzburg K, Butler LD, Saltzman K, et al: Dissociative reactions in PTSD, in Dissociation and the Dissociative Disorders: DSM-V and Beyond. Edited by Dell PF, O'Neil JA. New York, Routledge, 2009, pp 457–469

Glodich A, Allen JG, Fultz J, et al: School-based psychoeducational groups on trauma designed to decrease reenactment, in Handbook of Community-Based Clinical Practice. Edited by Lightburn A, Sessions P. New York, Oxford University Press, 2006, pp 349–363

Gold SD, Marx BP, Soler-Baillo JM, et al: Is life stress more traumatic than traumatic stress? J Anxiety Disord 19:687–698, 2005

Goldberg D: The relationship between generalized anxiety disorder and major depressive episode, in Diagnostic Issues in Depression and Generalized Anxiety Disorder: Refining the Research Agenda for DSM-V. Edited by Goldberg D, Kendler KS, Sirovatka PJ, et al. Washington, DC, American Psychiatric Publishing, 2010, pp 355–361

Granqvist P, Kirkpatrick LA: Attachment and religious representations and behavior, in Handbook of Attachment: Theory, Research, and Clinical Applications, 2nd Edition. Edited by Cassidy J, Shaver PR. New York, Guilford, 2008, pp 906–933

Grey N, Holmes EA: "Hotspots" in trauma memories in the treatment of posttraumatic stress disorder: a replication. Memory 16:788–796, 2008

Grienenberger J, Kelly K, Slade A: Maternal reflective functioning, mother-infant affective communication, and infant attachment: exploring the link between mental states and observed caregiving behaviour in the intergenerational transmission of attachment. Attach Hum Dev 7:299–311, 2005

Griffin MG: A prospective assessment of auditory startle alterations in rape and physical assault survivors. J Trauma Stress 21:91–99, 2008

引用文献

Groat M, Allen JG: Promoting mentalizing in experiential psychoeducational groups: from agency and authority to authorship. Bull Menninger Clin 75:315-343, 2011

Grossman K, Grossman KE, Kindler H, et al: A wider view of attachment and exploration: the influence of mothers and fathers on the development of psychological security from infancy to young adulthood, in Handbook of Attachment: Theory, Research, and Clinical Applications, 2nd Edition. Edited by Cassidy J, Shaver PR. New York, Guilford, 2008, pp 857-879

Grossman KE, Grossman K, Waters E (eds): Attachment From Infancy to Adulthood: The Major Longitudinal Studies. New York, Guilford, 2005

Grubaugh AL, Magruder KM, Waldrop AE, et al: Subthreshold PTSD in primary care: prevalence, psychiatric disorders, healthcare use, and functional status. J Nerv Ment Dis 193:658-664, 2005

Hadas M: The Stoic Philosophy of Seneca: Essays and Letters. New York, WW Norton, 1958

Hammen C: Stress and depression. Annu Rev Clin Psychol 1:293-319, 2005

Harkness KL, Monroe SM: Childhood adversity and the endogenous versus nonendogenous distinction in women with major depression. Am J Psychiatry 159:387-393, 2002

Harris EC, Barraclough B: Suicide as an outcome for mental disorders: a metaanalysis. Br J Psychiatry 170:205-228, 1997

Hayes SC, Strosahl KD, Wilson KG: Acceptance and Commitment Therapy: An Experiential Approach to Behavior Change. New York, Guilford, 1999

Hazan C, Shaver P: Romantic love conceptualized as an attachment processes. J Pers Soc Psychol 52:511-524, 1987

Hembree EA, Foa EB: Cognitive behavioral treatments for PTSD, in Clinician's Guide to Posttraumatic Stress Disorder. Edited by Rosen GM, Frueh BC. New York, Wiley, 2010, pp 177-203

Herink R (ed): The Psychotherapy Handbook. New York, New American Library, 1980

Herman JL: Father-Daughter Incest. Cambridge, MA, Harvard University Press, 1981

Herman JL: Complex PTSD: a syndrome in survivors of prolonged and repeated trauma. J Trauma Stress 5:377-391, 1992a

Herman JL: Trauma and Recovery. New York, Basic Books, 1992b

Herman JL: Sequelae of prolonged and repeated trauma: evidence for a complex posttraumatic syndrome (DESNOS), in Posttraumatic Stress Disorder: DSM-IV and Beyond. Edited by Davidson JRT, Foa EB. Washington, DC, American Psychiatric Press, 1993, pp 213-228

Herman JL: Foreword, in Treating Complex Traumatic Stress Disorders: An Evidence-Based Guide. Edited by Courtois CA, Ford JD. New York, Guilford, 2009, pp xiii-xvii

Hesse E: The Adult Attachment Interview: protocol, method of analysis, and empirical studies, in Handbook of Attachment: Theory, Research, and Clinical Applications, 2nd Edition. Edited by Cassidy J, Shaver PR. New York, Guilford, 2008, pp 552-598

Hoffmann SG, Sawyer AT, Witt AA, et al: The effect of mindfulness-based therapy on anxiety and depression: a meta-analytic review. J Consult Clin Psychol 78:169-183, 2010

Holmes EA, Brown RJ, Mansell W, et al: Are there two qualitatively distinct forms of dissociation? A review and some clinical implications. Clin Psychol Rev 25:1-23, 2005a

Holmes EA, Grey N, Young KA: Intrusive images and "hotspots" of trauma memories in posttraumatic stress disorder: an exploratory investigation of emotions and cognitive themes. J Behav Ther Exp Psychiatry 36:3-17, 2005b

Holmes J: The Search for the Secure Base: Attachment Theory and Psychotherapy. London, Routledge, 2001

Holmes J: From attachment research to clinical practice: getting it together, in Attachment Theory and Research in Clinical Work With Adults. Edited by Obegi JH, Berant E. New York, Guilford, 2009, pp 490-514

Holmes J: Exploring in Security: Towards an Attachment-Informed Psychoanalytic Psychotherapy. New York, Routledge, 2010

Holmes J: Attachment theory and the suicidal patient, in Building a Therapeutic Alliance With the Suicidal Patient. Edited by Michel K, Jobes DA. Washington, DC, American Psychological Association, 2011, pp

149–167

Horvath AO, Del Re AC, Flükiger C, et al: Alliance in individual psychotherapy, in Psychotherapy Relationships That Work: Evidence-Based Responsiveness. Edited by Norcross JC. New York, Oxford University Press, 2011, pp 25–69

Horwitz L: The capacity to forgive: intrapsychic and developmental perspectives. JAMA 53:485–511, 2005

Horwitz L, Gabbard GO, Allen JG, et al: Borderline Personality Disorder: Tailoring the Therapy to the Patient. Washington, DC, American Psychiatric Press, 1996

Hrdy SB: Mothers and Others: The Evolutionary Origins of Mutual Understanding. Cambridge, MA, Harvard University Press, 2009

Insel TR: Is social attachment an addictive disorder? Physiol Behav 79:351–357, 2003

Insel TR, Cuthbert B, Garvey M, et al: Research Domain Criteria (RDoC): toward a new classification framework for research on mental disorders. Am J Psychiatry 167:748–751, 2010

Jackson C, Nissenson K, Cloitre M: Cognitive-behavioral therapy, in Treating Complex Traumatic Stress Disorders: An Evidence-Based Guide. Edited by Courtois CA, Ford JD. New York, Guilford, 2009, pp 243–263

Jacques-Tiura AJ, Tkatch AJ, Abbey A, et al: Disclosure of sexual assault: characteristics and implications for posttraumatic stress symptoms among African American and Caucasian survivors. J Trauma Dissociation 11:174–192, 2010

James W: The Varieties of Religious Experience (1902). New York, Modern Library, 1994

Jamison KR: Night Falls Fast: Understanding Suicide. New York, Random House, 1999

Janoff-Bulman R: Shattered Assumptions: Towards a New Psychology of Trauma. New York, The Free Press, 1992

Janoff-Bulman R, Yopyk DJ: Random outcomes and valued commitments: existential dilemmas and the paradox of meaning, in Handbook of Experimental Existential Psychology. Edited by Greenberg J, Koole SL, Pyszczynski T. New York, Guilford, 2004, pp 122–138

Jelinek L, Randjbar S, Seifert D, et al: The organization of autobiographical and nonautobiographical memory in posttraumatic stress disorder (PTSD). J Abnorm Psychol 118:288–298, 2009

Jobes DA: Managing Suicidal Risk: A Collaborative Approach. New York, Guilford, 2006

Jobes DA, Nelson KN: Shneidman's contributions to the understanding of suicidal thinking, in Cognition and Suicide: Theory, Research, and Therapy. Edited by Ellis TE. Washington, DC, American Psychological Association, 2006, pp 29–49

Johnson JG, Cohen P, Brown J, et al: Childhood maltreatment increases risk for personality disorders during early adulthood. Arch Gen Psychiatry 56:600–606, 1999

Johnson JG, Cohen P, Chen H, et al: Parenting behaviors associated with risk for offspring personality disorder during adulthood. Arch Gen Psychiatry 63:579–587, 2006

Johnson SM: Couple and family therapy: an attachment perspective, in Handbook of Attachment: Theory, Research, and Clinical Applications, 2nd Edition. Edited by Cassidy J, Shaver PR. New York, Guilford, 2008, pp 811–829

Johnson SM: Attachment theory and emotionally focused therapy for individuals and couples, in Attachment Theory and Research in Clinical Work With Adults. Edited by Obegi JH, Berant E. New York, Guilford, 2009, pp 410–433

Johnson SM, Courtois CA: Couple therapy, in Treating Complex Traumatic Stress Disorders: An Evidence-Based Guide. Edited by Courtois CA, Ford JD. New York, Guilford, 2009, pp 371–390

Joiner TE: Depression in its interpersonal context, in Handbook of Depression. Edited by Gotlib IH, Hammen C. New York, Guilford, 2002, pp 295–313

Joiner TE: Why People Die by Suicide. Cambridge, MA, Harvard University Press, 2005

Joiner TE, Sachs-Ericsson NJ, Wingate LR, et al: Childhood physical and sexual abuse and lifetime number of suicide attempts: a persistent and theoretically important relationship. Behav Res Ther 45:539–547, 2007

Kabat-Zinn J: Full Catastrophe Living: Using the Wisdom of Your Body and Mind to Face Stress, Pain, and

引用文献

Illness. New York, Delta, 1990

Kaplan LJ: Female Perversions: The Temptations of Emma Bovary. New York, Doubleday, 1991

Karen R: Becoming Attached: First Relationships and How They Shape Our Capacity to Love. New York, Oxford University Press, 1998

Kazdin AE: Mediators and mechanisms of change in psychotherapy research. Annu Rev Clin Psychol 3:1–27, 2007

Kazdin AE, Blasé SL: Rebooting psychotherapy research and practice to reduce the burden of mental illness. Perspect Psychol Sci 6:21–37, 2011

Keane TM, Brief DJ, Pratt EM, et al: Assessment of PTSD and its comorbidities in adults, in Handbook of PTSD: Science and Practice. Edited by Friedman MJ, Keane TM, Resick PA. New York, Guilford, 2007, pp 279–305

Kekes J: The Roots of Evil. Ithaca, NY, Cornell University Press, 2005

Kempe CH, Silverman FN, Steele BF, et al: The battered-child syndrome. JAMA 181:105–112, 1962

Kendler KS, Kessler RC, Walters EE, et al: Stressful life events, genetic liability, and onset of an episode of major depression in women. Am J Psychiatry 152:833–842, 1995

Kendler KS, Gardner CO, Prescott CA: Toward a comprehensive developmental model of major depression in women. Am J Psychiatry 159:1133–1145, 2002

Kernberg OF, Diamond D, Yeomans F, et al: Mentalization and attachment in borderline patients in transference focused psychotherapy, in Mind to Mind: Infant Research, Neuroscience, and Psychoanalysis. Edited by Jurist EL, Slade A, Bergner A. New York, Other Press, 2008, pp 167–198

Kessler RC, Sonnega A, Bromet E, et al: Posttraumatic stress disorder in the National Comorbidity Survey. Arch Gen Psychiatry 52:1048–1060, 1995

Kessler RC, Gruber M, Hettema JM, et al: Major depression and generalized anxiety disorder in the National Comorbidity Survey follow-up survey, in Diagnostic Issues in Depression and Generalized Anxiety Disorder: Refining the Research Agenda for DSM-V. Edited by Goldberg D, Kendler KS, Sirovatka PJ, et al. Washington, DC, American Psychiatric Publishing, 2010, pp 139–170

Kimerling R, Ouimette P, Weitlauf JC: Gender issues in PTSD, in Handbook of PTSD: Science and Practice. Edited by Friedman MJ, Keane TM, Resick PA. New York, Guilford, 2007, pp 207–228

Kirkpatrick LA: Attachment, Evolution, and the Psychology of Religion. New York, Guilford, 2005

Kleim S, Kroger C, Kosfelder J: Dialectical behavior therapy for borderline personality disorder: a meta-analysis using mixed-effects modeling. J Consult Clin Psychol 78:936–951, 2010

Kluft RP: Basic principles in conducting the psychotherapy of multiple personality disorder, in Current Perspectives on Multiple Personality Disorder. Edited by Kluft RP, Fine CG. Washington, DC, American Psychiatric Press, 1993, pp 19–50

Koenen KC, Moffitt TE, Poulton R, et al: Early childhood factors associated with the development of post-traumatic stress disorder: results from a longitudinal birth cohort. Psychol Med 37:181–192, 2007

Kolden GG, Klein MH, Wang CC: Congruence/genuineness, in Psychotherapy Relationships That Work: Evidence-Based Responsiveness. Edited by Norcross JC. New York, Oxford University Press, 2011, pp 187–202

Lanius RA, Vermetten E, Loewenstein RJ, et al: Emotion modulation and PTSD: clinical and neurobiological evidence for a dissociative subtype. Am J Psychiatry 167:640–647, 2010

Lebell S: Epictetus: The Art of Living. New York, HarperCollins, 1995

Lee CW, Taylor G, Drummond PD: The active ingredient in EMDR: is it traditional exposure or dual focus of attention? Clin Psychol Psychother 13:97–107, 2006

Leibenluft E, Gardner DL, Cowdry RW: The inner experience of the borderline self-mutilator. J Pers Disord 1:317–324, 1987

Leichsenring F: Applications of psychodynamic psychotherapy to specific disorders: efficacy and indications, in Textbook of Psychotherapeutic Treatments. Edited by Gabbard GO. Washington, DC, American Psychiatric Publishing, 2009, pp 97–132

Levy KN: Psychotherapies and lasting change. Am J Psychiatry 165:556–559, 2008
Levy KN, Meehan KB, Kelly KM, et al: Change in attachment patterns and reflective function in a randomized control trial of transference-focused psychotherapy for borderline personality disorder. J Consult Clin Psychol 74:1027–1040, 2006
Levy KN, Ellison WD, Scott LN, et al: Attachment style, in Psychotherapy Relationships That Work: Evidence-Based Responsiveness. Edited by Norcross JC. New York, Oxford University Press, 2011, pp 377–401
Lewis L, Kelly KA, Allen JG: Restoring Hope and Trust: An Illustrated Guide to Mastering Trauma. Baltimore, MD, Sidran Press, 2004
Linehan MM: Cognitive-Behavioral Treatment of Borderline Personality Disorder. New York, Guilford, 1993a
Linehan MM: Skills Training Manual for Treating Borderline Personality Disorder. New York, Guilford, 1993b
Linehan MM, Armstrong HE, Suarez A, et al: Cognitive-behavioral treatment of chronically parasuicidal borderline patients. Arch Gen Psychiatry 48:1060–1064, 1991
Linehan MM, Comtois KS, Murray AM, et al: Two-year randomized controlled trial and follow-up of dialectical behavior therapy vs therapy by experts for suicidal behaviors and borderline personality disorder. Arch Gen Psychiatry 63:757–766, 2006
Liotti G: Attachment and dissociation, in Dissociation and the Dissociative Disorders: DSM-V and Beyond. Edited by Dell PF, O'Neil JA. New York, Routledge, 2009, pp 53–65
Liotti G: Attachment disorganization and the clinical dialogue: theme and variations, in Disorganized Attachment and Caregiving. Edited by Solomon J, George C. New York, Guilford, 2011, pp 383–413
Littleton HL: The impact of social support and negative disclosure reactions on sexual assault victims: a cross-sectional and longitudinal investigation. J Trauma Dissociation 11:210–227, 2010
Livesley WJ: Confusion and incoherence in the classification of personality disorder: commentary on the preliminary proposals for DSM-5. Psychol Inj Law 3:304–313, 2010
Loftus EF: The reality of repressed memories. Am Psychol 48:518–537, 1993
Lomax JW, Kripal JJ, Pargament KI: Perspectives on "sacred moments" in psychotherapy. Am J Psychiatry 168:1–7, 2011
Long ME, Elhai JD, Schweinle A, et al: Differences in posttraumatic stress disorder diagnostic rates and symptom severity between Criterion A1 and non-Criterion A1 stressors. J Anxiety Disord 22:1255–1263, 2008
Luyten P, van Houdenhove B: Common versus specific factors in the psychotherapeutic treatment of patients suffering from chronic fatigue and pain. J Psychother Integr (in press)
Luyten P, Vliegen N, Blatt SJ: Equifinality, multifinality, and the rediscovery of the importance of early experiences: pathways from early adversity to psychiatric and (functional) somatic disorders. Psychoanal Study Child 63:27–60, 2008
Luyten P, Fonagy P, Lemma A, et al: Depression, in Handbook of Mentalizing in Mental Health Practice. Edited by Bateman AW, Fonagy P. Washington, DC, American Psychiatric Publishing, 2012, pp 385–417
Lynn SJ, Rhue JW: Fantasy proneness: hypnosis, developmental antecedents, and psychopathology. Am Psychol 43:35–44, 1988
Lyons-Ruth K, Jacobvitz D: Attachment disorganization: genetic factors, parenting contexts, and developmental transformation from infancy to adulthood, in Handbook of Attachment: Theory, Research, and Clinical Applications, 2nd Edition. Edited by Cassidy J, Shaver PR. New York, Guilford, 2008, pp 666–697
Lyons-Ruth K, Yellin C, Melnick S, et al: Expanding the concept of unresolved mental states: hostile/helpless states of mind on the Adult Attachment Interview are associated with disrupted mother-infant communication and infant disorganization. Dev Psychopathol 17:1–23, 2005
MacDonald HZ, Beeghly M, Grant-Knight W, et al: Longitudinal association between infant disorganized attachment and childhood posttraumatic stress symptoms. Dev Psychopathol 20:493–508, 2008
Main M, Hesse E: Parents' unresolved traumatic experiences are related to infant disorganized attachment status: is frightened and/or frightening parental behavior the linking mechanism? In Attachment in the Preschool Years: Theory, Research, and Intervention. Edited by Greenberg MT, Cicchetti D, Cummings EM. Chicago, IL, University of Chicago Press, 1990, pp 161–182

引用文献

Main M, Morgan H: Disorganization and disorientation in infant Strange Situation behavior: phenotypic resemblance to dissociative states, in Handbook of Dissociation: Theoretical, Empirical, and Clinical Perspectives. Edited by Michelson LK. Ray WJ. New York, Plenum, 1996, pp 107–138

Main M, Solomon J: Procedures for identifying infants as disorganized/disoriented during the Ainsworth Strange Situation, in Attachment in the Preschool Years: Theory, Research, and Intervention. Edited by Greenberg MT, Cicchetti D, Cummings EM. Chicago, IL, University of Chicago Press, 1990, pp 121–160

Main M, Kaplan N, Cassidy J: Security in infancy, childhood, and adulthood: a move to the level of representation, in Growing Points of Attachment Theory and Research. Edited by Bretherton I, Waters E. Monographs of the Society for Research in Child Development 50:66–104, 1985

Main M, Hesse E, Kaplan N, et al: Predictability of attachment behavior and representational processes at 1, 6, and 19 years of age, in Attachment From Infancy to Adulthood: The Major Longitudinal Studies. Edited by Grossman KE, Grossman K, Waters E. New York, Guilford, 2005, pp 245–304

Main M, Hesse E, Goldwyn R: Studying differences in language usage in recounting attachment history: an introduction to the AAI, in Clinical Applications of the Adult Attachment Interview. Edited by Steele H, Steele M. New York, Guilford, 2008, pp 31–68

Malik ML, Beutler KE, Alimohamed S, et al: Are all cognitive therapies alike? A comparison of cognitive and noncognitive therapy process and implications for the application of empirically supported treatments. J Consult Clin Psychol 71:150–158, 2003

Mallinckrodt B, McCreary BA, Robertson AK: Co-occurrence of eating disorders and incest: the role of attachment, family environment, and social competencies. J Counsel Psychol 42:178–186, 1995

Mallinckrodt B, Daly K, Wang CDC: An attachment approach to adult psychotherapy, in Attachment Theory and Research in Clinical Work With Adults. Edited by Obegi JH, Berant E. New York, Guilford, 2009, pp 234–268

Marvin R, Cooper G, Hoffman K, et al: The Circle of Security project: attachment-based intervention with caregiver-pre-school child dyads. Attach Hum Dev 4:107–124, 2002

McBride C, Atkinson L: Attachment theory and cognitive-behavioral therapy, in Attachment Theory and Research in Clinical Work With Adults. Edited by Obegi JH, Berant E. New York, Guilford, 2009, pp 434–458

McCauley J, Kern DE, Kolodner K, et al: Clinical characteristics of women with a history of childhood abuse. JAMA 277:1362–1368, 1997

McFarlane AC: Epidemiological evidence about the relationship between PTSD and alcohol abuse: the nature of the association. Addict Behav 23:813–825, 1998

McNally RJ: On eye movements and animal magnetism: a reply to Greenwald's defense of EMDR. J Anxiety Disord 13:617–620, 1999

Meins E, Fernyhough C, Johnson F, et al: Mind-mindedness in children: individual differences in internal-state talk in middle childhood. Br J Dev Psychol 24:181–196, 2006

Melnick S, Finger B, Hans S, et al: Hostile-helpless states of mind in the AAI: a proposed additional AAI category with implications for identifying disorganized infant attachment in high-risk samples, in Clinical Applications of the Adult Attachment Interview. Edited by Steele H, Steele M. New York, Guilford, 2008, pp 399–423

Menninger KA: Man Against Himself. New York, Harcourt, Brace, 1938

Menninger KA: Hope (1959). Bull Menninger Clin 51:447–462, 1987

Michel K, Valach L: The narrative interview with the suicidal patient, in Building a Therapeutic Alliance With the Suicidal Patient. Edited by Michel K, Jobes DA. Washington, DC, American Psychological Association, 2011, pp 63–80

Michelson LK, Ray WJ (eds): Handbook of Dissociation: Theoretical, Empirical, and Clinical Perspectives. New York, Plenum, 1996

Mikulincer M, Shaver PR: Security-based self-representations in adulthood: contents and processes, in Adult Attachment: Theory, Research, and Clinical Implications. Edited by Rholes WS, Simpson JA. New York, Guilford, 2004, pp 159–195

引用文献

Mikulincer M, Shaver PR: Attachment in Adulthood: Structure, Dynamics, and Change. New York, Guilford, 2007a

Mikulincer M, Shaver PR: Reflections on security dynamics: core constructs, psychological mechanisms, relational contexts, and the need for an integrative theory. Psychol Inq 18:197–209, 2007b

Mikulincer M, Florian V, Hirschberger G: Terror of death and the quest for love: an existential perspective on close relationships, in Handbook of Experimental Existential Psychology. Edited by Greenberg J, Koole SL, Pyszczynski T. New York, Guilford, 2004, pp 287–304

Moffitt TE, Caspi A, Harrington H, et al: Generalized anxiety disorder and depression: childhood risk factors in a birth cohort followed to age 32 years, in Diagnostic Issues in Depression and Generalized Anxiety Disorder: Refining the Research Agenda for DSM-V. Edited by Goldberg D, Kendler KS, Sirovatka PJ, et al. Washington, DC, American Psychiatric Publishing, 2010, pp 217–239

Mohr JJ: Same-sex romantic attachment, in Handbook of Attachment: Theory, Research, and Clinical Applications, 2nd Edition. Edited by Cassidy J, Shaver PR. New York, Guilford, 2008, pp 482–502

Morgan HG, Burns-Cox CJ, Pocock H, et al: Deliberate self-harm: clinical and socioeconomic characteristics of 368 patients. Br J Psychiatry 127:564–574, 1975

Morrison JA: The therapeutic relationship in prolonged exposure therapy for posttraumatic stress disorder: the role of cross-theoretical dialogue in dissemination. Behavior Therapist 34:20–26, 2011

Moss E, Bureau J-F, St-Laurent D, et al: Understanding disorganized attachment at preschool and school age: examining divergent pathways of disorganized and controlling children, in Disorganized Attachment and Caregiving. Edited by Solomon J, George C. New York, Guilford, 2011, pp 52–79

Murphy JG: Getting Even: Forgiveness and Its Limits. New York, Oxford University Press, 2003

Nagel T: The View From Nowhere. New York, Oxford University Press, 1985

Nagel T: Secular Philosophy and the Religious Temperament. New York, Oxford University Press, 2010

Najavits LM, Ryngala D, Back SE, et al: Treatment of PTSD and comorbid disorders, in Effective Treatments for PTSD: Practice Guidelines From the International Society for Traumatic Stress Studies. Edited by Foa EB, Keane TM, Friedman MJ, et al. New York, Guilford, 2009, pp 508–535

Neff KD: Self-Compassion. New York, HarperCollins, 2011

Neiman S: Evil in Modern Thought: An Alternative History of Philosophy. Princeton, NJ, Princeton University Press, 2002

Newman MG, Stiles WB, Janeck A, et al: Integration of therapeutic factors in anxiety disorders, in Principles of Therapeutic Change That Work. Edited by Castonguay LG, Beutler LE. New York, Oxford University Press, 2006, pp 187–200

Nijenhuis ER, Vanderlinden J, Spinhoven P: Animal defensive reactions as a model for trauma-induced dissociative reactions. J Trauma Stress 11:243–260, 1998

Nock MK (ed): Understanding Nonsuicidal Self-Injury: Origins, Assessment, and Treatment. Washington, DC, American Psychological Association, 2009

Nock MK, Cha CB: Psychological models of nonsuicidal self-injury, in Understanding Nonsuicidal Self-Injury: Origins, Assessment, and Treatment. Edited by Nock MK. Washington, DC, American Psychological Association, 2009, pp 65–77

Nock MK, Favazza AR: Nonsuicidal self-injury: definition and classification, in Understanding Nonsuicidal Self-Injury: Origins, Assessment, and Treatment. Edited by Nock MK. Washington, DC, American Psychological Association, 2009, pp 9–18

Nolen-Hoeksema S: The role of rumination in depressive disorders and mixed anxiety/depressive symptoms. J Abnorm Psychol 109:504–511, 2000

Norcross JC (ed): Psychotherapy Relationships That Work: Evidence-Based Responsiveness. New York, Oxford University Press, 2011

Norcross JC, Lambert MJ: Evidence-based therapy relationships, in Psychotherapy Relationships That Work: Evidence-Based Responsiveness. Edited by Norcross JC. New York, Oxford University Press, 2011, pp 3–21

Norcross JC, Wampold BE: Conclusions and guidelines, in Psychotherapy Relationships That Work: Evidence-

引用文献

Based Responsiveness. Edited by Norcross JC. New York, Oxford University Press, 2011, pp 423–430

Norris F: Epidemiology of trauma: frequency and impact of different potentially traumatic events on different demographic groups. J Consult Clin Psychol 60:409–418, 1992

Nussbaum MC: Upheavals of Thought: The Intelligence of the Emotions. Cambridge, UK, Cambridge University Press, 2001

O'Donnell ML, Creamer M, Cooper J: Criterion A: controversies and clinical implications, in Clinician's Guide to Posttraumatic Stress Disorder. Edited by Rosen GM, Frueh BC. New York, Wiley, 2010, pp 51–75

Obegi JH, Berant E (eds): Attachment Theory and Research in Clinical Work With Adults. New York, Guilford, 2009a

Obegi JH, Berant E: Introduction, in Attachment Theory and Research in Clinical Work With Adults. Edited by Obegi JH, Berant E. New York, Guilford, 2009b, pp 1–14

Oldham JM: Psychodynamic psychotherapy for personality disorders. Am J Psychiatry 164:1465–1467, 2007

Oldham JM: Epilogue, in Mentalizing in Clinical Practice. Edited by Allen JG, Fonagy P, Bateman AW. Washington, DC, American Psychiatric Publishing, 2008, pp 341–346

Oldham JM, Skodol AE, Kellman HD, et al: Diagnosis of DSM-III-R personality disorders by two structured interviews: patterns of comorbidity. Am J Psychiatry 149:213–220, 1992

Orbach I: Therapeutic empathy with the suicidal wish: principles of therapy with suicidal individuals. Am J Psychother 55:166–184, 2001

Orbach I: Taking an inside view: stories of pain, in Building a Therapeutic Alliance With the Suicidal Patient. Edited by Michel K, Jobes DA. Washington, DC, American Psychological Association, 2011, pp 111–128

Ozer EJ, Best SR, Lipsey TL, et al: Predictors of posttraumatic stress disorder and symptoms in adults: a meta-analysis. Psychol Bull 129:52–73, 2003

Pargament KI: Spiritually Integrated Psychotherapy: Understanding and Addressing the Sacred. New York, Guilford, 2007

Pargament KI: Religion and coping: the current state of knowledge, in Oxford Handbook of Stress, Health, and Coping. Edited by Folkman S. New York, Oxford University Press, 2011, pp 269–288

Pennebaker JW: Writing to Heal: A Guided Journal for Recovering From Trauma and Emotional Upheaval. Oakland, CA, New Harbinger, 2004

Peterson C, Chang EC: Optimism and flourishing, in Flourishing: Positive Psychology and the Life Well-Lived. Edited by Keyes CL, Haidt J. Washington, DC, American Psychiatric Publishing, 2003, pp 55–79

Peterson M: The problem of evil, in A Companion to Philosophy of Religion. Edited by Quinn PL, Taliaferro C. Malden, MA, Blackwell, 1997, pp 393–401

Philips B, Kahn U, Bateman AW: Drug addiction, in Handbook of Mentalizing in Mental Health Practice. Edited by Bateman AW, Fonagy P. Washington, DC, American Psychiatric Publishing, 2012, pp 445–461

Pillemer DB: Momentous Events, Vivid Memories. Cambridge, MA, Harvard University Press, 1998

Plante TG: Spiritual Practices in Psychotherapy. Washington, DC, American Psychological Association, 2009

Pope HG Jr, Oliva PS, Hudson JI, et al: Attitudes toward DSM-IV dissociative disorder diagnoses among board-certified American psychiatrists. Am J Psychiatry 156:321–323, 1999

Porges SW: Reciprocal influences between body and brain in the perception and expression of affect, in The Healing Power of Emotion: Affective Neuroscience, Development, and Clinical Practice. Edited by Fosha D, Siegal DJ, Solomon MF. New York, WW Norton, 2009, pp 27–54

Porges SW: The Polyvagal Theory: Neurophysiological Foundations of Emotions, Attachment, Communication, and Self-Regulation. New York, WW Norton, 2011

Powers MB, Halpern JM, Ferenschak MP, et al: A meta-analytic review of prolonged exposure for posttraumatic stress disorder. Clin Psychol Rev 30:635–641, 2010

Prinstein MJ, Guerry JD, Browne CB, et al: Interpersonal models of nonsuicidal self-injury, in Understanding Nonsuicidal Self-Injury: Origins, Assessment, and Treatment. Edited by Nock MK. Washington, DC, American Psychological Association, 2009, pp 79–98

Pruyser PW: Between Belief and Unbelief. New York, Harper & Row, 1974

引用文献

Pruyser PW: Epilogue, in Changing Views of the Human Condition. Edited by Pruyser PW. Macon, GA, Mercer University Press, 1987a, pp 196–200

Pruyser PW: Maintaining hope in adversity. Bull Menninger Clin 51:463–474, 1987b

Pruyser PW: A transformational understanding of humanity, in Changing Views of the Human Condition. Edited by Pruyser PW. Macon, GA, Mercer University Press, 1987c, pp 1–10

Resick PA, Schnicke MK: Cognitive processing therapy for sexual assault victims. J Consult Clin Psychol 60:748–756, 1992

Resick PA, Monson CM, Rizvi SL: Posttraumatic stress disorder, in Clinical Handbook of Psychological Disorders: A Step-by-Step Treatment Manual, 4th Edition. Edited by Barlow DH. New York, Guilford, 2008, pp 65–122

Resnick HS, Yehuda R, Acierno R: Acute post-rape plasma cortisol, alcohol use, and PTSD symptom profile among recent rape victims. Ann N Y Acad Sci 821:433–436, 1997

Riggs DS, Monson CM, Glynn SM, et al: Couple and family therapy for adults, in Effective Treatments for PTSD: Practice Guidelines From the International Society for Traumatic Stress Studies. Edited by Foa EB, Keane TM, Friedman MJ, et al. New York, Guilford, 2009, pp 458–478

Rizzuto A-M: The Birth of the Living God: A Psychoanalytic Study. Chicago, IL, University of Chicago Press, 1979

Robins CJ, Ivanoff AM, Linehan MM, et al: Dialectical behavior therapy, in Handbook of Personality Disorders: Theory Research, and Treatment. Edited by Livesley WJ. New York, Guilford, 2001, pp 437–459

Rodham K, Hawton K: Epidemiology and phenomenology of nonsuicidal selfinjury, in Understanding Nonsuicidal Self-Injury: Origins, Assessment, and Treatment. Edited by Nock MK. Washington, DC, American Psychological Association, 2009, pp 37–62

Roemer L, Orsillo SM: Mindfulness- and Acceptance-Based Behavioral Therapies in Practice. New York, Guilford, 2009

Rogers CR: Client-Centered Therapy: Its Current Practice, Implications, and Theory. Boston, MA, Houghton Mifflin, 1951

Rogers CR: The necessary and sufficient conditions of therapeutic personality change (1957). J Consult Clin Psychol 60:827–832, 1992

Rosen GM, Frueh BC, Lilienfeld SO, et al: Afterword: PTSD's future in the DSM: implications for clinical practice, in Clinician's Guide to Posttraumatic Stress Disorder. Edited by Rosen GM, Frueh BC. New York, Wiley, 2010, pp 263–276

Ross C: Dissociative amnesia and dissociative fugue, in Dissociation and the Dissociative Disorders: DSM-V and Beyond. Edited by Dell PF, O'Neil JA. New York, Routledge, 2009, pp 429–434

Roth A, Fonagy P: What Works for Whom? A Critical Review of Psychotherapy Research, 2nd Edition. New York, Guilford, 2005

Rudd MD: Fluid vulnerability theory: a cognitive approach to understanding the process of acute and chronic suicide risk, in Cognition and Suicide: Theory, Research, and Therapy. Edited by Ellis TE. Washington, DC, American Psychological Association, 2006, pp 355–368

Rudd MD, Brown GK: A cognitive theory of suicide: building hope in treatment and strengthening the therapeutic relationship, in Building a Therapeutic Alliance With the Suicidal Patient. Edited by Michel K, Jobes DA. Washington, DC, American Psychological Association, 2011, pp 169–181

Ruzek JI, Polusny MA, Abeug FR: Assessment and treatment of concurrent posttraumatic stress disorder and substance abuse, in Cognitive-Behavioral Therapies for Trauma. Edited by Follette VM, Ruzek JI, Abueg FR. New York, Guilford, 1998, pp 226–255

Ryff CD, Singer V: Flourishing under fire: resilience as a prototype of challenged thriving, in Flourishing: Positive Psychology and the Life Well-Lived. Edited by Keyes CL, Haidt J. Washington, DC, American Psychiatric Publishing, 2003, pp 15–36

Sadler LS, Slade A, Mayes LC: Minding the Baby: a mentalization-based parenting program, in Handbook of Mentalization-Based Treatment. Edited by Allen JG, Fonagy P. Chichester, UK, Wiley, 2006, pp 271–288

引用文献

Safran J, Segal ZV: Interpersonal Processes in Cognitive Therapy. New York, Basic Books, 1990

Safran JD, Muran JC, Eubanks-Carte C: Repairing alliance ruptures, in Psychotherapy Relationships That Work: Evidence-Based Responsiveness. Edited by Norcross JC. New York, Oxford University Press, 2011, pp 224–238

Sahdra BK, Shaver PR, Brown KW: A scale to measure nonattachment: a Buddhist complement to Western research on attachment and adaptive functioning. J Pers Assess 92:116–127, 2010

Schjoedt U, Stodkilde-Jorgenson H, Geertz AW, et al: Highly religious participants recruit areas of social cognition in personal prayer. Soc Cogn Affect Neurosci 4:199–207, 2009

Schore AN: Attachment trauma and the developing right brain: origins of pathological dissociation, in Dissociation and the Dissociative Disorders: DSM-V and Beyond. Edited by Dell PF, O'Neil JA. New York, Routledge, 2009, pp 107–141

Segal ZV, Bieling P, Young T, et al: Antidepressant monotherapy vs sequential pharmacotherapy and mindfulness-based cognitive therapy, or placebo, for relapse prophylaxis in recurrent depression. Arch Gen Psychiatry 67:1256–1264, 2010

Segman R, Shalev AY, Gelernter J: Gene-environment interactions: twin studies and gene research in the context of PTSD, in Handbook of PTSD: Science and Practice. Edited by Friedman MJ, Keane TM, Resick PA. New York, Guilford, 2007, pp 190–206

Seidler GH, Wagner FE: Comparing the efficacy of EMDR and trauma-focused cognitive-behavioral therapy in the treatment of PTSD: a meta-analytic study. Psychol Med 36:1515–1522, 2006

Shapiro F: Eye Movement Desensitization and Reprocessing (EMDR): evaluation of controlled PTSD research. J Behav Ther Exp Psychiatry 27:209–218, 1996

Shaver PR, Mikulincer M: Clinical implications of attachment theory. Lecture presented at Creating Connections: International Conference on Attachment, Neuroscience, Mentalization Based Treatment, and Emotionally Focused Therapy, Kaatsheuvel, The Netherlands, April 19–20, 2011

Shaver PR, Lavy S, Saron C, et al: Social foundations of the capacity for mindfulness: an attachment perspective. Psychol Inq 18:264–271, 2007

Shea MT, Stout R, Gunderson J, et al: Short-term diagnostic stability of schizotypal, borderline, avoidant, and obsessive-compulsive personality disorders. Am J Psychiatry 159:2036–2041, 2002

Shea MT, McDevitt-Murphy M, Ready DJ, et al: Group therapy, in Effective Treatments for PTSD: Practice Guidelines From the International Society for Traumatic Stress Studies. Edited by Foa EB, Keane TM, Friedman MJ, et al. New York, Guilford, 2009, pp 306–326

Sher G: In Praise of Blame. New York, Oxford University Press, 2006

Sher L, Stanley B: Biological models of nonsuicidal self-injury, in Understanding Nonsuicidal Self-Injury: Origins, Assessment, and Treatment. Edited by Nock MK. Washington, DC, American Psychological Association, 2009, pp 99–116

Siegel DJ: The Developing Mind: Toward a Neurobiology of Interpersonal Experience. New York, Guilford, 1999

Simeon D: Depersonalization disorder, in Dissociation and the Dissociative Disorders: DSM-V and Beyond. Edited by Dell PF, O'Neil JA. New York, Routledge, 2009, pp 435–444

Skårderud F, Fonagy P: Eating disorders, in Handbook of Mentalizing in Mental Health Practice. Edited by Bateman AW, Fonagy P. Washington, DC, American Psychiatric Publishing, 2012, pp 347–383

Slade A: Reflective parenting program: theory and development. Psychoanal Inq 26:640–657, 2006

Slade A: The implications of attachment theory and research for adult psychotherapy: research and clinical perspectives, in Handbook of Attachment: Theory, Research, and Clinical Applications, 2nd Edition. Edited by Cassidy J, Shaver PR. New York, Guilford, 2008a, pp 762–782

Slade A: Mentalization as a frame for working with parents in child psychotherapy, in Mind to Mind: Infant Research, Neuroscience, and Psychoanalysis. Edited by Jurist EL, Slade A, Bergner A. New York, Other Press, 2008b, pp 307–334

Slade A, Sadler LS, de Dios-Kenn C, et al: Minding the Baby: A Manual. New Haven, CT, Yale Child Study

引用文献

Center, 2004
Slade A, Grienenberger J, Bernbach E, et al: Maternal reflective functioning, attachment, and the transmission gap: a preliminary study. Attach Hum Dev 7:283-298, 2005
Smith TL, Barrett MS, Benjamin LS, et al: Relationship factors in treating personality disorders, in Principles of Therapeutic Change That Work. Edited by Castonguay LG, Beutler LE. New York, Oxford University Press, 2006, pp 219-238
Snyder CR: The Psychology of Hope. New York, Free Press, 1994
Solomon J, George C: Disorganization of maternal caregiving across two generations: the origins of caregiving helplessness, in Disorganized Attachment and Caregiving. Edited by Solomon J, George C. New York, Guilford, 2011, pp 25-51
Solomon RC: Spirituality for the Skeptic: The Thoughtful Love of Life. New York, Oxford University Press, 2002
Somer E: Opioid use disorder and dissociation, in Dissociation and the Dissociative Disorders: DSM-V and Beyond. Edited by Dell PF, O'Neil JA. New York, Routledge, 2009, pp 511-518
Spangler G: Genetic and environmental determinants of attachment disorganization, in Disorganized Attachment and Caregiving. Edited by Solomon J, George C. New York, Guilford, 2011, pp 110-130
Spates CR, Koch E, Pagoto S, et al: Eye movement desensitization and reprocessing, in Effective Treatments for PTSD: Practice Guidelines From the International Society for Traumatic Stress Studies. Edited by Foa EB, Keane TM, Friedman MJ, et al. New York, Guilford, 2009, pp 279-305
Spitzer RL, First MB, Wakefield JC: Saving PTSD from itself in DSM-V. J Anxiety Disord 21:233-241, 2007
Sroufe LA, Waters E: Attachment as an organizational construct. Child Dev 48:1184-1199, 1977
Sroufe LA, Egeland B, Carlson EA, et al: The Development of the Person: The Minnesota Study of Risk and Adaptation From Birth to Adulthood. New York, Guilford, 2005
Steele H, Steele M, Fonagy P: Associations among attachment classifications of mothers, fathers, and their infants. Child Dev 67:541-555, 1996
Steele K, Dorahy MJ, van der Hart O, et al: Dissociation versus alterations in consciousness: related but different concepts, in Dissociation and the Dissociative Disorders: DSM-V and Beyond. Edited by Dell PF, O'Neil JA. New York, Routledge, 2009a, pp 155-169
Steele K, van der Hart O, Nijenhuis ERS: The theory of trauma-related structural dissociation of the personality, in Dissociation and the Dissociative Disorders: DSM-V and Beyond. Edited by Dell PF, O'Neil JA. New York, Routledge, 2009b, pp 239-258
Steinberg M: Interviewer's Guide to the Structured Clinical Interview for DSMIV Dissociative Disorders (SCID-D). Washington, DC, American Psychiatric Press, 1993
Stewart SH, Pihl RO, Conrod PJ, et al: Functional associations among trauma, PTSD, and substance-related disorders. Addict Behav 23:797-812, 1998
Stiles WB, Wolfe BE: Relationship factors in treating anxiety disorders, in Principles of Therapeutic Change That Work. Edited by Castonguay LG, Beutler LE. New York, Oxford University Press, 2006, pp 155-165
Stovall-McClough KC, Cloitre M, McClough JL: Adult attachment and posttraumatic stress disorder in women with histories of childhood abuse, in Clinical Applications of the Adult Attachment Interview. Edited by Steele H, Steele
M. New York, Guilford, 2008, pp 320-340
Strathearn L: Maternal neglect: oxytocin, dopamine and the neurobiology of attachment. J Neuroendocrinol 23:1054-1065, 2011
Swanton C: Virtue Ethics: A Pluralistic View. New York, Oxford, 2003
Swift JK, Callahan JL, Vollmer BM: Preferences, in Psychotherapy Relationships That Work: Evidence-Based Responsiveness. Edited by Norcross JC. New York, Oxford University Press, 2011, pp 301-315
Swirsky D, Mitchell V: The binge-purge cycle as a means of dissociation: somatic trauma and somatic defense in sexual abuse and bulimia. Dissociation 9:18-27, 1996
Taliaferro C: Contemporary Philosophy of Religion. Malden, MA, Blackwell, 1998

引用文献

Tangney JP, Mashek DJ: In search of the moral person: do you have to feel really bad to be good? In Handbook of Experimental Existential Psychology. Edited by Greenberg J, Koole SL, Pyszczynski T. New York, Guilford, 2004, pp 156-166

Taylor C: Varieties of Religion Today: William James Revisited. Cambridge, MA, Harvard University Press, 2002

Taylor C: A Secular Age. Cambridge, MA, Harvard University Press, 2007

Tellegen A, Atkinson G: Openness to absorbing and self-altering experiences ("absorption"), a trait related to hypnotic susceptibility. J Abnorm Psychol 83:268-277, 1974

Terr L: Unchained Memories: True Stories of Traumatic Memories, Lost and Found. New York, Basic Books, 1994

Thompson R: Early attachment and later relationships: familiar questions, new answers, in Handbook of Attachment: Theory, Research, and Clinical Applications, 2nd Edition. Edited by Cassidy J, Shaver PR. New York, Guilford,

2008, pp 348-365

Tomasello M: Why We Cooperate. Cambridge, MA, MIT Press, 2009

Toth SL, Rogosch FA, Cicchetti D: Attachment-theory-informed intervention and reflective functioning in depressed mothers, in Clinical Applications of the Adult Attachment Interview. Edited by Steele H, Steele M. New York, Guilford, 2008, pp 154-172

Ullman SE, Foynes MM, Tang SS: Benefits and barriers to disclosing sexual trauma: a contextual approach. J Trauma Dissociation 11:127-133, 2010

van der Hart O, Dorahy M: History of the concept of dissociation, in Dissociation and the Dissociative Disorders: DSM-V and Beyond. Edited by Dell PF, O'Neil JA. New York, Routledge, 2009, pp 3-26

van der Kolk BA: The separation cry and the trauma response: developmental issues in the psychobiology of attachment and separation, in Psychological Trauma. Edited by van der Kolk BA. Washington, DC, American Psychiatric Press, 1986, pp 31-62

van der Kolk BA: The body keeps the score: memory and the evolving psychobiology of posttraumatic stress. Harv Rev Psychiatry 1:253-265, 1994

van der Kolk BA, d'Andrea W: Towards a developmental trauma disorder diagnosis for childhood interpersonal trauma, in The Impact of Early Life Trauma on Health and Disease: The Hidden Epidemic. Edited by Lanius RA, Vermetten E, Pain C. New York, Cambridge University Press, 2010, pp 57-68

van IJzendoorn MH, Bakermans-Kranenburg MJ: The distribution of adult attachment representations in clinical groups: a meta-analytic search for patterns of attachment in 105 AAI studies, in Clinical Applications of the Adult Attachment Interview. Edited by Steele H, Steele M. New York, Guilford, 2008, pp 69-96

van IJzendoorn MH, Schuengel C, Bakermans-Kranenburg MJ: Disorganized attachment in early childhood: meta-analysis of precursors, concomitants, and sequelae. Dev Psychopathol 11:225-249, 1999

Vaughn BE, Bost KK, van IJzendoom MH: Attachment and temperament: additive and interactive influences on behavior, affect, and cognition during infancy and childhood, in Handbook of Attachment: Theory, Research, and Clinical Applications, 2nd Edition. Edited by Cassidy J, Shaver PR. New York, Guilford, 2008, pp 192-216

Vermote R, Lowyck B, Luyten P, et al: Process and outcome in psychodynamic hospitalization-based treatment for patients with a personality disorder. J Nerv Ment Dis 198:110-115, 2010

Vermote R, Lowyck B, Luyten P, et al: Patterns of inner change and their relation with patient characteristics and outcome in a psychoanalytic hospitalizationbased treatment for personality disordered patients. Clin Psychol Psychother 18:303-313, 2011

Vermote R, Lowyck B, Vandeneede B, et al: Psychodynamically oriented therapeutic settings, in Handbook of Mentalizing in Mental Health Practice. Edited by Bateman AW, Fonagy P. Washington, DC, American Psychiatric Publishing, 2012, pp 247-269

Vogt DS, King DW, King LA: Risk pathways for PTSD: making sense of the literature, in Handbook of PTSD: Science and Practice. Edited by Friedman MJ, Keane TM, Resick PA. New York, Guilford, 2007, pp 99-115

Wachtel PL: Relational Theory and the Practice of Psychotherapy. New York, Guilford, 2008

Waelde LC, Silvern L, Carlson E, et al: Dissociation in PTSD, in Dissociation and the Dissociative Disorders: DSM-V and Beyond. Edited by Dell PF, O'Neil JA. New York, Routledge, 2009, pp 447–456

Walker LE: The Battered Woman. New York, Harper & Row, 1979

Watson D: Differentiating the mood and anxiety disorders: a quadripartite model. Annu Rev Clin Psychol 5:221–247, 2009

Weiner H: Perturbing the Organism: The Biology of Stressful Experience. Chicago, IL, University of Chicago Press, 1992

Weinfield NS, Sroufe LA, Egeland B, et al: Individual differences in infant-caregiver attachment: conceptual and empirical aspects of security, in Handbook of Attachment: Theory, Research, and Clinical Applications, 2nd Edition. Edited by Cassidy J, Shaver PR. New York, Guilford, 2008, pp 78–101

Weingarten K: Reasonable hope: construct, clinical applications, and supports. Fam Process 49:5–25, 2010

Welch SS, Rothbaum BO: Emerging treatments for PTSD, in Handbook of PTSD: Science and Practice. Edited by Friedman MJ, Keane TM, Resick PA. New York, Guilford, 2007, pp 469–496

Wenzel A, Beck AT: A cognitive model of suicidal behavior: theory and treatment. Appl Prev Psychol 12:189–201, 2008

Wenzel A, Brown GK, Beck AT: Cognitive Therapy for Suicidal Patients: Scientific and Clinical Applications. Washington, DC, American Psychological Association, 2009

Whitlock J, Purington A, Gershkovich M: Media, the Internet, and nonsuicidal self-injury, in Understanding Nonsuicidal Self-Injury: Origins, Assessment, and Treatment. Edited by Nock MK. Washington, DC, American Psychological Association, 2009, pp 139–155

Wilson SA, Becker LA, Tinker RH: Eye Movement Desensitization and Reprocessing (EMDR) treatment for psychologically traumatized individuals. J Consult Clin Psychol 63:928–937, 1995

Wilson SA, Becker LA, Tinker RH: Fifteen-month follow-up of Eye Movement Desensitization and Reprocessing (EMDR) treatment for posttraumatic stress disorder and psychological trauma. J Consult Clin Psychol 65:1047–1056, 1997

Wilson SC, Barber TX: The fantasy-prone personality: implications for understanding imagery, hypnosis, and parapsychological phenomena, in Imagery: Current Theory, Research, and Application. Edited by Sheikh AA. New York, Wiley, 1983, pp 340–387

Worthington EL Jr, Hook JN, Davis DE, et al: Religion and spirituality, in Psychotherapy Relationships That Work: Evidence-Based Responsiveness. Edited by Norcross JC. New York, Oxford University Press, 2011, pp 402–419

Yalom ID: The Theory and Practice of Group Psychotherapy. New York, Basic Books, 1970

Yates TM: Developmental pathways from child maltreatment to nonsuicidal selfinjury, in Understanding Nonsuicidal Self-Injury: Origins, Assessment, and Treatment. Edited by Nock MK. Washington, DC, American Psychological Association, 2009, pp 117–137

Yudofsky SC: Fatal Flaws: Navigating Destructive Relationships With People With Disorders of Personality and Character. Washington, DC, American Psychiatric Publishing, 2005

Zanarini MC, Williams AA, Lewis RE, et al: Reported pathological childhood experiences associated with the development of borderline personality disorder. Am J Psychiatry 154:1101–1106, 1997

Zanetti CA, Powell B, Cooper G, et al: The Circle of Security intervention: using the therapeutic relationship to ameliorate attachment security in disorganized dyads, in Disorganized Attachment and Caregiving. Edited by Solomon J, George C. New York, Guilford, 2011, pp 318–342

Zeifman D, Hazan C: Pair bonds as attachments: reevaluating the evidence, in Handbook of Attachment: Theory, Research, and Clinical Applications, 2nd Edition. Edited by Cassidy J, Shaver PR. New York, Guilford, 2008, pp 436–455

# 人名索引

A
Ainsworth, M.　6-8
Arendt, H.　263, 264
Armstrong, K.　278

B
Baron-Cohen, S.　264, 265
Bateman, A.　172-174, 223, 226
Baumeister, R. F.　263
Beebe, B.　42
Bifulco, A.　111
Blatt, S. J.　52, 110
Bowlby, J.　4, 5, 108, 111, 202, 203
Brewin, C. R.　59, 68, 76, 81
Brown, G. W.　108, 109, 114

C
Card, C.　258, 269
Clark, D. M.　162
Clarkin, J. F.　171, 172
Courtois, C. A.　146, 175

D
Dewey, J.　289
Dostoevsky, F.　261
Doyle, T. P.　259

E
Ehlers, A.　162
Eichmann, A.　263

F
Foa, E. B.　70, 155, 158, 160
Fonagy, P.　31, 34, 35, 142, 143, 172-174, 188, 223
Ford, J. D.　146, 175
Frank, J. D.　188
Freud, S.　108, 275
Fromm, E.　263

G
George, C.　42, 43

H
Hazan, C.　13, 14

Herman, J. L.　144, 145, 175
Holmes, J.　132-134, 188, 221, 248

J
Janoff-Bulman, R.　77, 253
Johnson, J. G.　165, 166

K
Kabat-Zinn, J.　32
Kekes, J.　263-265
Kernberg, O. F.　171
Kirkpatrick, L. A.　276, 277

L
Linehan, M. M.　168-170
Luyten, P.　143, 149, 150, 192
Lyons-Ruth, K.　41, 44

M
Main, M.　16, 21, 39-41
Meins, E.　36
Menninger, K. A.　287, 288, 291, 292
Mikulincer, M.　220, 221, 295, 296

N
Nagel, T.　254, 282

P
Pargament, K. I.　273, 283, 285
Plante, T. G.　281
Pruyser, P. W.　266, 273, 283, 291, 295

R
Resick, P. A.　162
Rogers, C. R.　196-199

S
Shapiro, F.　163
Shaver, P. R.　13, 14, 220
Sher, G.　268
Slade, A.　177, 178, 203, 204, 215
Solomon, J.　42, 43
Sroufe, L. A.　142
Stangl, F.　264

T
Target, M.　31
Terr, L.　95

319

人名索引

● V
van der Kolk, B. A.　145, 146

● W
Wachtel, P. L.　248

● Z
Zanetti, C. A.　179, 180

事項索引

● あ
アイ・ステートメント　226
愛着　3-5
愛着トラウマ　38, 39
愛着に裏づけられた心理療法　204
愛着に基づく心理療法　204
アイデンティティ　77, 78
安心基地　5, 179, 203
安全な逃げ場　5, 179
安定型　6, 7, 13, 19-21, 208
安定性の誘い水　220
安定性の島　221, 295, 296
アンビヴァレンス　23
アンビヴァレント型　7, 13, 14, 22-24, 210

● い
依存型抑うつ　110
一致（Ragers）　197
一般心理療法　188

● う
怨み　267

● お
恐れ型　15, 212

● か
懐疑論者　59, 60
解決のない怯え　40, 212
回想的（研究）　80
回避型　8, 14, 26, 27, 208, 209
解離　85, 86, 102-104
解離性健忘　95
解離性同一障害　85, 95-97
家族療法　165, 166
カットオフポイント　64
カップル療法　165, 166
神への愛着　270-272
体への思いやり　122
カラマーゾフの兄弟　261
借り受けた希望　293
眼球運動による脱感作と再処理法（EMDR）　163, 164
環境　9
関係性（Blatt）　52, 53

● き
記憶回復技法　73
技芸　248
危険（意味としての）　114
擬死反応　88
気質　8, 9
気づいてもらえないという体験　39
拮抗　159
希望　286-288
救済者　59
境界性パーソナリティ障害（BPD）　140-143
共感　196, 197, 265
共通要因（心理療法における）　223
恐怖制止　159
恐怖への耐性　159
虚偽記憶　60
緊張緩和　128

● く
区画化　86, 94, 95
クラウンディング　103

● け
軽視型　208, 209
啓蒙思想　262
現実（生活内）エクスポージャー　156
現実感消失　90

● こ
効果的な依存　11
肯定的関心（Rogers）　197
極悪　258
心を志向する批評　36

● さ
サークル・オブ・セキュリティ　178-180

● し
ジェネラリスト　188
次元的アプローチ　67
自己成就的予言　23, 24
自己定義（Blatt）　52-54
自己批判型抑うつ　110
自己への慈しみ　32
自殺念慮状態　130, 131
持続エクスポージャー　155, 158
持続性不動状態　88, 89
実存的姿勢　291

321

事項索引

集団心理療法　164, 165
純粋性（Rogers）　197
状況的記憶　72, 73
省察　37
情緒的コミュニケーションの断絶　41, 42
情動焦点化療法　165, 166
情動調整　3, 5, 116
職人芸（Holmes）　248, 249
触媒（ストレスの）　118
神義論　260-262
神経症傾向　115
身体と関連づけられたメンタライジング　120, 121
心的等価　47, 48, 132
心理的利用不能性　142

●す
ストレンジ・シチュエーション　6
スピリチュアリティ　281, 282
スピリチュアル・トラウマ　259
スペシャリスト　188

●せ
成人愛着面接　16, 17
摂食障害　121, 122
全般性不安障害　113

●そ
喪失（意味としての）　114
想像エクスポージャー　156
ソーシャルサポート　81
素朴で古い療法　189-193

●ち
遅発性PTSD　68, 69
治療同盟　200, 201

●つ
追跡的（研究）　80
突き放し－しがみつきパターン　23

●て
定式化　229, 230, 234
敵対的－無力　44
転移　207, 208
転移焦点化療法（TFP）　171, 172

●と
統制的パターン　49, 50
闘争－逃走反応　115
透明性　228
特定不能の極度ストレス障害（DESNOS）　145
トラウマ　61
トラウマ記憶　70, 74
とらわれ型　24, 210

●な
内的安心基地　221
内的作業モデル　4
90-10反応　71
ナラティヴ　37
ナラティヴの首尾一貫性　20, 21, 43, 44

●に
人間的であるスキル　248-250
認知処理療法　162
認知療法　162, 163

●は
パーソナリティ障害　137-139
排出（摂食障害）　122
発達性トラウマ障害　145, 146
反芻思考　112

●ひ
PTSD　57-60, 64-66
非自殺性自傷　124, 125
非特異的危険要因　57

●ふ
不安を伴う惨めさ　115
複雑性PTSD　144, 145
複雑な心的外傷性ストレス（障害）　144, 146, 147, 175, 176
物質乱用　116-118
不適切な養育　111, 141, 142
フラッシュバック　72
フリージング　88
プリテンド・モード　48

●へ
弁証法的行動療法（DBT）　168-170

● ほ
ホットスポット　62

● ま
マインディング・ザ・ベイビー　177, 178
マインドブラインドネス　264
マインドフルネス　31, 32, 36, 37

● み
3つの基本的想定　77, 253

● む
無秩序型　39-41, 43, 44, 212
むちゃ食い　122

● め
明示的（制御された）メンタライジング　33, 34
メンタライジング　31, 33-37, 223-228
メンタライジング的姿勢　226
メンタライゼーションに基づく治療（MBT）　172-174

● も
黙示的（自動的）メンタライジング　33, 34
目的論的モード　49
物言わぬ肝玉　290

● ゆ
誘導イメージ法　73
赦し　267

● よ
養護の放棄　43
抑うつ　107, 108, 112

● り
離人感　90-92
離脱　86, 89-91
利用可能（性）　5, 6

● れ
恋愛関係　12, 13

訳者後書き

1．本書の紹介

　本書は，愛着関係とメンタライジングの視点からトラウマ治療に取り組んできたDr. Jon G. Allen の "*Restoring Mentalizing in Attachment Relationships: Treating Trauma with Plain Old Therapy*"（American Psychiatric Publishing, 2013年）の全訳です。

　本書の概要は，著者による「日本語版への序文」やPeter Fonagyの「前書き」に十分述べられていますので，ここで繰り返すことはいたしません。しかし，本書の中心的メッセージを訳者なりに要約しておくと，以下のとおりです。私たちは，心的機能の内在化やスキルの習得といった個人内プロセスばかりに目を奪われ，自分の心に波長を合わせてくれ，それによって安心と慰めを与えてくれる他者との関係（愛着関係）が苦痛な情動を調整するうえで何よりも重要であるという事実を軽視してはいないでしょうか。言い換えると，他者の助けを借りずに苦痛な情動を一人で処理できることが最も重要であると考えて，上述のような他者への依存を副次的なものと考えてはいないでしょうか。愛着理論の視座は，この順序を逆転させます。人はどれだけ成熟しても愛着関係を必要としており，愛着関係を卒業することはありません。この愛着関係には神や超越的な存在との関係も含まれるというのが本書の主張です。逆接的なことですが，愛着対象である他者に効果的に依存できる人のほうが，苦痛な情動を自分で調整する力を獲得しやすいのです。そして，愛着関係を形成し，維持することに最も大きく貢献するのがメンタライジング能力です。ですから，メンタライジング・アプローチにおいては，洞察の獲得といったことよりもメンタライジング能力の向上が主要な目標になるのです。

　本書を訳出した理由の第一は，本書が徹頭徹尾「愛着理論」と「メンタライジング理論」に基づいてトラウマ治療を論じた書物だからです。愛着理論の臨床への応用が世界的テーマとなっており，Fonagyと共同研究者たちによるメンタライジング理論も世界的に注目を集めていますが，これらの視点から臨床家が自分の臨床実践を語った書物はまだわずかです。読者は，本書を通して，愛着理論とメンタライジング理論が心理療法にどのように生かされていくのかを具体的に知ることができるでしょう。

　本書はゴージャスな書物です。愛着理論の概説から始まり，トラウマ，とくに愛着トラウマが要因となって生じる障害について最新の知見が解説されます。その後に，認知行動療法を中心とする「エビデンスに基づく治療」の概要が解説され，それに続

訳者後書き

いて,「メンタライゼーションに基づく治療」(Mentalization-Based Treatment: MBT)の汎用版とも言うべき「素朴で古い療法」(Plain Old Therapy)が紹介されます。この「素朴で古い療法」という名称には,著者の機知とユーモアが込められており,エビデンスに基づく治療に対する問題提起を含んでいます。そして,本書では,最後に「実存的・スピリチュアルな視座」についても論じられています。日本では欧米におけるほどこの次元が注目されていませんが,人間存在における重要な次元であることから,今後はもっと注目されるべきテーマだと思います。明確な宗教信仰を持っていない人においても,トラウマは,(本書の中の表現を借りれば)「世界には自分に向けられた善意が存在する」という素朴な信仰を揺さぶることがあります。2005年に発生したJR福知山線脱線事故の犠牲になった女性の夫がテレビ局のインタビューに答えて「神さんも仏さんもおらんのかいなと思いました」と答えていたのを筆者は記憶していますが,このような体験は明確な信仰を持たない人にも生じます。

　ともかく,読者は,本書を通して,トラウマと関連した障害や心理療法アプローチだけでなく実存的・スピリチュアルな問題に関しても,基礎知識を得ることができます。本書は,専門家だけでなく一般読者をも対象にしており,聴衆に語りかけるような会話体で書かれています。本書を読むのに事前の専門的知識は要らないと著者は述べていますが,実際には,多少の予備知識がないと読むのに骨が折れることでしょう。しかし,この領域の専門書の中では比較的読みやすいほうではないかと思います。理論的解説は平易ですし,随所に事例も挿入されていますので,心理療法を専門としない読者であっても,トラウマとその治療について有意義な情報を得ることができるでしょう。

　本書を訳出した理由の第二は,トラウマ治療を「自分とは縁遠いもの」とか「自分には敷居の高いもの」と捉えている臨床家に,トラウマ治療は身近なものであり,敷居の高いものではないと認識していただきたいということです。まず,トラウマ治療を「自分とは縁遠いもの」と感じる臨床家は,生命の危険またはそれを予期させる事態への遭遇によるトラウマや,身体的虐待を受けた子どもにみられるトラウマなどを思い浮かべているのではないでしょうか。しかし,このようなトラウマとともに本書で取り上げられている「愛着トラウマ」は,必ずしも生命の危険や身体的暴力に遭遇しなくても生じます。それは,重要な人物から「心」に注意を向けてもらい,適切に応答してもらう体験が乏しかったことによって生じ,他者への信頼を困難にさせてしまうトラウマです。言い換えれば,「不安定型」に分類される愛着と関連の深いトラウマです。生命の危険を感じる災害,事故,犯罪などに遭遇した患者／クライエントに接する機会は乏しい臨床家の所にも,愛着トラウマを抱えた人たちは受診／来談し

ます。そう考えると，トラウマ治療は私たちと縁遠いものではありません。次に，トラウマ治療を「自分には敷居が高いもの」と捉えている臨床家は，トラウマ関連障害に特化した認知行動療法の訓練を受けていなければトラウマ治療はできないとか，精神分析的訓練を多年にわたって積み重ねていないとトラウマは扱えないなどと，思っているのではないでしょうか。もちろん，このような訓練を積んでいるに越したことはありませんが，その途上の段階で愛着トラウマを抱えた人に面接せざるをえないこともあります。そのようなときに「私にはトラウマ治療はできない」と尻込みしていたのでは，患者／クライエントをトラウマの中に放置することになります。本書においては，トラウマ治療の中核要素は「トラウマ体験のメンタライジング」であり，愛着関係とメンタライジングに焦点を合わせた「素朴で古い療法」によってトラウマ治療は可能なのだということが述べられています。本書を読めば，読者はトラウマ治療をより身近なものと感じ，トラウマ治療への敷居が下がるのを体験することでしょう。

　もちろん，著者の Dr. Allen は，エビデンスに基づく認知行動療法の有効性を否定しているのではないし，専門的訓練が不要であると主張しているのでもありません。まずトラウマ治療のための基本的素養として「素朴で古い療法」を身につけ，そのうえで，より専門的な訓練に進めばよいということです。そして，もちろん，自分の力量を超える問題を抱えた患者／クライエントは，より専門的な手腕を持つ臨床家に紹介しなくてはなりません。

　最後に，これは Dr. Allen と Web 上で議論したこともありますが，日本でメンタライジング・アプローチを実践する場合に注意するべき点を記しておきます。Dr. Allen が日本語版への序文で述べているように，愛着理論の視座は自律（あるいは自立）を重んじる西欧文化と対峙する面があります。しかし，それでは，西欧ほど自律（自立）が強調されない日本社会では愛着とメンタライジングを実現しやすいのかというと，そうとは限らないと筆者は思います。日本社会では，弱音を吐かないこと，耐え忍ぶこと，他人に迷惑をかけないことなどが美徳とされていた時代があり，今日でもその名残を感じる場面もあります。このような徳目があらゆる面で悪いというのではありませんが，ときに愛着関係を妨げる面があることに注意しなくてはなりません。次に，メンタライジングを妨げる日本特有の要因として，「察すること」「気遣うこと」や「同質性（他者と同じであること）」の重視があげられます。これらの傾向に影響されて，例えば，セラピストが，患者の内面を「患者よりも早く，（患者がまだ十分に語っていない段階でも）的確に推測しなければならない」とか，「患者が行うよりも十分な形で言語化しなければならない」と考えるなら，それはメンタライジングを妨げます。このような姿勢は，患者の体験をセラピストの心にある体験と安易に

訳者後書き

同一視し（両者の違いを無視し），十分な裏づけのない思い込みに陥るおそれがあります。言い換えれば，「無知」(not-knowing) の姿勢を妨害するのです。日本的な「察し」「気遣い」「同質性」の強調は，他者を大切にしているようにみえて，実は他者の「他者性」の無視につながる場合があると，筆者は思います。つまり，本当にメンタライジングを実現するためには，私たちが日本の社会・文化に組み込まれていることを十分に自覚し，その弊害と対峙することも必要であるということです。

2．訳出の方針

訳出の方針としては，原文に忠実にということと，読みやすい日本文にすることを両立させるように努力しました。しかし，この2つを両立させるのに苦労する箇所も多く，原文が非常に長い場合には複数の文章に区切って訳したり，原文の語句や文章の前後を入れ替えたり，多少言葉を補って訳したりした箇所もあります。それでも，原文から大きく離れた意訳はしないという方針をとりましたので，訳文がぎこちなく感じられる箇所もあると思いますが，ご容赦くださるようお願いいたします。訳出の分担は，第2章と第4章を神谷さんが，残りの章を上地が訳し，全体の訳語・訳文の統一を上地が行いました。神谷さんには，上地の前訳書『メンタライジングの理論と臨床——精神分析・愛着理論・発達精神病理学の統合』〔狩野力八郎（監修）上地雄一郎・林　創・大澤多美子・鈴木康之（訳）北大路書房，2014年〕の原稿の査読をお願いした経緯があることから，今回は訳出に協力していただきました。

3．訳語について

(1) メンタライジングと関連する用語

訳語については，一部を除いて基本的には前掲書『メンタライジングの理論と臨床——精神分析・愛着理論・発達精神病理学の統合』における訳語を踏襲しました。メンタライジングとメンタライゼーションについてはカタカナ語で表現し，非メンタライジング・モードに関しては，"psychic equivalence mode" を「心的等価モード」，"pretend mode" を「プリテンド・モード」，"teleological mode" を「目的論的モード」と訳しました。この中で「プリテンド・モード」が問題になると思います。"pretend" は，発達心理学で用いられる "pretend play"（ふり遊び，見立て遊び）という概念と関連しています (Fonagy et al., 2002)。子どもの心の中で表象が発達し，やがて指示対象から切り離して使用できる「二次的表象」(secondary representation) が発達すると，子どもはその表象が表す現物が目の前になくてもそれを想起できるようになります。そうすると，その表象を本来の対象とは別の対象と結びつけることによって，

誰か・何かの「ふり」をしたり，何かを別の何かに「見立て」たりすることができるようになります。具体的には，マントを羽織ってバットマンであるかのように振る舞ったり，椅子を戦車に見立てて遊んだりといったことです。このような遊びを発達心理学では「ふり遊び」（「ごっこ遊び」は複数の子どもによる「ふり遊び」）と総称します。また，二次的表象のおかげで子どもは想像や空想の世界に住むこともできるようになります。このように，発達心理学で用いられる「ふり」という言葉は，日常的意味を超えて，二次的表象によって可能となる「仮構の世界」を指しています。しかし，メンタライジング・アプローチで用いられる"pretend"という言葉は，「ふり遊び」を離れて，臨床場面でみられる非メンタライジング・モードの種類を表すものになっています。それは，苦痛な現実を回避するために，思考や感情がその現実から切り離され，リアルさの伴わないものになる場合を指しています。そのため，ここでは原語の発音どおりに「プリテンド」と訳すことにしました。

　もう1つ前掲書における方針に従わなかった用語があります。それは，メンタライゼーション（メンタライジング能力）を心理学的尺度で測定できるように操作化した概念である"reflective functioning（reflective function）"で使用される"reflective"という言葉です。関連する"reflection"および"reflect on"という言葉も同様です。これらに対して，前掲書では「内省的」「内省」「内省する」という訳語を使用しました。この用語は，心の中で自己と他者の精神状態に関する認識を振り返るメタ認識（メタ認知）を含意していますので，「内省」という訳語がまったく不適切であるとは思いません。しかし，「内省」は，自分に関することだけを振り返るという印象を与えてしまうので訳語として不適切であるという批判があります。そこで，本書では，試みに，ほぼ同じ意味の「省察」という訳語を使用しました。なお，念のために述べておきますが，この文脈での"reflective, reflection, reflect"には「反映（する）」という含意はありません（Allen, 2014年，私信）。

（2）愛着と関連する用語

　attachment〔愛着〕：この用語は「アタッチメント」とカタカナ語で訳される場合もありますが，本書では，日本語に類似の言葉があればそれを用いるという方針に従って，「愛着」と訳しました。別の所でも述べましたが（上地，2014, 2015），英語の"attachment"と日本語の「愛着」は，それほど語義が乖離した言葉ではありません。「人やものに心惹かれて離れがたく感じる」という含意は共通ですし，どちらも愛情のニュアンスを有しています。日本語以外の言語における訳語をみると，例えば，ドイツ語では"Bindung"，フランス語では"attachement"，中国語では「依恋」です

訳者後書き

が，これらはいずれも「愛着」と似た語義を有する言葉です。さらに，本書では，心理学用語の"attachment"と仏教用語の"attachment"が対比される箇所があります。仏教用語の"attachment"に相当するものも，わが国では古くから「愛着」〔執着とほぼ同義〕と記されてきました。これと関連して，Bowlbyの言う"attachment"から愛情の含意を取り除くべきであるから愛着という訳語は不適切であるとする見解があります。しかし，Bowlby（1979/1989）とAinsworth（1989）によれば，"attachment"は「愛情」（affection）を伴う絆です。本書の著者のDr. Allenも，愛着から愛情を切り離すべきではないと考えておられ，本書の「日本語版への序文」で少しそのことに触れてくださいました。もう1つ言い添えると，愛着から愛情を切り離すべきという見解の根拠としてMacDonald（1992）の論文が引用されることがあります。確かに，MacDonald（1992）は，Ainsworth（1967）によるウガンダでの母子観察およびLeVine & LeVine（1966）によるケニアでの母子観察において，母子の愛着関係に愛情深さが欠けていたと述べています。しかし，彼の見解は，論拠とする文献の誤読に基づくものと思われます。まず，Ainsworth（1967）が観察した母親26人のうち（その子どもの愛着が不安定型であった）2人の母親を除く24人の母親の養育態度は，西欧の母親よりも身体接触が多く敏感であり（Ainsworth, 1977），「愛情深く温かい」ようにみえたのです（Ainsworth, 1967）。ちなみに，ウガンダの母親たちにみられなかったのは「西欧的な愛情表現」（ハグとキス）のみです（Ainsworth, 1967）。次に，LeVine & LeVine（1966）によるケニアの母親の観察で観察対象となったのは一人の母親のみです。確かにこの母親の養育態度はそっけなかったのですが，LeVine & LeVine（1966）は，ケニアの母親たちがすべて愛情深くないと述べているのではありません。

　secure base〔安心基地〕：この用語は，従来「安全基地」と訳されてきました。しかし，この用語を最初に使用したAinsworthは"safe"と"secure"区別して使用しており，前者は「危険がない」ことを，後者は「恐れがないこと」を意味しています（van der Horst, 2011）。また，"secure base"とは，子どもが母親から離れて周囲を探索する際に母親が安心の源になっていることを意味しています（Ainsworth et al., 1978）。したがって，"secure"は「安全」というよりも「安心」と訳すべきであると判断し，"secure base"に対しても「安心基地」という訳語を使用しました。

（3）感情に関する用語

　emotion〔情動〕，affect〔感情〕，feeling〔感情〕，sense〔感覚，感〕：Allen et al.（2008）では，"emotion"はまだ主観体験化されていない身体的過程をも含むもの

とされており，"emotion" の体験的側面，つまり体験化された "emotion" を "affect" または "feeling" と呼んでいること，わが国の心理学の世界では "emotion" を「情動」，"affect" を「感情」と訳してきたことを考慮し，本書でも "emotion" を「情動」，"affect" を「感情」と訳しました。形容詞の "emotional" と "affective" もこの方針に添って訳しましたが，"emotional" はときに「情緒的」と訳したほうが日本語としてなじむ場合があるので，そう訳した箇所もあります。"feeling" も「感情」と訳しましたが，"feeling of connectedness"〔つながり感〕などの場合には「感」と訳しました。"sense" は状況に応じて「感覚」または「感」に訳し分けました。

（4）幼年期を表す言葉

　"infancy" は，厳密には乳児とは言えない段階をも含みますが，おおむね「乳児期」と重なるため，乳児期と訳しました。これに合わせて "infant" は「乳児」としました。乳児よりも少し年齢が高い "toddler" は，「始歩期の子ども」と訳しました。"childhood" は，子ども時代を包括的に指している場合と，より狭く乳児期に続く段階を指している場合がありますが，前者の場合には「幼年期」と訳し，後者の場合には，その文脈に従って「幼児期」や「児童期」という訳語を使用しました（例えば "early childhood" は「幼児期」）。

（5）その他

　mental〔精神的，心的〕：訳語の慣用を考慮して「精神（的）」と「心的」に訳し分けました。例えば，"mental health" の場合には「精神保健」と訳し，"mental representation" は「心的表象」と訳すといった具合です。ただし，"mental states" は「心理状態」と訳しました。この用語には「精神状態」「心的状態」「心理状態」などの訳語が存在します。メンタライジングと関連して用いられる "mental states" は，異常な心の状態も含めて，考え，感情，欲求，願望，信念などの心理現象を広く包括するものであることと，一般読者にとってなじみやすい訳語であることを考慮して，「心理状態」という訳語を採用しました。

　psychotherapy, therapy〔心理療法〕／treatment〔治療〕："psychotherapy" と "therapy" は「心理療法」，"treatment" は「治療」と訳しました。ただし，"therapy" は，"client-centered therapy"〔クライエント中心療法〕などのような成句の場合には「療法」と訳しました。また，"therapeutic" は，"therapeutic relationship"〔治療的関係〕などの場合に「治療的」と訳した箇所があります。

　traumatic〔トラウマ的，トラウマ性〕："trauma" を「トラウマ」と訳したのに合

訳者後書き

わせて，"traumatic" は「トラウマ的」または「トラウマ性」と訳しました。ただし，"traumatic memory" は「トラウマ記憶」，"traumatic experience" は「トラウマ体験」としました。そして，例外として，"posttraumatic stress disorder"（PTSD）〔心的外傷後ストレス障害〕や "complex traumatic stress disorder"〔複雑な心的外傷性ストレス障害〕では，"traumatic" の部分を「心的外傷」と訳す慣例に倣いました。

spiritual〔スピリチュアル〕，sprituality〔スピリチュアリティ〕:「霊的」，「霊性（霊的関心）」という訳語も考慮しましたが，この訳語は，著者の定義（神聖なものであり，かつ自分自身を超えた概念・信念・力と結びついているものに関心を向けること）にはうまく合致しませんし，これらの語が最近ではカタカナを用いて表現されることが多くなっているという判断に基づいて，「スピリチュアル」，「スピリチュアリティ」と訳しました。

4．人名・地名などの表記

本文中で引用されている文献の著者（研究者）については，基本的にアルファベット表記としましたが，歴史上有名な人物や作家（例えばドストエフスキー），映画や文学作品の登場人物，事例挿話に登場する人物などについては，カタカナ表記としました。地名や機関名などについても，カタカナ表記としました。

5．括弧の使用法

本書中にある「括弧」は，以下のように使い分けました。原文での引用符 " " は，訳書では「　」や『　』で表記しました。（　）や〔　〕は，原書中で著者が記載しているとおりに転記しました。また，（　）は，訳語の隣に原語を付する場合にも使用しました。〔　〕は，原文にはなく，訳者が挿入したものです。本文中に簡単な訳注や説明を入れる場合に使用しました。これ以外に，言葉のまとまりを明記したり，特定の単語を強調したりするために，原書にはない ' ' を付加した箇所があります。

6．見出しや語句への数字の付加

原書で本文中に置かれた見出しに対して，訳書では，その前に順序を示す数字を付加し，見出し同士の関連をわかりやすくしました。また，本文中で，複数の語句が "and" や "or" を挟んで列記されていて語句の切れ目がわかりにくい場合に，それぞれの語句の前に，①②③といった番号を振りました。

7. 謝辞

　まず，著者の Dr. Allen は本書の訳出を暖かく支援してくださり，ご自分から訳者の要望を聞いてくださったうえで，異例の長さの「日本語版への序文」を寄稿してくださいました。この場を借りて厚く御礼申し上げます。なお，Dr. Allen は2016年6月末でメニンガー・クリニックを退職し，第一線を退かれました。しかし，まだまだ思考は旺盛ですので，これまで蓄積された豊かな知識と臨床経験に基づく今後のご発言や著作に期待したいと思います。また，訳者は両名ともに勤務先の同僚や家族の配慮・協力なしには訳業を持続することはできませんでした。ここに感謝の言葉を記します。そして，いくつかの章について原稿を読んでコメントしてくださった岡山大学大学院教育学研究科修士課程の大学院生，井上亜希さん，潘艶麗さん，牧野史奈さん，山下明子さんに感謝申し上げます。最後になりましたが，本書の意義を理解してくださり，暖かくご支援くださった北大路書房の皆様，とくに編集部の薄木敏之さんに心から感謝の意をお伝えします。

2017年3月　　　　　　　　　　　　　　　　　　　訳者代表　上地雄一郎

引用文献

Ainsworth, M. D. S.（1967）. *Infancy in Uganda: Infant care and the growth of love*. Baltimore: The Johns Hopkins Press.

Ainsworth, M. D. S.（1977）. Attachment theory and its utility in cross-cultural research. In P. H. Leiderman, S. R. Tulkin, & A. Rosenfeld（eds.）, *Culture and infancy: Variations in the human experience*. New York: Academic Press. pp.49-67.

Ainsworth, M. D.（1989）. Attachment beyond infancy. *American Psychologist*, **44**, 709-716.

Ainsworth, M. D. S., Blehar, M. C., Waters, E., & Wall, S.（1978）. *Patters of attachment: A psychological study of the strange situation*. Hillsdale: Lawrence Erlbaum Associates.

Allen, J. G., Fonagy, P., & Bateman, A. W.（2008）. *Mentalizing in Clinical Practice*. Washington, DC: American Psychiatric Publishing.

Bowlby, J.（1979/1989）. *The making and breaking of affectional bonds*. London: Routledge.　作田　勉（監訳）（1981）．ボウルビイ母子関係入門　星和書店

Fonagy, P., Gergely, G., & Jurist, E. L.（2002）. *Affect regulation, mentalization, and the development of the self*. New York: Other Press.

上地雄一郎（2014）．訳者前書き　J・G・アレン他　狩野力八郎（監修）上地他（訳）　メンタライジングの理論と臨床　北大路書房　pp.vi-xvi.

上地雄一郎（2015）．メンタライジング・アプローチ入門──愛着理論を生かす心理療法　北大路書房

訳者後書き

LeVine, R. L., & LeVine, B. B.（1966）. *Nyansong: A Gusii community in Kenya*. New York: John Wiley & Sons.
MacDonald, K.（1992）. Warmth as a developmental construct: An evolutionary analysis. *Child Development*, **63**, 753-773.
van der Horst, F. C. P.（2011）. *John Bowlby: From psychoanalysis to ethology*. Chichester: Wiley-Blackwell.

訳者紹介

上地　雄一郎（かみじ　ゆういちろう）

1955年　高知県に生まれる
1981年　広島大学大学院教育学研究科博士課程前期修了
2010年　広島大学大学院教育学研究科博士課程後期修了
現　在　岡山大学名誉教授　博士（心理学）

（主要業績）
精神分析的心理療法の手引き（著書分担執筆，誠信書房，1998年）
メンタライジングの理論と臨床（共訳，北大路書房，2014年）
メンタライジング・アプローチ入門（単著，北大路書房，2015年）

神谷　真由美（こうや　まゆみ）

2010年　広島大学大学院教育学研究科博士課程前期修了
2014年　広島大学大学院教育学研究科博士課程後期修了
現　在　比治山大学現代文化学部講師　博士（心理学）

（主要業績）
大学生の自己愛的脆弱性による類型化と愛着スタイルの特徴（論文，「学校メンタルヘルス」，16, 27-34. 2013年）
青年期の自己愛的脆弱性と親との自己対象体験との関連（論文，「心理臨床学研究」，31, 881-892. 2014年）
プロフェッションの生成と世代継承（著書分担執筆，ナカニシヤ出版，2014年）

愛着関係とメンタライジングによるトラウマ治療
― 素朴で古い療法のすすめ ―

2017年 5 月10日　初版第 1 刷発行	定価はカバーに表示
2024年 4 月20日　初版第 3 刷発行	してあります。

著　　者　　J．G．アレン
訳　　者　　上地　雄一郎
　　　　　　神谷　真由美
発　行　所　㈱北大路書房
〒603-8303　京都市北区紫野十二坊町12-8
　　　　　　電　話　(075) 431-0361㈹
　　　　　　ＦＡＸ　(075) 431-9393
　　　　　　振　替　01050-4-2083

ⓒ 2017　　　　　　　印刷・製本／亜細亜印刷㈱
　　　　　　検印省略　落丁・乱丁本はお取り換えいたします。
　　　　　　ISBN978-4-7628-2969-7　　Printed in Japan

・ JCOPY 〈㈳出版者著作権管理機構 委託出版物〉
本書の無断複写は著作権法上での例外を除き禁じられています。
複写される場合は，そのつど事前に，㈳出版者著作権管理機構
（電話 03-5244-5088, FAX 03-5244-5089, e-mail: info@jcopy.or.jp）
の許諾を得てください。